Aristid Klumbies

Das Engagement-Konstrukt

Empirische Analysen zu Customer,
Employee und Investor Engagement am
Beispiel Zweitwohnungsbesitzender

 **Nomos**

Edition
Rainer
Hampp

Onlineversion
Nomos eLibrary

Die Deutsche Nationalbibliothek verzeichnet diese Publikation in
der Deutschen Nationalbibliografie; detaillierte bibliografische
Daten sind im Internet über http://dnb.d-nb.de abrufbar.

Zugl.: St. Gallen, Univ., Diss., 2021

u.d.T.: Das Engagement-Konstrukt – Empirische Analysen zu Customer, Employee
und Investor Engagement am Beispiel Zweitwohnungsbesitzender

ISBN   978-3-98542-026-1 (Print)
ISBN   978-3-95710-397-0 (ePDF)

Edition Rainer Hampp in der Nomos Verlagsgesellschaft

1. Auflage 2022
© Nomos Verlagsgesellschaft, Baden-Baden 2022. Gesamtverantwortung für Druck
und Herstellung bei der Nomos Verlagsgesellschaft mbH & Co. KG. Alle Rechte, auch
die des Nachdrucks von Auszügen, der fotomechanischen Wiedergabe und der
Übersetzung, vorbehalten. Gedruckt auf alterungsbeständigem Papier.

Dank

Diese Arbeit ist das Ergebnis meiner Dissertationszeit an der Universität St.Gallen (HSG). Im Laufe des Doktorats haben mich viele Menschen begleitet, inspiriert und unterstützt, denen ich ganz herzlich danke. Einige davon möchte ich speziell erwähnen.

An erster Stelle bedanke ich mich bei meinem Doktorvater Prof. Dr. Thomas Bieger. Ich habe Ihre Betreuung und unsere Zusammenarbeit als sehr bereichernd, kollegial und produktiv empfunden. Die gesamte Arbeit hat massgeblich von unseren kontinuierlichen Gesprächen profitiert. Vielen Dank für das Vertrauen und die Verantwortung, die ich im Rahmen meiner Assistententätigkeit für Sie im Rektorat der Universität St.Gallen (HSG) und am Institut für Systemisches Management und Public Governance (IMP-HSG) erfahren durfte.

Mein zweiter Dank gilt meinem Korreferenten Prof. Dr. Dr. h.c. Torsten Tomczak. Ich danke Ihnen für Ihre reflektierte und pointierte Art, mit mir über meine Dissertation zu sprechen. Ihre Impulse haben mir neue Perspektiven eröffnet und sehr geholfen, Akzente und Schwerpunkte zu setzen.

Beiden, meinem Referenten und meinem Korreferenten, danke ich für ihre Unterstützung, ihr wertvolles Feedback und ihre fachliche Inspiration im Rahmen dieser Dissertation.

Darüber hinaus danke ich meiner Familie, meinen Eltern und meiner Schwester Antonia für ihre offenen Ohren und die Begleitung während meiner Studien- und Dissertationszeit.

St. Gallen, im Dezember 2021   *Aristid Klumbies*

Inhalt

Abbildungsverzeichnis

Tabellenverzeichnis

Formelverzeichnis

Abkürzungsverzeichnis

Abs.	Absatz
AG	Aktiengesellschaft
AGFI	Adjusted-Goodness-of-Fit-Index
AGM	Annual General Meeting
Anm.	Anmerkung
ANOVA	Analysis of variance
APA	American Psychological Association
ARE	Bundesamt für Raumentwicklung
Art.	Artikel
AV	Abhängige Variable
bspw.	beispielsweise
BV	Bundesverfassung
BWL	Betriebswirtschaftslehre
bzw.	beziehungsweise
ca.	circa
CE	Customer Engagement
CE_FS	Customer Engagement Factor Score
CHF	Schweizer Franken
CSR	Corporate Social Responsibility
DEV	Durchschnittlich extrahierte Varianz
d.f.	Degrees of freedom
DMO	Destination Management Organization
d. h.	das heisst
e.g.	exempli gratia
EE	Employee Engagement
EE_FS	Employee Engagement Factor Score
EFA	Explorative Faktoranalyse
ESG	Environmental, Social and Governance
et al.	et alii
etc.	et cetera
evtl.	eventuell
FLFM AG	Flims Laax Falera Management AG
GFI	Goodness-of-Fit-Index
HAA	Hauptachsenanalyse

HR	Human Resources
HSG	Universität St.Gallen
i. d. R.	in der Regel
IE	Investor Engagement
IE_FS	Investor Engagement Factor Score
JD-R	Job Demand-Resources Model
KFA	Konfirmatorische Faktoranalyse
KMO-Kriterium	Kaiser-Meyer-Olkin-Kriterium
L	Ladungsmatrix
LBO	Leveraged buyout
LISREL	Linear Structural Relationships
m^2	Quadratmeter
MMR	Moderated Multiple Regression
MSA	Measure of Sampling Adequacy
n	Stichprobengrösse
NGO	Non-Governmental Organization
OECD	Organisation for Economic Co-operation and Development
p	Probability
P.E.S.T.	Political, Economic, Social and Technological
PLZ	Postleitzahl
PPP	Public-private-Partnership
RET	Regulatory Engagement Theory
RI	Responsible Investment
RM	Relationship Marketing
RMR	Root Mean Square Residual
RMSEA	Root-Mean-Square-Error of Approximation
S.	Seite
s.	siehe
SAMS	Swiss Academy of Marketing Science
S-D Logic	Service-dominant Logic
SEC	U.S. Securities and Exchange Commission
SEM	Structural equation modeling
SET	Social Exchange Theory
sog.	sogenannt
S-O-R-Modell	Stimulus-Organismus-Reaktions-Modell
SPSS	Statistical Package for the Social Sciences

SRMR	Standardized Root Mean Square Residual
SSE	Social Shareholder Engagement
STV	Schweizer Tourismus-Verband
s. u.	siehe unten
syn.	synonym
TZE	Total Zweitwohnungsbesitzenden Engagement
TZE_FS	Total Zweitwohnungsbesitzenden Engagement Factor Score
u. a.	unter anderem
UNWTO	World Tourism Organization of the United Nations
usw.	und so weiter
u. U.	unter Umständen
UV	Unabhängige Variable
UVEK	Eidgenössisches Departement für Umwelt, Verkehr, Energie und Kommunikation
UWES	Utrecht Work Engagement Scale
v. a.	vor allem
vgl.	vergleiche
VIF	Variance inflation factor
VR	Verwaltungsrat
vs.	versus
WoM	Word-of-Mouth
WTTC	World Travel & Tourism Council
z. B.	zum Beispiel
ZGB	Schweizerisches Zivilgesetzbuch
ZWB	Zweitwohnungsbesitzende
ZWG	Bundesgesetz über Zweitwohnungen (Zweitwohnungsgesetz)
ZWV	Zweitwohnungsverordnung
%	Prozent
&	und

Zusammenfassung

Engagement beschreibt ein soziales, interaktives Verhalten, das eine erhöhte Bindung zu einem Konterpart auslösen kann. Das Konstrukt ist mittlerweile in vielen Disziplinen vertreten. Auch in der betriebswirtschaftlichen Forschung wurde es aufgegriffen. In der Subdisziplin Marketing Management wird zu Customer Engagement geforscht, im Personalwesen zu Employee Engagement und im Bereich Investition und Finanzierung zu Investor Engagement. Diese Dissertation integriert und vergleicht die genannten drei betriebswirtschaftlichen Engagement-Ansätze am Beispiel der Beziehung von Zweitwohnungsbesitzenden zu ihrer Destination. Da Zweitwohnungsbesitzende multiple Rollen als Kunde/Kundin, Co-Produzent/in und Investor/in innehaben, ergeben sich interdisziplinäre Verknüpfungspunkte mit dem Engagement-Konstrukt.

Die Dissertation ist wie folgt strukturiert: Zuerst wird in einer Literatur Review herausgearbeitet, inwiefern Gemeinsamkeiten und Unterschiede zwischen den Engagement-Forschungsströmungen bestehen. Engagement wird vor allem als nachfrageseitig ausgelöstes Phänomen verstanden. Als zweites untersucht eine empirische, qualitative Studie die in der Forschung unterrepräsentierte Angebotsseite. Die vergleichende Fallstudie lotet die Antezedenzien, Prozesse und Konsequenzen von angebotsseitig ausgelöstem Engagement aus. Drittens misst eine empirische, quantitative Studie das Engagement von Zweitwohnungsbesitzenden in ihrer Destination. Zweitwohnungsbesitzende werden mit drei Engagement-Messskalen befragt, die in der Forschung existieren (n = 1'529). Zusätzlich wird der Einfluss von unabhängigen Variablen auf die Engagement-Faktorwerte überprüft. Viertens wird in der empirischen Konklusion eine neue Messskala für das Engagement von Zweitwohnungsbesitzenden entworfen.

Diese Dissertation hat Implikationen für Theorie und Praxis. Erstens wurde für die Theorie eine integrierende Analyse des Engagement-Konstrukts durchgeführt, die drei betriebswirtschaftliche Subdisziplinen übergreift. Zweitens wurde das empirische Wissen zu den Wirkmechanismen des angebotsseitig ausgelösten Engagements erweitert. Drittens wurden Engagement-Messskalen vergleichend analysiert sowie eine Befragung durchgeführt, in der drei Skalen parallel abgefragt und interpretiert wurden. Viertens wurde gezeigt, welche unabhängigen Variablen eine signifikante Beziehung mit Engagement-Faktorwerten aufweisen. Fünftens wurde eine neue Engagement-Messskala für Zweitwohnungsbesitzende entwickelt.

Die relevanteste Praxisimplikation ist der höhere Nutzen in der Beziehung von Zweitwohnungsbesitzenden und Destinationen. Das Engagement von Zweitwohnungsbesitzenden wurde messbar und die Wirkungsmechanismen für die Anspruchsgruppen auf Angebots- und Nachfrageseite transparent gemacht.

Abstract

Engagement describes a social, interactive behavior that can trigger an intensified relationship with a counterpart. The construct is now represented in many disciplines. It has also been taken up in business research. In the subdiscipline of marketing management, research is conducted on customer engagement, in human resources on employee engagement, and in the field of investment and finance on investor engagement. This dissertation integrates and compares these three business research engagement approaches using the example of the relationship of second home owners to their destination. Since second home owners have multiple roles as customers, co-producers, and investors, there are interdisciplinary points of connection with the engagement construct.

The dissertation is structured as follows: Firstly, a literature review elaborates the extent to which commonalities and differences exist among engagement research streams. Engagement is primarily understood as a demand-driven phenomenon. Secondly, an empirical, qualitative study is devoted to the supply side, which is underrepresented in research. The comparative case study explores the antecedents, processes, and consequences of supply-side triggered engagement. Thirdly, an empirical, quantitative study measures the engagement of second home owners in their destination. Second home owners are surveyed with three engagement measurement scales that exist in research (n = 1'529). In addition, the influence of independent variables on the engagement factor scores is examined. Fourthly, in the empirical conclusion, a new measurement scale is designed for second home owners' engagement.

This dissertation has implications for theory and practice. Firstly, for theory, integrating analysis of the engagement construct was conducted, spanning three business subdisciplines. Secondly, empirical knowledge on the effect mechanisms of supply-side triggered engagement was extended. Thirdly, engagement measurement scales were analyzed comparatively, and a survey was conducted in which three scales were queried and interpreted in parallel. Fourthly, it was demonstrated which independent variables show a significant relationship with engagement factor scores. Fifthly, a new engagement measurement scale for second home owners was developed. Sixthly, the most relevant implication for practice lies in the higher utility in the relationship of second home owners and destinations. The engagement of second home owners was made measurable and the impact mechanisms transparent for stakeholders on the supply and demand side.

1. Einführung

1.1. Ausgangslage und Problemstellung

Angesichts anspruchsvoller und gut informierter Kunden, intensiven Wettbewerbs und instabiler Wirtschaftslagen ist es wichtiger als je zuvor, Stakeholdern einen Mehrwert zu bieten (Zeithaml, Verleye, Hatak, Koller & Zauner, 2020). In Wirtschaft, Politik und Gesellschaft herrscht zudem der Konsens, dass erfolgreiche Beziehungen für beide beteiligten Parteien einen Mehrwert schaffen – für Akteur und Stakeholder (Slater, 1997). Nur dann wären beide Parteien am nachhaltigen Austausch interessiert und würden sich dafür engagieren (Brodie, Hollebeek, Jurić & Ilić, 2011). In der betriebswirtschaftlichen Forschung wurde das Thema „Engagement" Mitte der 2000er Jahre entdeckt und in den Folgejahren immer populärer. Seitdem wird in den verschiedensten Subdisziplinen zu Themen wie Customer, Employee und Investor Engagement geforscht (Bakker, Albrecht & Leiter, 2011; Goodman, Louche, van Cranenburgh & Arenas, 2014; Hollebeek, Conduit & Brodie, 2016; Verleye, Gemmel & Rangarajan, 2014; Vivek, Beatty & Morgan, 2012).

In den 2010er Jahren erlebte die Forschung zum Engagement-Konstrukt eine Blüte. Das Wissen über Definitionen, Antezedenzien, Konsequenzen und zu ersten Messmöglichkeiten nahm rasant zu. Gleichzeitig wurden erste empirische Studien durchgeführt, um belastbare Aussagen zum nomologischen Netzwerk des Engagement-Konstrukts oder seiner Beziehung zu kontextabhängigen Variablen zu machen (Christian, Garza & Slaughter, 2011). Im Laufe der Jahre wurde so ein grosser Wissensschatz angehäuft, der sich über mehrere Subdisziplinen der betriebswirtschaftlichen Forschung erstreckt. Die letzten systematischen Literatur Reviews in den jeweiligen Subdisziplinen wurden jedoch vor längerer Zeit geschrieben (Bailey, Madden, Alfes & Fletcher, 2017; Chathoth, Ungson, Harrington & Chan, 2016; Goranova & Ryan, 2014; Ul Islam & Rahman, 2016). Eine aktuelle und v. a. interdisziplinäre Literatur Review fehlt.

Die vorliegende Dissertation dockt an die beschriebenen Forschungsentwicklungen an. Sie schliesst die dargelegten Forschungslücken und bereitet die relevante Engagement-Literatur der letzten drei Dekaden systematisch auf. Ausserdem leistet die Dissertation einen empirischen Beitrag zum Wissen über Engagement. In mehreren Analysen werden Engagement-Zusammenhänge am Beispiel von Zweitwohnungsbesitzenden in Schweizer

Destinationen getestet und interpretiert. Der gewählte Kontext ist in mehreren Hinsichten interessant und relevant.

Erstens ist die Rolle von Zweitwohnungsbesitzenden nicht uniform festlegbar. Ihr Rollenverständnis ist vielmehr hybrid zusammengesetzt aus den drei Rollen Kunde/Kundin, Co-Produzent/in und Investor/in. Die Erkenntnisse aus den Forschungsströmungen zu Customer, Employee und Investor Engagement werden mit diesem triangulären Rollenverständnis zusammengebracht.

Zweitens gelten die Rahmenbedingungen von anspruchsvollen, gut informierten Kunden, intensivem Wettbewerb und instabiler Wirtschaftslage auch für Schweizer Destinationen (Zeithaml et al., 2020). Destinationen müssen heute neue Wege suchen, um Wachstumsimpulse zu generieren. Eine Möglichkeit dafür ist, bestehende Zweitwohnungsbesitzende intensiver sozial und wirtschaftlich in die Destination einzubinden. Die Belegung von Zweitwohnungen durch die Eigentümer beträgt heute nämlich nur rund sechs Wochen pro Jahr (Arpagaus & Spörri, 2008, S. 52).

Drittens wird das Thema Zweitwohnungsbesitz in der Schweiz seit Jahren stark diskutiert. Zuletzt ist es mit der Annahme der Volksinitiative „Schluss mit uferlosem Bau von Zweitwohnungen!" (Zweitwohnungsinitiative) am 11. März 2012 in den Fokus des breiten öffentlichen Interesses getreten. Das Anliegen der Zweitwohnungsinitiative war, den Anteil von Zweitwohnungen in Schweizer Gemeinden auf 20% zu begrenzen, um die negativen Folgen der Bauaktivitäten wie z. B. Zersiedelung einzugrenzen (UVEK, 2015). Für die Schweiz als Tourismusland sind der Bau und die Angebotserweiterung von Zweitwohnungen, die auch als Ferienwohnungen genutzt werden, bisher integraler Bestandteil ihrer Tourismusstrategie gewesen (Messerli & Meuli, 1996). Mit der gesetzlichen Deckelung des Zweitwohnungsbestandes auf 20% sehen sich viele Gemeinden mit neuen Herausforderungen konfrontiert (UVEK, 2015). In diesem Kontext gilt es laut Tourismusstrategie des Bundes, in der Tourismuswirtschaft wettbewerbsfähig und als Tourismusstandort Schweiz attraktiv und leistungsfähig zu bleiben. Als Konsequenz rücken schon bestehende Zweitwohnungsbesitzende in den Fokus, um die Wertschöpfung innerhalb der Destination zu erhöhen. Dieser Kundenstamm muss einerseits betreut und gehalten werden und kann gleichzeitig die Basis sein, um weiteres Kapital und zusätzliche Ressourcen in die Destination zu bringen (Schweizerischer Bundesrat, 2017, S. 42).

Die beschriebenen Entwicklungen müssen vor dem Hintergrund tiefgreifender gesellschaftlicher Veränderungen gesehen werden: „Wohin wir auch schauen in der Gesellschaft der Gegenwart: Was immer mehr erwartet wird, ist nicht das *Allgemeine*, sondern das *Besondere*. Nicht an das Standardisierte und Regulierte heften sich die Hoffnungen, das Interesse und die Anstrengungen von Institutionen und Individuen, sondern an das Einzigartige, das Singuläre" (Reckwitz, 2020, S. 7). Destinationen könnten sich heute nicht mehr damit begnügen, einfache, austauschbare Urlaubsziele für alle zu sein. Das Interesse des touristischen Blicks gelte der Einzigartigkeit des Ortes, der besonderen Destination mit authentischer Atmosphäre, der exzeptionellen Landschaft und der besonderen lokalen Alltagskultur (Reckwitz, 2020). Die Orientierung am Besonderen, am Singulären ist der breitere gesellschaftliche Rahmen, in dem das Engagement-Konstrukt und die Zweitwohnungsbesitzenden-Destinationen-Beziehung ihre Wirkungen entfalten.

1.2. Forschungslücken

An dieser Stelle soll kurz auf relevante Forschungslücken eingegangen werden. Die Literaturrecherche in Kapitel 3 und Kapitel 4 wird den Forschungsstand noch genauer beleuchten.

Die Engagement-Forschung ist schon in eine Vielzahl an Feldern vorgedrungen, wie beispielsweise die Psychologie oder Betriebswirtschaftslehre (Brodie et al., 2011). Das Konstrukt wurde jeweils auf Fragestellungen in den einzelnen Fächern angewendet, wie z. B. in der Konsumentenforschung auf das Verhältnis von Kunden und einer Marke (Mollen & Wilson, 2010). Dabei herrscht in den verschiedenen Feldern die Übereinkunft, dass es sich beim Engagement-Ansatz um ein multidimensionales Konstrukt handelt, das auf kognitiver, emotionaler und physischer bzw. verhaltenstechnischer Ebene Wirkung entfaltet (Brodie et al., 2011; Hollebeek, 2011a, 2011b; Kahn, 1990). Der Engagement-Ansatz wurde bisher aber nur in verschiedenen einzeldisziplinären Bereichen untersucht. Die bereichsübergreifende, multidisziplinäre Verwendung des Engagement-Konstrukts wie in dieser Dissertation ist neu. Das bedeutet, dass die Erkenntnisse aus verschiedenen Forschungsbereichen und Subdisziplinen (Customer, Employee, Investor Engagement) kombiniert und auf ein Forschungsobjekt (Zweitwohnungsbesitzende) angewendet werden.

Gleichzeitig tun sich auch im Bereich der Zweitwohnungsbesitzenden Lücken auf. Vielen Schweizer Destinationen machen die Frankenstärke, der generelle Strukturwandel im Tourismus und die Folgen der Zweitwohnungsinitiative zu schaffen (Müller-Jentsch, 2015). In der Vergangenheit haben viele Destinationen erkannt, dass sie Zweitwohnungsbesitzende stärker in ihre Gemeinden einbinden müssen. Viele Zweitwohnungen sind nämlich nur wenige Wochen im Jahr belegt. Trotzdem haben sie erhebliche wirtschaftliche Effekte für die Destination (Bieger, 2006).

Schweizer Berggebiete müssen Strategien entwickeln, die das brachliegende Potenzial der Zweitwohnungsbesitzenden aktivieren, indem diese in kommunale Entscheidungsprozesse eingebunden, aber auch als Ideengeber und Investoren gewonnen werden (Müller-Jentsch, 2017). Viele Destinationen versuchen deshalb mittlerweile, die Zweitwohnungsbesitzenden stärker zu aktivieren. Dennoch gibt es keine zusammenfassende Untersuchung, die Erklärungsansätze für die Bindung von Zweitwohnungsbesitzenden liefert und verschiedene Optionen zusammenfasst und bewertet. So steht jede Destination immer wieder vor denselben Herausforderungen. Der Engagement-Ansatz bietet hier einen potenziellen Zugang, weil die Beziehung zwischen der Destination und den Zweitwohnungsbesitzenden vielschichtig und multidimensional ist (Investoren, Kunden, Co-Produzent).

Somit lassen sich im Kontext dieser Arbeit vier Forschungslücken definieren:

1) Identifikation von Treibern und Steuerungshebeln zur Nutzenerhöhung in der Destinationen-Zweitwohnungsbesitzenden-Beziehung.
2) Anwendung des Engagements-Konstrukts auf ein neues Forschungsobjekt.
3) Kombination von Erkenntnissen aus der Engagement-Forschung aus verschiedenen Subdisziplinen.
4) Weitere empirische Validierung und Weiterentwicklung des Engagement-Konstrukts am Beispiel von Schweizer Destinationen.

1.3. Forschungsziel und Forschungsfragen

Das hier besprochene Dissertationsvorhaben hat das Ziel, einen höheren Nutzen bzw. eine stärkere Wirkung in der Beziehung von Zweitwohnungsbesitzenden und Tourismusdestinationen zu ermöglichen. Dies wird unter Berücksichtigung des Engagement-Ansatzes verfolgt. Das Vorhaben kann wie folgt als Frage formuliert werden: Wie lässt sich der Beitrag von Zweitwohnungsbesitzenden für die Entwicklung von Tourismusdestinationen unter Nutzung des Engagement-Ansatzes optimieren?

Gemäss Ulrich (1970) entstehen Probleme in der Praxis; so auch beim vorliegenden Forschungsprojekt. Die Formulierung und der Inhalt der übergeordneten Frage verdeutlichen, dass das Forschungsziel ein Erklärungsmodell ist. Es soll erklären, wie Nutzen entsteht. Das untersuchte Phänomen sind Zweitwohnungsbesitzende. Durch die Kombination mit der Engagement-Theorie folgt die Dissertation dem theoriegeleiteten Empirismus, da auf die Theorie zurückgegriffen werden kann, um Thesen abzuleiten (Tomczak, 1992). Das Forschungsziel entspringt aus einem Praxisproblem und die Ableitung relevanter Research Propositions basiert auf der Theorie. Zuerst liegt also der Fokus auf der Analyse der theoretischen Erkenntnisse, um dann Forschungsthesen abzuleiten, die in empirischen Studien untersucht und überprüft werden. Die Anwendung des Engagement-Konstrukts auf eine neues Forschungsobjekt und die Prüfung der aus der Theorie abgeleiteten Erklärungsansätze (Research Propositions) begründet die theoretische Relevanz. Die praktische Relevanz wird durch die Formulierung von Schlussfolgerungen und Handlungsempfehlungen für Manager sichergestellt. Durch die Beantwortung der folgenden Forschungsfragen sollen die ausgearbeiteten Forschungslücken geschlossen werden.

Aus dem oben formulierten Forschungsziel ergeben sich die folgenden Forschungsfragen:

1) Theorie (Forschungsobjekt, Zweitwohnungsbesitzende): Wie kann die Beziehung von Zweitwohnungsbesitzenden mit ihrer Destination strukturiert werden?

2) Theorie (Erkenntnisobjekt, Engagement-Theorie): Welche Erkenntnisse lassen sich aus der Engagement-Theorie für die Verbesserung der Beziehung von Zweitwohnungsbesitzenden und der Destination ableiten?

3) Studie 1 (Vergleichende Case Study, qualitativ): Wie, weshalb und wozu realisieren Schweizer Destinationen heute Engagement-Massnahmen für ihre Zweitwohnungsbesitzenden?

4) Studie 2 (Empirische Umfrage, quantitativ): Was sind die Treiber und damit die Steuerungshebel für die Verbesserung der Beziehung von Zweitwohnungsbesitzenden mit der Destination?

5) Empirische Konklusion (quantitativ): Wie kann das Total Zweitwohnungsbesitzenden Engagement mit einer Skala gemessen werden?

6) Implikationen: Welche Konsequenzen lassen sich für die Wissenschaft und für die Praxis ziehen?

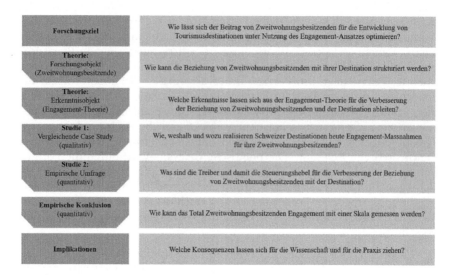

Abbildung 1: Forschungsleitende Fragestellungen

Quelle: Eigene Darstellung

Der Aufbau der Forschungsfragen folgt dem Dreischritt von Booth, Colomb und Williams (2008, S. 50-52). Die erste Studie ist beschreibend und vergleichend. Die zweite Studie analysierend und interpretierend. Die empirische Konklusion erarbeitet und überprüft den Erklärungsbeitrag, um für den Leser Relevanz sicherzustellen.

1.4. Methodik und Vorgehen

1.4.1. Methodischer Ansatz

In der Dissertation werden sowohl der qualitative als auch der quantitative Ansatz verwendet. Die erste Studie soll als vergleichende Case Study einem qualitativen Design folgen, um die Destinationen-Zweitwohnungsbesitzenden-Beziehung besser zu verstehen und um herauszufinden, welche Antezedenzien und Konsequenzen von Engagement in der Praxis wirken. Aufbauend auf den Ergebnissen der ersten Studie soll in der zweiten Studie eine empirisch quantitative Umfrage unter Zweitwohnungsbesitzenden durchgeführt werden. Es gilt zu beantworten, welche Massnahmen relevante Treiber und damit die Steuerungshebel für das Zweitwohnungsbesitzenden Engagement sind. In der empirischen Konklusion werden weitere datenbasierte Analysen durchgeführt und eine Messskala für das Engagement von Zweitwohnungsbesitzenden entworfen. Dieser Teil baut auf den Ergebnissen der zweiten Studie auf.

Qualitative Forschung wird in dieser Arbeit wie folgt verstanden: Sie „untersucht Zusammenhänge und Phänomene in dem Umfeld und der Situation, in welchem diese auftreten und nutzt dabei regelmäßig Wahrnehmungen bzw. deren Wiedergabe (z. B. in Form von transkribierten Beobachtungen), Aussagen (z. B. in Form von Interviews) und Äußerungen (z. B. in Form von Webpages, Pressemitteilungen etc.) der involvierten sozialen Akteure" (Goldenstein, Hunoldt & Walgenbach, 2018, S. 92). Wichtig sind die Frage nach dem „Warum" und somit das Verstehen der Phänomene (Denzin & Lincoln, 2018; Goldenstein et al., 2018). Im Unterschied zur quantitativen Forschung zeichnet sich qualitative Forschung nicht durch ein hypothesenprüfendes Vorgehen aus, sondern durch die Erarbeitung von Konstrukten sowie Entwicklung und Erweiterung der Theorie (Goldenstein et al., 2018). „The qualitative approach deals more with cases. It aims for in-depth and holistic understanding, in order to do justice to the complexity of social life. Samples are usually small, and its sampling is guided by theoretical rather than probabilistic considerations" (Punch, 2013, S. 238).

Demgegenüber steht die quantitative Forschung. Der Begriff subsumiert „eine Vielzahl an Methoden, Techniken und Verfahren [...], welche der statistischen Überprüfung eines theoretischen Modells bzw. der diesem Modell zugrundeliegenden Hypothesen dienen. Quantitative Forschung zeichnet sich i. d. R. durch einen deduktiven Charakter aus, d. h., vorab theoretisch hergeleitete kausale Wirkungszusammenhänge werden anhand eines Untersuchungssamples auf ihre Gültigkeit sowie Übertragbarkeit auf die Grundgesamtheit überprüft" (Goldenstein et al., 2018, S. 107). Das zentrale Element quantitativer Forschung ist die Konzeptualisierung der Realität durch Variablen und durch ihre Beziehung zueinander (Punch, 2013, S. 237).

	Qualitativ	Quantitativ
Konzeptionell	Betrifft das Verständnis des menschlichen Verhaltens aus der Sicht des Informanten; Annahme einer dynamischen und ausgehandelten Realität	Beschäftigt sich mit der Aufdeckung von Fakten über soziale Phänomene; Geht von einer festen und messbaren Realität aus
Methodisch	Die Datenerhebung erfolgt durch Teilnehmerbeobachtung und Interviews; Daten werden nach Themen analysiert, die sich aus den Beschreibungen der Informanten ergeben; Daten werden in der Sprache des Informanten berichtet	Daten werden durch Messungen gesammelt; Daten werden durch numerische Vergleiche und statistische Schlussfolgerungen analysiert; Daten werden mittels statistischer Analysen berichtet

Tabelle 1:   Qualitative vs. quantitative Forschung

Quelle: Eigene Darstellung in Anlehnung an Minichiello (1990, S. 5)

Aus der obenstehenden Beschreibung der qualitativen und quantitativen Forschung ergibt sich für die vorliegende Dissertation Folgendes:

In dieser Arbeit werden die Erkenntnisse aus drei Subdisziplinen der Engagement-Forschung miteinander gekreuzt. Deshalb bietet sich eine Kombination aus qualitativen und quantitativen Methoden an. Die Idee ist, zuerst mit einer qualitativen vergleichenden Fallstudie eine klarere Operationalisierung des Untersuchungsobjektes zu erreichen, eine erste Diskussion des erarbeiteten Erklärungsansatzes vorzunehmen sowie Treiber und Folgen zu identifizieren. In einer zweiten Phase soll eine quantitative Befragung Treiber für die Verbesserung der Beziehung von Zweitwohnungsbesitzenden mit der Destination überprüfen und damit Steuerungshebel validieren. Drittens wird eine neue Messskala für Total Zweitwohnungsbesitzenden Engagement entwickelt.

1.4.2.   Forschungsobjekt

Das Forschungsobjekt dieser Arbeit sind Zeitwohnungsbesitzende.

Zweitwohnungsbesitzende stehen heute stark im Fokus der Gemeinden, der Politik und der Öffentlichkeit. Sie sind ein wichtiger Bestandteil der Schweizer Tourismusstrategie und werden als attraktives Element gesehen, um die Wertschöpfung innerhalb der Gemeinde zu erhöhen (Müller-Jentsch, 2015; Schweizerischer Bundesrat, 2017). Entscheidend ist, dass ein Zweitwohnungsbesitzender verschiedene Funktionen erfüllt. Er ist als

Mensch ein handlungs- und entscheidungsfähiger Akteur, der mehrdimensionale Effekte auslöst. Er ist ein Element im Teilsystem Destination des Gesamtsystems Tourismus und erfüllt für die Destination verschiedene Rollen und Funktionalitäten (Bieger, 2006).

Es gibt nicht den einen Zweitwohnungsbesitzenden mit konstanten Charakteristika. Zweitwohnungsbesitzende vereinen diverse Funktionen und Rollenbilder in sich, weshalb man sie differenziert ansprechen muss. Die Dissertation versteht Zweitwohnungsbesitzende als eine Kombination aus den drei Rollen Kunde, Co-Produzent und Investor (Müller-Jentsch, 2015, 2017; Staub & Rütter, 2014).

1.4.3. Erkenntnisobjekt

Das Erkenntnisobjekt dieser Dissertation ist das Engagement-Konstrukt.

Die Grundidee des Engagement-Ansatzes ist die Erklärung von verschiedenen Arten der Interaktion, um eine Beziehung zu einem Konterpart bzw. Gegenüber aufzubauen (Brodie et al., 2011, S. 254). Viele Firmen (und auch Destinationen) stehen vor dem Problem, dass der Wettbewerb sowohl in der Preis- als auch in der Qualitäts-Dimension stark zunimmt. Um in so einem Kontext Marktpotenziale gewinnen, binden und ausbauen zu können, kann neben dem Preis und der Qualität auch das Level an Engagement als weiterer Differentiator angesehen werden (Economist Intelligence Unit, 2007). Im Rahmen der vorliegenden Dissertation soll das Engagement-Konstrukt aus drei Richtungen her betrachtet werden: Dem Customer Engagement, dem Employee Engagement und dem Investor Engagement.

1.5. Struktur der Dissertation

Die Dissertation ist in zehn Kapitel gegliedert. An die Einleitung im ersten Kapitel schliesst das zweite Kapitel mit einer thematischen Hintergrundbetrachtung an. Hier werden die Begriffe Tourismus und Zweitwohnungen eingeführt. Das dritte Kapitel beinhaltet den ersten Teil der Literatur Review. Zuerst wird das Forschungsobjekt Zweitwohnungsbesitzende definiert, dann werden ökonomische Merkmale analysiert sowie Vor- und Nachteile von und Massnahmen im Umgang mit Zweitwohnungsbesitzenden dargelegt. Im vierten Kapitel folgt der zweite Teil der Literatur Review mit dem Fokus auf das Erkenntnisobjekt Engagement-Konstrukt. Nach einer allgemeinen Definition von Engagement folgen die einzelnen Betrachtungen der drei Subdisziplinen Customer, Employee und Investor Engagement sowie eine Synthese der Gemeinsamkeiten. Das fünfte Kapitel rundet die Literatur Review mit der Entwicklung eines Erklärungsansatzes und Gestaltungsmassnahmen für Engagement ab. Im sechsten Kapitel wird zur Empirie übergeleitet. Das siebte Kapitel enthält die erste empirische, qualitative Studie. Im achten Kapitel wird die zweite empirische, quantitative Studie durchgeführt. Darauf folgt die empirische Konklusion im neunten Kapitel. Das letzte und zehnte Kapitel beinhaltet die Schlussfolgerungen dieser Dissertation.

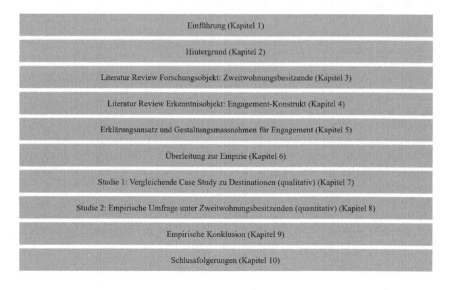

Abbildung 2: Flow Chart der Dissertation
Quelle: Eigene Darstellung

2. Hintergrund

Dieses Kapitel beleuchtet den thematischen Hintergrund der Forschungsfragen und bespricht die Begriffe Tourismus und Zweitwohnungen.

2.1. Tourismus

Tourismus gilt als ein Massenphänomen des 20. und 21. Jahrhunderts (Bieger & Beritelli, 2012). Immer mehr Menschen ist es weltweit möglich, zu reisen und als Tourist aufzutreten, so dass die Reise- und Tourismusbranche in den meisten Ländern der Welt zu einer wichtigen wirtschaftlichen Komponente geworden ist (WTTC, 2019). Davon profitiert insbesondere auch die Schweiz, wo der Tourismus gemessen an der Fremdenverkehrsbilanz die sechst grösste Exportbranche ist (STV, 2019). Deshalb ist es wichtig die Begrifflichkeiten, klar zu definieren. Das Unterkapitel Tourismus gliedert sich in zwei Teile. Zuerst wird auf den Tourismusbegriff eingegangen und danach auf den Begriff Destination.

2.1.1. Der Begriff Tourismus

Für den Begriff Tourismus existiert keine abschliessende, allgemein gültige Definition. Historisch gesehen ist Tourismus als ein System von mehreren, miteinander verbundenen Dienstleistungselementen untersucht worden, die in ihrer Kombination touristische Erlebnisse an den Reisezielen ermöglichen (Buhalis et al., 2019; Inversini & Buhalis, 2009; Mariani, Buhalis, Longhi & Vitouladiti, 2014).

Zum Tourismus gehören immer zwei Seiten: Die Angebots- und die Nachfrageseite (Bieger, 2006). Von beiden Seiten her lässt sich Tourismus definieren. Angebotsseitige Tourismusdefinitionen konzentrieren sich auf die Besonderheiten von Tourismusanbietern. Die nachfrageseitigen Tourismusdefinitionen gehen vom Touristen und seiner Rolle als Konsument aus (Bieger, 2006). Dieser nachfrageseitigen Tourismusdefinition schliesst sich die World Tourism Organization (UNWTO) an. Sie schreibt, dass Tourismus nicht durch eine bestimmte Art an Anbietern oder Zulieferern definiert wird, sondern durch die Aktivitäten der Konsumenten: „Unter Tourismus versteht man die Tätigkeiten von Personen, die zu Orten außerhalb ihrer gewohnten Umgebung reisen und sich dort nicht länger als ein Jahr lang zu Freizeit-, Geschäfts- undanderen Zwecken aufhalten, die nicht mit der

Ausübung einer Tätigkeit zusammenhängen, die innerhalb des besuchten Ortes vergütet wird" (UNWTO, 2011, S. 2). Dieselbe Definition teilt auch die Organisation for Economic Co-operation and Development (OECD, 2002).

Somit wird klar, dass Tourismus deutlich mehr ist als nur „Reisen und Ferien machen" (Bieger, 2006, S. 35; Bieger & Beritelli, 2012, S. 1). Vielmehr umfasst Tourismus die Gesamtheit sämtlicher Beziehungen und Erscheinungen, die sich aus dem Reisen und dem Aufenthalt von Personen ergeben, für die der Aufenthaltsort weder hauptsächlicher und dauernder Wohnnoch Arbeitsort ist (Kaspar, 1996).

2.1.2. Der Begriff Destination

Der Begriff Destination umschreibt das Zielgebiet, auf das sich die touristische Nachfrage einer relevanten Zielgruppe konzentriert (Bieger, 2006). Die Frage ist nun, wie dieses Zielgebiet schärfer definiert werden kann. Die UNWTO (2017) beschreibt eine Destination als einen physischen Raum mit oder ohne administrative und/oder analytische Grenzen, in dem ein Besucher übernachten kann. Die Destination sei ein Cluster (Co-Location) von Produkten und Dienstleistungen sowie von Aktivitäten und Erfahrungen entlang der touristischen Wertschöpfungskette. Sie umfasse verschiedene Interessengruppen und könne sich mit anderen Destinationen vernetzen und zusammenschliessen. Dabei wirken sich auch immaterielle Aspekte, wie das Image und die Identität, auf die Wettbewerbsfähigkeit im Markt aus (UNWTO, 2017). Wichtig ist, dass die Definition der UNWTO aus Sicht des Konsumenten geschieht.

Auch Kaspar (1996) definiert den Begriff aus Sicht des Nachfragers, also des Touristen, wenn er von der Destination als „Kristallisationspunkt der Nachfrage" (S. 70) schreibt. Somit gilt eine Destination als geographischer Raum, den ein Gast als Reiseziel auswählt und der „sämtliche für einen Aufenthalt notwendige Einrichtungen für Beherbergung, Verpflegung, Unterhaltung, Beschäftigung" (Bieger, 2002, S. 56) bereitstellt.

Zwei Aspekte sind in diesem Kontext entscheidend. Erstens, die konsequente Definition des Begriffs aus der Perspektive des Konsumenten. Zweitens, die Erbringung eines ganzheitlichen Gästenutzens und das Verständnis, dass eine Destination „verschiedene für verschiedene Gästegruppen unterschiedliche Kernprodukte und Nutzen generieren" (Bieger, 2006, S. 142) soll.

Vor dem Hintergrund dieser Definitionen wird hier auf die Bedeutung des Destinationslebenszyklus für die Wahl einer geeigneten Destinationsstrategie eingegangen (Bieger, 1996, 2006). Während der Boomphase sehen sich

Destinationen mit einem rasanten Wachstum der Nachfrage und der Kapazitäten konfrontiert. Dabei gilt es, ein Tourismuskonzept zu entwickeln, dass negative Effekte begrenzt und einen Interessenausgleich zwischen den involvierten Stakeholdern ermöglicht. In der Reifephase stagniert die Nachfrage, aber die Kapazitäten wachsen noch. Häufig stehen imagebildende Massnahmen im Vordergrund. In der dritten Phase, die durch Krisen und Rückgang gezeichnet ist, muss eine Destinationsstrategie entwickelt werden, die sich auf die eigenen Kernkompetenzen und destinationseigenen Ressourcen stützt (Bieger, 1996, 2006). Eine dieser Ressourcen sind in vielen Destinationen die Zweitwohnungsbesitzenden. Für die Entwicklung dieses Potenzials in der Destination, müssen neue Marktleistungen umgesetzt werden, die sich z. B. am Engagement-Ansatz orientieren können.

2.1.3. Zwischenfazit

An dieser Stelle muss die Bedeutung einer genauen Begriffsdefinition herausgestellt werden. Das System Destination ist ein abstraktes Konstrukt mit unterschiedlichen Elementen, u. a. den Zweitwohnungsbesitzenden. Die Frage ist aber, was genau ist eine Destination im Rahmen dieser Dissertation? Handelt es sich um den Schuhverkäufer, den Lebensmitteldetailhändler, den Nachbarn des Zweitwohnungsbesitzenden, die Bergbahn oder die Gemeinde per se?

Beim Reden und Schreiben über Engagement kommt es darauf an, dass das Objekt der Bindung bzw. das Engagement-Objekt klar benannt wird. Zwar wird darauf noch im Laufe der Literatur Review eingegangen, aber schon an dieser Stelle muss betont werden, dass Engagement immer nur in Beziehung zu etwas oder in Relation zu einem Engagement-Objekt entstehen kann. Aus diesem Grund ist die konkrete Definition des Destinationsbegriffs äusserst wichtig.

Diese Dissertation schliesst sich der Sicht von Bieger (2002, 2006) und der UNWTO (2017) an und kombiniert diese. Für diese Dissertation gilt das Folgende: Die Definition einer Destination erfolgt aus der Sicht des Nachfragers. Es handelt sich um einen geographischen Raum (Gemeinde, Gebiet, Stadt, Resort usw.), der nicht unbedingt mit politischen oder administrativen Grenzen übereinstimmen muss. Dieser Raum wird durch die Wahl eines Gastes als Reiseziel zur Destination. Vorort sind sämtliche für einen Aufenthalt notwendige Einrichtungen und Angebote vorhanden, die ein Tourist wünscht und nachfragt. Dazu zählen im Sinne des ganzheitlichen Gästenutzens die Möglichkeiten zur Unterkunft, Verpflegung, Unterhaltung und Beschäftigung. Eine Destination wird professionell vermarktet und geführt.

Im Einklang mit der systemtheoretischen Sichtweise des Tourismus ist eine Destination der Kontext dieser Dissertation, um die Interaktion zwischen Institutionen, Menschen und Technologie während des Engagement-Prozesses und bei der Co-Creation von Dienstleistungswerten zu verstehen (Buhalis et al., 2019; Vargo & Akaka, 2012).

2.2. Zweitwohnungen

Das folgende Unterkapitel widmet sich zuerst der Definition und der Abgrenzung von Zweitwohnungen. Daran anschliessend werden die vorgestellten Definitionen verglichen und gemeinsame Merkmale herausgearbeitet.

2.2.1. Definition und Abgrenzung von Zweitwohnungen

Seit der Annahme der Zweitwohnungsinitiative am 11. März 2012 lautet der Art. 75b Abs. 1 der Bundesverfassung der Schweizerischen Eidgenossenschaft (BV) wie folgt: „Der Anteil von Zweitwohnungen am Gesamtbestand der Wohneinheiten und der für Wohnzwecke genutzten Bruttogeschossfläche einer Gemeinde ist auf höchstens 20 Prozent beschränkt." In Folge der knappen Annahme durch Volk und Stände trat der Verfassungsartikel sofort in Kraft. Doch erst mit dem Inkrafttreten des Bundesgesetzes über Zweitwohnungen (Zweitwohnungsgesetz, ZWG) und der dazugehörigen Zweitwohnungsverordnung (ZWV) am 1. Januar 2016 wurde die Verfassungsbestimmung konkret ausgeführt.

Aus dem Zweitwohnungsgesetz ergibt sich eine erste Definition einer Zweitwohnung. Unter Art. 2 ZWG heisst es wie folgt:

1   Eine Wohnung im Sinne dieses Gesetzes ist eine Gesamtheit von Räumen, die: *a.* für eine Wohnnutzung geeignet sind; *b.* eine bauliche Einheit bilden; *c.* einen Zugang entweder von aussen oder von einem gemeinsam mit anderen Wohnungen genutzten Bereich innerhalb des Gebäudes haben; *d.* über eine Kocheinrichtung verfügen; und *e.* keine Fahrnis darstellen.

2   Eine Erstwohnung im Sinne dieses Gesetzes ist eine Wohnung, die von mindestens einer Person genutzt wird, die gemäss Artikel 3 Buchstabe b des Registerharmonisierungsgesetzes vom 23. Juni 2006 in der Gemeinde, in der die Wohnung liegt, niedergelassen ist.

3   Erstwohnungen gleichgestellt sind Wohnungen, die: *a.* zu Erwerbs- oder Ausbildungszwecken dauernd bewohnt werden; *b.* von einem Privathaushalt dauernd bewohnt werden, der im gleichen Gebäude eine

andere Wohnung dauernd bewohnt; *c.* von Personen dauernd bewohnt werden, die sich nicht beim Einwohneramt melden müssen, insbesondere von diplomatischem Personal und Asylsuchenden; *d.* seit höchstens zwei Jahren leer stehen, bewohnbar sind und zur Dauermiete oder zum Kauf angeboten werden (Leerwohnungen); *e.* zu landwirtschaftlichen Zwecken genutzt werden und wegen der Höhenlage nicht ganzjährig für landwirtschaftliche Zwecke zugänglich sind; *f.* durch Unternehmen zur kurzzeitigen Unterbringung von Personal genutzt werden; *g.* als Dienstwohnungen für Personen, die insbesondere im Gastgewerbe, in Spitälern und in Heimen tätig sind, genutzt werden; *h.* rechtmässig vorübergehend anders als zum Wohnen genutzt werden.

4 Eine Zweitwohnung im Sinne dieses Gesetzes ist eine Wohnung, die weder eine Erstwohnung ist noch einer Erstwohnung gleichgestellt ist.

Gemäss ZWG gelten Zweitwohnungen also als Wohnungen, die keine Erstwohnung und auch keiner Erstwohnung gleichgestellt sind. Erst- oder Hauptwohnung sind Wohnungen, die entweder von Ortsansässigen nach Art. 23 ZGB in Miete oder Eigentum genutzt werden oder die von Personen in Beruf oder Ausbildung am Ort oder in der Region mit Aufenthaltsgenehmigung bewohnt werden (ARE, 2010).

Zweitwohnungen lassen sich zudem nach Zweck und Belegungsdauer unterscheiden (ARE, 2010). Nicht-touristische Zweitwohnungen werden v. a. selbstgenutzt und/oder vermietet. Sie gehören Personen mit Wohnsitz ausserhalb der Gemeinde, werden vorwiegend aus beruflichen Gründen gehalten, befinden sich grösstenteils in den bevölkerungsstarken Zentren und sind Teil eines grösseren Wohnungsbestandes (ARE, 2010). Als touristische Zweitwohnungen werden zum einen selbstgenutzte, nicht touristisch bewirtschaftete, und zum anderen touristisch bewirtschaftete Zweitwohnungen gesehen. Erstere werden von den Eigentümern zu Urlaubszwecken genutzt und evtl. Freunden und Verwandten kostenlos überlassen. Letztere werden mehrheitlich kommerziell an Touristen vermietet (ARE, 2010).

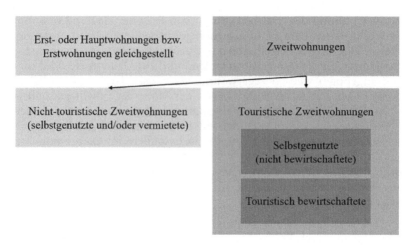

Abbildung 3: Erstwohnungen vs. Zweitwohnungen

Quelle: Eigene Darstellung in Anlehnung an ARE (2010)

Trotz dieser legalistischen Definition des ZWG, was eine Zweitwohnung ist, ist der Begriff in der Theorie nicht abschliessend definiert worden (Hall, 2014; Hall & Müller, 2004; Sonderegger & Bätzing, 2013; Visser, 2003). Nach dem Erscheinen der wegweisenden Arbeit „Second homes: curse or blessing?" von Coppock (1977) hat sich das Phänomen der Zweitwohnungen zum wichtigen internationalen Forschungsfeld entwickelt. Vor allem im angelsächsischen (Coppock, 1977; Gallent, Mace & Tewdwr-Jones, 2005; Hall, 2014; Visser, 2003), skandinavischen (Hall & Müller, 2004; Kietavainen, Rinne, Paloniemi & Tuulentie, 2016) und deutschsprachigen (Bieger, Beritelli & Weinert, 2007; Kaspar, 1996; Kaspar & Staub, 1981; Krippendorf, 1975; Sonderegger & Bätzing, 2013; Weinert, 2010) Raum wurden Definitionsansätze formuliert. Im Folgenden werden einige dieser Definitionsansätze in chronologischer Reihenfolge wiedergegeben.

Krippendorf (1975) sieht Zweitwohnungen als „Studios, Wohnungen, Chalets, Bungalows und dergleichen, die sich im Besitz von auswärtigen Personen befinden und diesen nicht als ständiger Wohnsitz dienen" (S. 38).

Kaspar und Staub (1981) definieren Zweitwohnungen als ein Objekt, das „ein Haushalt neben der Erstwohnung oder eine juristische Person zu Ferien- und Erholungszwecken selber benützt oder Drittpersonen weitervermietet" (S. 10).

Viele der Aspekte, die oben in der juristischen Definition des ZWG enthalten sind, werden in diesen beiden Definitionen schon angesprochen. Dazu gehören der nicht-ständige Eigentümerwohnsitz und die Art der Nutzung. Hall und Müller (2004) unterstreichen die Komplexität einer abschliessenden Definition und betonen v. a. die Art der Nutzung: „There is a great variety of terms that refer to second homes: recreational homes, vacation homes, summer homes, cottages, and weekend homes. [...] the term 'second home' is used as an umbrella for these different terms, which all refer to a certain idea of usage. [...] mainly for recreational use" (S. 4-5).

Bieger, Beritelli und Weinert (2005) gehen in einer Studie auf die Unterscheidung von Ferien- und Zweitwohnungen ein. Ferienwohnungen würden von Eigentümern und Gästen genutzt werden, Zweitwohnungen hingegen primär von ihren Eigentümern. In der Studie wird auf die Art der Nutzung abgestellt, wenn sie schreiben: „Eine trennscharfe Unterscheidung kann selten vorgenommen werden. Zweitwohnungen werden vermietet und je nach Nutzungsintensität als Ferienwohnungen betrachtet" (S. 8). Ferienwohnungen seien demnach eher zu den „hot beds" und Zweitwohnungen zu den „cold beds" zu zählen.

Die Problematik der Nutzung durch Gäste wird bei Gallent et al. (2005) ausgeklammert: „Second home: a dwelling used by its owner and possibly other visitors for leisure or holiday purposes and which is not the usual or permanent place of residence for the owner" (S. 7-8).

In einem anderen Paper betonen Bieger et al. (2007) den nicht-ständigen Wohnsitz: „Second homes are self-catering accommodations financed by external investments (nonlocals)" (S. 265).

Einen weiteren Aspekt führen Arpagaus und Spörri (2008) mit der Komponente der Nutzungsdauer ein. Zweitwohnungen seien „nur zweitweise und nicht mit der Absicht des dauernden Verbleibs am Ort bewohnt" (S. 52). Sie schliessen sich zudem der Unterscheidung von Bieger et al. (2005) von bewirtschafteten („warmen") und nicht bewirtschafteten („kalten") Betten an: „Nicht bewirtschaftete Wohnungen werden ausschliesslich durch den Eigentümer und dessen Angehörige genutzt. Bewirtschaftete Wohnungen werden gegen Entgelt an Drittpersonen vermietet" (Arpagaus & Spörri, 2008, S. 52).

Nach Weinert (2010) gelten Zweitwohnungen „als temporär bewohnte individuelle Ferienwohnungen von Personen mit Wohnsitz innerhalb oder ausserhalb der Gemeinde, in der die Ferienwohnung liegt" (S. 8).

Angelehnt an den Gesetzestext des ZWG definiert Sonderegger (2014) eine Zweitwohnung als Wohnung, „in der keine Person ihren zivilrechtlichen Wohnsitz gemeldet hat und die vorwiegend für Ferien- und Freizeitwecke benutzt wird. Nicht als Zweitwohnung werden leerstehende Wohnungen und Wohnungen für Arbeit und Ausbildung" (S. 53) bezeichnet.

2.2.2. Gemeinsame Merkmale der Definitionen

Der Begriff Zweitwohnung ist in der Theorie nicht abschliessend definiert (Hall, 2014; Hall & Müller, 2004; Sonderegger & Bätzing, 2013). Gleichzeitig herrscht in der Diskussion ein gewisser Grad an Komplexität durch die häufig synonym gebrauchten Begriffe Ferienwohnung, Ferienhaus, Feriendomizil, Zweitdomizil und dergleichen (Weinert, 2010).

Dennoch lassen sich drei systematisierende Merkmale aus den Definitionen identifizieren, auf die immer wieder eingegangen wird. Diese sind der eigentliche Eigentümerwohnsitz, die Art der Nutzung und die Nutzungsdauer. Vor allem die beiden letzten scheinen dabei im angelsächsischen Raum besonders im Fokus zu stehen: „The principal criteria for defining a second home as such were type and frequency of use" (Gallent, Mace & Tewdwr-Jones, 2017, S. 8). Im deutschsprachigen Raum hingegen spielt der nicht-ständige Eigentümerwohnsitz eine mindestens genauso wichtige Rolle (Arpagaus & Spörri, 2008; Bieger et al., 2007; Krippendorf, 1975; Sonderegger & Bätzing, 2013; Weinert, 2010).

2.2.3. Zwischenfazit

Wichtig für diese Dissertation ist die Betrachtung der Zweitwohnung unter den beiden Abgrenzungskriterien „Besitz" und „Nutzung". Erstens muss geklärt werden, wem die Zweitwohnung gehört. Handelt es sich um Eigenbesitz oder um Miete eines Objektes. Zweitens steht die Frage im Raum, inwiefern eine Zweitwohnung genutzt wird. Exklusive Eigennutzung kann sowohl bei Eigenbesitz als auch bei Miete vorliegen. Dann müsste von sog. „cold beds" gesprochen werden. Von „hot beds" würde bei nicht exklusiver, geteilter Nutzung gesprochen, unabhängig davon, ob das Objekt gemietet oder selbst besessen wird.

Diese Dissertation definiert eine klassische Zweitwohnung als selbst besessenes oder gemietetes Objekt, das exklusiv durch den Besitzer oder Mieter genutzt wird. Die Zweitwohnung ist nicht Erstwohnung und wird über das Jahr gesehen temporär genutzt.

		Besitz	
		Miete	Eigentum
Nutzung	(Ver-)mietbar / Plattform / „hot bed"	Zweitwohnung als Funktionalität	Zweitwohnung als Funktionalität
	Exklusiv / „cold bed"	Klassische Zweitwohnung	Klassische Zweitwohnung

Abbildung 4: Die klassische Zweitwohnung zwischen Besitz und Nutzung

Quelle: Eigene Darstellung

3. Literatur Review Forschungsobjekt: Zweitwohnungsbesitzende

Der erste Teil der Literatur Review behandelt das Forschungsobjekt der Zweitwohnungsbesitzenden. Das Ziel ist es, die erste Forschungsfrage zu beantworten: Wie kann die Beziehung von Zweitwohnungsbesitzenden mit ihrer Destination strukturiert werden?

Dieses Kapitel ist in drei Unterkapitel gegliedert. Nach einer kurzen Definition des Begriffs Zweitwohnungsbesitzende, wird als Zweites auf die ökonomischen Merkmale von Zweitwohnungsbesitzenden eingegangen. Drittens werden die Vor- und Nachteile von sowie Massnahmen im Umgang mit Zweitwohnungsbesitzenden besprochen.

3.1. Definition Zweitwohnungsbesitzende

In Anlehnung an die in Kapitel 2 durchgeführte Abgrenzung und Definition einer Zweitwohnung, gelten diejenigen für diese Dissertation als Zweitwohnungsbesitzende, die eine Zweitwohnung zum exklusiven Eigengebrauch entweder mieten oder selbst besitzen. Wer eine Zweitwohnung hingegen besitzt oder mietet, aber nicht exklusiv nutzt, bedient sich vor allem ihrer temporären Funktionalität.

Diese Unterscheidung ist für die Dissertation wichtig, da der Besitzer oder Mieter als exklusiver Nutzer der Zweitwohnung eine ganz andere Bindung, Identifikation und Beziehung zum Ort und zur Immobilie hat, als der temporäre Nutzer (Bieger, 2006). Ausserdem hat nur der exklusive Nutzer einen ständig freien und uneingeschränkten Zugang zur Immobilie. Der reine Eigentumsbesitz ohne (exklusive) Eigennutzung setzt eine viel transaktionalere Einstellung zum Objekt der Zweitwohnung voraus. Deshalb konzentriert sich die Arbeit auf die exklusiven Eigennutzer einer Zweitwohnung.

	Besitz	
	Miete	Eigentum
Nutzung (Ver-)mietbar / Plattform / „hot bed"	Funktionaler Zweitwohnungsmieter	Funktionaler Zweitwohnungsbesitzender
Exklusiv / „cold bed"	Klassischer Zweitwohnungsbesitzender	Klassischer Zweitwohnungsbesitzender

Abbildung 5: Der klassische Zweitwohnungsbesitzende zwischen Besitzer und Nutzer

Quelle: Eigene Darstellung

3.2. Ökonomische Merkmale von Zweitwohnungsbesitzenden

Lange betrachteten die Destinationen ihre Zweitwohnungsbesitzenden ausschliesslich transaktional. Laut Müller-Jentsch (2017) galten sie als willkommene Immobilienkäufer, Touristen und Steuerzahler. Doch im Laufe der Zeit hat sich das Bild gewandelt und viele Destinationen haben erkannt, dass Zweitwohnungsbesitzende eine Vielzahl an weiteren Qualitäten in die Destination bringen. So seien Zweitwohnungsbesitzende oft einkommensstark, vermögend, gut ausgebildet und mobil und brächten gleichzeitig innovative Ideen, Investitionen und Unternehmergeist in die Destinationen (Müller-Jentsch, 2017).

Doch auch die Sicht der Zweitwohnungsbesitzenden hat sich gewandelt. Wurden Zweitwohnungen seit Mitte der 1960er Jahre meist für Ferienzwecke und als Kapitalanlage gekauft, lässt sich seit den 1990er Jahren eine Abkehr vom Hauptmotiv Investition erkennen. „Neue Käufer kaufen Ferienwohnungen nicht mehr aus Anlagemotiven, sondern aus emotionalen Gründen, wie beispielsweise Aufbau eines Refugiums oder Familientreffpunktes" (Bieger, 2006, S. 183).

Heute vereinen Zweitwohnungsbesitzende drei Rollen auf sich. Erstens haben sie nach wie vor die Rolle des Investors in der Destination inne. Diese Rolle zeigt sich zum einen durch den Kauf der Immobilie, zum anderen aber auch durch Instandhaltungsarbeiten, Renovierungen und anderweitige Aufträge rund um das Objekt, wie bspw. Verschönerungsarbeiten, die oft durch das lokale Gewerbe durchgeführt werden (Bieger, 2006).

Zweitens stehen Zweitwohnungsbesitzende durch ihr erhebliches finanzielles Investment in einer engen emotionalen Beziehung zur Destination

(Bieger, 2006). Aufgrund dieses emotionalen Bezugs zur Zweitwohnungsdestination sind sie verstärkt bereit, sich vor Ort zu engagieren und einzubringen (Müller-Jentsch, 2015). Als Impulsgeber, Wissensträger und aktive Ge-
stalter können Zweitwohnungsbesitzende als Co-Produzenten bezeichnet
werden (Müller-Jentsch, 2017).

Drittens gelten Zweitwohnungsbesitzende als wichtige Konsumenten
in der Destination. Während des Aufenthaltes kaufen und konsumieren
Zweitwohnungsbesitzende Produkte und Dienstleistungen in der Destination. Mit zunehmender emotionaler Bindung werden teilweise sogar teure
Konsumgüter, wie z. B. Autos, in der Destination erworben (Bieger, 2006).

Zusammengefasst haben Zweitwohnungsbesitzende häufig eine enge
emotionale Beziehung zur Zweitwohnungsdestination und verfügen über
die Ressourcen, die für den derzeitigen Strukturwandel in den Destinationen gebraucht werden (Müller-Jentsch, 2017). Für die Destinationen ist es
deshalb wichtig, das Potenzial der Zweitwohnungsbesitzenden als Kunden,
Co-Produzenten und Investoren aktiv zu nutzen und zu entwickeln. Diese
drei Rollen bzw. ökonomischen Merkmale werden im Folgenden detailliert
besprochen. Dabei wird jede Rolle auch als Anspruchsgruppe aus der Sicht
des St.Galler Management Modell erörtert (Dubs, Euler, Rüegg-Stürm &
Wyss, 2009).

3.2.1. Kunden

Die Kundenrolle eines Zweitwohnungsbesitzenden wird als Erstes analysiert.

Laut Dudenredaktion (o.J.) gilt jemand als Kunde, „der (regelmäßig)
eine Ware kauft oder eine Dienstleistung in Anspruch nimmt (und daher in
dem Geschäft, in der Firma bekannt ist)". Diese Beschreibung ist stark ver-
einfacht, hilft aber, ein generelles Verständnis für die Rolle zu bekommen,
da zwei entscheidende Elemente angesprochen werden. Zum einen muss
eine Transaktion vorliegen, zum anderen muss diese Person bekannt sein,
damit man von einem Kunden sprechen kann. Im Kontext des Marketings
ist der Kunde Teil des 5-C-Ansatzes, der auf den Ideen von Kotler und Levy
(1969) basiert. Zu den fünf Cs gehören Customer, Context, Competitor,
Collaborator und Company. Die Kunden entscheiden dabei langfristig über
den Erfolg einer Unternehmung (Belz & Bieger, 2006).

Laut Kotler und Levy (1969) kann die Gruppe der Kunden bzw. Konsumenten in vier Subgruppen unterteilt werden. Diese sind die Klienten,
die Trustees oder Direktoren, die aktive Öffentlichkeit und die generelle Öffentlichkeit. Die Klienten sind die unmittelbaren und potenziellen Käufer
der Produkte oder Services einer Organisation. Trustees bzw. Direktoren

werden mit der rechtlichen Autorität und Verantwortung über die Firma ausgestattet, überwachen das Management und geniessen Vorteile in Bezug auf die Produkte der Firma. Als aktive Öffentlichkeit gelten beispielsweise Konsumentenschutzorganisationen, Regierungsstellen oder andere relevante Anspruchsgruppen. Zur generellen Öffentlichkeit gehören alle, die eine Einstellung zur Organisation entwickeln können und somit auf die Organisation Bezug nehmen und Einfluss ausüben können. Es wird klar, dass die Rolle des Kunden allein schon sehr facettenreich ist. So kann ein Zweitwohnungsbesitzender sowohl zur Untergruppe der Klienten als auch der aktiven Öffentlichkeit gehören, wenn er sich in einem Zweitwohnungsbesitzerverein oder -verband engagiert.

Die Relevanz der Kundenrolle verdeutlicht auch das St.Galler Management Modell. Die Kunden sind eine von acht Anspruchsgruppen, die für eine Unternehmung wichtig sind (Dubs et al., 2009; Rüegg-Stürm, 2003). Je nach Kontext haben die einzelnen Anspruchsgruppen ein unterschiedliches Gewicht, doch der Rolle der Kunden muss immer grosse Beachtung beigemessen werden (Bieger, 2019). Die Kunden repräsentieren nämlich als nachgelagerte Wertschöpfungseinheit das Ende der Geschäftsprozesse der Unternehmung (Dubs et al., 2009).

3.2.2. Co-Produzenten

Die Rolle eines Zweitwohnungsbesitzenden als Co-Produzent wird als Zweites betrachtet.

Die Grundlage des Rollenverständnisses von Zweitwohnungsbesitzenden als Co-Produzenten in der Gemeinde liegt darin, dass sie eine enge emotionale Beziehung zu ihrem Zweitwohnungsdomizil haben (Müller-Jentsch, 2015). Durch diese Bindung seien sie bereit, sich vor Ort aktiv miteinzubringen und sich zu engagieren. Das Ziel, das Zweitwohnungsbesitzende mit ihrem Engagement verfolgen, ist oft „der Wunsch, das Umfeld am Zweitwohnsitz positiv zu beeinflussen" (Müller-Jentsch, 2017, S. 58).

Aus Marketingsicht bezieht sich Co-Produktion darauf, Kunden als aktive Teilnehmende an der Arbeit des eigenen Unternehmens zu gewinnen (Joosten, Bloemer & Hillebrand, 2016). Der klassische, sequenzielle Prozess der Unternehmen-Kunden-Beziehung verläuft nach den vier Schritten Design und Entwicklung, Produktion, Marketing sowie Konsum (Wikström, 1996). Bei der Co-Produktion soll der Kunde nun aktiv in diesen Prozess miteinbezogen werden. Es kommt einerseits zu einem Perspektivwechsel weg von der Produzenten-Kunden-Sicht hin zu einer Co-Produktions-Sicht, andererseits verschwimmen die strikten Grenzen der einzelnen Wertschöpfungsschritte (Wikström, 1996).

Die Vorteile der Co-Produktion liegen für beide Seiten auf der Hand. Der Zweitwohnungsbesitzende kann seine Ideen in die Tat umsetzen und fühlt sich in der Destination wohler (Müller-Jentsch, 2015). Das Engagement als Co-Produzent basiert auf einem partnerschaftlichen Verhältnis zwischen Destination und Zweitwohnungsbesitzenden (Müller-Jentsch, 2015). Die Destination ist auf die Mitwirkung von Co-Produzenten angewiesen, um den Tourismus aufrecht zu erhalten (Bieger, 2006). Darüber hinaus können viele Massnahmen und Services zu niedrigeren Kosten, besserer Qualität, besserem Kundenfit, höherer Geschwindigkeit und grösserer Benutzerfreundlichkeit bereitgestellt werden (Wikström, 1996).

Im St.Galler Management Modell lassen sich die Co-Produzenten am ehesten im Rahmen der Anspruchsgruppe der Mitarbeitenden verorten. Die Unternehmung muss sich mit ihren Mitarbeitenden in Bezug auf die drei Themen Personalarbeit, Bildungsmanagement und Führung auseinandersetzen. Alle drei Themen halten interessante Einsichten für eine Destination bereit. Doch besonders das Thema Führung von Zweitwohnungsbesitzenden als Co-Produzenten ist für die Destination wichtig (Dubs et al., 2009).

3.2.3. Investoren

Als Drittes wird die Investorenrolle der Zweitwohnungsbesitzenden besprochen.

Investoren existieren überall und in jeder Form (Lin, 2015). Sie wohnen in grossen Städten und kleinen Dörfern, sie arbeiten an der Wall Street oder sind Bauern, sie sind jung und alt. Zusammengefasst ist die Gruppe der Investoren sehr divers und heterogen (McNulty & Nordberg, 2016). Als Gemeinsamkeit teilen alle Investoren, dass sie Kapital in Erwartung einer zukünftigen finanziellen Rendite aufwenden (Lin, 2015).

Lin (2015) unterscheidet folgende vier Investorentypen: Den vernünftigen, den irrationalen, den aktiven und den anspruchsvollen Investor. Der vernünftige Investor sei der am meisten wahrgenommen Investorentypus. Dieser Typus des idealisierten Kleinanlegers würde Gesetzgebern und Regulatoren zumeist vor Augen stehen, wenn sie Gesetze und Vorgaben erliessen. Er zeichnet sich durch seine Wahrnehmungsfähigkeit, seinen Aktivismus, sein Vermögen und seine Persönlichkeit aus. In Bezug auf seine Wahrnehmungsfähigkeit wird der vernünftige Investor als der idealisierte, perfekt rationale Akteur der neoklassischen Ökonomie verstanden (Lin, 2015). Im Sinne des Aktivismus wird er als passiver, langfristiger Investor verstanden. Sein Vermögen ist das eines Kleinanlegers mit durchschnittlichem Vermögen und finanzieller Versiertheit. Unter dem Aspekt seiner Persönlichkeit wird der vernünftige Investor in der Regel als Privatmensch verstanden

(Lin, 2015). Im Allgemeinen wird der vernünftige Investor als Homo Oeconomicus gesehen, der sein eigenes Wohlbefinden maximiert unter Berücksichtigung der Einschränkungen, denen er ausgesetzt ist (Rodriguez-Sickert,
2009).

Laut Lin (2015) ist der irrationale Investor der Gegenentwurf zum
vernünftigen Investor. Statt als konstruierter Homo Oeconomicus agiert
der irrationale Investor vielmehr als Homo Sapiens, dem fehlerhaften, ge-
wöhnlichen Individuum der realen Welt. Die beiden Ansätze unterscheiden
sich auf drei grundlegende Arten. Erstens kann der irrationale Investor die
vorhanden Marktinformationen nicht perfekt verstehen und verarbeiten.
Zweitens investiert der irrationale Investor nicht nur auf der Grundlage von
objektivierten, rationalen Informationen, sondern auch auf Basis von anderen Stimuli, wie z. B. Emotionen, Bias, Heuristiken und Framing-Effekten.
Drittens interagiert der irrationale Investor nicht mit anderen effizient handelnden, perfekt informierten Individuen, sondern mit anderen ebenfalls
teilweise irrational handelnden Investoren.

Der aktive Investor unterscheidet sich nach Lin (2015) von den anderen
Investorentypen durch seinen Eigentumsstil und seinen Anlagehorizont.
Statt passiv zu investieren, will er das Geschäft und das Management, das
hinter seinem Investment steht, durch aktive Einflussnahme beeinflussen.
Dazu investiert er mit einem kürzeren Anlagehorizont als andere Investoren. „Rather than invest for long-term value creation, the active investor
focuses on short-term returns" (Lin, 2015, S. 472).

Der vierte Investorentyp ist der anspruchsvolle Investor (Lin, 2015). Er
unterscheidet sich vom vernünftigen Investor durch sein überdurchschnittliches Vermögen und sein dezidiertes Investorenwissen.

Die Investorenrolle eines Zweitwohnungsbesitzenden kann als Kombination der hier präsentierten Investorentypen gesehen werden. Zum einen
vereinigt ein Zweitwohnungsbesitzender als Privatperson einige Merkmale
des vernünftigen Investors auf sich, doch zum anderen investiert er häufig
aus persönlichen und emotionalen Gründen, was Charakteristika des irrationalen Investorentypus sind. Dazu kommt, dass ein Zweitwohnungsbesitzender zumeist über ein überdurchschnittliches Vermögen verfügt (Müller-
Jentsch, 2015), was für den Typus des anspruchsvollen Investors spricht.

Im St.Galler Management Modell sind Investoren mit der Anspruchsgruppe der Kapitalgeber vertreten (Dubs et al., 2009). In dem Modell wird
zwischen institutionellen und privaten Investoren unterschieden. Institutionelle Investoren, wie z. B. Versicherungen und Investmentfonds, fällen ihre
Investmententscheidungen aufgrund von objektivierten Informationen, um
Rendite zu erzielen. Private Investoren investieren v. a. mit dem Ziel des
privaten Vermögensaufbaus (Dubs et al., 2009). Der klassische Zweitwoh-

nungsbesitzende, wie er in dieser Dissertation verstanden und definiert wird, lässt sich eher der Gruppe der privaten Investoren zuschreiben.

3.3. Vorteile, Nachteile und Massnahmen im Umgang mit Zweitwohnungsbesitzenden

Im Folgenden werden die Vorteile, Nachteile und geeignete Massnahmen im Umgang mit Zweitwohnungsbesitzenden besprochen. Alle hier besprochenen Ergebnisse sind im Anhang in Tabelle 53 aufgelistet.

Bieger und Beritelli (2004) nennen vier Vorteile von Zweitwohnungsbesitzenden. Erstens würden sie zu Wertschöpfungszuflüssen in der Gemeinde führen. Zweitens seien sie loyale und emotional gebundene Kunden, die über Word-of-Mouth zur Bekanntheit der Destination beitrügen. Damit lösten sie intangible indirekte Effekte aus. Drittens schüfen sie zusätzliche Nachfrage und generierten Umsätze vor Ort. Viertens bestünden bei regelmässiger Belegung selbst finanzierte Bettenkapazitäten für den Ort.

Gleichzeitig zählen Bieger und Beritelli (2004) sechs Nachteile von Zweitwohnungen und Zweitwohnungsbesitzenden auf. Erstens hätten die Zweitwohnungen negative ästhetische Effekte auf das Landschaftsbild durch den Flächen- und Landverbrauch. Zweitens gäbe es raumwirksame Effekte, wie z. B. die Zersiedelung von Ortschaften. Drittens würden mehr Zweitwohnungen auch zu einem erhöhten Reise- und Verkehrsaufkommen führen. Negative ökonomische Effekte durch ein ungünstiges Ertrags-Kosten-Verhältnis werden als Viertes angeführt. Diese würden durch eine Erhöhung der Belastungsspitzen und eine niedrige Durchschnittsauslastung der Infrastruktur ausgelöst werden. Fünftens müssten Dienstleistungen, wie die staatlichen Bereitschaftsdienste von Feuerwehr, Rettungsdienst und Polizei, während der Spitzenzeiten in erhöhtem Umfang bereitgehalten werden. Sechstens käme es zu indirekten Effekten durch ein relativ starkes und politisch einflussreiches Baugewerbe, denn dieses führe zu einem Selbstverstärkungsmechanismus von immer weiterem Zweitwohnungsbau sowie zu Opportunitätskosten in der Hotellerie.

In ihrem Paper präsentieren Bieger und Beritelli (2004) vier Massnahmen für den Umgang mit Zweitwohnungen und Zweitwohnungsbesitzenden. Erstens müsse ein nachhaltiger Wachstumspfad für den schon bestehenden Zweitwohnungsbestand definiert werden, der zweitens mit entsprechenden Instrumenten kontrolliert und durchgesetzt würde. Drittens müssten Zweitwohnungsbesitzende mit Hilfe von wirtschaftlichen Anreizen sowie durch Verminderung von psychologischen Barrieren gegen die

Vermietung dazu gebracht werden, ihre ungenutzten Zweitwohnungen vermehrt zu vermieten. Viertens sollte zumindest einen Teil des Mehrwertes, der durch den Zweitwohnungsbau entsteht, abgeschöpft und für Reinvestitionen eingesetzt werden.

Arpagaus und Spörri (2008) formulieren drei Vorteile, die mit dem Bau von Zweitwohnungen einhergehen. Erstens sei der Bau von Zweitwohnungen ein bedeutender, exportorientierter Wirtschaftsfaktor für die Gemeinden und Kantone. Zweitens würden durch den Bau Arbeitsplätze in der Bauwirtschaft geschaffen und durch den Unterhalt der Zweitwohnung auch weitere Jobs in anderen Branchen, wodurch drittens eine allgemeine touristische Wertschöpfung kreiert würde.

In ihrem Beitrag beschäftigen sich Arpagaus und Spörri (2008) aber vor allem mit den nachteiligen Effekten von Zweitwohnungen. Erstens käme es zu einem Bauboom, Umnutzung von Hotelbetten, Mangel an bezahlbarem Wohnraum für Einheimische sowie zur Zersiedelung der Landschaft in den Tourismusgebieten. Allgemein würde die Ressource Boden und die Landschaft durch den Bau von Zweitwohnungen übermässig verbraucht werden. Darüber hinaus würde die Destination in eine starke wirtschaftliche Abhängigkeit von den Zweitwohnungsbesitzenden getrieben sowie nach dem immer weiteren Bau neuer Wohnungen. Viertens sei nachteilig, dass der Aufwand zur Abdeckung von Spitzenbelastungen bei Strom, Wasser, Abwasser etc. sehr hoch sei, während die Auslastung über das Jahr im Mittel zu gering sei. Fünftens würde die einheimische Bevölkerung stark abhängig von den Jobs im Bauhaupt- und Baunebengewerbe.

Als Massnahmen zum Umgang mit Zweitwohnungsbesitzenden schlagen Arpagaus und Spörri (2008) Folgendes vor. Erstens die Erhöhung der Auslastung von bestehenden und neuen Zweitwohnungen. Zweitens einen stärker eingeschränkten, haushälterischen Umgang mit Bauland durch Kontingentierung. Drittens gezielte Massnahmen, um bezahlbaren Wohnraum für Einheimische sicherzustellen, wie z. B. Erstwohnanteilspläne, Bauzonen für Einheimische oder eine aktive Bodenpolitik. Viertens die Förderung von kommerziellen Beherbergungsbetrieben, wie Hotels, Resorts, hybride Beherbergungsformen und Ferienwohnungssiedlungen, um die Internationalisierung und Erschliessung von neuen Märkten voranzutreiben. Fünftens eine im Allgemeinen restriktivere Bauzonenpolitik für Zweitwohnungen.

Anders als Arpagaus und Spörri (2008) unterstreicht Müller-Jentsch (2015) besonders die Vorteile von Zweitwohnungsbesitzenden. Erstens seien Zweitwohnungsbesitzende oft einkommensstark, vermögend, gut ausgebildet und mobil. Zweitens fänden sich unter ihnen viele Selbständige, Unternehmer und Personen mit wertvollen Netzwerken im In- und Ausland. Drittens seien sie oftmals bereit, sich vor Ort zu engagieren und einzubringen, da sie sich mit der Destination identifizieren würden. Viertens hegten sie häufig den Wunsch, das Umfeld am Zweitwohnsitz positiv zu beeinflussen. Fünftens schüfen sie mit ihrem Engagement wichtige Arbeitsplätze in der Destination und tätigten Investments, z. B. in eigene Gastronomie- oder Hotellerie-Betriebe.

Den einzigen Nachteil, den Müller-Jentsch (2015) anbringt, ist der temporäre Leerstand der Zweitwohnungen als kalte Betten.

Müller-Jentsch (2015) formuliert sieben konkrete Massnahmen zum Umgang mit Zweitwohnungsbesitzenden. Erstens ein gemeinsames Massnahmenpaket von Einheimischen und Zweitwohnungsbesitzenden zur Dorferneuerung. Dazu könnte zweitens ein Dorf-Begegnungszentrum zur Vitalisierung des Dorfkerns gehören oder drittens eine gemeinsame, systematische Aufwertung und Nutzung der leerstehenden historischen Gebäude. Viertens sollten Zweitwohnungsbesitzende aktiv aufgefordert werden, als Hotelbesitzer, Gastronomen oder manchmal sogar als Gemeindepräsidenten zu fungieren. Fünftens könnte nicht stimmberechtigten Zweitwohnungsbesitzenden ein Mitspracherecht bei der Verwendung der Mittel aus der Zweitwohnungsabgabe gegeben werden. Dies liesse sich über konsultative Gremien auf Gemeindeebene realisieren, z. B. in einem Rat der Zweitwohnungsbesitzenden. Sechstens liessen sich gewisse Milizämter auch für Zweitwohnungsbesitzende öffnen. Als siebte Massnahme wären auch steuerliche Anreize denkbar. Generell sei es wichtig, Zweitwohnungsbesitzende nicht als Milchkühe zu verstehen, sondern als Partner zu behandeln.

3.4. Zwischenfazit

Dieses Kapitel hat die erste Forschungsfrage beantwortet: Wie kann die Beziehung von Zweitwohnungsbesitzenden mit ihrer Destination strukturiert werden? Dabei ist die Komplexität deutlich geworden, die im Umgang mit der Gruppe der Zweitwohnungsbesitzenden herrscht. Eine simple Strukturierung lässt sich schwer vornehmen. Denn das Rollenverständnis der Zweitwohnungsbesitzenden in Bezug zur Destination ist nicht von einer gemeinsamen Identität geprägt, sondern von individuellen Ausprägungen der Kunden-, Co-Produzenten- und Investorenrolle. Passend dazu schreibt der schottische Empirist David Hume (2008), dass Identität eine Fiktion sei. Die Identität einer Gruppe, einer Gemeinschaft oder eines Individuums könne nie a priori bestehen. Doch es könne der Eindruck von Identität durch Nähe und Ähnlichkeit von Wahrnehmungsmomenten entstehen. In diesem Sinne kann eine geteilte Zweitwohnungsbesitzeridentität durch zeitliche Nähe und grösstmögliche Ähnlichkeit der Erfahrungen innerhalb der Gruppe entstehen. Dafür ist in letzter Instanz die Destination durch konsistente Leistungsversprechen und -erfüllung verantwortlich.

Es wurde deutlich, dass Zweitwohnungsbesitzende der jeweiligen Destination viele Vorteile bringen. Sie können aber auch nachteilige Effekte haben, wobei vor allem die kalten Betten, die Belastung zu Spitzenzeiten und die wirtschaftliche Abhängigkeit genannt wurden. Um diese Nachteile auszugleichen, sollten Zweitwohnungsbesitzende engagiert werden, damit sie mehr Zeit, Ressourcen und Kraft in die Destination investieren. Im Folgenden wird deshalb das Erkenntnisobjekt des Engagement-Konstrukts genauer analysiert. Dies erfolgt aus den drei Blickwinkeln des Customer Engagements, des Employee Engagements und des Investor Engagements. Damit werden alle drei Rollen eines Zweitwohnungsbesitzenden mit ihrem passenden Pendant aus der Engagement-Theorie verbunden.

4. Literatur Review Erkenntnisobjekt: Engagement-Konstrukt

Der zweite Teil der Literatur Review widmet sich dem Erkenntnisobjekt und damit dem Engagement-Konstrukt. Das Erkenntnisobjekt ist epistemologisch, d. h. erkenntnistheoretisch, getrieben. Deshalb wird sowohl die Entwicklung der Theorie als auch der neuste Stand der Forschung aufgezeigt. Mit diesem Vorgehen soll die zweite Forschungsfrage beantwortet werden: Welche Erkenntnisse lassen sich aus der Engagement-Theorie für die Verbesserung der Beziehung von Zweitwohnungsbesitzenden und der Destination ableiten?

Die Literatur Review zum Engagement-Ansatz folgt dem Vorgehen der Narrative Review, das u. a. in dem Paper von Simsek, Fox und Heavey (2015) angewandt wurde. Die drei Kernelemente der Narrative Review sind die transparente Darstellung der Literaturrecherche, z. B. der Suchstrategie und der Selektionskriterien, die Synthese sowie die Ableitung von Implikationen für zukünftige Forschungsvorhaben (Goldenstein et al., 2018, S. 77-78). Der erste Schritt wird im Folgenden besprochen. Der zweite Schritt wird in drei Unterschritte unterteilt. Erst wird das zentrale Konstrukt dargestellt (Kapitel 4.1), dann werden das Forschungsfeld in Teilbereiche untergliedert und die wesentlichen Erkenntnisse aufgezeigt (Kapitel 4.2, Kapitel 4.3, Kapitel 4.4). Daraufhin werden die Gemeinsamkeiten der Ansätze diskutiert (Kapitel 4.5). Der dritte Schritt der Ableitung von Implikationen erfolgt in Kapitel 5.

Der Suchprozess für relevante Literatur folgt dem fünfstufigen Suchprozess von Simsek et al. (2015), der auch bei Goldenstein et al. (2018) erläutert wird. Zuerst wurden mittels Stichwortsuche nach dem Wort „Engagement" im Titel erste Treffer in den Datenbanken Web of Science, Google Scholar und Scopus ohne weitere Filter generiert. Web of Science lieferte 30'595 Treffer, Google Scholar 4'480'000 Treffer und Scopus 34'055 Treffer (Stand 01.09.2019). Aus der Analyse der Treffer wurden drei zusätzliche Schlüsselwörter mit ihren häufig verwendeten Synonymen identifiziert, die in die Suche miteinbezogen wurden. Diese drei Schlüsselwörter gehen von den drei Rollen Kunde, Co-Produzent und Investor aus, die ein Zweitwohnungsbesitzender auf sich vereinigt.

So wurde die Suche im zweiten Schritt auf die Stichwortsuche „Customer Engagement" (plus „Consumer Engagement"), „Employee Engagement" und „Investor Engagement" (plus „Shareholder Engagement") eingeengt. Dabei wurden total 1'369 Artikel generiert. Nach Abzug der Duplikate verblieben 1'341 Artikel. Um die Anzahl der Artikel auf relevante Suchfelder einzugrenzen, wurden ausschliesslich Artikel aus den acht Kategorien Management, Business, Psychology Applied, Economics, Hospitality Leisure Sport Tourism, Psychology Multidisciplinary, Social Sciences Interdisciplinary und Business Finance aufgenommen. Diese Code-Anpassung reduzierte die Artikelanzahl auf 944. Da der erste Schritt gezeigt hat, dass die beiden Datenbanken Web of Science und Scopus zu einem grossen Teil übereinstimmende Ergebnisse geliefert haben, wurde primär über Web of Science recherchiert. Google Scholar wurde ausschliesslich zur Überprüfung von Suchergebnissen und für den Volltextzugriff verwendet.

Der dritte Schritt ist gemäss Vorgabe eine Rückwärtszitation. Dabei werden wichtige Arbeiten analysiert, die das Forschungsfeld beeinflusst haben. Konkret geht es um die Analyse der Artikel, die von den bisher ermittelten Aufsätzen zitiert wurden, aber noch nicht Teil der Grundgesamtheit sind (Goldenstein et al., 2018, S. 79). Anders als bei Simsek et al. (2015) wurde die Engagement-Thematik aber ohne zeitlichen Filter analysiert. Das heisst, dass sämtlich Beiträge unter den analysierten Schlagworten ohne zeitliche Restriktion in den Trefferlisten zu finden sind. Dies ist bei Simsek et al. (2015) anders, weshalb sie sich im Nachhinein für ausgewählte Publikationen vor dem von ihnen gewählten Startdatum interessiert haben. Somit ist der dritte Schritt für diese Arbeit obsolet.

Der vierte Schritt beschreibt die Vorwärtszitation. Hier werden Artikel untersucht, die die schon enthaltenen Artikel zitieren, aber noch nicht Teil der Grundgesamtheit sind (Goldenstein et al., 2018, S. 79). Dazu wurden die 944 Artikel mithilfe von Web of Science einer Zitationsanalyse unterzogen. Im Ergebnis zitieren 10'479 Artikel die schon identifizierten 944 Artikel, was 18'673 Zitationen entspricht. Da dies eine riesige Datenmenge ist, wurden die zu analysierenden Artikel in Übereinstimmung mit Simsek et al. (2015) eingeschränkt. Es wurden die Artikel untersucht, die für mehr als 50% der Zitationen der Grundgesamtheit stehen. Dies entspricht 20 Artikeln. Aus den Artikeln, die diese 20 Artikel zitieren, wurden zusätzliche 59 Artikel in die Grundgesamtheit aufgenommen. Insgesamt wurden also 1'003 Artikel mit diesen vier Schritten als vorläufige Grundgesamtheit identifiziert.

Im fünften und letzten Schritt wurde überprüft, wie zentral die vorläufigen 1'003 Artikel für das Engagement-Konstrukt und die drei definierten Untergruppen sind. In Übereinstimmung mit anderen Autoren (Lane, Koka & Pathak, 2006; Nosella, Cantarello & Filippini, 2012; Simsek et al., 2015) wurden die Artikel in zwei Kategorien eingeteilt. Entweder handelt es sich um Artikel, in denen das Engagement-Konstrukt zentral besprochen wird, d. h. „either modifying or extending the concept, or relying on the concept when developing the theoretical argument, hypotheses, or model"

(Simsek et al., 2015, S. 4 - Online Appendix). Oder es sind Artikel, in denen das Konstrukt nur teilweise oder am Rande besprochen wird. Aus diesen 1'003 Artikeln wurden 161 Artikel in die engere Auswahl zur Analyse in dieser Dissertation eingebunden: 73 Artikel zu Customer, 65 Artikel zu Employee und 23 Artikel zu Investor Engagement.

Schritt	Zweck und Durchführung	Ergebnis
Schritt 1: Stichwortsuche nach „Engagement" im Titel	Review und Analyse der Titel, Schlagwörter, Kategorien und Zitationsanzahl, um Suchwörter für eine genauere Literaturanalyse zu generieren	– Web of Science 30'595 Treffer – Google Scholar 4'480'000 Treffer – Scopus 34'055 Treffer – Identifikation von 3 Schlüsselwörtern
Schritt 2: Schlüsselwörtersuche nach „Customer Engagement" (plus „Consumer Engagement"), „Employee Engagement" und „Investor Engagement" (plus „Shareholder Engagement")	Detaillierte Suche der Schlüsselwörter in Web of Science	– Customer Engagement: 288 Artikel (Consumer Engagement: 277 Artikel) – Employee Engagement: 777 Artikel – Investor Engagement: 13 Artikel (Shareholder Engagement: 14 Artikel) – Total: 1'369 Artikel – Bereinigt: 1'341 Artikel – Nach Kategorieanpassung: 944 Artikel
Schritt 3: Rückwärtszitation	Analyse der Artikel, die von den bisher ermittelten Aufsätzen zitiert wurden, aber noch nicht Teil der Grundgesamtheit sind	– Keine weiteren Treffer, da nicht durchgeführt
Schritt 4: Vorwärtszitation	Analyse der Artikel, die die bisher ermittelten Aufsätze zitieren, aber noch nicht Teil der Grundgesamtheit sind	– Zusätzliche 59 Artikel – Grundgesamtheit von 1'003 Artikeln
Schritt 5: Identifizierung der relevanten Grundgesamtheit	Analyse anhand zweier Kategorien, ob das Thema Engagement ein zentraler Bestandteil des Artikels ist oder nicht	161 Treffer werden in die detaillierte Literatur Review einbezogen (CE: 73, EE: 65, IE: 23)

Tabelle 2: Übersicht über die fünf Schritte der Literaturrecherche

Quelle: Eigene Darstellung in Anlehnung an Goldenstein et al. (2018) und Simsek et al. (2015)

4.1. Definition Engagement

Im Folgenden werden Beiträge zum Konstrukt und zur Beschreibung des Phänomens Customer, Employee und Investor Engagement besprochen.

Die Verwendung des Begriffs Engagement geht bis in das 17. Jahrhundert zurück. Damals beschrieb Engagement eine Vielzahl von verschiedenen Zuständen, wie beispielsweise eine moralische oder rechtliche Verpflichtung, eine Verlobung, eine Jobbeschäftigung oder einen militärischen Konflikt (Oxford English Dictionary, o.J.). Seitdem hat sich die Bedeutung des Wortes jedoch gewandelt und es sind weitere Interpretationsansätze hinzugekommen. In der Literatur wird der Begriff heute häufig im Kontext von Connection, Attachment, Emotional Involvement und Partizipation verwendet (Brodie et al., 2011). Andere verwandte Konstrukte sind beispielsweise Involvement, Commitment, Passion, Enthusiasmus, Absorption, Effort und Energie (Schaufeli & Bakker, 2010). Der Begriff Engagement wurde in den letzten Jahren in immer mehr Felder, Fächer und Disziplinen eingeführt. Beispielhaft stehen dafür die Betriebswirtschaftslehre mit ihren Subdisziplinen, die Psychologie, die Soziologie oder die Politikwissenschaften (Hollebeek, 2011b). Gemeinsam ist den Ansätzen, dass Engagement auf einer Metaebene als eine Form von sozialem, interaktivem Verhalten in vorübergehendem Zustand charakterisiert wird, der innerhalb breit gefasster, relevanter Interaktionsprozesse auftritt und sich im Laufe der Zeit entwickelt (Brodie et al., 2011). Zusammenfassend lässt sich Engagement als ein eigenständiges und einzigartiges Konstrukt beschreiben, das aus kognitiven, emotionalen und verhaltensbezogenen Komponenten besteht (Saks, 2006).

Engagement ist eine a priori nicht direkt messbare Grösse, weil es ein theoretisches Konstrukt ist (Eberl, 2004). Es lässt sich aber theoretisch konzeptualisieren. Die Konzeptualisierungen zu Customer, Employee und Investor Engagement werden in den folgenden Unterkapiteln jeweils unter den Titeln Entwicklungsdynamik und Definitionen besprochen.

Die folgenden Erläuterungen zur Messung von Konstrukten lehnt sich an Eberl (2004) und Schmidthals (2007) an. Konstrukte lassen sich ausschliesslich anhand von Variablen (Indikatoren) messen. Um diejenigen Eigenschaften des Konstruktes Engagement messen zu können, die sich nicht direkt messen lassen, müssen diese sog. latenten Variablen in Bezug zum theoretischen Konstrukt gesetzt und operationalisiert werden. Für die Operationalisierung setzt man auf reflektive und formative Indikatoren. Der Unterschied zwischen beiden Indikatoren besteht in der anders gerichteten Kausalität. (Eberl, 2004; Schmidthals, 2007)

Reflektive Indikatoren werden auch als Konsequenzen, Folgen oder Effekte des Konstruktes gesehen. Die latente Variable beeinflusst also die gemessenen, beobachtbaren Variablen kausal. Das Konstrukt konstituiert sich demnach aus dem Indikatorenuniversum aller seiner Konsequenzen. Alle reflektiven Indikatoren sind miteinander korreliert, was dann den wahren Kern des Konstruktes ausmacht. (Eberl, 2004)

Im Gegensatz dazu stehen die formativen Indikatoren, da hier die Beziehungsrichtung verändert wird. Beobachtbare Indikatoren beeinflussen die latente Variable. Das Konstrukt konstituiert sich aus den beeinflussenden Variablen. Die beeinflussenden Variablen sind die Bausteine des Konstrukts. Sie werden als Antezedenzien oder Ursachen bezeichnet. (Eberl, 2004)

Um später das Messinstrument für das Engagement in der Zweitwohnungsbesitzenden-Destinationen-Beziehung theoretisch fundiert entwickeln zu können, wird in den folgenden drei Unterkapiteln auch auf die formativen Indikatoren (Antezedenzien), die Methoden des Konstrukts und die reflektiven Indikatoren (Konsequenzen) eingegangen.

4.2. Engagement von Kunden (Customer Engagement)

Im folgenden Abschnitt sollen die Entwicklung des Customer Engagement und deren Hintergründe besprochen werden. Darauf folgen Definitionsansätze sowie Ursachen, Methoden und Folgen des Customer Engagements.

4.2.1. Entwicklungsdynamik

Die Idee des Customer Engagement hat ihre Wurzeln im ursprünglichen Konzept des Marketings. Kotler und Levy (1969) beschreiben das Marketing als allgegenwärtige gesellschaftliche Aktivität. Sie erörtern primär zwei Aufgaben des Marketings. Zum einen geht es um das Verkaufen, Beeinflussen und Überzeugen. Zum anderen sei Marketing „the concept of sensitively serving and satisfying human needs" (Kotler & Levy, 1969, S. 15). Dabei müssten Produkte, die die Kunden zufriedenstellen, die Vorbedingung des Verkaufens sein – und nicht andersherum. Im Zeitalter des Überflusses sei es zudem die Herausforderung aller Firmen, und damit auch aller Destinationen, Customer Loyalität und Customer Satisfaction zu entwickeln. Der Schlüssel zum Erfolg liegt in einer klaren Ausrichtung an den Kundenbedürfnissen: „Focus on the customer's needs [because] effectiv marketing requires a consumer orientation" (Kotler & Levy, 1969, S. 15).

Kotler (1972) ergänzt, dass es beim Marketing Management darum ginge, Werte effizient zu schaffen und anzubieten, um gewünschte Transaktionen zu stimulieren. Das Hauptziel einer jeden Organisation müsse sein, Wert für andere und in der Beziehung zu anderen zu kreieren und anzubieten. Attraktive Wertversprechen führten zu den erhofften Reaktionen im Markt. Dabei sei aber das Problem, dass das Verständnis von Value komplett subjektiv sei und durch den jeweiligen Zielmarkt bzw. Zielgruppe definiert würde (Kotler, 1972, S. 50).

Einige Jahre später wird das Marketing Konzept unter dem Begriff Market Orientation umgesetzt (Kohli & Jaworski, 1990). Als marktorientiert definieren Kohli und Jaworski (1990, S. 3) eine Organisation, die sich strikt an den drei Grundpfeilern des oben besprochenen Marketing Konzepts orientiert und ausrichtet: Kundenfokus, koordiniertes Marketing und Profitabilität. Marktorientierung beziehe sich auf die organisationsweite Generierung und Verbreitung von sowie Reaktionsfähigkeit auf Marktinformationen, um die derzeitigen und zukünftigen Kundenbedürfnisse befriedigen zu können (Kohli & Jaworski, 1990, S. 6). Dabei beschreiben sie Marktorientierung als ein Kontinuum, das je nach Firma verschieden stark ausgeprägt sei. Je nach Ausprägung könne Marktorientierung die Basis für einen nachhaltigen kompetitiven Vorteil sein.

Kohli und Jaworski (1990) blicken auf Marktorientierung aus einer Verhaltensperspektive (Homburg & Pflesser, 2000). Alternativ kann das Thema auch aus einer Kulturperspektive betrachtet werden, „in dem Sinne, dass Marktorientierung ein Merkmal der Unternehmenskultur ist" (Tomczak, Kuß & Reinecke, 2009, S. 3). Demnach ist Marktorientierung die Organisationskultur, die am effektivsten und effizientesten die notwendigen Verhaltensweisen schafft, um höheren Kundenwert zu erstellen, und somit eine überlegene Unternehmensperformance ermöglicht (Narver & Slater, 1990, S. 21).

Die Ratio der Marktorientierung ergibt sich aus den Bedürfnissen und Erwartungen der Kunden, die sich im Laufe der Zeit ständig weiterentwickeln. Dies erfordert die Bereitstellung von Produkten und Dienstleistungen von gleichbleibend hoher Qualität und eine kontinuierliche Überwachung und Reaktionsfähigkeit auf die sich ändernden Marktbedürfnisse (Jaworski & Kohli, 1993, S. 53). Um einen kompetitiven Vorteil zu erreichen, haben sich aus dem Verständnis von Marktorientierung nach Kohli und Jaworski (1990) sowie Narver und Slater (1990) vor allem Bemühungen für firmeninterne Verbesserungen ergeben, wie z. B. Qualitätsmanagement, Reengineering, Downsizing und Restrukturierung.

Woodruff (1997) plädiert als einer der ersten dafür, dass der nächste Entwicklungsschritt eine Umorientierung nach aussen sein müsse. Um in Zei-

ten von globalem Wettbewerb und anspruchsvolleren Kunden einen kompetitiven Vorteil zu erzielen, müssten sich Firmen nach aussen, hin zu ihren
Kunden orientieren. Das Ziel eines Unternehmens sei, einen möglichst opti-
malen Customer Value für seine Kunden zu generieren: „Customer value
[…] takes the perspective of an organization's customers, considering what
they want and believe that they get from buying and using a seller's product" (Woodruff, 1997, S. 140). Aus dieser Definition von Customer Value
ergibt sich eine komplett neue Perspektive auf den Kunden und seine Bedürfnisse. Bisher ging man davon aus, dass es die Aufgabe der Firma sei, die
Customer Satisfaction durch sog. Customer Satisfaction Engineering zu erhöhen (Kotler & Levy, 1969, S. 10). Nun zieht Woodruff (1997) eine zweite
Ebene ein, nämlich die des Desired Values. Diese Zweiseitigkeit ist neu und
stellt Firmen vor grosse Herausforderungen. Sie müssen die Präferenzen und
die Zufriedenheit des Kunden nicht nur nach dem Kauf messen, sondern
den Desired Value auch vor dem Kauf bestimmen. Denn: „Customer value
is a customer's perceived preference for and evaluation of those product
attributes, attribute performance, and consequences arising from use that
facilitate (or block) achieving the customer's goals and purposes in use situ-
ations" (Woodruff, 1997, S. 142). Diese Sichtweise beinhaltet den Desired
Value und den Received Value. Zudem unterstreicht sie, dass sich Wert aus
den erlernten Wahrnehmungen, Präferenzen und Bewertungen der Kunden
ergibt.

Im selben Jahr geht Slater (1997) noch einen Schritt weiter. Woodruff
(1997) beschreibt, dass Customer Value die Grundlage von sämtlichen Ge-
schäftsaktivitäten sein müsse. Doch Slater (1997) stellt sogar eine Customer
Value-basierte Firmentheorie auf: „The creation of customer value must be
the reason for the firm's existence and certainly for its success" (S. 166).

Im Kern geht es um die Frage, warum eine Firma existiert. Die Grundlage sieht Slater (1997) bei Drucker (1974), der dies wie folgt formuliert: „To
satisfy the customer is the mission and purpose of every business" (S. 79).
Diese Customer Satisfaction würde dann erreicht, wenn die Firma einen
überlegenen Customer Value kreieren kann. Dies bedeutet konsequenter-
weise, dass eine der Konkurrenz überlegene Performance das Ergebnis vom
Angebot eines höherwertigen Customer Values ist (Slater, 1997, S. 164).
Eine im Vergleich höhere Performance setzt einen kompetitiven Vorteil
voraus (Porter, 1980). Weil diejenigen Firmen eine bessere Performance
erzielen, die eine Customer Value-basierte Organisationskultur durch Marktorientierung implementiert haben, muss dies der kompetitive Vorteil sein
(Slater, 1997, S. 164). Diese Verknüpfung von Customer Value (Wert für
Kunden) und Customer Equity (Wert von Kunden) zeigt das doppelseitige
Gesicht des Customer Value Ansatzes (Belz & Bieger, 2006, S. 31). Denn

eine Customer Value Orientierung generiert für beide involvierte Parteien Wert. Beide Seiten sind untrennbar miteinander verknüpft.

In der Folge rückt das Thema Customer Engagement in den Fokus der Forschung. Brodie et al. (2011) sehen es als strategisches Ziel, um eine höhere Firmenperformance zu erreichen. Customer Engagement sei ein Mittel, mit dem sich der Customer Value noch verstärkt realisieren liesse. Die Folgen von Customer Engagement seien Umsatzwachstum, ein stärker wahrnehmbarer kompetitiver Vorteil sowie höhere Profitabilität. Der Grund für diese Annahme ist, dass engagierte Kunden eine Schlüsselrolle bei viralen Marketingaktivitäten spielen und bestimmte Produkte, Dienstleistungen und/oder Marken an andere weiterempfehlen würden (Brodie et al., 2011, S. 252). Hinzu käme, dass engagierte Kunden eine wichtige Rolle bei der Entwicklung neuer Produkte oder Services spielen können sowie bei der Co-Creation von Erfahrungen und Wert (Brodie et al., 2011, S. 252). Customer Co-Creation ist ein Bestandteil von Customer Engagement, wobei Kunden bei der Erstellung des Kernangebots miteinbezogen werden (Lusch & Vargo, 2006, S. 284)

Das Ergebnis zunehmender Bestrebungen zum Customer Engagement sind das Customer Empowerment und die Service Co-Production (Joosten et al., 2016, S. 219). Bei beiden Ansätzen geht es darum, den Kunden mehr Kontrolle über die Beziehungen zur Firma, zu den Produkten oder den Services zu geben. Durch Consumer Empowerment kontrollieren die Verbraucher Variablen, die zuvor von Marketingfachleuten vorgegeben wurden. Service Co-Production zielt darauf ab, Kunden als aktive Teilnehmer an der Arbeit des Unternehmens zu gewinnen und gilt als Teil des Consumer Empowerments (Joosten et al., 2016, S. 219).

Folgende Grafik gibt die Entwicklungsdynamik des Customer Engagement bildlich wieder.

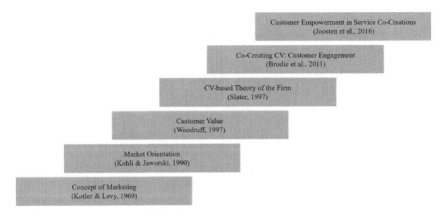

Abbildung 6: Entwicklungsdynamik des Customer Engagement

Quelle: Eigene Darstellung

4.2.2. Definitionen

Nach dieser entwicklungsgeschichtlichen Hinleitung auf das Thema Customer Engagement, werden im folgenden Abschnitt verschiedene Definitionsansätze aufbereitet. Sämtliche im Folgenden besprochenen Definitionen sind im Anhang in Tabelle 54 zusammengefasst.

Die fortwährende Bedeutung des Kundenverständnisses wird sowohl von Marketing-Praktikern als auch von Akademikern anerkannt. In den letzten Jahren hat das Marketing aber einen Paradigmenwechsel erlebt, indem Verbraucher keine passiven Empfänger von Organisationsstrategien mehr sind, sondern zunehmend mitgestalten wollen (Brodie, Hollebeek & Conduit, 2015). Mit dieser Entwicklung ersetzt das Engagement-Konstrukt traditionellere relationale Konzepte, einschliesslich Involvement und Partizipation (Brodie et al., 2011). Da der Begriff Customer Engagement jedoch nicht konsistent aufgefasst wird, ergibt sich ein fragmentiertes Forschungsfeld (Brodie et al., 2015). Deshalb werden nun die verschiedenen Definitionsansätze in chronologischer Reihenfolge wiedergegeben und besprochen.

Eine erste Definition von Customer Engagement stammt von Patterson, Yu und De Ruyter (2006). Für sie beschreibt es den Grad unterschiedlicher Präsenz eines Kunden in seiner Beziehung zu einer Organisation. Die Präsenz beinhalte physische, emotionale und kognitive Elemente. Das Konstrukt bestände aus den vier Komponenten Kraft, Hingabe, Absorption und Interaktion (vigor, dedication, absorption, interaction). Die Autoren beziehen das Konstrukt ausschliesslich auf den Dienstleistungssektor, da Dienstleitungen nicht tangibel seien und die Interaktion zwischen Kunde und Firma entscheidend sei.

Bowden (2009) verknüpft in ihrer Studie Customer Satisfaction und den damals neuen Ansatz Customer Engagements. Sie beschreibt als erste eine theoretische Grundlage für den Engagement-Prozess in der Customer Behavior Literatur. „Most of what has been written about engagement has its basis in practice rather than in theory or empirical research, giving engagement the appearance of being simply another management fad" (Bowden, 2009, S. 65). In ihrem Paper schliesst sie diese Lücke, indem sie eine theoretische Grundlage für Customer Engagement aus der Literatur zu Beziehungsmarketing, Organisationsverhalten und Kognitionspsychologie ableitet. Customer Engagement sei ein psychologischer Prozess, durch den sich Kundenloyalität bildet und aufrechterhalten werden kann (Bowden, 2009, S. 65). Customer Satisfaction sei zwar ein wichtiger Schritt hin zur Kundenloyalität, aber es bräuchte weitere Mechanismen, um Loyalität wirklich zu erreichen. In dem Moment, in dem ein Loyalitätszustand aufgebaut werde und zu wirken beginne, reiche Satisfaction nicht mehr aus. Es bräuchte zusätzlich Customer Engagement, um höhere Zustände von Loyalität zu erreichen (Oliver, 1999).

Higgins und Scholer (2009) gehen von der Annahme aus, dass Menschen durch individuelle Ziele motiviert seien. Um diese Ziele zu erreichen, begeben sie sich in einen Engagement-Prozess. Engagement sei ein Zustand, in dem man involviert, beschäftigt, vollständig absorbiert oder nachhaltige aufmerksam sei. Engagement an sich sei wertfrei und ausschliesslich Quelle einer motivierenden Kraft. Je stärker ein Individuum engagiert sei, desto intensiver sei die Erfahrung der Motivationskraft. Folglich wird eine Person, die sich stärker in der Zielerreichung engagiert, ein positives Ziel positiver und ein negatives Ziel negativer erleben (Higgins & Scholer, 2009, S. 102).

Kumar et al. (2010) definieren Engagement als aktive Interaktionen eines Kunden mit einem Unternehmen, mit potenziellen Kunden und mit anderen Kunden. Dies sei unabhängig davon, ob es sich um Transaktionen oder nicht transaktionale Geschäfte handelt. Zwei Dinge sind an dieser Definition neu im Vergleich zu anderen. Erstens, die Autoren beziehen die Interaktion des Kunden nicht nur auf das Unternehmen, sondern auch auf andere (potenzielle) Kunden. Damit wird der Einzugsbereich des Konstruktes stark ausgeweitet. Zweitens, sie verorten Customer Engagement sowohl im transaktionalen als auch im nicht transaktionalen Raum. Das heisst, dass es in monetär und in nicht monetär geprägten Austauschbeziehungen zu Customer Engagement kommen kann. Das ist neu, weil Customer Engagement bisher nur in nicht transaktionalen Beziehungen beschrieben wurde,

die sich in den Dimensionen des Kognitiven, Emotionalen und Verhaltensbezogenen bewegen. Das Konstrukt sei aber ohne den Einbezug von Kauf-
abschlüssen unvollständig (Kumar et al., 2010, S. 298).

Mollen und Wilson (2010) betrachten Customer Engagement im speziellen Kontext der online Markenwelt. Online Engagement sei eine kognitive
und emotionale Entscheidung zu einer aktiven Markenbeziehung über die
Website, die den Markenwert kommuniziert
(Mollen & Wilson, 2010, S. 923). Wichtig für erfolgreiches Customer Engagement online sei die Befriedigung der beiden instrumentellen Werte
Nutzen und Relevanz.

Während Mollen und Wilson (2010) die Wirkung von Customer Engagement in den kognitiven und emotionalen Dimensionen ausmachen,
verorten van Doorn et al. (2010) die Wirkung primär im verhaltensbezogenen (behavioralen) Bereich. Für die Autoren geht Customer Engagement
zudem über die Abwicklung von Transaktionen hinaus. Viel mehr ginge
es um die Verhaltensmanifestationen des Kunden, die über den Kauf hinaus einen Marken- oder Firmenfokus hätten und die aus motivierenden
Faktoren resultierten. Diese Verhaltensmanifestationen können z. B. Word-
of-Mouth-Aktivitäten, Empfehlungen, Hilfe für andere Kunden, Bloggen,
Schreiben von Rezensionen oder rechtliche Schritte enthalten (van Doorn
et al., 2010, S. 254). Die Autoren beschreiben Customer Engagement als
ein Spektrum von Konsumentenverhalten, dass zwischen den Extremen
Voice und Exit angesiedelt sei. Voice-Verhalten beschreibt Kommunikation,
die die eigenen Erfahrungen mit der Firma, Marke oder einem Produkt
ausdrückt, z. B. Word-of-Mouth (Hirschman, 1970). Exit-Verhalten meint
Verhaltensweisen, die darauf abzielen, die Beziehung einzuschränken oder
zu erweitern (Hirschman, 1970). Beide Strategien stehen im engen Verhältnis zur Loyalität eines Kunden und tätigen Aussagen darüber (van Doorn et
al., 2010, S. 254).

Verhoef, Reinartz und Krafft (2010) schliessen sich der Definition von
van Doorn et al. (2010) an. Für sie ist Customer Engagement auch eine
Verhaltensmanifestation gegenüber einer Firma oder Marke, die über Transaktionen hinausgeht.

Eines der entscheidenden Grundlagenpaper zum Thema Customer Engagement stammt von Brodie et al. (2011). Sie untersuchen die Rolle von
Customer Engagement bei der Co-Creation von Erfahrungen und Wert. Für
sie ist Customer Engagement ein strategischer Imperativ, um die Corporate
Performance zu verbessern. Customer Engagement helfe dabei, den Umsatz
zu steigern, den kompetitiven Vorteil auszubauen und die Profitabilität
zu verbessern. „The rationale underlying these assertions is that engaged
customers play a key role in viral marketing activity by providing referrals

and/or recommendations for specific products, services, and/or brands to others" (Brodie et al., 2011, S. 252).

In ihrem Paper entwickeln Brodie et al. (2011) eine umfangreiche Definition, die auf fünf Annahmen basiert. Erstens, Customer Engagement spiegelt einen psychologischen Zustand wider, der durch interaktive Kundenerfahrungen mit einem Objekt innerhalb bestimmter Dienstleistungsbeziehungen entsteht. Zweitens, Customer Engagement Zustände entstehen in einem dynamischen, iterativen Prozess von Leistungsbeziehungen, der Wert schafft und co-kreiert. Drittens, es spielt eine zentrale Rolle in dem vielschichtigen Netzwerk einer Dienstleistungsbeziehung. Viertens, Customer Engagement ist ein multidimensionales Konstrukt, in dem kognitive, emotionale und verhaltensbezogene Dimensionen zum Ausdruck kommen. Und fünftens, Customer Engagement tritt in unterschiedlichen Situationen und auf verschiedenen Leveln auf. Diese fünf Aspekte sind entscheidende Charakteristika von Customer Engagement. Insbesondere die interaktiven, erlebnisorientierten Aspekte des Konzepts unterscheiden es von anderen relationalen Konzepten, wie z. B. Partizipation, Involvement, Flow oder Rapport (Brodie et al., 2011, S. 260).

Hollebeek (2011a) bezieht Customer Engagement auf die Interkation mit einer Marke. Sie beschreibt die kognitive, emotionale und verhaltensbezogene Dimensionalität. Ausserdem erkennt sie an, dass sich Customer Engagement auf verschiedenen Leveln bewegen kann. Letztlich sei Customer Engagement der State of Mind des Kunden (Hollebeek, 2011a, S. 790).

In ihrem zweiten Paper aus dem gleichen Jahr übernimmt Hollebeek (2011b) alle oben beschriebenen Charakteristika in ihre Definition. Nur tauscht sie den Begriff State of Mind gegen Behavioral Investment (Hollebeek, 2011b, S. 555). Hier lässt sich eine leichte Prioritätenverschiebung in der Dimensionalität des Konstruktes ausmachen. Während ein State of Mind eher ein kognitiver Geistes- und Gemützustand ist, ist ein Behavioral Investment eher als verhaltensbasiert anzusehen.

Sashi (2012) definiert Customer Engagement als einen iterativen Zyklus. Ausgehend von einer Verbindung zwischen Kunde und Firma erfolgt eine Interaktion. Wenn diese Interaktion beim Kunden Zufriedenheit auslöst, dann werden die beiden weiterhin miteinander interagieren, was zur Beziehungserhaltung führt. Über die Zeit folgt ein Kundenbekenntnis zur Firma. Die Steigerungsform davon ist die aktive Fürsprache, worauf als Endstufe das Engagement steht. Laut Autor seien sowohl Kundenbegeisterung als auch Kundenloyalität für Customer Engagement notwendig. Insgesamt würde Customer Engagement die Rolle der Kunden erweitern, indem sie als Mitgestalter (Co-Creator) in den Wertschöpfungsprozess einbezogen würden und so zu Fans würden (Sashi, 2012, S. 264).

Wie bisher dargelegt bestand die Forschung zum Thema Customer Engagement lange Zeit aus Arbeiten, die sich vor allem mit der Definition und der Konzeptualisierung von Customer Engagement beschäftigt haben. Dabei gehen die meisten Arbeiten vom Kunden als Engagement-Subjekt aus. Das heisst, dass der Kunde den aktiven Part als Subjekt ausübt und das Engagement auslöst. Die Firma oder die Marke gelten eher als passives Engagement-Objekt.

Diese Ansicht ergänzen Vivek et al. (2012). Sie definieren Customer Engagement als „the intensity of an individual's participation in and connection with an organization's offerings and/or organizational activities, which either the customer or the organization initiate" (Vivek et al., 2012, S. 122). Der letzte Teil der Definition ist entscheidend. Der Engagement-Prozess kann entweder durch den Kunden oder die Firma ausgelöst werden. Je nach Auslöser kann sich auch die Perspektive verschieben und die Firma vom Engagement-Objekt zum Engagement-Subjekt werden. Für die Autoren ist zudem klar, dass die Interaktionen in solchen Kunden-Unternehmen-Beziehungen vom Unternehmen getrieben werden. Ausserdem ginge Customer Engagement über den Kauf hinaus und beziehe Kundenerfahrungen mit der Marke oder dem Produkt mit ein (Vivek et al., 2012). Die Autoren sind zudem die ersten, die argumentieren, dass Customer Engagement aus vier Dimensionalitäten bestände, nämlich kognitiven, emotionalen, verhaltensbedingten und sozialen Elementen. Ihre Arbeit fusst auf der theoretischen Grundlage der Relationship Marketing (RM) Theory, auf der auch eine Vielzahl anderer Arbeiten basiert.

Jaakkola und Alexander (2014) hingegen bauen ihre Arbeit auf der theoretischen Grundlage der Service-dominant (S-D) Logic auf. Für sie kann Customer Engagement in Value Co-Creation Beziehungen nur auf nicht transaktionaler Ebene entstehen. Durch das Customer Engagement würden Kunden diverse Ressourcen, wie Zeit, Geld oder Kreativität, in die Co-Creation Beziehung zur Firma einbringen (Jaakkola & Alexander, 2014, S. 249).

Pansari und Kumar (2017) argumentieren, dass Firmen ihren Fokus vom reinen Abverkauf auf die emotionale Verbindung mit den Kunden verlegt hätten. Unternehmen würden in der Folge auf höhere Umsätze und eine verstärkte Kundenloyalität hoffen. In diesem Sinne definieren sie Customer Engagement „as the mechanics of a customer's value addition to the firm, either through direct or/and indirect contribution" (Pansari & Kumar, 2017, S. 295). In der Evolution des Customer Managements sehen sie Customer Engagement als neue Stufe. Die beiden vorherigen Stufen seien Kundentransaktionen (Transaction) und danach Kundenbeziehungen (Relationship) gewesen.

Alvarez-Milan, Felix, Rauschnabel und Hinsch (2018) folgen in ihrer Arbeit in gewisser Weise dem Ansatz von Vivek et al. (2012). Demnach können Interaktionen in der Kunden-Firmen-Beziehung auch von der Firma ausgelöst werden. Sie widmen sich in ihrer Studie ausschliesslich dem firminitiated Customer Engagement. Dies sei ein Prozess, der auf Gegensätzlichkeit beruhe und im Laufe der Zeit von beiden Parteien immer wieder einer Kosten-Nutzen-Analyse unterzogen würde. „It is only when both the customer's and the company's cost-benefit perceptions are positive that both parties will be motivated to advance the relationship" (Alvarez-Milan et al., 2018, S. 62).

Hollebeek, Srivastava und Chen (2019) folgen dem Ansatz von Brodie et al. (2011) und analysieren Customer Engagement vor der theoretischen Grundlage der Service-dominant Logic. Ihrer Meinung nach teilen sich der Customer Engagement-Ansatz und die S-D-Logic den theoretischen Fokus der Interaktivität mit oder zwischen Stakeholdern (z. B. Kunden, Mitarbeiter, Investoren). Daraus ergäbe sich eine signifikante konzeptionelle Übereinstimmung dieser beiden Perspektiven (Hollebeek et al., 2019, S. 162). Sie definieren Engagement als die motivationsbedingte, willentliche Investition eines Kunden in operationale Ressourcen (einschliesslich kognitiver, emotionaler, verhaltensbasierter und sozialer Kenntnisse und Fähigkeiten) und operative Ressourcen (z. B. Ausrüstung) während Markeninteraktionen in Servicesystemen (Hollebeek et al., 2019, S. 166). Damit beziehen sie die von Vivek et al. (2012) erstmalig aufgebrachte soziale Dimensionalität von Customer Engagement auch in ihre Definition mit ein.

4.2.3. Ursachen, Methoden und Folgen

Der nächste Abschnitt beschreibt die Ursachen (Antecedents), Methoden (Processes) und Folgen (Outcomes) von Customer Engagement. Zuerst wird der Ansatz von van Doorn et al. (2010) ausführlich besprochen. Danach werden vier weitere Arbeiten kurz erörtert. Im Anhang zeigt Tabelle 55 alle zusammengefassten Ergebnisse.

In ihrem Paper entwickeln van Doorn et al. (2010) ein konzeptionelles Modell von Customer Engagement-Verhalten. Dabei identifizieren sie auf den drei Ebenen Kunde, Firma und Kontext Ursachen für Customer Engagement-Verhalten. Zu den kundenbasierten Ursachen zählen sie Satisfaction, Trust/Commitment, Identität, Konsumziele, Ressourcen und wahrgenommene Kosten bzw. Vorteile. Firmenbasierte Antezedenzien sind Marken Charakteristika, Reputation, Grösse bzw. Diversifikation, Informationsnutzung und Prozesse der Firma sowie der Industriekontext. Als kontextbasierte Ursachen sehen sie die kompetitiven Faktoren bzw. das Marktumfeld, das sich aus den sog. P.E.S.T. Dimensionen ergibt. Diese Abkürzung beschreibt politisch-rechtliche, wirtschaftliche und umweltbezogene, soziale und technologische Aspekte (van Doorn et al., 2010, S. 256-259).

Zu den Verhaltensweisen, anhand derer Customer Engagement sichtbar wird, zählen sie Word-of-Mouth-Aktivitäten, Empfehlungen, Hilfe für andere Kunden, Bloggen, Schreiben von Rezensionen oder rechtliche Schritte (van Doorn et al., 2010, S. 253). Das Verhalten selbst wird durch fünf Faktoren beeinflusst. Dazu zählen die Wertigkeit des Verhaltens (positiv/negativ), die Form oder Modalität, der Umfang, die Art der Auswirkungen und die Kundenziele.

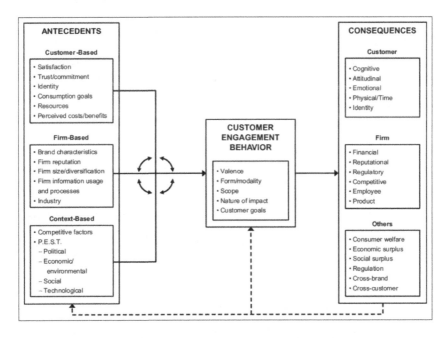

Abbildung 7: Das konzeptionelle Modell von Customer Engagement

Quelle: van Doorn et al. (2010, S. 256)

Die Folgen von Customer Engagement sehen die Autoren auf den drei Ebenen Kunde, Firma und andere Stakeholder. Konsequenzen für Kunden entstehen in den fünf Dimensionen kognitiv, einstellungsbezogen, emotional, körperlich/zeitlich und identitätsbezogen. Für die Firma identifizieren die Autoren sechs Konsequenzen. Diese können finanzieller, regulatorischer, kompetitiver, reputationstechnischer, mitarbeiterbezogener und produkttechnischer Art sein. Für andere Parteien entstehen Folgen in den Bereichen des Verbraucherschutzes, Wirtschafts- und Sozialüberschusses, der Regulierung sowie zwischen den Kunden und Marken untereinander (van Doorn et al., 2010, S. 259-260).

Im Vergleich zu van Doorn et al. (2010) unterscheiden Brodie et al. (2011) die Antezedenzien daran, ob sie notwendig für das Entstehen von Customer Engagement sind, oder nicht. Zu den notwendigen Ursachen zählen sie Partizipation und Involvement, zu den möglichen Flow und die Enge des Verhältnisses zwischen Firma und Kunde. Relationale Konsequenzen von Customer Engagement sind für sie Commitment, Vertrauen, Eigenmarkenbindung sowie emotionale Markenbindung und -loyalität der Konsumenten (Brodie et al., 2011, S. 260).

Für Vivek et al. (2012) sind Partizipation und Involvement von derzeitigen oder potenziellen Kunden die Ursachen für Customer Engagement. Demgegenüber stehen Wert, Vertrauen, emotionales Commitment, Word-of-Mouth, Loyalität und Involvement in der Markengemeinschaft als mögliche Folgen (Vivek et al., 2012, S. 127).

Customer Satisfaction und Kundenemotionen sind für Pansari und Kumar (2017) die entscheidenden Antezedenzien von Customer Engagement. Eine direkte Methode von Customer Engagement sind Kaufabschlüsse, indirekte Methoden sind Kundenempfehlungen, online Kundenbeeinflussung und gesteigertes Kundenwissen. Konsequenzen von Customer Engagement können materieller oder immaterieller Art sein. Materielle Konsequenzen beziehen sich auf die Firmen Performance, d. h. höherer Gewinn, Umsatz oder Marktanteil. Immaterielle Konsequenzen sind Permission Marketing, Privacy Sharing des Kunden mit der Firma und die Möglichkeit, Marketingbotschaften relevanter zu gestalten (Pansari & Kumar, 2017, S. 300-306).

4.2.4. Zwischenfazit

Die Literatur zum Customer Engagement hält drei Erkenntnisse für die Zweitwohnungsbesitzenden-Destinationen-Beziehung bereit.

Erstens, Customer Engagement ist ein interaktiver, zweiseitiger Prozess, bei dem es um die Beziehung zwischen einem Subjekt und einem Objekt geht (Alvarez-Milan et al., 2018). Anders als andere traditionelle, relationale Konstrukte, wie z. B. Partizipation oder Involvement, basiert Customer Engagement auf der Existenz von fokussierten, interaktiven Kundenerfahrungen mit spezifischen Engagement-Objekten, z. B. einer Firma oder Marke (Brodie et al., 2011). Für Firmen bietet es sich an, die Interaktion in der

Customer-Company-Beziehung selbst zu initiieren (Vivek et al., 2012). Customer Engagement kann als ein Geben und Nehmen zwischen der Firma und dem Kunden charakterisiert werden. Im besten Fall ergibt sich eine positive Aufwärtsspirale und die Beziehung wird immer enger (Alvarez-Milan et al., 2018).

Zweitens, Customer Engagement ist ein Konstrukt höherer Ordnung. Es ergibt sich aus einer Evolution des Customer Managements. Die früheren Transaktions- und Relationship-Orientierungen des Marketings bilden die heutige Grundlage für Customer Engagement (Pansari & Kumar, 2017).

Drittens, Customer Engagement kann anhand von fünf Aspekten definiert werden, die den komplexen Charakter des Konstruktes aufzeigen (Brodie et al., 2011). Erstens, Customer Engagement ist ein psychischer Zustand des Kunden, der durch die individuelle Interaktion und die interaktiven Erfahrungen mit einem bestimmten Engagement-Objekt (z. B. Firma oder Marke) entsteht. Zweitens, Engagement-Zustände ergeben sich in breiteren, dynamischen Prozessen, die durch Value Co-Creation gekennzeichnet sind (Brodie et al., 2011). Diese beiden ersten Aspekte unterscheiden Customer Engagement grundlegend von anderen Konstrukten wie Partizipation oder Involvement, weil diese weniger Wert auf die interaktive Beziehung und co-kreierende Erfahrung (Experience) legen (Brodie et al., 2011). Der dritte Aspekt beschreibt die zentrale Rolle von Customer Engagement in Dienstleistungsbeziehungen, da dort andere relationale Ansätze als spezifische Antezedenzien und Konsequenzen von Customer Engagement gesehen werden können. Viertens ist Customer Engagement ein multidimensionales Konstrukt, bei dem der Ausdruck der spezifischen kognitiven, emotionalen und verhaltensbezogenen Dimensionen von Stakeholdern und/oder dem Kontext abhängt. Als fünfter Aspekt gilt, dass Customer Engagement unter speziellen kontextabhängigen Bedingungen vorkommt, die dazu führen, dass es verschiedene Level gibt (Brodie et al., 2011). Dieser letzte Aspekt, der Customer Engagement als ein Kontinuum zwischen verschiedenen Leveln sieht, schliesst direkt an Kohli und Jaworski (1990, S. 6) an, die die Marktorientierung eines Unternehmens auch als Kontinuum sehen und nicht als entweder vorhanden oder abwesend. Auch andere Autoren beschreiben Customer Engagement als Level (Hollebeek, 2011b; Patterson et al., 2006), als Spektrum (Mollen & Wilson, 2010) oder als Cycle (Sashi, 2012).

4.3. Engagement von Mitarbeitenden (Employee Engagement)

Dieses Unterkapitel erörtert die Entwicklung des Employee Engagements und erklärt die Theorie anhand von Meilensteinen. Zudem werden Definitionen sowie Ursachen, Methoden und Folgen von Employee Engagement besprochen.

4.3.1. Entwicklungsdynamik

Wenn es ein Grundlagenpaper im Forschungsfeld Employee Engagement gibt, dann das von Kahn (1990). Er spricht als erster von persönlichem Engagement („personal role engagement") oder Disengagement bei der Arbeit. Für ihn bedeutet persönliches Engagement, dass sich Organisationsmitglieder aktiv in ihren Arbeitsrollen betätigen. Im Zustand des Engagements beschäftigen und äussern sich Menschen körperlich, kognitiv und emotional während der Ausführung ihrer Aufgaben (Kahn, 1990, S. 694).

Vor der Veröffentlichung dieses Grundlagenpapers wurde die Rolle der Angestellten bei der Arbeit v. a. durch die Linse der Rollentheorie (Goffman, 1961) und der Job Design Theorie (Hackman & Oldham, 1980) analysiert.

Die Rollentheorie nach Goffman (1961) untersucht Interaktionen zwischen Mitarbeitenden daraufhin, ob sie konzentriert oder unkonzentriert erfolgen. Nach diesem Ansatz nehmen Arbeiter bei der Arbeit bestimmte Rollen ein. Sie senden ihre Rolle an andere und empfangen die Rollen und Darstellungen anderer (Katz & Kahn, 1978). Im Zuge dieser Theorie hat die Forschung u. a. untersucht, wie Arbeiter ihre Rollen setzen (Merton, 1957), wie sie ihre Rollen annehmen und sich sozialisieren (van Maanen, 1976) und wie sich die Rollen verschiedener Arbeiter gegenseitig beeinflussen (Graen, 1976).

Im Rahmen der Job Design Theorie wird die Beziehung zwischen Arbeitern und den Charakteristika ihrer Aufgaben untersucht (Hackman & Oldham, 1980). Die Theorie nimmt an, dass psychologische Arbeitserfahrungen die Einstellung zur und das Verhalten bei der Arbeit beeinflussen (Hackman & Oldham, 1980). Je nach Art und Weise dieser Erfahrungen käme es zu Job Involvement, Job Commitment oder zu Selbstentfremdung durch die Arbeit.

Beide Ansätze gehen davon aus, dass Arbeiter bestimmte Haltungen (z. B. committed, involved, entfremdet) einnehmen, dauerhaft beibehalten und ihre Einstellungen nicht verändern. An dieser Stelle setzt Kahn (1990) an.

Er beschreibt das persönliche Rollen Engagement als den kognitiven, emotionalen und körperlichen Ausdruck eines Menschen bei der Arbeit. Die persönliche Haltung sei dynamisch und kein fester Ausdruck, da Individuen verschiedene Dimensionen und Ausprägungen ihres eigenen Selbst haben könnten. Diese wirken sich auch auf das Engagement bei der Arbeit aus, so dass unter bestimmten Umständen eine höhere Form des Engagements auftritt, als unter anderen Umständen (Kahn, 1990, S. 700).

Der nächste Entwicklungsschritt wird durch die sogenannte Utrecht-Gruppe vollzogen. Sie definieren Engagement als einen andauernden, tiefgründigen emotional-kognitiven Zustand, der nicht auf ein bestimmtes Objekt, Ereignis, Individuum oder Verhalten fokussiert ist (Schaufeli, Salanova, González-Romá & Bakker, 2002, S. 74). Obwohl sich der Utrechter Ansatz auf Kahn (1990) bezieht, unterscheiden sich beide grundlegend in Bezug auf die Rolle des psychologischen Zustandes (Bailey et al., 2017). Kahn (1990) beschreibt Engagement als eine qualitative, verhaltenstechnische und dynamische Erfahrung, die durch die täglichen Arbeitsaufgaben beeinflusst wird. Die Utrecht-Gruppe hingegen sieht Engagement als eine stabilere und dauerhaftere Einstellung, die durch quantitative Methoden bewertet werden kann. Damit vollziehen sie einen Schwenk zurück zu den Grundannahmen der Job Design Theorie und folgen einem grösseren Trend in der Managementliteratur hin zu einer Psychologisierung des Arbeitsverhältnisses (Godard, 2014).

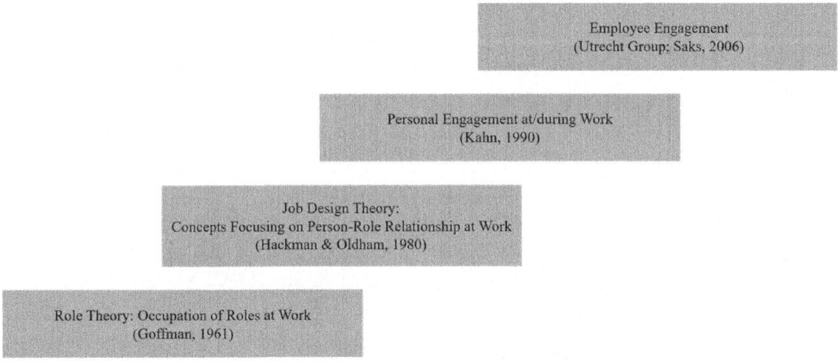

Employee Engagement
(Utrecht Group; Saks, 2006)

Personal Engagement at/during Work
(Kahn, 1990)

Job Design Theory:
Concepts Focusing on Person-Role Relationship at Work
(Hackman & Oldham, 1980)

Role Theory: Occupation of Roles at Work
(Goffman, 1961)

Abbildung 8: Entwicklungsdynamik des Employee Engagement
Quelle: Eigene Darstellung

4.3.2. Definitionen

Zuerst wird auf verschiedene Definitionsansätze eingegangen. In ihrem Paper klassifizieren Bailey et al. (2017) sechs verschiedene Arten von Definitionsansätzen für Employee Engagement in der bestehenden Managementliteratur. Diese sechs Ansätze entwickeln sich über die Zeit und werden im folgenden Unterkapitel besprochen. Alle Ergebnisse sind im Anhang in Tabelle 56 zusammengefasst.

Der erste Ansatz von Bailey et al. (2017) ordnet Employee Engagement als persönliches Rollen Engagement („Personal role engagement") ein. Wie oben beschrieben, definiert Kahn (1990, S. 694) das persönliche Rollen Engagement als physischen, kognitiven und emotionalen Ausdruck des individuellen Selbst bei der Arbeit. Auf dieser Arbeit und Definition haben viele Autoren aufgebaut (May, Gilson & Harter, 2004; Rich, Lepine & Crawford, 2010).

Nach Bailey et al. (2017) beschreibt eine zweite Definitionsgruppe Employee Engagement als Arbeitsaufgabe oder Arbeitseinsatz („Work task or job engagement"). Dieser zweite Ansatz ist in der Wissenschaftsliteratur am verbreitetsten. Die schon erwähnte Utrecht-Gruppe um den Utrechter Professor Wilmar Schaufeli sieht Employee Engagement als eine aktive und positive Einstellung gegenüber der eigenen Arbeit und ihrer Aufgaben, die durch Kraft, Hingabe und Vertiefung in die Arbeit gekennzeichnet ist (Schaufeli, Bakker & Salanova, 2006; Schaufeli et al., 2002). Mit Kraft (Vigor) meinen die Autoren ein hohes Mass an Energie und geistiger Belastbarkeit bei der Arbeit; Hingabe (Dedication) bezieht sich auf die starke Beteiligung an der eigenen Arbeit und das Erleben eines Gefühls von Sinnhaftigkeit, Begeisterung und Herausforderung; Vertiefung (Absorption) bezieht sich auf die volle Konzentration und Versunkenheit in die eigenen Arbeit (Schaufeli et al., 2002).

Diese Definition leiten sie aus der Sichtweise ab, dass Work Engagement bei der Arbeit das Gegenteil von Burnout sei (Crawford, LePine & Rich, 2010; Leiter & Bakker, 2010; Schaufeli et al., 2006). In der Folge entwickeln sie die Utrecht Work Engagement Scale (UWES), um mit einem kurzen, selbst ausfüllbaren Fragebogen das Work Engagement von Arbeitern zu messen. In einer ersten Version umfasst der Fragebogen 17 Skalen (UWES-17) und testet die drei Dimensionen Krafteinsatz, Hingabe und Vertiefung (Vigor, Dedication, Absorption) bei der Arbeit (Schaufeli et al., 2002). In der zweiten Version kürzen die Autoren den Fragebogen auf neun Skalen zur UWES-9 (Schaufeli et al., 2006).

Das mehrdimensionale Engagement („Multidimensional engagement") ist die dritte Klassifikation von Employee Engagement nach Bailey et al.

(2017). Diese Sichtweise geht auf die Definition von Saks (2006, S. 602) zurück, der Employee Engagement als ein eigenständiges und unverwechselbares Konstrukt definiert, das aus kognitiven, emotionalen und verhaltensbezogenen Komponenten besteht, die mit der individuellen Rollenleistung verbunden sind. Saks (2006) bezieht sich in seiner Arbeit auf die Ansätze von Kahn (1990) und Schaufeli et al. (2002). Doch er entwickelt beide Vorarbeiten weiter, indem er auf Grundlage der Social Exchange Theory zwischen Job Engagement und Organisation Engagement unterscheidet. Beim Job Engagement ginge es um die individuelle Innensicht auf den eigenen Job. Beim Organisationsengagement käme es auf die Sicht nach aussen auf die eigene Organisation an und wie man mit ihr als Mitglied der Organisation engagiert sei. Beide Male zählt als Engagement-Objekt die individuelle Rollen Performance: Einmal in Bezug auf die eigenen, konkreten Arbeitsaufgaben und einmal in Bezug auf die organisationalen Ansprüche. Diese Unterscheidung zwischen Job und Organisation Engagement wird als mehrdimensionaler Ansatz beschrieben (Bailey et al., 2017).

Viertens ist die Sicht auf Engagement als kombiniertes Konstrukt aus Einstellungen und Verhalten („Engagement as a composite attitudinal and behavioural construct") ein Definitionsansatz von Employee Engagement (Bailey et al., 2017). Swanberg, McKechnie, Ojha und James (2011) beschreiben und messen Work Engagement mithilfe einer Skala, die auf der UWES-Skala basiert, diese aber um kognitive, emotionale und verhaltensorientierte Elemente ergänzt. Sie untersuchen, wie sich die eigene Kontrolle über die Arbeitszeit und den Terminplan in Arbeitsengagement ausdrückt. Sie finden heraus, dass je mehr Arbeiter das Gefühl haben, dass sie ihre Arbeitszeit und ihren Terminplan selbst kontrollieren und steuern können, desto stärker ihr Engagement bei der Arbeit ist (Swanberg et al., 2011, S. 621).

Das fünfte Leitmotiv nach Bailey et al. (2017) sieht Engagement als Managementpraxis („Engagement as management practice"). Dieses relativ neue Verständnis von Engagement geht davon aus, dass es nicht mehr nur um den Zustand des „being engaged" gehen sollte, sondern viel stärker um „doing engagement" (Truss, Alfes, Delbridge, Shantz & Soane, 2013). Damit wird Engagement zu einer Managementaufgabe, wobei entweder eine weiche, auf Entwicklung bezogene Strategie oder eine harte, auf Performance ausgerichtete Strategie gewählt werden kann, um Mitarbeiter zu engagieren (Jenkins & Delbridge, 2013). Bei diesem Definitionsansatz muss Folgendes angemerkt werden: Anders als bei den anderen Ansätzen handelt es sich nicht um einen psychologischen Zustand von Engagement, sondern eher um einen Interessenzustand oder eine Einstellung, die dem Involvement oder der Partizipation nahe kommt (Bailey et al., 2017, S. 36). In diesem Sinne definieren Jenkins und Delbridge (2013) Employee Engagement in

Anlehnung an Robinson, Perryman und Hayday (2004) wie folgt: „A positive attitude held by the employee toward the organization and its values. An engaged employee is aware of business context, and works with employees to improve performance" (Robinson et al., 2004, S. xi).

Als sechster und letzter Definitionsansatz von Employee Engagement gilt die Sicht, dass es zu Selbstengagement durch Leistung („Self-engagement with performance") kommen sollte (Bailey et al., 2017). Unter diesem Ansatz wird Engagement als das Verantwortungsbewusstsein und die Leistungsbereitschaft des Einzelnen in Bezug auf die eigene Arbeit definiert (Britt, Castro & Adler, 2005). Entscheidend ist Folgendes: Wenn Einzelpersonen persönlich engagiert sind, haben die Ergebnisse ihrer Performance bei der Arbeit einen grösseren Einfluss auf die Identität des Individuums, da ein grösseres Gefühl der persönlichen Verantwortung für die Leistung verspürt wird (Britt et al., 2005).

Insgesamt zeigt sich, dass Employee Engagement aus mehreren Perspektiven definiert werden kann. Den Ansätzen ist gemein, dass es sich bei dem Engagement-Objekt immer um Arbeitsperformance handelt. Diese Grösse lässt sich empirisch gut untersuchen, weshalb die meisten Paper und Studien empirisch aufgesetzt sind. Dies unterscheidet die Forschung zu Employee Engagement grundlegend von der Forschung zum Customer Engagement, bei der die meisten Beiträge konzeptioneller Art sind, wie oben gezeigt wurde.

4.3.3. Ursachen, Methoden und Folgen

Dieses Unterkapitel beschreibt die Ursachen (Antecedents), Methoden (Processes) und Folgen (Outcomes) von Employee Engagement. Zuerst wird das Modell von Saks (2006) ausführlich besprochen. Danach werden die Ergebnisse aus fünf weiteren Veröffentlichungen kurz dargelegt. Tabelle 57 im Anhang zeigt eine Übersicht der Ergebnisse.

In seinem Grundlagenpaper entwickelt Saks (2006) das untenstehende Modell von Antezedenzien und Konsequenzen von Employee Engagement.

Abbildung 9: Das konzeptionelle Modell von Employee Engagement

Quelle: Saks (2006, S. 204)

Saks (2006) beschreibt sechs Antezedenzien von Employee Engagement. Die erste Ursache für Employee Engagement liegt in den Job Charakteristiken, zu denen Kompetenzvielfalt, Identifizierung mit der Aufgabe, Bedeutung der Aufgabe, Autonomie und Feedback gehören. Je höher das Niveau dieser fünf Charakteristiken, desto höher das Employee Engagement im Job und in der Organisation.

Zweitens und drittens definiert Saks (2006) die wahrgenommene organisatorische Unterstützung sowie die wahrgenommene Unterstützung des Vorgesetzten als Ursachen von Employee Engagement. Es sei wichtig die Unterstützung sowohl durch die Organisation als auch durch den Vorgesetzten für die eigenen Aufgaben zu spüren, da dies ein Gefühl der Sicherheit auslösen würde. Sichere und unterstützende Umgebungen ermöglichen es den Mitarbeitenden, zu experimentieren, neue Dinge auszuprobieren und ohne Angst vor einem möglichen Scheitern zu arbeiten (Kahn, 1990).

Viertens versteht Saks (2006) ein angemessenes Niveau an Belohnung und Anerkennung als Anreiz für höheres Employee Engagement.

Fünftens und sechstens sieht Saks (2006) die Verteilungs- und Verfahrensgerechtigkeit als wichtige Ursache von Employee Engagement. Die Verteilungsgerechtigkeit bezieht sich auf die eigene Wahrnehmung der Fairness von Entscheidungsergebnissen. Die Verfahrensgerechtigkeit bezieht sich auf die wahrgenommene Fairness der Prozesse, die zur Bestimmung der Höhe und Verteilung von Ressourcen eingesetzt werden.

Die tatsächlichen Vorgänge des Employee Engagements lassen sich in Job Engagement und Organisation Engagement unterteilen. Auf den Unterschied zwischen diesen beiden wurde oben eingegangen.

Die Konsequenzen von Employee Engagement beschreibt Saks (2006) auf zwei Ebenen. Zum einen würde es auf dem Level des Individuums wirken. Zum anderen gäbe es einen positiven Einfluss auf die Geschäftsergebnisse. Employee Engagement beeinflusst auf den beiden Ebenen des Job

Engagements und des Organisation Engagements die Arbeitszufriedenheit, das organisationale Engagement und das organisationale Bürgerverhalten positiv sowie die Absicht zu kündigen negativ.

In einem zweiten Artikel überprüft Saks (2019) sein Modell von Antezedenzien und Konsequenzen mithilfe der UWES-Skala. Der Grund dafür sei, dass die UWES-Skala das beliebteste Mass zur Messung von Employee Engagement in der Forschung sei (Byrne, Peters & Weston, 2016). 86 Prozent aller bis 2015 veröffentlichten Studien hätten die Utrechter Definition und ihre Messskala übernommen (Bailey et al., 2017). Deshalb geht Saks (2019) der Frage nach, ob die Ergebnisse von Saks (2006) auch mit der UWES-Skala bestätigt werden können. Er stellt fest, dass beide Ansätze zu den gleichen Ergebnissen kämen: „The results of this study indicate using the UWES to measure work engagement results in essentially the same findings as those reported by Saks (2006) using his measures of job and organization engagement" (Saks, 2019, S. 30). Aus diesem Grund verändert Saks (2019) sein ursprüngliches Modell von 2006 nicht, sondern entwickelt es weiter. Er fügt sechs Antezedenzien und fünf Konsequenzen hinzu. Die sechs weiteren Ursachen sind passende Wahrnehmungen, Führung, Lern- und Entwicklungsmöglichkeiten, Arbeitsanforderungen, Dispositionsmerkmale und persönliche Ressourcen. Die fünf zusätzlichen Punkte, auf die sich Employee Engagement auswirkt, sind die Aufgabenerfüllung, Zusatzfunktionen, Gesundheit und Wohlbefinden, Stress und Belastungen sowie Burnout (Saks, 2019).

Rich et al. (2010) sehen Wertekongruenz, wahrgenommene organisatorische Unterstützung und Selbsteinschätzungen als Antezedenzien. Die Aufgabenerfüllung und das Verhalten bei Unternehmenszugehörigkeit sind für sie Konsequenzen.

Christian et al. (2011) definieren Ursachen von Employee Engagement auf den drei Ebenen Job Charakteristika, Führung und den Dispositionsmerkmalen. Zu den Job Charakteristika gehören Autonomie, Aufgabenvielfalt, Aufgabenbedeutung, Problemlösung, Aufgabenkomplexität, Feedback, soziale Unterstützung, körperliche Anforderungen und die Arbeitsbedingungen. Zum Bereich der Führung gehören ein transformationaler Führungsstil und der Austausch von Führungskräften und Organisationsmitgliedern. Die Dispositionsmerkmale umfassen Gewissenhaftigkeit, positive Wirkung und eine proaktive Persönlichkeit. Als Konsequenzen des Employee Engagements beschreiben Christian et al. (2011) eine Steigerung der aufgabenbezogenen und der kontextabhängigen Performance.

Für Menguc, Auh, Fisher und Haddad (2013) gelten die Unterstützung durch den Vorgesetzten und das Feedback des Vorgesetzten als wichtigste Voraussetzungen, damit Employee Engagement entstehen kann. Als Konsequenz beschreiben sie einen positiven und motivierten Geisteszustand, der sich auf die Art und Weise auswirkt, wie die Mitarbeitenden Kunden behandeln und bedienen. Die wichtigsten Folgen sind für sie die gestiegene Kundenzufriedenheit, Loyalität, Rentabilität und Produktivität.

Psychologische Zustände, Arbeitsplatzgestaltung, Führung, Organisations- und Teamfaktoren sowie organisatorische Massnahmen sind für Bailey et al. (2017) die entscheidenden Ursachen für Employee Engagement. Als Folgen zählen sie die individuelle Moral, Aufgabenerfüllung, Erfüllung der Zusatzfunktionen bzw. der Nebenrollen sowie die Unternehmensleistung auf.

4.3.4. Zwischenfazit

Aus den Beiträgen zum Thema Employee Engagement lassen sich fünf Erkenntnisse für die Zweitwohnungsbesitzenden-Destinationen-Beziehung gewinnen.

Erstens richtet sich Employee Engagement konsequent am Engagement-Objekt der Arbeitsperformance aus. Dies führt zu zwei wichtigen Implikationen beim Nachdenken über Engagement. Zum einen ist Engagement ein „individual-level construct" (Saks, 2006, S. 606) und wirkt sich auf die individuelle Arbeitsperformance aus. Zum anderen können die einzelnen engagierten Individuen in der Summe aber auch zu einer gesteigerten Firmenperformance führen (Saks, 2006). Somit wirkt Engagement auf zwei Performance Ebenen ein.

Zweitens basiert die Forschung zu Employee Engagement stark auf dem Grundlagenartikel von Kahn (1990). Er versteht Employee Engagement als multidimensionales Konstrukt auf körperlicher, kognitiver und emotionaler Ebene. In der Folge entwickeln sich zwei Lager, die unterschiedliche Auffassungen in Bezug auf Kahns (1990) Sichtweise vertreten. Saks (2006) schliesst sich Kahn (1990) an, wenn er Employee Engagement als kognitiven, emotionalen und physischen Ressourceneinsatz definiert. Anders positioniert sich die sogenannte Utrecht-Gruppe um die beiden Professoren Arthur Bakker und Wilmar Schaufeli. Sie verstehen Employee Engagement als positive Einstellung gegenüber der eigenen Arbeit und ihrer Aufgaben, die sich durch Kraft, Hingabe und Vertiefung in die Arbeit auszeichnet (Schaufeli et al., 2006). Diese Einstellung sehen sie als individuelle, innere Haltung gegenüber der Arbeit. Sie entsteht durch den Charakter der Arbeit und ihre Aufgaben. Somit kann Engagement immer nur im Verhältnis zu etwas existieren, in diesem Fall der Arbeit. Saks (2006) definiert Engagement als Ressource, die (in die Arbeit) investiert werden kann oder auch nicht. Die Utrecht-Gruppe widerspricht dieser Ansicht, da es ihrer Meinung nach erst zu Engagement kommt, wenn schon eine Beziehung zum Engagement-Objekt (Arbeit) existiert.

Drittens fällt auf, dass die Forschung zu Employee Engagement stark empirisch ausgerichtet ist. Eine Vielzahl der Studien bedient sich qualitativer oder quantitativer Forschungsmethoden. Vor allem die quantitativen überraschen dabei zuerst, da dies in der Forschung zu Customer oder Investor Engagement weniger ausgeprägt ist. Doch es wird klar, dass in der Forschung zu Employee Engagement zwei weit verbreitete Skalen für quantitative Messungen existieren. Zum einen die UWES-17 Messskala der Utrecht-Gruppe, die auf 17 Kriterien basiert und statistisch auswertbar ist (Schaufeli et al., 2006). Zum anderen die Gallup Q^{12} Employee Engagement-Umfrage, die mit zwölf Fragen die wichtigsten Elemente von Employee Engagement misst und auswertbar macht (Schaufeli & Bakker, 2010).

Viertens wird an der geschilderten Entwicklung deutlich, dass im Forschungsfeld von Employee Engagement die nächste Ebene der Co-Creation noch nicht erklommen wurde. Anders als im Forschungsfeld zu Customer Engagement, wo die Bedeutung der Co-Creation in der Beziehung zwischen Kunde und Firma immer wieder betont wird, bleibt dieser Sachverhalt in der Employee Engagement Forschung unerwähnt.

Fünftens ist auffällig, dass keine der Veröffentlichungen zu Ursachen und Folgen von Employee Engagement konkrete Methoden vorschlägt, mithilfe derer das Employee Engagement gesteigert werden könnte. Dies ist diametral anders als beim Customer Engagement, das oben besprochen wurde.

4.4. Engagement von Investoren (Investor Engagement)

Als nächstes wird die Literatur zum Thema Investor Engagement analysiert. Zuerst wird die epistemologische Entwicklung dargelegt. Danach werden die Definitionen sowie Ursachen, Methoden und Folgen des Investor Engagements beschrieben.

4.4.1. Entwicklungsdynamik

Im Zuge der Globalisierung ist das Umfeld für viele Firmen komplexer geworden. Die Märkte sind heute global und vernetzt. Das bedeutet, dass Kundinnen, Mitarbeitende, Investoren und alle anderen Anspruchsgruppen einer Firma auf der ganzen Welt verteilt sind (Crane & Matten, 2007). In diesem weltweiten Netz an Ansprüchen ist es für eine Firma mitunter schwer, diesen immer vollumfänglich gerecht zu werden. Aus diesem Grund steigt die Bedeutung der Corporate Governance weltweit (Abdullah & Valentine, 2009, S. 88).

Corporate Governance kann als ein Set aus Prozessen und Strukturen gesehen werden, das dabei hilft, eine Organisation auszurichten, zu steuern und zu kontrollieren (Abdullah & Valentine, 2009, S. 88). Es handelt sich um ein Regelwerk, das die Beziehungen zwischen Management, Aktionären und Interessengruppen regelt (Ching, Firth & Rui, 2006).

Ein besonderes Augenmerk liegt dabei auf den Investoren bzw. Shareholdern oder Aktionären. Dies wird durch die Principal-Agent-Theorie begründet. Die Theorie definiert die Beziehung zwischen Principals, wie Aktionären, und Agents, wie Führungskräften und Managern eines Unternehmens (Jensen & Meckling, 1976). Aktionäre, die Eigentümer oder Prinzipale des Unternehmens sind, stellen Agenten an, um Arbeiten auszuführen (Abdullah & Valentine, 2009). Prinzipale delegieren somit die Geschäftsführung an Direktoren oder Manager, die die Agenten der Aktionäre sind (Clarke, 2004).

Obwohl sich aus dieser Theorie eine besondere Stellung der Investoren für eine Firma ergibt, wurde die Rolle des Investors in der Managementliteratur lange Zeit wenig betrachtet. Man ging davon aus, dass eher die Manager die entscheidenden Akteure einer Firma seien (Martin, Casson & Nisar, 2007). Dahrendorf (1959, S. 44) nannte den Investor sogar einen Kapitalisten ohne Funktion. Doch mit dem Aufkommen des Shareholder-Value-Ansatzes in den 1980er Jahren veränderte sich das Verhältnis von Managern und Investoren grundsätzlich (Rappaport, 1986). Das Spannungsverhältnis zwischen Managern und Investoren wurde neu bewertet (Fairfax, 2013). Das Management einer Firma sollte nun prinzipiell im Interesse der Anteilseigner handeln und den Unternehmenswert und die Gewinne maximieren (Rappaport, 1999). Es wurde erkannt, dass der besondere Status der Aktionäre bei Shareholder-Value-Corporate-Governance-Systemen die Begründung für das Engagement der Investoren liefert und die Anreize für Investor Engagement verstärkt (Martin et al., 2007, S. 4). Shareholder Value bildet die Grundlage für Investor Engagement, weil es im ureigenen Interesse der Manager ist (Goodman & Arenas, 2015, S. 163; Useem, 1993, S. 3). Somit gilt: „Shareholder value provides the rationale, incentive, and justification for investor engagement" (Martin et al., 2007, S. 1).

4.4.2. Definitionen

Im Folgenden werden Definitionen von und konkrete Methoden für Investor Engagement besprochen. Die Literatur betrachtet das Thema Investor

Engagement aus zwei Perspektiven. Zum einen aus Sicht der Firma auf die Investoren, zum anderen aus Sicht der Investoren auf die Firma. Die Autoren werden in chronologischer Reihenfolg besprochen. Tabelle 58 zeigt im Anhang die Ergebnisse in der Übersicht.

Zuerst werden Definitionsansätze aus Sicht der Firmen besprochen.

Die U.S. Securities and Exchange Commission (SEC) fordert Firmen seit 2010 dazu auf, das Board-Shareholder Engagement zur Priorität zu machen: Für Vorstände und ihre Unternehmen sollte Engagement mehr als nur Offenlegung bedeuten (Schapiro, 2010). Es sollten klare Gespräche mit Investoren darüber geführt werden, wie das Unternehmen geleitet wird – und warum und wie Entscheidungen getroffen werden (Schapiro, 2010). Denn Engagement sei eine sog. Two-way-street. Die Boards könnten vom Zugang zu den Ideen und Anliegen der Investoren profitieren. Gute Kommunikation könne die Glaubwürdigkeit gegenüber den Aktionären erhöhen und die Unternehmensstrategie verbessern (Schapiro, 2010).

Diese Aufforderung war ein Novum, denn historisch gesehen zählte das Shareholder Engagement nicht zu den Prioritäten der Top Management Teams. Doch in den letzten Jahren sind die Investoren aktiver geworden, verlangen stärkere Kommunikation und nehmen mehr Einfluss auf die Firmen (Fairfax, 2013, S. 830). Aus Sicht der Firma kann Investor Engagement heute als ein intensiver Dialog mit den Investoren beschrieben werden, der das Ziel hat, bessere Corporate Governance Strukturen zu entwickeln (Fairfax, 2013, S. 822).

Im Folgenden werden Definitionen von Investor Engagement aus Sicht der Investoren dargelegt.

Für McLaren (2004, S. 193) ist Investor Engagement das neue Paradigma der Stakeholder Governance. Engagement sei häufig eine Taktik, um die Corporate Governance zu verbessern. Dadurch würden die Agency-Kosten sinken, weil die Shareholder das Management für die Leistung des Unternehmens zur Rechenschaft ziehen könnten, was dann wiederum ihr Engagement effektiver machen würde.

Nach Martin et al. (2007, S. 19) kann Investor Engagement als die Nutzung von Residualkontrollrechten durch Investoren definiert werden, um die Managementprozesse eines bestimmten Portfoliounternehmens zu beeinflussen. Dabei sei es schwer, eine abschliessende, allumfassende Definition für Investor Engagement zu formulieren. Investor Engagement sei wie ein Spektrum, das sich von indirekten bzw. laissez-faire Beziehungen bis hin zur direkten Beteiligung von Investoren in bestimmten Bereichen der Managementpraxis erstreckt (Martin et al., 2007, S. 18). Die Ziele der Investoren könnten dabei durchaus divers sein und von konkreten Shareholder Anliegen bis hin zu breiten sozialen Themen reichen.

Das Engagement von eher finanziell motivierten Investoren definieren Gillan und Starks (2007, S. 55) wie folgt. Sie versuchten, einen Wandel innerhalb des Unternehmens ohne Kontrollwechsel herbeizuführen, weil sie unzufrieden mit einem Aspekt der Unternehmensführung oder -tätigkeit seien. Dabei könne man den Shareholder Aktivismus aber auch breiter verstehen, indem man die Engagement-Aktivitäten als Kontinuum zwischen zwei Extrema sieht. Auf der einen Seite stünden Investoren, die ihre Anteile einfach nur handelten. Auf der anderen Seite fänden sich Investoren, die das gesamte Spektrum der Corporate Control ausüben würden, bis hin zu Firmenübernahme und fundamentalen Veränderungen in der Corporate Struktur. Dieser Ansatz, Investor Engagement als ein Kontinuum zwischen zwei Polen zu sehen, ist weit verbreitet und soll noch ausführlicher besprochen werden.

Folgende Definitionen ergeben sich für die Kategorie des sozial motivierten Investor Engagements.

Shareholder Activism bedeutet für Sjöström (2008, S. 142), dass Investoren ihre Position als Teilhaber der Firma nutzen, um die Grundsatzpolitik, Richtlinien und Praktiken der Firma aktiv zu beeinflussen.

Gifford (2010) definiert engagierte Investoren analog als „active owners through voting their shares and engaging in dialogue with companies on a broad range of environmental, social and corporate governance (ESG) issues" (S. 79).

Diese Richtung schlagen auch Goodman et al. (2014) mit ihrer Definition ein: „Shareholder engagement as a strategy for responsible investment (RI) is growing and social and environmental issues are increasingly included in engagement" (S. 193).

Ähnlich beschreiben Goranova und Ryan (2014, S. 1232) Investor Engagement als Massnahmen, die von Aktionären mit der ausdrücklichen Absicht ergriffen werden, die Richtlinien und Praktiken von Unternehmen zu beeinflussen.

Goodman und Arenas (2015) entwickeln den Ansatz des Social Shareholder Engagements (SSE): „SSE represents the choice by shareholders dissatisfied with a firm's environmental, social, governance, and ethical performance to use the 'voice' rather than 'exit' option [...] or the dynamics between the two, to influence company actions" (S. 165).

Dieser Definition schliessen sich McNulty und Nordberg (2016, S. 346) an, erweitern diese aber mit Bedingungen. So müssten sowohl die Investoren als auch die Firma das Ziel verfolgen, in einen engeren und langfristig ausgerichteten Meinungsaustausch einzutreten, wobei nicht unbedingt ein Wandel in der Firma angestrebt werden muss.

Für Barko, Cremers und Renneboog (2018, S. 1) engagieren sich Investoren dann aktiv bei den Firmen in ihren Portfolios, wenn sie von den Firmen verlangen, dass sie ihre Umwelt-, Sozial- und Governance-Praktiken verbessern.

Abschliessend führen Sulkowski, Edwards und Freeman (2018) die Co-Creation in die Domäne des Investor Engagements ein. Dies geschieht aus der Perspektive der Firma mit dem Engagement-Objekt Investor. Die Autoren nennen dies aber nicht Investor oder Shareholder Co-Creation, sondern „Shaking stakeholders". Dies bedeutet, proaktiv eine Zusammenarbeit mit den Betroffenen eines Unternehmens einzuleiten, um Bewusstsein, Verhalten und Netzwerke zu verändern, um so den Wandel in Gesellschaft und Markt zu fördern. Das Ziel der Firma sollte sein: „Catalyze collaborative relationships to cocreate sustainable value that is shared with stakeholders" (S. 223).

Zusammengefasst kann Folgendes festgehalten werden. Die Forschung zu Investor Engagement lässt sich grob in zwei Gruppen unterteilen (Goranova & Ryan, 2014, S. 1231). Die eine konzentriert sich auf finanziell motiviertes Investor Engagement (Gillan & Starks, 2007), die andere auf sozial motiviertes (Barko et al., 2018; Gifford, 2010; Goodman et al., 2014; McLaren, 2004; Sjöström, 2008). Im Allgemeinen engagieren sich finanziell orientierte Investoren eher aus wirtschaftlichen Gründen, während sozial orientierte Investoren eher durch prinzipienbasierte Anreize motiviert sind (Chung & Talaulicar, 2010, S. 253). Die Begriffe Shareholder und Investor sowie Engagement und Activism werden dabei in der Literatur als Synonyme verwendet (Barko et al., 2018, S. 1).

Die untenstehende Grafik fasst die oben beschriebene Entwicklungsdynamik zum Thema Investor Engagement zusammen.

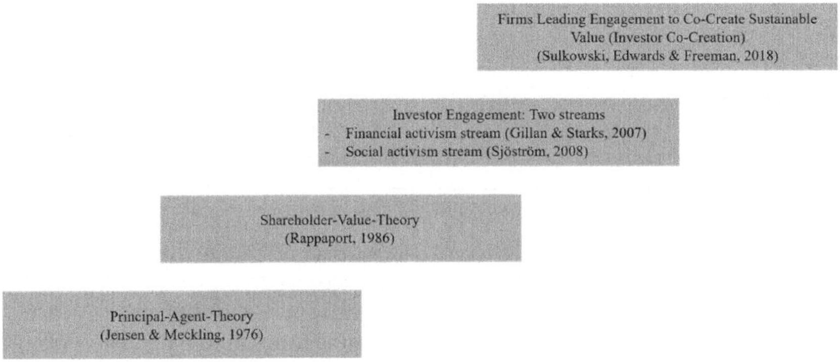

Firms Leading Engagement to Co-Create Sustainable Value (Investor Co-Creation) (Sulkowski, Edwards & Freeman, 2018)
Investor Engagement: Two streams
- Financial activism stream (Gillan & Starks, 2007)
- Social activism stream (Sjöström, 2008)
Shareholder-Value-Theory (Rappaport, 1986)
Principal-Agent-Theory (Jensen & Meckling, 1976)

Abbildung 10: Entwicklungsdynamik des Investor Engagement

Quelle: Eigene Darstellung

4.4.3. Ursachen, Methoden und Folgen

Im nächsten Abschnitt wird auf Ursachen (Antecedents), Methoden (Processes) und Folgen (Outcomes) von Investor Engagement eingegangen. Dazu wird das Modell von Goranova und Ryan (2014) erläutert und mit weiteren Quellen ergänzt. Im Anhang sind die Ergebnisse in Tabelle 59 zusammengefasst zu finden.

ANTECEDENTS
Firm
Size
Performance
Practices
Governance
Activist
Interests
Power
Legitimacy
Urgency
Identity
Environment
Macro environment
Task environment
PROCESSES
Managerial Actions
Reactive - Proactive
Resist - Implement
Symbolic - Substantive
Activist_n Demands
Activist_1 Demands
Salience
Alignment
Transparency
Shareholder Actions
Hold
Trade
Oppose
Intervene
OUTCOMES
Firm
Performance
Practices
Governance
Reputation
Activist
Financial
Identity reinforcement
Stakeholder benefits
Leverage
Environment
Reform dispersion
Social movements

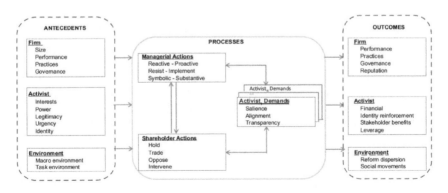

Abbildung 11: Das konzeptionelle Modell von Investor Engagement

Quelle: Goranova und Ryan (2014, S. 1232)

Goranova und Ryan (2014) identifizieren die Ursachen bzw. Antezedenzien für Investor Engagement auf den drei Ebenen Firma, Aktivist und Umwelt. Auf Firmenlevel spielen die Grösse, Performance, Managementpraktiken und die Governance eine Rolle (Goranova & Ryan, 2014, S. 1242-1244). Erstens tritt Investor Engagement in grösseren Firmen häufiger auf, da diese einerseits mehr finanzielle Anreize bieten können, und andererseits, weil dort die Agency-Probleme grösser sind. Zweitens scheinen Firmen mit einer besseren operativen Performance unattraktiver für Investor Engagement zu sein. Engagierte Investoren konzentrieren sich eher auf Firmen, deren Börsenperformance suboptimal ist. Drittens spielt es für das Investor Engagement eine Rolle, ob die Firmenmanager selbst viele Anteile am Unternehmen haben oder nicht. In Firmen, in denen Manager viele Anteile besitzen, kommt es zu weniger Engagement. Viertens sind Firmen mit eher unabhängigeren Boards sowie Firmen, die von einzelnen grossen Besitzern gehalten werden, verstärkt im Fokus von Investor Engagement.

Die Ebene des engagierten Investors bzw. Aktivisten beinhaltet fünf Antezedenzien für Investor Engagement (Goranova & Ryan, 2014, S. 1244-1245). Je nach Interesse, Machtniveau, Legitimität, Dringlichkeit und persönlicher Identität des Investors, fällt das Engagement stärker oder schwächer aus.

Auf dem Umweltlevel beeinflussen die Makroumwelt und die Aufgabenumwelt das Investor Engagement (Goranova & Ryan, 2014, S. 1245-1246). Umwelttrends auf der Makroebene beeinflussen das Investor Engagement nicht nur für die eigene Firma, sondern auch für Peerfirmen. Gleichzeitig wirken sich die Aufgaben, die ein Investor sonst auch wahrnehmen muss, auf die Intensität des Engagements aus.

Collier (2004, S. 205) beschreibt vier notwendige Voraussetzungen für erfolgreiches Investor Engagement: Erstens, der Ausgleich von Machtasymmetrien; zweitens, eine Anerkennung von Rechten und Pflichten; drittens, Kommunikation und Beziehungsaufbau; und viertens, Management der Beziehungen zu den Interessengruppen.

Im Bereich der Methoden (Processes) identifizieren Goranova und Ryan (2014) zwei Parteien, die Massnahmen ergreifen können. Zum einen die Manager und zum anderen die Investoren. Beide Seiten müssen ihre Aktionen immer wieder im Lichte der Forderungen und Ansprüche der anderen Investoren und Aktivisten neu bewerten und ausrichten.

Aus Sicht der Manager bieten sich drei Verhaltensmassnahmen an, die je zwischen zwei Polen angesiedelt sind (Goranova & Ryan, 2014, S. 1246-1247). Erstens können sie zwischen reaktiv und proaktiv im Umgang mit Investor Engagement agieren. Proaktive Manager födern dabei den Dialog mit den Stakeholdern und bewegen sich in Richtung Co-Creation von

Wert (Sulkowski et al., 2018). Zweitens können Manager konkrete Vorschläge von Investoren entweder ignorieren oder umsetzen. Drittens lässt sich die Umsetzung unterteilen in symbolische oder substanzielle Handlungen. Investoren haben drei mögliche Engagement-Strategien im Umgang mit einer Firma. Diese sind Loyalität, Exit oder Voice (Hirschman, 1970). Aus einer loyalen Haltung gegenüber der Firma ergibt sich eine Hold-Strategie. Exit bedeutet für den Investor, dass er seine Anteile verkauft. Voice heisst, dass der Investor aktiv wird und sich engagiert. So kann er in Opposition zum Management gehen und diesem widersprechen oder noch aktiver werden und intervenieren. Die Engagement-Möglichkeiten, die sich Investoren bieten, werden häufig in das Spektrum zwischen den zwei Polen Voice oder Exit eingeteilt (Chung & Talaulicar, 2010; Gillan & Starks, 2007; Goodman et al., 2014; McLaren, 2004).

	Massnahme	Beschreibung	Auswirkung
Exit (Indirekt, extern, formal)	Abkehr und Rückzug	Passivität	Exit oder Androhung des Exits (Verkauf)
	Alignment Massnahmen	Förderung finanzieller Anreize zur Angleichung der Interessen der Führungskräfte	
	Externe Kontrolle	Aktivismus zum Schutz des Ausstiegs (z. B., um Anti-Übernahme-Massnahmen zu beseitigen)	
Loyalität	Interne Governance	Aktivismus zum Schutz von Stimme und Stimmrechten	
	Dialog und Verhandlung	Persönlicher Dialog und relationale Investitionen	
	Überwachung der Geschäftsführung	Einflussnahme durch Mitgliedschaft und auf Unabhängigkeit der Geschäftsführung	
Voice (Direkt, intern, informell)	Offene Austragung von Machtkämpfen	Für direkte Kontrolle	Auswechslung des Managements

Tabelle 3: Das Spektrum des Investor Engagements zwischen Exit und Voice

Quelle: Eigene Darstellung nach McLaren (2004, S. 194)

Exit-Massnahmen laufen indirekt, extern und formal zwischen dem Investor und der Firma ab, während Voice-Massnahmen direkt, intern und informell gegenüber den betroffenen Managern geäussert werden (McLaren, 2004, S. 194). „The methods of engagement used can range from informal contacts to shareholder resolutions at AGMs to the use of media pressure and public protest but the preferred engagement strategy is that of quiet dialogue and rational discourse. Only when this fails are more activist strategies undertaken" (Collier, 2004, S. 241).

Sämtliche Aktionen sowohl von Managern als auch von Investoren müssen die Forderungen der anderen Investoren miteinbeziehen (Goranova & Ryan, 2014, S. 1247-1249). Je nachdem wie hoch die Ansprüche der anderen sind, kann man sich mit den eigenen Massnahmen durchsetzen. Besser werden die Erfolgsaussichten, wenn es zu einem Alignment zwischen den Interessen der einzelnen Shareholder kommt. Dafür muss eine gewisse Transparenz in Bezug auf die Einzelinteressen der Investoren bestehen bzw. ein Austausch stattfinden.

Folgen (Outcomes) von Investor Engagement stellen sich auf dem Firmenlevel, dem Aktivistenlevel und dem Umweltlevel ein.

Ähnlich wie bei den Antezedenzien wirken die Outcomes auch in den Bereichen Performance, Managementpraktiken und Governance (Goranova & Ryan, 2014, S. 1250-1251). Neu hinzu kommt der Bereich Reputation. In Bezug auf die Performance und die Reputation lässt sich keine eindeutige Folge durch das Investor Engagement ausmachen. Je nach Massnahme, die die Investoren eingeleitet haben, entsteht eine positive, negative oder nicht signifikante Wirkung für die Performance. Es stellt sich die Frage, ob die Investor Engagement-Massnahmen durch das Management überhaupt umgesetzt wurden und sich so ein messbarer Effekt einstellt. Zwei Bereiche, auf die Investor Engagement einen positiven Einfluss hat, sind Managementpraktiken und Governance-Strukturen, die sich häufig durch Engagement verändern.

Für Aktivisten ergeben sich hauptsächlich vier Outcomes durch ihr Engagement (Goranova & Ryan, 2014, S. 1251-1252). Erstens finanzielle Folgen durch eine Veränderung des Aktienkurses, zweitens die Verstärkung der eigenen Identität als Aktivist und Investor der Firma, drittens Vorteile für andere Stakeholder der Firma und viertens ein Leverage-Effekt für die Aktivisten zum eigenen zukünftigen Vorteil.

Im Umweltbereich ergeben sich Folgen in den beiden Bereichen Reformbemühungen und soziale Debatten (Goranova & Ryan, 2014, S. 1252). Investor Engagement, das bei Wettbewerbern geschieht, kann trotzdem auf die eigene Firma Auswirkungen haben, indem es zu branchenübergreifenden Reformbewegungen kommt. Genauso kann Investor Engagement soziale Debatten auslösen und beeinflussen.

4.4.4. Zwischenfazit

Aus der Literatur zum Investor Engagement ergeben sich fünf Implikationen für die Beziehung von Zweitwohnungsbesitzenden und Destinationen.

Erstens, Engagement muss immer zweiseitig verstanden werden: Der Investor kann sich engagieren, aber die Firma kann auch den Investor engagieren. Es kommt auf den Blickwinkel an.

Zweitens, Engagement beginnt zwischen zwei Parteien (Firma und Investor) zu wirken, hat aber Konsequenzen für alle anderen Marktteilnehmer, wie z. B. andere Investoren oder Stakeholder. Engagement kann also nie marktimmanent oder beziehungsinhärent sein, da es immer Spill-over Effekte auf andere Stakeholder (z. B. Arbeitnehmer) und andere Shareholder gibt, die in dieser Form sogar intendiert sind. „Investor engagement [...] is in the first instance designed to improve the welfare not of investors but of the wider group of stakeholders" (Collier, 2004, S. 243).

Drittens, Engagement-Massnahmen müssen als ein Kontinuum bzw. ein Spektrum verstanden werden, die zwischen den beiden Extremen Voice und Exit angesiedelt sind.

Viertens, Investoren sind nicht gleich Investoren, sondern haben heterogene Interessen. Je nach Art und Beschaffenheit der Investoren, z. B. NGOs, Gewerkschaften, Hedgefonds, Pension Fonds oder Privatinvestoren, divergieren die Interessen und Ziele beim Investor Engagement.

Fünftens ist interessant, dass die Entwicklung hin zu einer Investor Co-Creation noch nicht vollständig vollzogen ist. Es gibt Ansätze, wie z. B. ein Paper zum Thema Co-Creation und Shareholder Engagement (Sulkowski et al., 2018), aber in anderen Disziplinen ist der Gedanke der Co-Creation schon viel etablierter, z. B. im Marketing die Customer Co-Creation.

4.5. Gemeinsamkeiten der Ansätze

Im Anschluss an die Literatur Review zum Erkenntnisobjekt folgt an dieser Stelle die Synopse zur Engagement-Theorie. Um die zweite Forschungsfrage (Welche Erkenntnisse lassen sich aus der Engagement-Theorie für die Verbesserung der Beziehung von Zweitwohnungsbesitzenden und der Destination ableiten?) zusammenfassend zu beantworten, werden insgesamt sieben Gemeinsamkeiten präsentiert, die sich aus der Betrachtung von Customer,

Employee und Investor Engagement ergeben. Die ersten sechs beziehen sich direkt auf das Konstrukt, die siebte Gemeinsamkeit auf die Forschung zum Konstrukt.

Die erste Erkenntnis zielt auf einen entscheidenden Punkt ab. Es geht um das generelle Verständnis und die Tiefe des Engagement-Konstrukts. Die Frage ist, um was für eine Art der Beziehung handelt es sich bei Engagement. Kann es im Rahmen einer einfachen Interaktion zu Engagement kommen oder bedarf es einer tieferen, emotionalen Bindung?

Die verschiedenen Forschungsströme zum Engagement liefern wertvolle Antworten. Demnach kann aus menschlichem Verhalten eine Interaktion entstehen. Aus dieser Interaktion kann sich wiederum eine tiefere, emotionale Bindung ergeben. Aus dieser Bindung kann dann Engagement entstehen. Pansari und Kumar (2017) beschreiben Engagement folglich als ein Beziehungskonstrukt höherer Ordnung. Der erste Schritt während einer Interaktion sei die simple Transaktion. Darauf folgt der Aufbau einer Beziehung, die eine beidseitige Kommunikation voraussetzt. Wird diese Beziehung intensiviert und über einen längeren Zeitraum aufrechterhalten, dann entsteht der Zustand des Engagements bzw. des engagiert Seins. Es lässt sich festhalten, dass Engagement ein Konstrukt ist, dass eine tiefere, emotionale Bindung voraussetzt. Diese kann nur durch Interaktion entstehen, die über die Zeit immer intensiver wird. Somit basiert Engagement auf einer Beziehungshierarchie, die sich durch zunehmende Qualität, Vertrauen, Intensität und Commitment auszeichnet (Pansari & Kumar, 2017).

Dies führt zur zweiten Gemeinsamkeit der drei vorgestellten Engagement-Ansätze. Engagement ist ein relationales Konstrukt. Es entsteht in der Beziehung zwischen einem Engagement-Subjekt und einem Engagement-Objekt. In den untersuchten Forschungsgebieten waren die Engagement-Subjekte der Kunde, der Mitarbeiter und der Investor. Ihr Engagement bezog sich jeweils auf ein Engagement-Objekt. Diese waren die Firma oder die Marke für die Kunden, die Arbeitsperformance für die Mitarbeiter und die Firma für die Investoren. Überträgt man diese Logik auf diese Dissertation, dann müssen die Zweitwohnungsbesitzenden als Engagement-Subjekt gelten und die Destination als Engagement-Objekt.

Aus diesem Sachverhalt ergeben sich zwei wichtige Erkenntnisse für diese Dissertation. Erstens, Engagement kann nur in einer Beziehung bzw. in einer Relation von Subjekt und Objekt entstehen. Beim Schreiben und Reden über Engagement muss folglich im Vordergrund stehen, dass nicht das Subjekt oder das Objekt allein engagiert sind oder werden, sondern die Beziehung zwischen diesen beiden. Zweitens entsteht in der untersuchten Theorie der Wille zum Engagement in erster Instanz beim Engagement-Subjekt. Das heisst, dass der Kunde oder Zweitwohnungsbesitzende als Engagement-Subjekt den ersten Schritt im Engagement-Prozess auf die Firma oder Destination als Engagement-Objekt zumachen muss. Sobald nun davon ausgegangen wird, dass aber auch Firmen oder Destinationen aktiv die Entscheidung treffen können, ihre Kunden oder Zweitwohnungsbesitzenden zu engagieren, wird diese ursprüngliche Annahme umgekehrt. Das ursprüngliche Engagement-Objekt (Firma, Destination) entscheidet sich, dass Engagement-Subjekt (Kunde, Zweitwohnungsbesitzender) zu engagieren.

Aus dieser neuen Logik ergibt sich eine gewisse Problematik. Wenn der erste Schritt im Engagement-Prozess vom ursprünglichen Engagement-Objekt (Firma, Destination) ausgeht, dann kommt es – zumindest temporär – zu einem Rollenwechsel. Das vormalige Engagement-Subjekt (Kunde, Zweitwohnungsbesitzender) wird zum neuen Engagement-Objekt, da die Handlung von der Firma oder Destination ausgeht. Dies ist aber kein starrer Zustand, sondern nur der Impuls zu einer von Austausch geprägten Beziehung, wie sie im ersten Punkt beschrieben wurde. Konkret bedeutet das, dass sich die Rollen nach dem gegebenen Impuls wieder normalisieren. Die Firma stösst den Engagement-Prozess an, wird dadurch zum handelnden Engagement-Subjekt und macht sich durch den angestossenen Prozess postwendend selbst zum Engagement-Objekt, da die Kunden ihr Engagement auf die Firma beziehen sollen.

Dieses hybride Rollenverständnis kann als ein Zukunftsmodell gesehen werden. In dieser Konstellation überwindet das Engagement die starren Grenzen von Subjekt und Objekt. Die Beziehung tritt in einen oszillierenden Zustand ein, indem es zu einem Hin und Her, einem ständigen Wechsel der Rollen kommt. Statt eines gesetzten Verhältnisses entsteht eine dynamische, progressive Beziehung. Im Oszillieren werden die beiden festen Pole von Subjekt und Objekt überwunden und es kommt zu einem Rollenwechsel bzw. einem Loslassen vom eigenen Rollenverständnis, das hier als Selbstobjektivierung bezeichnet werden soll. Der Vorteil einer solchen Beziehung liegt darin, dass er Raum für konstitutive Resonanzerfahrungen bietet. In diesen Momenten kann es zu einem sehr intensiven, persönlichen Austausch und einer vibrierenden Erfahrung mit dem Gegenüber kommen (Rosa, 2016).

Die dritte Gemeinsamkeit ist, dass Engagement ein Konstrukt ist, das auf Aktivierung beruht. Dies ist zwar schon angeklungen, soll aber kurz separat besprochen werden. Unabhängig davon, wer den ersten Schritt in der Beziehung zwischen Engagement-Subjekt und Engagement-Objekt macht, es muss immer zur erfolgreichen Aktivierung des Konterparts kommen. Diese Aktivierung zeigt sich darin, dass die beteiligten Personen ein grosses Level an Energie in den jeweiligen Kontext einbringen. Diese Energie wird durch eine im Allgemeinen positive Einstellung gegenüber dem

Engagement-Objekt ausgelöst. Man kann in diesem Sinne auch von einem hohen Grad an persönlichem Involvement für eine Sache sprechen (Leiter & Bakker, 2010). Laut der drei untersuchten Engagement-Ansätze kann diese Aktivierung im Ergebnis unterschiedliche Ausprägungen annehmen. Das Niveau des Engagements zeigt sich dann in einem Spektrum, aber auch Begriffe wie Level oder Zyklus unterstreichen das aktive, dynamische Verständnis des Konstrukts.

Zu diesem aktivierenden Charakter von Engagement kommt hinzu, dass Engagement zwar zwischen zwei Parts (z. B. Firma und Investor) beginnt, dass aber immer Konsequenzen für alle anderen Marktteilnehmer aus dieser Beziehung entstehen (z. B. für andere Investoren wie auch andere Stakeholder). Engagement kann also nie marktimmanent oder beziehungsinhärent sein, da es zu Spill-over Effekten auf andere Stakeholder (z. B. andere Shareholder oder Mitarbeitenden) kommt. Engagement basiert somit auf Aktivierung, kann aber auch Auswirkungen auf andere Marktteilnehmenden haben bis hin zu Ansteckungseffekten.

Viertens muss Engagement als ein multidimensionales Konstrukt verstanden werden. Dabei unterscheidet sich die Manifestation der Dimensionen je nach Forschungskontext. In der Forschung zu Customer Engagement werden die transaktionale und die nicht transaktionale Dimension von Engagement besprochen. Wobei Engagement im Idealzustand nicht transaktionaler Natur sein und sich in den (Sub-)Dimensionen des Kognitiven, Emotionalen, Verhaltenstechnischen und Sozialen abspielen soll. In der Employee Engagement-Forschung stehen sich zwei Dimensionen gegenüber. Die Utrecht-Gruppe sieht Engagement als eine Einstellung an, während Saks (2006) und Kahn (1990) Engagement als Ressource beschreiben. Einzig in der Forschung zum Investor Engagement gibt es keine zwei rivalisierenden Dimensionalitäten. Engagement verläuft hier ausschliesslich verhaltenstechnisch im Spektrum zwischen Voice- und Exit-Optionen.

Fünftens ist die Erkenntnis wichtig, dass die Konzeption des Engagement-Konstrukts zu einer vordergründigen Homogenität des Engagement-Subjekts führt. An der Oberfläche wird einfachheitshalber angenommen, dass Kunden, Mitarbeitende, Investorinnen oder auch Zweitwohnungsbesitzende dieselben Interessen und Merkmale teilen. Das würde bedeuten, dass auch das Engagement dieser Gruppen mit dem Engagement-Objekt (Firma, Destination) gleichförmig und generalisierbar verlaufen würde. Engagement ist aber ein sehr individuelles Verhalten, das von persönlichen Wahrnehmungen und Eindrücken abhängt. Diese Einschränkung kommt in der hier untersuchten Literatur oft zu kurz. Als Ausnahme gilt Sjöström (2008), der zu bedenken gibt, dass Investoren nicht gleich Investoren seien. So seien z. B. institutionelle Anleger, Privatanleger, NGOs, Gewerkschaften oder Pensionsfonds alle Investoren, hätten aber durchaus heterogene Interessen und Identifikationsniveaus, die sich teilweise widersprächen. Somit wird deutlich, dass der Anspruch der Engagement-Wirkung zwar immer auf grössere Anspruchsgruppen gerichtet ist, sich die tatsächliche Engagement-Wirkung aber v. a. auf individuellem Niveau entfaltet. Die Soll- und Ist-Wirkung von Engagement entstehen auf zwei verschiedenen Leveln. Deshalb ist es wichtig, Engagement primär vom individuellen Level her zu denken.

In Bezug auf diese Dissertation stellt sich die folgende Frage: Wenn Engagement für jeden Zweitwohnungsbesitzenden auf individuellem Niveau wirkt, wie geht man mit der generalisierten Gruppenzugehörigkeit der Zweitwohnungsbesitzenden um? Kapitel 3 begegnet dieser Problematik, indem sich Zweiwohnungsbesitzer aus den drei Rollen Kunde, Co-Produzent und Investor konstituieren. Der jeweilige Rollenanteil ist bei jedem Zweitwohnungsbesitzenden individuell ausgeprägt.

Sechstens haben die drei Ansätze gemein, dass sie Engagement als ein neues, unabhängiges Konstrukt verstehen. In der Literatur wird über Engagement zwar oftmals im Kontext von Commitment, Involvement, Attachment, Identifikation oder Partizipation gesprochen, doch Engagement beschreibt etwas Eigenständiges (Brodie et al., 2011, S. 254; Schaufeli & Bakker, 2010, S. 11). Die Besonderheiten von Engagement wurden in diesem Kapitel ausführlich besprochen und die wichtigsten Gemeinsamkeiten der drei vorgestellten Ansätze vorgestellt. Aus Gründen der Klarheit wird Engagement an dieser Stelle gegenüber den vier am nächsten verwandten Konstrukten Involvement, Commitment, Vertrauen und Loyalität abgegrenzt. Erstens, Involvement wird als Interessenlevel oder persönliche Relevanz eines Individuums gegenüber einem Objekt definiert (Mittal, 1995; Zaichkowsky, 1994). Es basiert auf den eigenen Werten, Bedürfnissen und Interessen (Zaichkowsky, 1985). Somit ist Involvement erforderlich, bevor Engagement überhaupt zum Ausdruck kommen kann (Brodie et al., 2011). Zweitens, Commitment ist ein dauerhafter Wunsch nach einer wertvollen Beziehung (Moorman, Zaltman & Deshpande, 1992). Die Definition zeigt, dass auch Commitment bestehen muss, bevor es zu Engagement kommt (Brodie et al., 2011). Drittens, Vertrauen gilt als Bereitschaft, sich auf einen Austauschpartner zu verlassen, weil man annimmt, dass die Interaktion sicher, zuverlässig und im besten eigenen Interesse ist (Delgado-Ballester, Munuera-Aleman & Yague-Guillen, 2003; Moorman, Deshpande & Zaltman, 1993). Die Definition macht klar, dass der Zustand von Vertrauen Bedingung für oder Konsequenz von Engagement ist und sich damit grundlegend von Engagement unterscheidet (Brodie et al., 2011). Viertens, Loyalität wird als positive Einstellung zu einem Objekt beschrieben, die im Laufe der Zeit zu wiederholten Interaktionen mit dem Objekt führt (Assael, 1998).

Loyalität entsteht durch wiederholte Interaktionen über die Zeit und ist damit dem Engagement nachgelagert (Brodie et al., 2011). Alle diese vier Konstrukte haben konzeptionelle Beziehungen zu Engagement. Dennoch ist Engagement ein eigenständiges Konstrukt.

Die siebte Gemeinsamkeit bezieht sich auf die Forschung zum Konstrukt Engagement. Die Forschungsentwicklung verläuft in den drei Teilbereichen Customer Engagement, Employee Engagement und Investor Engagement de facto parallel. Die Forschungsfelder finden ihre Begründung jeweils in einer Beziehungstheorie, die in den 1960er bzw. 1970er Jahren aufgestellt wurde. Darauf aufbauend wird zu der Ausgestaltung der beschriebenen Beziehungstheorien geforscht. Um das Jahr 2010 herum kommt dann die Forschung zum Engagement in den einzelnen Teildisziplinen auf. Diese Entwicklung wurde in den Unterkapiteln zu Customer, Employee und Investor Engagement nachgezeichnet. Doch während in der Forschung zu Customer und Investor Engagement eine Weiterentwicklung hin zur Co-Creation eingesetzt hat, ist diese Entwicklung im Forschungsfeld des Employee Engagements noch nicht ersichtlich. In der Vergangenheit kam es aber immer wieder zu Spill-over Effekten von einem Forschungsteilbereich in andere. So ebnete beispielsweise Kahn (1990) mit seinem Paper zum Engagement bei der Arbeit den Weg für den Einzug des Konstruktes in die Marketing- und Investorenforschung.

Zusammengefasst ist diese Dissertation von folgendem Verständnis des Engagement-Konstruktes geprägt. Engagement ist ein soziales, interaktives Verhalten, das eine tiefgehende, emotionale Bindung zu einem Konterpart auslöst, die über simple Interaktionen, Transaktionen und Kommunikation hinausgeht. Das relationale Konstrukt wirkt in der Beziehung eines Engagement-Subjekts und Engagement-Objekts multidimensional und individuell unterschiedlich.

5. Erklärungsansatz und Gestaltungsmassnahmen für Engagement

Das folgende Kapitel entwirft einen ersten Erklärungsansatz für das Engagement von Zweitwohnungsbesitzenden in Destinationen. Der Erklärungsansatz setzt sich aus Ursachen (Antecedents), Methoden (Methods) und Folgen (Consequences) zusammen. Die Basis dafür sind die schon bestehenden Erklärungsansätze zu Customer, Employee und Investor Engagement, die in Kapitel 4 beschrieben wurden. In einem zweiten Schritt werden Gestaltungsmassnahmen zu den einzelnen Komponenten des Erklärungsansatzes dargelegt.

Die in diesem Kapitel präsentierten Ursachen, Methoden und Folgen wurden danach ausgewählt, dass jede mindestens in zwei der drei analysierten Forschungsgebiete Customer, Employee und Investor Engagement unabhängig voneinander genannt wurde.

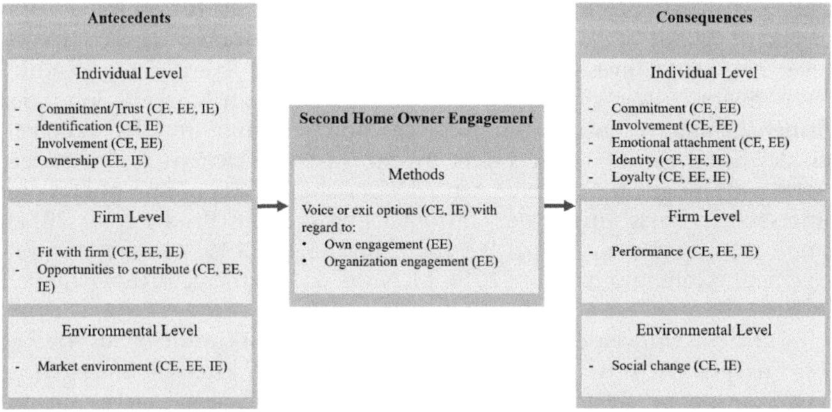

Abbildung 12: Erklärungsansatz für das Engagement von Zweitwohnungsbesitzenden

Quelle: Eigene Darstellung aufbauend auf der Literatur zu Customer Engagement (CE), Employee Engagement (EE) und Investor Engagement (IE); Quellen im Fliesstext

Ursachen für das Engagement von Zweitwohnungsbesitzenden bestehen auf drei Leveln. Auf dem individuellen Level eines jeden Zweitwohnungsbesitzenden muss es erstens zu Commitment und Vertrauen kommen. Dies gilt so für Customer Engagement (van Doorn et al., 2010), Employee Engagement (Christian et al., 2011) und Investor Engagement (McNulty & Nordberg, 2016). Zweitens müssen sich Zweitwohnungsbesitzende mit der Destination identifizieren, damit sie sich engagieren. So ist es bei Customer Engagement (van Doorn et al., 2010) und Investor Engagement (Goranova & Ryan, 2014; McNulty & Nordberg, 2016). Drittens müssen Zweitwohnungsbesitzende in der Destination involviert sein. Genauso wie bei Customer Engagement (Brodie et al., 2011; Vivek et al., 2012) und Employee Engagement (Christian et al., 2011) gilt Involvement als Ursache für Engagement. Viertens müssen Zweitwohnungsbesitzende ein Gefühl von Ownership haben, um sich zu engagieren. Gleiches gilt im Bereich Employee Engagement (Bailey et al., 2017; Christian et al., 2011) und Investor Engagement (McNulty & Nordberg, 2016).

Auf dem Firmenlevel gibt es zwei Treiber von Engagement von Zweitwohnungsbesitzenden. Erstens den sogenannten Firmenfit. In der Forschung zu Customer Engagement (van Doorn et al., 2010), Employee Engagement (Bailey et al., 2017; Christian et al., 2011; Rich et al., 2010; Saks, 2006, 2019) und Investor Engagement (Goranova & Ryan, 2014; McNulty & Nordberg, 2016) wird dieser „Fit with the Firm" als Marken-, Job- oder Firmencharakteristikum beschrieben, das zum Selbstbild und den Fähigkeiten des Kunden, Mitarbeiters oder Investors passt. Zweitens sind konkrete Gestaltungsmöglichkeiten eine zentrale Ursache für Engagement. Die drei untersuchten Forschungsfelder Customer Engagement (Brodie et al., 2011), Employee Engagement (Christian et al., 2011; Saks, 2019) und Investor Engagement (Goranova & Ryan, 2014; McNulty & Nordberg, 2016) erwähnen sie alle.

Auf dem Umweltlevel wird die Ursache des Marktumfelds als Treiber von Engagement von allen drei Forschungsfeldern Customer Engagement (van Doorn et al., 2010), Employee Engagement (Saks, 2006, 2019) und Investor Engagement (Goranova & Ryan, 2014; McNulty & Nordberg, 2016) angeführt. Nur wenn es das Marktumfeld zulässt, dass sich Zweitwohnungsbesitzende eigenständig einbringen, können sie sich auch engagieren.

Die Methoden, mit denen Zweitwohnungsbesitzende ihr Engagement äussern, sind die Optionen des oben vorgestellten Voice- oder Exit-Spektrums. Dies wird in der Literatur zu Customer Engagement (Pansari & Kumar, 2017; van Doorn et al., 2010) und Investor Engagement (Gillan & Starks, 2007; Goodman et al., 2014; Goranova & Ryan, 2014; McLaren, 2004; McNulty & Nordberg, 2016) besprochen. Dabei beziehen sich die

Voice- oder Exit-Massnahmen des Zweitwohnungsbesitzenden Engagements auf zwei Bereiche. Zum einen auf ihre eigene Lebenswelt, und zum anderen auf das Engagement mit der jeweiligen Organisation bzw. Destination. Nach Saks (2006) gilt als Own Engagement die individuelle Innensicht auf die eigene Lebenswelt, z. B. das eigene Haus, Hobbies oder Interessen in der Destination. Beim Organisationsengagement ginge es um die Sicht nach aussen auf die eigene Organisation bzw. Destination und wie man sich mit ihr als Teil der Destination engagieren kann.

Die Konsequenzen des Engagements von Zweitwohnungsbesitzenden entstehen auf drei Ebenen. Auf dem individuellen Level kommt es zu gesteigertem Commitment für, höherem Involvement in und einer verstärkten emotionalen Beziehung zur Destination. Diese drei werden in der Literatur zu Customer Engagement (Brodie et al., 2011; van Doorn et al., 2010; Vivek et al., 2012) und Employee Engagement (Menguc et al., 2013; Saks, 2006, 2019) beschrieben. Eng damit verbunden ist der Beitrag zur eigenen Identität, denn Engagement wirkt identitätsstiftend. Dies beschreiben alle drei Forschungsansätze Customer Engagement (van Doorn et al., 2010), Employee Engagement (Menguc et al., 2013) und Investor Engagement (Goranova & Ryan, 2014). Alle drei untersuchten Forschungsbereiche sehen zudem die gesteigerte Loyalität als wichtige Konsequenz von Engagement auf individuellem Level: Customer Engagement (Brodie et al., 2011; Vivek et al., 2012), Employee Engagement (Menguc et al., 2013; Saks, 2006, 2019) und Investor Engagement (Goranova & Ryan, 2014; McNulty & Nordberg, 2016).

Auf dem Firmenlevel kommt es durch Engagement zu verbesserter Performance. Dies beschreiben die Forschungsarbeiten zu allen drei Teilbereichen. Besonders die Forschung zu Employee Engagement betont diesen Aspekt (Bailey et al., 2017; Christian et al., 2011; Menguc et al., 2013; Rich et al., 2010; Saks, 2006, 2019), aber auch die zu Investor Engagement (Goranova & Ryan, 2014; McNulty & Nordberg, 2016) und Customer Engagement (Pansari & Kumar, 2017; van Doorn et al., 2010). Für die Destination kann dies u. a. einen höheren Gewinn, Umsatz oder Marktanteil bedeuten.

Auf dem Umweltlevel kommt es laut Customer Engagement-Forschung (van Doorn et al., 2010) und Investor Engagement-Forschung (Goranova & Ryan, 2014; McNulty & Nordberg, 2016) zu sozialem Wandel, z. B. durch neue Regulierungen, Verbraucher- und Umweltschutz.

In einem zweiten Schritt soll das eben erläuterte Erklärungsmodell mit konkreten Gestaltungsmassnahmen angereichert werden, mit denen Destinationen ihre Zweitwohnungsbesitzenden stärker engagieren können. Diese Massnahmen wurden in Kapitel 3.3 ausführlich besprochen und sind im Anhang in der Tabelle 53 zu finden. Die nun zugeordneten Massnahmen beschränken sich auf die besprochenen Vorschläge von Bieger und Beritelli (2004), Arpagaus und Spörri (2008) und Müller-Jentsch (2015). Zu einem späteren Zeitpunkt soll der Massnahmenkatalog noch verbreitert werden. Sämtlich Massnahmen beziehen sich auf die Antezedenzien von Zweitwohnungsbesitzenden Engagement oder die Methoden.

Auf das individuelle Level der Ursachen für Engagement wird sich die Massnahme von Bieger und Beritelli (2004) auswirken, wirtschaftliche Anreize für die Vermietung zu schaffen bzw. psychologische Barrieren gegen die Vermietung zu reduzieren. Auf demselben Level wirkt die Massnahme von Arpagaus und Spörri (2008), die Auslastung von bestehenden und neuen Wohnungen zu erhöhen. Ganz konkrete Massnahmen auf individuellem Niveau schlägt Müller-Jentsch (2015) vor: Ein gemeinsames Massnahmenpaket zur Dorferneuerung, die gemeinsame systematische Aufwertung und Nutzung der leerstehenden historischen Gebäude in der Destination, die Förderung von Gründungsaktivitäten der Zweitwohnungsbesitzenden, z. B. von Hotels oder Restaurants, die Einrichtung eines konsultativen Rates der Zweitwohnungsbesitzenden und die Öffnung diverser Milizämter für Zweitwohnungsbesitzende sollen sich positiv auf das Engagement in der Destination auswirken.

Auf das Firmenlevel der Ursachen für Engagement von Zweitwohnungsbesitzenden wirken sich folgende von Bieger und Beritelli (2004) beschriebene Massnahmen aus. Erstens muss ein nachhaltiger Wachstumspfad für den Zweitwohnungsbestand definiert werden. Zweitens muss dieser mit entsprechenden Instrumenten kontrolliert und durchgesetzt werden. Drittens sollte mindestens ein Teil des Mehrwertes, der durch den Zweitwohnungsbau entsteht, abgeschöpft und für Reinvestitionen eingesetzt werden. Dies bedeutet konkret, dass ein Fonds oder Rücklagenkonto eröffnet werden könnten, mit denen Mittel für Projekte zur Verfügung gestellt werden, die von Zweitwohnungsbesitzenden umgesetzt werden. Dies würde sich positiv auf die Gelegenheiten zum Mitgestalten auswirken und damit wiederum auf das Engagement der Zweitwohnungsbesitzenden. Müller-Jentsch (2015) schlägt sechs Massnahmen vor, die sich direkt auf das Firmenlevel der Engagement-Ursachen auswirken. Erstens kann die Einrichtung eines Dorf-Begegnungszentrum zur Vitalisierung des Dorfkerns beitragen. Zweitens wirkt sich ein Rat der Zweitwohnungsbesitzenden auf die Gestaltungsmöglichkeiten für Zweitwohnungsbesitzende aus. Drittens hat die Öffnung gewisser Milizämter für Zweitwohnungsbesitzende einen positiven Effekt auf die Opportunities to contribute auf Firmenlevel. Viertens bieten sich steuerliche Anreize an sowie fünftens die Benennung eines Beauftragten für Zweitwohnungsbesitzende. Sechstens hat ein möglicher destinationsweiter

Fokus auf die älter werdende Babyboomer-Generation positive Effekte auf die Engagement-Ursachen auf Firmenlevel.

Auf die Methoden im Voice- und Exit-Spektrum wirkt sich besonders die Massnahme von Müller-Jentsch (2015) aus, dass Zweitwohnungsbesitzende in Destinationen nicht als Milchkühe, sondern als gleichberechtigte Partner gesehen werden sollten. Es muss das Ziel der Destinationen sein, die Zweitwohnungsbesitzenden aus dem Voice- und Exit-Spektrum in ein Voice- und Action-Spektrum zu bekommen. Ein Ergebnis von gesteigertem Engagement ist erhöhte Loyalität. Diese Loyalität muss soweit verstärkt werden, dass ein Exit gar nicht mehr zur Debatte steht, sondern nur noch aktives, konstruktives und partizipatives Verhalten (Action).

Wichtig dafür ist laut Haudan (2008), dass sich die Beteiligten als Teil von etwas Grösserem fühlen, dass sie ein Zugehörigkeitsgefühl entwickeln, dass sie ein gemeinsames Ziel verfolgen und dass sie wissen und rückgemeldet bekommen, wie sie einen Unterschied machen können.

5.1. Zwischenfazit: Definition Zweitwohnungsbesitzenden Engagement

Als Zweitwohnungsbesitzenden Engagement wird in dieser Dissertation das soziale, interaktive Verhalten eines Zweitwohnungsbesitzenden verstanden, das eine tiefgehende, emotionale Bindung gegenüber seiner Destination auslöst. Diese Bindung geht über einfache Interaktionen, Transaktionen und Kommunikation hinaus. Das Engagement von Zweitwohnungsbesitzenden wirkt auf zwei Ebenen: Zum einen auf der individuellen Persönlichkeitsebene in Beziehung zu sich selbst, zum anderen auf der öffentlichen Organisations- bzw. Destinationsebene in Beziehung zu Dritten. Es entfaltet seine multidimensionale Wirkung auf kognitivem, emotionalem, verhaltensbezogenem und sozialem Niveau.

Ausgelöst wird Zweitwohnungsbesitzenden Engagement durch Commitment, Vertrauen, Involvement, Identifikation und ein Gefühl von Ownership der Zweitwohnungsbesitzenden gegenüber der Destination. Die Ergebnisse von Zweitwohnungsbesitzenden Engagement sind gesteigertes Commitment und Involvement sowie eine emotionale Verbindung zur Destination, die Identität stiftet und Loyalität auslöst.

6. Überleitung zur Empirie

Als Basis für die Beschreibung der Empirie werden die drei Forschungsströmungen in einem Perspektivendiagramm zusammengefasst, das am Ende dieses Kapitels steht. Es gilt aufzuzeigen, wo in der Literatur ein Beitrag zur Engagement-Diskussion sinnvoll ist.

Die akademische Forschung zu Engagement in den drei untersuchten Teilgebieten beginnt mit dem Artikel von Kahn (1990). Er ebnet das Feld für Engagement im HR-Bereich. Lange Zeit ist das Thema aber nicht prominent, bis es um 2004 zu Publikationen zu Employee Engagement und Investor Engagement kommt sowie um 2006 zu ersten Publikationen im Bereich Customer Engagement. Insgesamt ergeben sich drei Entwicklungsströmungen.

Erstens beginnt die Forschung zu Customer Engagement um das Jahr 2006 am spätesten im Vergleich mit den beiden anderen Forschungsströmungen. Die Forschung erreicht einen Höhepunkt um das Jahr 2010. Bis dahin wurden ausschliesslich konzeptionelle Paper veröffentlicht, doch ab 2011 entwickelt sich das Gebiet auch empirisch weiter. Zuletzt sind Paper beider Arten erschienen.

Zweitens ist die Forschung zu Employee Engagement sehr stark empirisch geprägt. Mit dem Grundlagenpaper von Kahn entsteht 1990 das erste wissenschaftliche Paper in diesem Forschungsbereich. Interessant ist, dass viele Autoren zwar konzeptionelle Definitionsansätze entwerfen, aber ihr Hauptaugenmerk auf die empirische Überprüfung des Engagement-Objekts Arbeitsperformance legen. Schon Kahn (1990) setzt dafür auf eine qualitative Befragung, um seinen Ansatz zu validieren. In den letzten Jahren ist die Forschung zu Employee Engagement anders als in den beiden anderen Forschungsbereichen eher abgeflacht.

Drittens fällt auf, dass die Forschung zu Investor Engagement fast ausschliesslich konzeptionell getrieben ist. Dabei steht vor allem die Beschreibung von möglichen Methoden und Auswirkungen des Investor Engagements im Vordergrund. Doch anders als in den beiden anderen Bereichen erfährt das Thema Engagement im Investorenkontext auch in den letzten Jahren kontinuierliche Aufmerksamkeit.

In diese Forschungsentwicklung reihen sich die empirischen Studien dieser Dissertation ein. Seit 2015 sind nur zwei empirische Studien in den drei untersuchten Forschungsrichtungen erschienen: Eine qualitative zu Customer Engagement und eine qualitative zu Investor Engagement. Diese Dissertation trägt dazu bei, die Lücke zu schliessen. Deshalb werden eine empirisch qualitative Studie und eine empirisch quantitative Studie sowie eine abschliessende empirische Konklusion durchgeführt. Im Folgenden werden die drei Projekte kurz erläutert.

Die erste Studie legt die Basis, um Zweitwohnungsbesitzenden Engagement als ein von Destinationen ausgelöstes Verhalten besser zu verstehen. Es wird ein qualitativer, an Entdeckungen orientierter Forschungsansatz angewandt, um Kontextsensibilität herzustellen (Glaser & Strauss, 2017). Dieser Ansatz untersucht Phänomene in ihrem natürlichen Umfeld und akzeptiert, dass Realitäten vielschichtig, konstruiert und holistisch sind (Denzin & Lincoln, 2011). In dieser Studie werden zwei Schweizer Destinationen mit einer vergleichenden Fallstudie analysiert: Zum einen die Company-type Destination Flims Laax Falera, zum anderen die Community-type Destination Grindelwald. Ziel ist es, die Forschungsfrage zu beantworten: Wie, weshalb und wozu realisieren Schweizer Destinationen heute Engagement-Massnahmen für ihre Zweitwohnungsbesitzenden?

Die zweite Studie soll als empirisch quantitative Umfrage unter Zweitwohnungsbesitzenden durchgeführt werden. Sie soll Antworten auf die Forschungsfrage finden: Was sind die Treiber und damit die Steuerungshebel für die Verbesserung der Beziehung von Zweitwohnungsbesitzenden mit der Destination?

In der empirischen Konklusion werden Ergebnisse vertieft, die sich aus der zweiten Studie ergeben haben. Sie ist im eigentlichen Sinne keine eigenständige Studie, da sie auf die erhobenen Daten aus Studie 2 zurückgreift und diese weiter analysiert. Es wird der Hauptfrage nachgegangen: Wie kann das Total Zweitwohnungsbesitzenden Engagement mit einer Skala gemessen werden?

Jahr		1990	1991-2003	2004	2005	2006	2007	2008	2009	2010	2011	2012	2013	2014	2015	2016	2017	2018	2019
Empirisch	Customer Engagement										Hollebeek	Vivek et al.		Jaakkola & Alexander				Alvarez-Milán et al.	
	Employee Engagement	Kahn		May et al.	Britt et al.	Saks; Schaufeli et al.				Bach et al.	Christian et al.; Sonnberg et al.		Jenkins & Delbridge; Mengue et al.						
	Investor Engagement									Gifford				Goodman et al.				Barko et al.	
Konzeptionell	Customer Engagement					Patterson et al.			Bowden; Higgins & Scholer	Kumar et al.; Mollen & Wilson, van Doorn et al.; Verhoef et al.	Brodie et al.; Hollebeek	Sathi					Pansari & Kumar		Hollebeek et al.
	Employee Engagement									Leiter & Bakker									
	Investor Engagement			McLaren			Martin et al.; Gillan & Starks	Sjöström		Shapiro; Chung & Talaulicar			Fairfax	Goranova & Ryan	Goodman & Arenas	McNulty & Nordberg		Sulkowski et al.	

Legende

	Cust. E.	Empl. E.	Inv. E.	Anzahl Paper
	●	■	△	1
	●	■	△	2
	●	■	△	3
	●	■	△	4

Tabelle 4: Perspektivendiagramm zur Forschungsentwicklung von Customer, Employee und Investor Engagement

Quelle: Eigene Darstellung

7. Studie 1: Vergleichende Case Study zu Destinationen

Die erste Studie beleuchtet Engagement von Zweitwohnungsbesitzenden als ein von Destinationen aktiv ausgelöstes Verhalten bzw. als Managementpraxis.

7.1. Einführung

Zweitwohnungsbesitzende sind für die Entwicklung von Destinationen und besonders in Gebieten wie der Schweiz sehr wichtig. Dazu existieren viele Forschungsarbeiten (Arpagaus & Spörri, 2008; Bieger & Beritelli, 2004; Farstad & Rye, 2013; Hall, 2014). Wenig geforscht wurde aber zu der Kombination der drei Rollen, die ein Zweitwohnungsbesitzender abdeckt, sowie zur Verknüpfung mit dem Engagement-Konstrukt.

Zweitwohnungsbesitzende treten in Destinationen als Kunden, Co-Produzenten und Investoren auf. Diese drei Rollen werden in den betriebswirtschaftlichen Subdisziplinen (Marketing, Personalwesen und Finance) relativ isoliert untersucht. In allen drei Rollen können sich Zweitwohnungsbesitzende mehr oder weniger stark emotional mit ihrer jeweiligen Destination engagieren (vgl. Engagement-Konstrukt). Weil Zweitwohnungsbesitzende diese drei Rollen einnehmen, hat die Literatur Review dieser Dissertation das Thema Engagement aus diesen drei Perspektiven beleuchtet und versucht, die drei Ansätze zu integrieren. Engagement wird in dieser Dissertation als ein freiwilliges, dialogisches und intensives Austauschverhältnis zwischen zwei Parteien beschrieben. Die Literatur Review hat den Stand der Forschung zu Ursachen und Konsequenzen von Customer, Employee und Investor Engagement in einem Stimulus-Organismus-Reaktions-Modell (S-O-R-Modell) zusammengefasst.

Es hat sich gezeigt, dass zwar viel zum aktiven Engagement-Verhalten der Kunden, Co-Produzenten und Investoren geforscht wurde, aber wenig dazu, wie eine Engagement-Beziehung von Firmen bzw. Anbietern aktiviert wird. Ausnahmen, die die Anbieterseite untersuchen, bilden Untersuchungen im Bereich Employee Engagement (Jenkins & Delbridge, 2013; Truss et al., 2013) und Investor Engagement (Fairfax, 2013; Schapiro, 2010), wobei Engagement als Managementpraxis gesehen wird.

Diese erste Studie betrachtet das Thema Engagement aus Sicht der Anbieterseite. Es wird zum einen ein Forschungsbeitrag zum aktiv anbieterinduzierten Engagement geleistet, zum anderen wird das Engagement-Konstrukt am Beispiel von zwei Schweizer Destinationen weiterentwickelt. Aus der vergleichenden Analyse von den Ergebnissen der Literatur Recherche und der ersten Studie lassen sich erste Handlungsempfehlungen ableiten.

Die Studie ist als vergleichende Fallstudie konzipiert. Sie folgt dem Ansatz zur Theorieentwicklung aus Case Study Research nach Eisenhardt (1989) und kombiniert diesen Rahmen mit der vergleichenden Perspektive nach Rohlfing (2009).

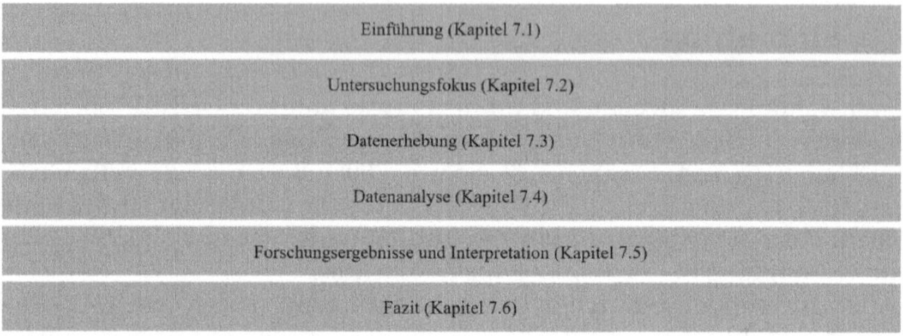

Einführung (Kapitel 7.1)

Untersuchungsfokus (Kapitel 7.2)

Datenerhebung (Kapitel 7.3)

Datenanalyse (Kapitel 7.4)

Forschungsergebnisse und Interpretation (Kapitel 7.5)

Fazit (Kapitel 7.6)

Abbildung 13: Flow Chart der ersten Studie

Quelle: Eigene Darstellung

7.2. Untersuchungsfokus

Der Untersuchungsfokus definiert die Forschungsfrage und bespricht verwandte Konstrukte, ohne aber selbst theoriebildende Hypothesen zu formulieren (Eisenhardt, 1989).

Als erstes werden die Forschungsfragen definiert. Trotz der grossen Forschungsaktivitäten zum Thema Engagement in den drei untersuchten Forschungsströmungen ist relativ wenig über die Ausgestaltung, Motive und Auswirkungen von Engagement als Managementpraxis bekannt. Die Wirkungsweisen und Prozesse des Engagements aus Managementsicht in Kontexten wie dem einer Destination müssen noch mehr erforscht werden. In dieser Studie wird die Frage untersucht: Wie, weshalb und wozu realisieren Schweizer Destinationen heute Engagement-Massnahmen für ihre Zweitwohnungsbesitzenden? Diese Fragestellung wird in drei Subfragen aufgeteilt:

1) Wie realisieren Destinationen heute Engagement-Massnahmen für ihre Zweitwohnungsbesitzenden?
2) Wie sind die Engagement-Massnahmen entstanden?
3) Was bewirken die Engagement-Massnahmen?

Generell dreht sich das Forschungsproblem somit um das aktive Management von Engagement-Massnahmen für Zweitwohnungsbesitzende in Schweizer Destinationen.

Als zweites werden verwandte Konstrukte besprochen. Nach Eisenhardt (1989) geht es nicht darum, einen Vorgriff auf die zu entwickelnde Theorie zu tätigen, sondern potenziell auftretenden Begriffe und Konstrukte sauber voneinander zu trennen. Gemäss der Literatur Review können v. a. die vier Konstrukte Involvement, Commitment, Vertrauen und Loyalität eine konzeptionelle Beziehung zu Engagement haben. Sie alle hängen eng mit dem Engagement-Konstrukt und der Entwicklung einer tieferen Beziehung zusammen, müssen aber von Engagement abgegrenzt werden. Erstens wird Involvement als Interessenlevel oder persönliche Relevanz eines Individuums gegenüber einem Objekt definiert (Mittal, 1995; Zaichkowsky, 1994). Commitment sei zweitens ein dauerhafter Wunsch nach einer wertvollen Beziehung (Moorman et al., 1992). Vertrauen gilt drittens als Bereitschaft, sich auf einen Austauschpartner zu verlassen, weil angenommen wird, dass die Interaktion sicher, zuverlässig und im besten eigenen Interesse ist (Delgado-Ballester et al., 2003; Moorman et al., 1993). Loyalität wird viertens als positive Einstellung zu einem Objekt beschrieben, die im Laufe der Zeit zu wiederholten Interaktionen mit dem Objekt führt (Assael, 1998).

Aus dieser Abgrenzung ergibt sich die Definition von Engagement: Engagement ist ein soziales, interaktives Verhalten, das eine tiefgehende, emotionale Bindung zu einem Konterpart auslöst, die über simple Interaktionen, Transaktionen und Kommunikation hinausgeht. Das relationale Konstrukt wirkt in der Beziehung eines Engagement-Subjekts und Engagement-Objekts multidimensional und individuell unterschiedlich.

7.2.1. Untersuchungskontext

Der Untersuchungskontext beschreibt die Population und begründet die Wahl des Samples. Dadurch wird die Fremdvariation eingeschränkt und die externe Validität erhöht (Eisenhardt, 1989; Gibbert, Ruigrok & Wicki, 2008).

Diese Studie vergleicht die Art und Weise wie zwei Schweizer Destinationen ihre Zweitwohnungsbesitzenden aktiv engagieren: Zum einen die Destination Flims Laax Falera, zum anderen die Destination Grindelwald.

Nach Pettigrew (1990) ist die Anzahl der Fälle, die normalerweise untersucht werden können, begrenzt. Deshalb sei es sinnvoll, Fälle wie Extremsituationen oder polare Typen zu wählen, in denen der zu untersuchende Prozess transparent beobachtbar ist. Für die Auswahl der beiden Destinationen ist vor allem ein Merkmal entscheidend.

Der Hauptunterschied der beiden Destinationen liegt im Integrationsgrad der touristischen Wertschöpfungsketten (Beritelli, Bieger & Laesser, 2007). Auf der einen Seite ist die touristische Wertschöpfungskette in der Destination Flims Laax Falera sehr konsolidiert, weil die Weisse Arena Gruppe einen Grossteil der touristischen Leistungen erbringt. Sie versteht sich als integrierte Dienstleistungsunternehmung in der Tourismus- und Freizeitbranche, deren Geschäftsmodell einzigartig im Alpenraum ist (Weisse Arena Gruppe, 2020c). Somit kann die Region Flims Laax Falera als eine Company-type Destination beschrieben werden (Beritelli et al., 2007). Dort erbringt und bündelt eine zentrale Institution viele Elemente der touristischen Wertschöpfungskette, wie z. B. Hotels, Bergbahnen, Gastronomie, Freizeitangebote, Sportgeschäfte oder unterstützende Services, so dass ein Gast sämtliche Serviceleistungen aus einer Hand erhält (Weisse Arena Gruppe, 2020b).

Auf der anderen Seite steht Grindelwald als eine sog. Community-type Destination. Sie kann als eher loses Netzwerk unabhängiger Akteure beschrieben werden, in der die Dienstleistungen und Services der touristischen Wertschöpfungskette dezentralisiert erbracht werden. Anders als in Flims Laax Falera werden in Grindelwald die Beherbergungsbetriebe, Restaurants, Bergbahnen etc. von individuellen Einzelpersonen oder unabhängigen Dienstleistern bewirtschaftet (Grindelwald, 2020).

Zusammengefasst eignet sich der Untersuchungskontext, weil sich die beiden Destinationen in ihrer Herangehensweise an die touristische Leistungserbringung unterscheiden. Während für Flims Laax Falera das Motto „Alles aus einer Hand" zählt, gilt für Grindelwald „Alles aus vielen Händen". Diese Studie analysiert, ob und inwiefern das Thema Engagement in einer Company-type Destination anders behandelt wird als in einer Community-type Destination.

7.3. Datenerhebung

Die Methodologie der ersten Studie lehnt sich an Alvarez-Milan et al. (2018) an. Es wird ein qualitativer, an Entdeckungen orientierter Forschungsansatz gewählt, um Kontextsensibilität zu wahren (Glaser & Strauss, 2017). Dieser

Ansatz untersucht Phänomene in ihrem natürlichen Umfeld und akzeptiert, dass Realitäten vielschichtig, konstruiert und holistisch sind (Denzin & Lincoln, 2011). Die qualitative Herangehensweise konzentriert sich darauf, wie die Komplexitäten der soziokulturellen Welt wahrgenommen, interpretiert und in einem bestimmten Kontext verstanden werden (Merriam & Tisdell, 2015). Qualitative Forschung strebt eher nach Ergebnissen, die im Sinne externer Validität sinnvoll auf andere Kontexte übertragen werden können, als nach statistischer Generalisierbarkeit (Marshall & Rossman, 2014). „Qualitative Forschung hat den Anspruch, Lebenswelten ‚von innen heraus' aus der Sicht der handelnden Menschen zu beschreiben. Damit will sie zu einem besseren Verständnis sozialer Wirklichkeit(en) beitragen und auf Abläufe, Deutungsmuster und Strukturmerkmale aufmerksam machen" (Flick, von Kardoff & Steinke, 2012, S. 14).

Als nächstes wird zuerst auf Aspekte der Methodenwahl eingegangen und danach auf Gesichtspunkte der Erhebungsdurchführung und -auswertung.

7.3.1. Methodenwahl

In diesem Unterkapitel werden die Methode zur Datenerhebung und die Vor- und Nachteile der Methode besprochen.

Methode zur Datenerhebung

Um die Forschungsfragen zu beantworten, wird eine vergleichende Fallstudie (Comparative Case Study) durchgeführt. Im Folgenden wird auf das Warum und das Wie eingegangen.

Die erste Frage, die sich stellt, ist, warum ein vergleichender Ansatz gewählt wird. Das Ziel der vergleichenden Fallstudie ist, verschiedene Massnahmen und Aussagen in ein Verhältnis zueinander zu setzen (Sartori, 1994). So lassen sich Ethnozentrismus vermeiden und erste Regeln zu Ähnlichkeiten und Unterschieden aufstellen (Dogan & Pelassy, 1990).

Die zweite Frage, die beantwortet werden muss, ist, wie verglichen wird. Nach Muno (2009) sollte zuerst klar definiert werden, welche Fälle untersucht werden. Dabei hängt die Definition von n vom Erkenntniszweck einer Untersuchung ab (Eckstein, 2000). Eine vergleichende Fallstudie umfasst typischerweise zwei Fälle (Rohlfing, 2009). Zum einen lässt sich so eine ausreichende Tiefe in der Betrachtung erreichen (Rohlfing, 2009), zum anderen kann nur eine Studie, die mindestens zwei unterschiedliche Fälle ($n \geq 2$) untersucht, einen sog. „comparative merit" aufweisen (Muno, 2009). Für diese Studie gilt: Es werden zwei Destinationen in der Schweiz analysiert.

Zum einen die Company-type Destination Flims Laax Falera, zum anderen die Community-type Destination Grindelwald.

Vor- und Nachteile der Methode

Im Wesentlichen bespricht Rohlfing (2009) zwei Vorteile und zwei Nachteile der gewählten Methode. Für die Methode spräche, dass sie erstens sehr beliebt sei. Dadurch hätten sich gesetzte Verfahrensstandards für die Durchführung und Auswertung der Methode etabliert. Zweitens sei die vergleichende Fallstudie das einzige Forschungsdesign, bei dem komplexe Prozesse mit vergleichsweise wenig Aufwand analysiert, dargestellt und vergleichend besprochen werden könnten. Als Nachteil der Methode gelte erstens, dass die Fallauswahl bei kleiner Fallzahl teilweise einer verzerrenden Selection Bias unterliegen könne. Zweitens könnten methodische Probleme auftreten, um komplexe Kausalitäten zu identifizieren.

Muno (2009) fügt den Vorteil an, dass eine Fallstudie im Allgemeinen genaues Wissen über einen Fall liefere und dabei auf Verallgemeinerungen verzichte. Eine Fallstudie als qualitative Methode ermöglicht deshalb, ein komplexes Problem oder Phänomen tief und dicht zu verstehen (Sartori, 1994).

7.3.2. Methoden zur Durchführung und Auswertung

Dieses Unterkapitel bespricht die Methode der Durchführung, den Interviewleitfaden, die Methode der Auswertung und den Durchführungsplan.

Methode zur Durchführung

In der theoriebildenden Forschung werden in der Regel mehrere Datenerhebungsmethoden kombiniert (Eisenhardt, 1989). Diese Studie hat primär auf semi-strukturierte Interviews gesetzt, hat aber auch weitere Datenquellen miteinbezogen, wie z. B. die Erkenntnisse der Literaturrecherche und online zugängliche Informationen (Verleye, 2019).

Für die vergleichende Fallstudie wurden Interviews mit Repräsentanten aus den beiden Destinationen geführt. Da in dieser Dissertation die Rolle des Zweitwohnungsbesitzenden als Kunde, Co-Produzent und Investor strukturiert ist, sollten die Kontaktpunkte mit diesen drei Rollen möglichst abgedeckt werden. Erstens wurden Vertreter von Tourismusorganisationen befragt, da Zweitwohnungsbesitzende durch die Tourismusabgabe Kunden in der jeweiligen Destination sind. Zweitens wurde mit Vertretern von Zweitwohnungsbesitzervereinigungen gesprochen, da Zweitwohnungsbesitzende in diesen Vereinigungen häufig ihre Rolle als Co-Produzenten wahrnehmen. Drittens wurden Gemeindevertreter interviewt, da Zweitwohnungsbesitzende als Steuerzahler auch Investoren sind.

Die Interviews sollten erkenntnisfördernd und explorativ zugleich sein (Mayring, 2002). In diesem Sinne waren die Interviews problemzentriert, da sie sich v. a. auf das Thema Engagement in den Destinationen konzentriert haben. Mit der Stichprobe aus drei unterschiedlichen Gruppen von Repräsentanten aus zwei Destinationen wurde derselbe Sachverhalt zielgerichtet und aus verschiedenen Perspektiven untersucht (Verleye, 2019). Dieses Vorgehen hat zum einen das Feld abgedeckt und zum anderen genug Varianz zugelassen, um möglichst viele Treiber für Engagement für die zweite Studie zu identifizieren.

Alle interviewten Personen wurden per E-Mail für ein Interview angefragt. Für die Teilnahme gab es keinen speziellen Anreiz. Nachdem die Personen ihre prinzipielle Bereitschaft für ein Interview per E-Mail erklärt hatten, wurde per E-Mail ein Termin für ein Telefoninterview vereinbart. Aufgrund der speziellen Situation im Zuge der Corona-Pandemie haben sich Telefoninterviews besonders angeboten, um den verschärften Kontaktregeln zu entsprechen. Am vereinbarten Termin wurde das Interview telefonisch gemäss Interviewleitfaden geführt. Teilweise wurden weitere ergänzende Erklärungen gegeben. Die Interviews wurden in deutscher Sprache geführt und digital aufgenommen, um sie anschliessend in sprachlich geglätteter, leicht zusammenfassender Art und Weise sowie anonymisiert zu transkribieren (Mayring, 2002).

Interviewleitfaden

Jedes Interview wurde mit einer kurzen Einführung begonnen, in der der Kontext des Gesprächs erörtert wurde, wie er auch schon in der Einladungsmail formuliert wurde. Die Gespräche wurden dann anhand der folgenden Struktur geführt.

A) Einleitung und Information
B) Fragen zu Engagement-Massnahmen
C) Fragen zu Ursachen
D) Fragen zu Folgen
E) Allgemeine Angaben

Insgesamt wurden Fragen zu fünf Themenblöcken gestellt. Der Leitfragebogen ist in deutscher Sprache gehalten und ist im Anhang zu finden.

Methode zur Auswertung

Die Methode zur Auswertung hielt sich an den von Verleye (2019) vorgeschlagenen Ablauf.

Eingangs bot sich nach der Transkription die offene bzw. in vivo
Coding Strategie an, um zuerst eine Analyse der beiden einzelnen Fälle
durchzuführen und sie danach miteinander zu vergleichen (Verleye, 2019).
Offenes Kodieren beschreibt einen analytischen Prozess, bei dem die Codes
den beobachteten Daten während der Datenanalyse zugeschrieben werden
(Glaser & Strauss, 2017). Dabei wird als erstes einem Datenabschnitt, z.
B. aus einem Interviewprotokoll, ein Code zugewiesen. Es wird ein Wort
oder eine kurze Phrase aus diesem Datenabschnitt verwendet, was die sog.
Konzepte erster Ordnung (First-order Concepts) ergibt (Glaser & Strauss,
2017). Zweitens folgen die Clusterung und Kategorisierung, die Glaser und
Strauss (1967) wie folgt beschreiben. Während in der ersten Kodierungspha-
se die Codes kategorisiert und in Kategorien erster Ordnung zusammengefasst wurden, werden nun die Verbindungen zwischen diesen Kategorien
geknüpft. Dies ergibt die sog. Themen zweiter Ordnung (Second-order Themes) als zusammenfassende Überkategorien. Drittens werden die Themen
zweiter Ordnung auf Aggregierte Dimensionen (Aggregate Dimensions) ab-
strahiert (Glaser & Strauss, 2017).

Abschliessend wurden neben den Interviewdaten noch weitere Infor-
mationsquellen hinzugezogen, wie z. B. Universitätsbibliotheksdaten und
online zugängliche Informationen. Ziel war es, ein vollständiges Bild aller
Beteiligten, Prozesse und Abläufe in den beiden Destinationen zu erhalten
(Eisenhardt, 1989). Im Rahmen der Datenauswertung wurde v. a. mit der
Computersoftware ATLAS.ti gearbeitet. Die Software ermöglicht es, komplexe Phänomene, die in unstrukturierten Daten wie Interview-Transkripten
verborgen sind, aufzudecken und systematisch zu analysieren (Friese, 2019).

Durchführungsplan

Nachdem der Fragebogen entwickelt wurde, wurde ein Pretest durchgeführt. Der Pretest hat vier Ziele verfolgt. Erstens wurde die Verständlichkeit
der Fragen überprüft, zweitens die Übersichtlichkeit des Fragebogens getestet, drittens die Schwierigkeiten bei der Beantwortung ermittelt und viertens die Eignung des gewählten Forschungsdesigns unter Feldbedingungen
kontrolliert (Häder, 2010, S. 387). Generell galt die Maxime: „If you don't
have the resources to pilot test your questionnaire, don't do the study"
(Sudman & Bradburn, 1982, S. 283).

Für den Pretest wurden zunächst sechs Interviews geführt. In beiden
Destinationen Flims Laax Falera und Grindelwald wurden jeweils drei Inter-

views geführt. Es wurden jeweils ein Vertreter einer Tourismusorganisation, der Zweitwohnungsbesitzervereinigung und der Gemeinde befragt. Ziel war es, zu prüfen, ob sich das Gespräch anhand des Interviewleitfragebogens entfaltet. Es hat sich gezeigt, dass die absichtlich offen formulierten Fragen die Befragten zum Sprechen animiert haben. Der Fragebogen hat somit seinen narrativen Charakter entfaltet. Zudem waren die Fragen für die Befragten verständlich, der Fragebogen übersichtlich und es kam zu keinen Komplikationen während dieser ersten sechs Interviews. Folglich wurde das gewählte Forschungsdesign gutgeheissen und mit dem entwickelten Fragebogen weitergearbeitet.

Laut Eisenhardt (1989) sollten sich die Phasen der Datensammlung und der Datenanalyse zeitlich überschneiden. Dieser Anforderung ist der Autor auf zwei Arten begegnet. Erstens wurden nach jedem Interview sog. Field Notes verfasst, in denen sämtliche Eindrücke, Gedanken und Erkenntnisse als Reflexion festgehalten wurden. Zweitens wurde die Datensammlungsstrategie angepasst, indem weitere Interviewpartner kontaktiert und interviewt wurden, wenn sie in dem vorherigen Gespräch eine wichtige Rolle eingenommen hatten oder wenn sie von einem Interviewpartner als weiterer Gesprächspartner empfohlen wurden.

Es war das Ziel für diese Studie, mit je 7-10 Interviewpartnern in beiden Destinationen zu sprechen, um insgesamt 14-20 Interviews geführt zu haben. Die Interviewten sollten sich gleichmässig auf die drei definierten Vertretergruppen verteilen und in relevanten, öffentlich sichtbaren Positionen in ihren Destinationen wirken. Darüber hinaus wurden keine weiteren Anforderungen an die Auswahl der Interviewpartner gestellt. Sowohl die Gesamtanzahl als auch die gleichmässige Verteilung wurden erreicht. Dabei war es am leichtesten, Vertreter der Zweitwohnungsbesitzervereinigungen für ein Interview zu gewinnen, und am schwersten Vertreter von Tourismusorganisationen. Die Datensammlung wurde beendet, als in drei Interviews in Folge kein substanzieller Erkenntnisgewinn mehr erkennbar wurde.

Ein gemeinsames Verständnis des Engagement-Begriffs wurde sichergestellt, indem den Interviewpartnern vor dem Interview offengelegt wurde, wie der Begriff in dieser Dissertation verstanden wird. Dennoch war wichtig, und das wurde auch betont, dass die Interviewpartner ihr eigenes Verständnis von Engagement nicht verlieren, sondern in den Interviews darlegen sollten. Falls es im Laufe der Interviews zu Rückfragen bzgl. der Begrifflichkeiten kam, wurden diese im Dialog geklärt.

Die Stichprobe besteht aus siebzehn Interviews (zehn in Flims Laax Falera; sieben in Grindelwald). Es wurden insgesamt fünf Vertreter von Tourismusorganisationen (drei in Flims Laax Falera; zwei in Grindelwald), sieben Vertreter von Zweitwohnungsbesitzervereinigungen (fünf in Flims

Laax Falera; zwei in Grindelwald) und fünf Gemeindevertreter (zwei in Flims Laax Falera; drei in Grindelwald) interviewt. Sämtliche Interviews wurden in dem Zeitraum zwischen dem 05.05.2020 und dem 09.06.2020 durchgeführt.

Zwischenfazit

Die folgende Tabelle fast die Empirie der ersten Studie zusammen.

Empirische Forschungsfragen	1) Wie realisieren Schweizer Destinationen heute Engagement-Massnahmen für ihre Zweitwohnungsbesitzenden? 2) Wie sind die Engagement-Massnahmen entstanden? 3) Was bewirken die Engagement-Massnahmen?
Theoretischer Bezugsrahmen	Hauptkonstrukte: Customer Engagement, Employee Engagement, Investor Engagement Verwandte Konstrukte: Involvement, Commitment, Vertrauen, Loyalität
Forschungsziele	Exploration von Wirkungsweisen und Prozessen des Engagements aus Managementsicht im Kontext einer Destination
Untersuchungskontext	Zwei Schweizer Destinationen: Flims Laax Falera und Grindelwald
Forschungsobjekt	Beziehung der Destination zu ihren Zweitwohnungsbesitzenden
Erkenntnisobjekt	Ausgestaltung, Motive und Auswirkungen von Engagement
Methodischer Bezugsrahmen	Vergleichende Fallstudie nach Eisenhardt (1989)
Erhebungsmethodik	Semi-strukturierte, telefonische Interviews mit Repräsentanten aus beiden Destinationen anhand von fünf Themenblöcken: A) Einleitung und Information B) Fragen zu Engagement-Massnahmen C) Fragen zu Ursachen D) Fragen zu Folgen E) Allgemeine Angaben
Aufzeichnungsmethodik	Audioaufnahmen und stichwortartige Mitschrift
Transkriptionsmethodik	In zusammenfassender Art und Weise basierend auf Audioaufnahmen
Auswertungsmethodik	Qualitative Datenanalyse nach Glaser und Strauss (2017): 1) Offene bzw. in vivo Coding Strategie (Konzepte erster Ordnung) 2) Kategorisierung (Themen zweiter Ordnung) 3) Aggregierung (Aggregierte Dimensionen)

Beabsichtigte Erkenntnisgewinne	Ausgestaltung, Motive und Auswirkungen von Engagement als aktive Managementpraxis in einer Destination			
	Stichprobe			
Vertretergruppe (Abgedeckte Rolle eines Zweitwohnungsbesitzenden)	Anteil an der Stichprobe	Anzahl Interviewpartner	Geschlechterverteilung (w = weiblich; m = männlich)	Destinationenverteilung (FLF = Flims Laax Falera; G = Grindelwald)
Vertreter einer Tourismusorganisation (Kunde)	29,4 %	5	w = 0; m = 5	FLF = 3; G = 2
Vertreter der Zweitwohnungsbesitzervereinigung (Co-Produzent)	41,2 %	7	w = 2; m = 5	FLF = 5; G = 2
Vertreter der Gemeinden (Investor)	29,4 %	5	w = 0; m = 5	FLF = 2; G = 3
Gesamt	100 %	17	w = 2; m = 15	FLF = 10; G = 7

Tabelle 5: Übersicht über die Empirie der ersten Studie
Quelle: Eigene Darstellung in Anlehnung an Hensler (2011, S. 89-90)

7.4. Datenanalyse

Gemäss Eisenhardt (1989) sollen zuerst die Daten aus beiden Fällen separat untersucht werden (Within-case Data Analysis), um sie dann zu kombinieren und zu vergleichen (Cross-case Pattern Analysis).

Eisenhardt (1989) beschreibt die Within-case Analyse als deskriptive Beschreibung der einzelnen Fälle. Dies solle als Grundlage dienen und Erkenntnisgewinn ermöglichen. Diese deskriptive, strukturierende Inhaltsanalyse orientiert sich an den drei Hauptblöcken des Fragebogens. Bei der Strukturierung der Daten ist die Studie teilweise auch von Corley und Gioia (2004) inspiriert, deren Vorgehen in Gioia, Corley und Hamilton (2013) systematisch besprochen wird.

7.4.1. Within-case Analyse: Company-type Destination (Flims Laax Falera)

Die Destination Flims Laax Falera befindet sich im Kanton Graubünden. Die Destination wird von der Flims Laax Falera Management AG (FLFM

AG) geführt, die wiederum wesentliche Teil ihrer Aufgaben an die Weisse Arena Gruppe outsourced. Damit wird die Weisse Arena Gruppe zum zentralen Operator und Initiator verschiedener Marketingprozesse. Das Winterprogramm wird unter der Marke LAAX positioniert, während die Marke Flims für das Sommerprogramm von Flims Laax Falera steht. Im Winter können Besucher 224 Pistenkilometer und im Sommer 250 Wanderkilometer nutzen (Weisse Arena Gruppe, 2020a). Der Anteil der Zweitwohnungen liegt in den drei Gemeinden bei über 70 Prozent (ARE, 2020).

Die zehn Interviews mit Vertretern von drei Gruppen in der Destination Flims Laax Falera haben ein interessantes Bild ergeben. Es wurden fünf Antezedenzien, der Engagement-Prozess und fünf Konsequenzen von aktiv ausgelöstem Engagement von Zweitwohnungsbesitzenden enthüllt. Abbildung 2 zeigt die Datenanalyse mit Codes und Zitaten der Konzepte erster Ordnung, den Themen zweiter Ordnung und den aggregierten Dimensionen gemäss Glaser und Strauss (2017). Die im Folgenden angeführten Zitate sind im Anhang in Tabelle 61 gebündelt dargestellt.

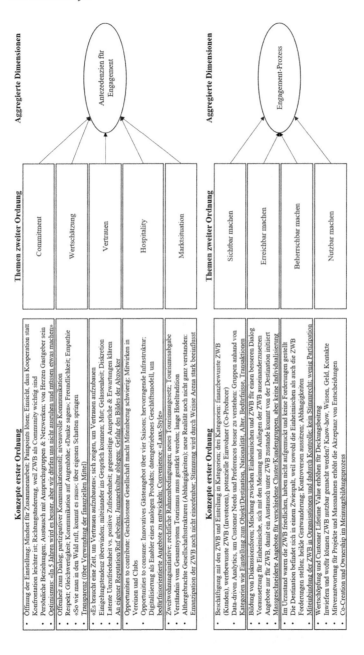

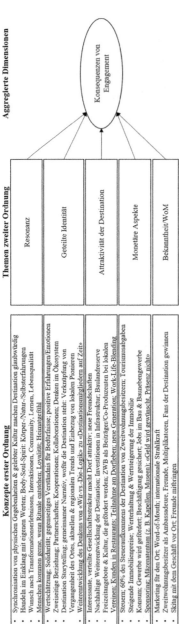

Abbildung 14: Antezedenzien für, Prozess und Konsequenzen von Engagement von Zweitwohnungsbesitzenden, das von der Destination Flims Laax Falera ausgelöst wird

Quelle: Eigene Darstellung in Anlehnung an Corley und Gioia (2004)

Antezedenzien: Wie sind die Engagement-Massnahmen entstanden?
(Frageblock D)

Die Datenanalyse hat fünf dominante Antezedenzien für Engagement von Zweitwohnungsbesitzenden ergeben, das von der Destination und deren Akteuren ausgelöst wird: Commitment, Wertschätzung, Vertrauen, Hospitality und die Marktsituation. Diese liessen sich vor allem aus der Hauptfrage ableiten „Wie und warum haben Sie begonnen, Zweitwohnungsbesitzende stärker zu binden und zu begeistern, d. h. in welchem Kontext und mit welcher Vorgeschichte?" im Frageblock D des Fragebogens[1].

Erstens nannten die interviewten Vertreter das Commitment der Destination als sehr wichtiges Antezedens für das aktiv ausgelöste Engagement von Zweitwohnungsbesitzenden. Ein Vertreter der Gemeinde beschrieb dies wie folgt:

> Es muss ein Dialog stattfinden und keine einseitige Kommunikation. Dafür müssen wir alles geben und den Weg weitergehen. Die Marschrichtung müssen wir nicht ändern, sondern unseren Weg noch konsequenter und beharrlicher weitergehen. Es gibt dann gewisse Aufgaben, die müssen die DMO [Anm.: Destination Management Organization], die Tourismusorganisation oder die Bergbahnen machen. (Interview 16)

Dies sahen auch zwei Vertreter der Zweitwohnungsbesitzervereinigung so: „Es muss versucht werden, den Dialog zwischen den Interessengruppen zu finden und zu fördern" (Interview 13). Das wichtigste Thema sei die Zusammenarbeit, der Einbezug und die Akzeptanz (Interview 2).

Zweitens gilt Wertschätzung als Antezedens. Dieses Antezedens wurde von allen interviewten Vertretergruppen direkt angesprochen und eingefordert. Ein Vertreter der Zweitwohnungsbesitzervereinigung benannte es wie folgt: „Wenn man irgendwo ein paar Projekte hätte, wo man uns miteinbezieht oder uns günstigere Angebote machte, dann wäre das schön, damit da die Wertschätzung da ist. [...] Es geht vor allem um Wertschätzung, Transparenz und Kooperation" (Interview 2). Ein anderer Interviewpartner der gleichen Vertretergruppe fügte hinzu: „Es geht darum, dass die Leute auch wissen und anerkennen, woher das viele Geld hier kommt, und das auch mal ‚danke' gesagt wird. Wertschätzung ist ein wichtiges Stichwort" (Interview 12). Das wird auch von den Vertretern der Gemeinde anerkannt, von denen einer meinte: „Es geht um das Thema Wertschätzung. Irgendwie muss man sie erreichen und da machen wir uns Gedanken, wie man sie

---

1 An dieser Stelle sei angemerkt, dass in Übereinstimmung mit dem APA Style Guide mündliche Zitate aus den geführten Interviews im Folgenden im Block wiedergegeben werden, sobald sie mehr als 40 Wörter umfassen.

miteinbeziehen und direkt ansprechen kann" (Interview 16). Dazu käme aber, dass beide Seiten Wertschätzung zeigen müssten, wie ein Vertreter einer Tourismusorganisation betonte:

> Auf der einen Seite meinen die Zweitwohnungsbesitzer, dass sie Zweitheimische wären. Ich fände es besser, wenn man sich wie ein Gast benimmt und nicht wie ein Einheimischer, denn das sind sie nicht. Wenn sie als Gast auftreten, dann befindet man sich auf Augenhöhe. Und auf Augenhöhe kann man sich mit Wertschätzung begegnen. (Interview 15)

Selbstkritisch fügt er hinzu: „Leider sind wir da als Gastgeber nicht immer bereit, das Beste zu geben in puncto Willkommenskultur" (Interview 15). Die Gefahr bestünde in „Unstimmigkeiten nach dem Motto: ,Ihr Unterländer könnt froh sein, dass ihr hier an unserem schönen Ort etwas kaufen dürft.' Und der andere denkt: ,Ihr könnt froh sein, dass ich da bin'" (Interview 15).

Drittens wurde Vertrauen als entscheidendes Antezedens genannt. Dieses Vertrauen spielt sich auf mehreren Ebenen ab und kann selbst unterschiedliche Ursachen haben. Als erstes sei die Diskretion im Ort und das damit verbundene „Vertrauen in die jeweiligen Destinationen" (Interview 3) wichtig. Als zweites wurde die partnerschaftliche Kommunikation betont. Ein Interviewee sagte dazu: „Ich denke, dass es [mit den Zweitwohnungsbesitzenden] wie bei einer guten Partnerschaft sein soll. Es kommt immer darauf an, wie man miteinander umgeht und wie man miteinander kommuniziert" (Interview 16). Der Interviewpartner ergänzte:

> Am Ende des Tages geht es auch um eine Partnerschaft. Man muss dieser Community auf Augenhöhe begegnen, sofern die andere Seite auch will, dass man sich begegnet. Dafür bedarf es einer Offenheit auf beiden Seiten, vielleicht auch das Thema Solidarität und das Thema Vertrauen. Es braucht teilweise auch ein bisschen Mut. (Interview 16)

Als drittes wurde die Bedeutung digitalisierter Produkte und Dienstleistungen angesprochen, die ein Enabler für Convenience und Transparenz seien: „Transparenz schafft Vertrauen. Vertrauen schafft Wertschöpfung und Lebensqualität. Wenn ich in ein Produkt Vertrauen habe, dann ist das Brand Building" (Interview 8).

Ein viertes Antezedens ist Hospitality. Die Interviewees beschrieben zwei Aspekte der Hospitality. Zum einen ging es um sog. Opportunities to contribute, also Möglichkeiten zum öffentlichen Leben beitragen zu können. Zum anderen waren auch Opportunities to consume wichtig, sprich Möglichkeiten, Produkte und Leistungen zu konsumieren. Beide Aspekte zahlten auf das wahrgenommene Level der Hospitality ein. Die Opportunities to contribute zeigen sich u. a. im Vereinsleben: „[Mein Partner und ich] sind beide sehr aktiv und machen viel Sport, z. B. auch Biken. [...] wir sind immer in unseren Vereinen aktiv und verbringen da Zeit und gehen hier in die Restaurants" (Interview 13). Dass die Opportunities to contribute und die Opportunities to consume eng verknüpft sind, zeigte folgende Aussage eines Vertreters einer Gemeinde: „Mein Credo ist, dass die Gemeinde eine sehr gute Infrastruktur zur Verfügung stellen muss. Sei es im Sommer oder im Winter. Dazu gehören Wanderwege, Angebote in Kulturangelegenheiten, eine Hotelinfrastruktur, die allen zur Verfügung steht" (Interview 3). Entscheidend für einen Vertreter einer Tourismusorganisation war, dass Rabatte nicht in Betracht kämen, um mehr Hospitality bieten zu können:

> Unser Gedankenmodell ist so, dass wenn wir Rabatte oder Preisvorteile geben, dann ist das wie ein Bonus, für Leute, die extrinsisch motiviert sind. Wenn sie aber intrinsisch motiviert sind, dann identifizieren sie sich mit der Destination. Dann werden ihre Handlungen zu Gewohnheiten und die Leute sind ja nicht wegen der Rabatte hier, denn sie haben ja eine hohe Kaufkraft. Man kann den Zweitwohnungsbesitzern diese Rabatte geben, aber es macht sie nicht nachhaltig glücklich. Es macht sie nachhaltig glücklich, wenn der Ort attraktiv ist und wenn wir Investitionen tätigen und dieses Investitionsniveau halten können. Deshalb investieren wir möglichst viel in die Produkte vor Ort und bieten punktuell Angebote an, die exklusiv für die Zweitwohnungsbesitzer sind. (Interview 15)

Das Ziel der Hospitality-Bemühungen formulierte ein anderer Vertreter einer Tourismusorganisation wie folgt: „Es geht also darum, wie wir für diese Menschen eine Value Proposition machen können und wie wir ihnen Convenience anbieten können" (Interview 8). Dieses Ziel gewinnt zusammen mit der Vision an Prägnanz:

> Unsere Vision ist es, den ‚Laax-Style' zu prägen. [...] Mein Vergleich ist, dass wir das iPhone der weltweiten Skigebiete sein wollen. Strikt gutes Design, ökologisch etc. Wir wollen alles stylisch und grün machen. Denn wir haben festgestellt, dass das die Kunden interessiert. (Interview 8)

Fünftens ergibt sich die Marktsituation als Antezedens. Die Relevanz der Marktsituation lässt sich im folgenden Statement erkennen:

> Falera hat 70 bis 80 Prozent Zweitwohnungen. Da kann man sich ausrechnen, wo die Finanzierung herkommt. Das ist aber keine neue Einsicht oder keine neue Strategie, sondern es ist schon immer klar, dass das eine wichtige Zielgruppe ist, für die man etwas tun muss. Das hat man früher auch schon gemacht. Dann kam diese ganze Geschichte und seitdem liegt die Beziehung etwas auf Eis. (Interview 16)

Was hier von einem Vertreter einer Gemeinde als „diese ganze Geschichte" bezeichnet wurde, sind im Detail zwei einschneidende Ereignisse. Erstens:

> Das Problem ist eigentlich, dass mit der Annahme der Zweitwohnungsinitiative in den Berggebieten etwas Panik ausgebrochen ist. Man dachte, dass man nicht mehr bauen könnte und sich das Geld jetzt bei den Zweitwohnungsbesitzern holen könnte, denn die könnten es sich ja leisten und sich nicht wehren. Das hat in vielen Gemeinden zu massiven Gebührenerhöhungen geführt. Dadurch wurde dieser Vertrauensverlust und das Nichtakzeptiertsein massiv verstärkt und hat bei vielen Leuten zu Unmut geführt. (Interview 2)

Zweitens: „Wir haben in allen Gemeinden nun das gleiche Tourismusgesetz. Die Gemeinden delegieren die Verwendung der Gelder aus der Tourismustaxe und der Gästetaxe an eine PPP AG [Anm.: Public-private Partnership], die Flims Laax Falera Management AG heisst" (Interview 3). Nachdem also die Zweitwohnungsinitiative angenommen und im Kanton Graubünden das Tourismusgesetz vereinheitlicht wurden, wurde in der Destination Flims Laax Falera die Interessengemeinschaft der Zweitwohnungsbesitzenden als Zweitwohnungsbesitzerverein gegründet: „Diese beiden Events sind immer noch stark in den Köpfen der lokalen Bevölkerung und haben die Wahrnehmung der Zweitwohnungsbesitzer vor Ort stark geprägt" (Interview 12). Das Brisante an dieser Situation formulierte ein Vertreter einer Tourismusorganisation wie folgt:

> Ich stelle fest, dass man in einem Modus ist, in dem man die neue Realität noch nicht ganz verstanden hat. Das Erstarken und die Emanzipation der Zweitwohnungsbesitzer kann man noch nicht richtig einordnen. Das stört viele. Man hat immer noch das Gefühl, dass man das aussitzen könnte und dass das wieder vorbeigehen würde. Deshalb ist man etwas halbherzig dabei. Wenn man Massnahmen ergreift, dann macht man die halbherzig. Wenn dann Transparenz gefordert wird, dann findet man eher, dass das die Zweitwohnungsbesitzer nichts angeht. Damit schürt man letztlich wieder den Konflikt. (Interview 17)

Engagement-Prozess: Wie engagieren Sie Zweitwohnungsbesitzende in Ihrer Destination? (Frageblock C)

Aus der Datenanalyse hat sich ein Engagement-Prozess[2] ergeben, der in die vier Schritte „sichtbar machen", „erreichbar/zugänglich machen", „be-

---

2 Der in dieser Dissertation dargelegte Engagement-Prozess ist von den vier Dimensionen der Verfügbarkeit inspiriert, die der Soziologe Hartmut Rosa in seinen Büchern „Resonanz: Eine Soziologie der Weltbeziehung" (2020) und „Unverfügbarkeit" (2019) beschreibt. Die Betitelung der vier Schritte wurde übernommen. Rosa selbst kritisiert diese Zugangsweise in seinem Kontext, weil er in der vollständigen Verfügbarmachung einen Resonanzverlust befürchtet.

herrschbar machen" und „nutzbar machen" gegliedert werden kann (Rosa, 2019, 2020). Diese vier Schritte ergeben sich vor allem aus den beiden Hauptfragen „Was machen Sie, um Ihre Zweitwohnungsbesitzenden an die Destination zu binden und zu begeistern?" und „Wie sieht Ihre Strategie aus, um das Engagement von Zweitwohnungsbesitzenden zu steigern?" aus Frageblock C des Fragebogens.

Der erste Schritt des Engagement-Prozesses „sichtbar machen" beginnt bei der Frage, wer die Kunden eigentlich sind. Ein Vertreter eine Tourismusorganisation beschrieb das Vorgehen dafür in Flims Laax Falera wie folgt:

> Das Fundament ist die Digitalisierung, damit wir an granulare Daten kommen. Dann ist die wichtige Frage, wie wir die Kunden binden. Wir müssen wissen, was der Kunde ausgibt und was seine Präferenzen sind. Die meisten im Tourismus haben keine Ahnung, wer ihre Kunden sind. Die machen nur Umfragen, aber die kann man digital machen, um Feedback zu bekommen. Das ist ein schwieriger Weg, das Mindset der Leute zu ändern, damit sie diese digitalen Angebote annehmen. (Interview 8)

Die Frage, wer die Kunden eigentlich sind, soll also mithilfe der Digitalisierung beantwortet werden und zielt konkret darauf ab, möglichst viel über die Kunden zu wissen. Das Wissen über den Kunden kann sich bspw. auf die Nationalität und das Alter beziehen, wie ein Vertreter einer Tourismusorganisation feststellte:

> Zweitwohnungsbesitzer sind ein Querschnitt durch die Bevölkerung. Es gibt Schweizer, Deutsche und Menschen aus der ganzen Welt. Das ist auch beim Alter so. Es gibt junge Familien, die ihre Häuser entweder geerbt oder als Feriendomizil in den letzten Jahren gekauft haben. Die Deutschen haben im Durchschnitt etwas früher gekauft und nutzen die Zweitwohnung eher im Winterhalbjahr. Leute aus dem Ausland kommen eher im Winter als im Sommer. (Interview 15)

Der gleiche Interviewpartner betonte auch die Dauer des Besitzverhältnisses, das für das Engagement-Verhalten sehr relevant sei:

> Wenn wir uns das Lebenszyklusmodell aus dem Marketing anschauen, dann kauft man sich als junge Familie hier ein Objekt, investiert, ist viel vor Ort, revitalisiert das Objekt, die Kinder kommen mit bis sie 12-14 Jahre sind und sie zahlen den Zins ab. Dann kommen die Kinder nicht mehr mit und das Objekt ist langsam nicht mehr so gut in Schuss, dann kommen sie weniger. (Interview 15)

Dazu käme, dass man die Bedürfnisse und Aktivitäten der Zweitwohnungsbesitzenden kennen müsse, wie ein weiterer Vertreter einer Tourismusorganisation beschreibt:

Es geht darum, zu verstehen, was die Bedürfnisse eines arbeitenden Zweitwoh-nungsbesitzers sind. Einerseits will er, dass die Kinder bzw. Jugendlichen be-schäftigt werden mit Ski fahren, biken etc. Die Mutter kann dann Yoga-Kurse machen und der Vater kann von zu Hause arbeiten. Da ist jeder besser unter-wegs, als wenn man zu Hause wäre. Da sehe ich ein Potenzial. (Interview 8)

Dieser Interviewpartner betonte auch die wichtige Rolle der datengetriebe-nen Analyse von Kundenbedürfnissen, um ihre Vorlieben besser zu verste-hen und um die eigenen Produkte und Dienstleistungen kontinuierlich zu verbessern:

Zudem sind wir digital sehr weit und werden diese Offensive weiter vorantrei-ben. Wir sehen mehr als 100'000 Transaktionen von unseren Gästen pro Tag zu Spitzenzeiten. Das gibt uns ein gutes Bild und gute Beurteilung der Bedürfnisse, die die Gäste haben. Somit können wir massgeschneidert auf die Bedürfnisse eingehen und bessere Services und Dienstleistungen anbieten. Das geht nur dank der Digitalisierung. Und der Tourismus hinkt da brutal hinterher. Viele Destinationen wissen nicht, wer ihre Gäste sind. [...] Das ist ein riesen Vorteil, weil wir alles integriert haben und alles aus einer Hand anbieten. [...] Wir konnten viele Dinge testen und dann verbessern, weil wir alles anbieten. (Inter-view 8)

Zusätzlich zum Wissen über den Kunden ist auch eine Segmentierung hilf-reich. Ein Vertreter einer Gemeinde in der Destination Flims Laax Falera beschrieb den dortigen Ansatz so:

Von mir aus gesehen gibt es nämlich nicht den genormten Zweitwohnungsei-gentümer, sondern so grob drei Kategorien. Unter diesen drei Kategorien gibt es aber natürlich auch Vermischungen. Erstens haben wir die Kategorie der finanzbewussten Zweitwohnungsbesitzer. Diese Gruppe sieht wie viel Gästetaxe sie bezahlen muss, wie eine Erhöhung der Gästetaxe aufgrund des neuen Tou-rismusgesetzes erfolgt ist. Die stören sich an der Erhöhung. Sie haben dann Anforderungen und wollen die Erhöhungen kompensiert haben durch einen Einheimischentarif bei den Bergbahnen. Zweitens haben wir die Kategorie der Leute, die sich bewusst sind, dass die Investitionen und Gelder, die für den Ort insgesamt gebraucht werden, einen grossen Einfluss auf die Wertsteigerung der Liegenschaft haben. Die stören sich weniger an der erhöhten Gästetaxe, sondern sie sehen den Zusammenhang zwischen Wert der Liegenschaft, der in gewisser Weise garantiert wird und von dem sie natürlich auch profitieren wollen, und notwenigen Entwicklungen durch Investitionen in der Destination. [...] Drittens gibt es die Kategorie der Zweitwohnungsbesitzer, die von mir aus gesehen für die Gemeinde sehr interessant ist. Das sind potenzielle Einwohner. Das sind solche, die allenfalls Home-Office von Flims aus machen. Sie haben in Zürich oder St. Gallen ein Standbein, gehen dort ein bis zwei Tage ins Büro, aber ihre Hauptzeit verbringen sie in Flims. Dieses Konzept verfolgen wir nun seit mehreren Jahren [...]. Das ist so etwas wie eine Leitstrategie der Gemeinde. (Interview 3)

„Erreichbar/zugänglich machen" ist der zweite Schritt des Engagement-Prozesses in der Destination Flims Laax Falera. Erreichbar und zugänglich machen bedeutet Interaktionsräume einzurichten und Kommunikation zu ermöglichen. Es muss möglich sein, „dass sich Diskussionsforen bilden, dass eine Mischung zwischen Einheimischen und Zweitwohnungsbesitzern stattfinden kann, dass sich ein Dialog zwischen Einheimischen und Zweitwohnungsbesitzern entwickeln kann" (Interview 10). Ein Gemeindevertreter definierte verschiedene Handlungsoptionen:

> Da gibt es verschiedene Möglichkeiten. Man kann sie direkt ansprechen, man kann sie über die heutigen sozialen Medien oder klassische Kommunikation wie banale Newsletter ansprechen. Wichtig ist, dass Austausch stattfindet. Wir überlegen momentan auch wie wir das zukünftig automatisieren können. Da gibt es verschiedene Möglichkeiten, z. B. über digitale Plattformen wie den digitalen Dorfplatz, den klassischen Newsletter oder die Website. Wichtig ist, dass es keine einseitige Geschichte wird, sondern dass da auch was zurückkommt und dass wir sie abholen können und dass ein Austausch stattfindet. Das ist das eine. Das zweite ist, dass wir verschiedene Angebote haben. Die Zweitwohnungsbesitzer sind eine interessante Grösse, um verschiedene, spezielle Angebote zu machen. Vielleicht nicht unbedingt über den Preis, aber exklusive Angebote, von denen nur die Zweitwohnungsbesitzer profitieren. (Interview 16)

Ein Vertreter einer Tourismusorganisation ergänzte:

> Wir haben begonnen, speziell Angebote für Zweitwohnungsbesitzer anzubieten, weil wir einen Austausch für die Zweitwohnungsbesitzer untereinander ermöglichen wollten. Und wir wollten, dass die Zweitwohnungsbesitzer sehen, dass in der Region Flims Laax Falera etwas geboten wird, was über das klassische Angebot der Bergbahnen oder der Destination hinausgeht. (Interview 15)

Betont wurden zudem die Segmentierung, die Rolle der Digitalisierung und die Orientierung an den Kundenbedürfnissen:

> Ich habe ja nicht nur eine Kundengruppen, sondern verschiedene Cluster. Die Freestyler, die 15- bis 25-Jährigen, haben ganz andere Bedürfnisse als die Leute in meinem Alter und die Pensionierten. Für mich ist Gesundheit wichtig, für andere aber Party. Wenn ich weiss, dass die Zürcher die Präferenzen haben, haben Engländer andere. Aber es ist eher eine Generationenfrage bzgl. der Interessen. Wir können so massgeschneiderte Produkte für eine kritische Grössenordnung anbieten. Ein individualisiertes Produkt ist nämlich häufig zu kostspielig. Mit unserer App kann man zielgerichtete, massgeschneiderte Angebote für jeden Besucher anbieten. Die Kunden entscheiden dann, wo ihre Interessen sind. Jeder Kunde kann dann entscheiden, für welche Value Propositions er sich interessiert und was er will. (Interview 8)

Keine Rolle hingegen spielten Vergünstigungen bei den Bergbahnen, mit denen man Zweitwohnungsbesitzende erreichbar machen könnte:

> Ich halte nichts davon, wenn man Zweitwohnungsbesitzern irgendwelche Rabatte, Gutscheine oder so anderes phantasieloses Zeug gibt. Diese Diskussion wäre dann sofort fertig, wenn man allen Zweitwohnungsbesitzern die Einheimischenabonnements für die Bergbahnen geben würde. Dann wäre die Diskussion sofort vom Tisch. Doch die Organisation, die die Bergbahntickets verkauft, ist privatrechtlich organisiert und gewinnorientiert. (Interview 17)

Es gab aber auch kritische Stimmen dazu, wie der Schritt „erreichbar/zugänglich machen" gesteuert wird. Ein Vertreter der Zweitwohnungsbesitzervereinigung betonte, dass die beidseitige Bereitschaft zum Austausch und zum erreichbar Sein wichtig sei. Dazu müssten sich „auch die Einheimischen entsprechend offen zeigen, die Meinungen und Anliegen der Zweitwohnungsbesitzer auf die politische Bühne zu bringen" (Interview 10). Eine weitere Vertreterin der Zweitwohnungsbesitzervereinigung stellte gleichermassen fest, dass die Vertreter der Destination zwar die Zweitwohnungsbesitzenden erreichen, dies aber umgekehrt nicht unbedingt der Fall sei:

> Es gibt einen ‚Tag für Zweitwohnungsbesitzer', der – skurriler Weise – unter der Woche stattfindet, wo man auf einen Tagestrip eingeladen wird. Das ist schon schön, wenn man zu so etwas eingeladen wird, aber da sind die Zweitwohnungsbesitzer wieder nur unter sich. Und das ist nicht unbedingt, was es braucht. Denn da kommt kein wirklicher Austausch zustande. Das passiert dann eher bei Festen im Dorf. (Interview 12)

Der dritte Schritt des Engagement-Prozesses ist „beherrschbar machen". Dieser Schritt kann in seinem wörtlichen Sinn als Oberhand in der Interaktion gewinnen oder als beherrschen der Interaktion verstanden werden. Den Grad der Kontrolle oder die Freiheitsgrade in dieser Beziehung können von unterschiedlicher Ausprägung sein. In der Destination Flims Laax Falera hat sich in den letzten Jahren ein Wandel vollzogen, welchen Freiheitsgrad und welche Mitgestaltungsmöglichkeiten die Zweitwohnungsbesitzenden für sich in der Beziehung zur Destination einfordern. Ein Vertreter einer Tourismusorganisation sagte:

> Die neue Realität wird am Urzustand gemessen, als die Zweitwohnungsbesitzer noch friedlich waren und nicht aufgemuckt haben. Man wird Konzessionen machen müssen. Aber das hat man noch nicht ganz begriffen. Und je länger man versucht die Kontroverse auszusitzen, desto lauter werden die Forderungen und desto grösser werden am Ende die Konzessionen und Zugeständnisse sein müssen. (Interview 17)

So ist es in den letzten Jahren zu einer angespannten Situation und einer Zangenbewegung gekommen. Auf der einen Seite fordern die Zweitwohnungsbesitzenden mehr Gestaltungsspielraum in der Beziehung zur Destination ein, wie ein Vertreter der Zweitwohnungsbesitzervereinigung feststellte: „[Engagement] könnte nur funktionieren, wenn sich der Wille in der Destination durchsetzt, die Zweitwohnungsbesitzer vermehrt partizipieren zu lassen an den Geschehnissen in der Destination" (Interview 10). Auf der anderen Seite stehen die Destinationen auch bei den Einheimischen unter Druck, wie ein Gemeindevertreter zu bedenken gab:

> Als Gemeinde kommt man dann aber irgendwann in eine Art Zwiespalt. Dann hört man Vorwürfe wie: ‚Ihr wollt nur die Steuerzahler, die Reichen, die Rosinenpicker und für den normalen Bürger, der hier sein Brot als Schreiner verdient, für den macht ihr nix und habt keinen bezahlbaren Wohnraum.' Das ist immer eine heikle Gratwanderung. (Interview 3)

Zumindest den Zweitwohnungsbesitzenden habe man ein faires Angebot zur Mitgestaltung gemacht, sagte ein Vertreter einer Gemeinde:

> [Ich komme] nochmals auf das PPP FLFM AG zu sprechen. Hier haben wir ein sehr faires Angebot an die Zweitwohnungsbesitzer gemacht. Diese FLFM AG setzt sich aus verschiedenen Aktionären zusammen. Da sind einmal die drei Gemeinden Flims, Laax und Falera, dann die Weisse Arena Gruppe, dann die Hotellerie, also der Hotelverein, dann der Gewerbeverein und dann das Parkhotel und das Hotel Waldhaus, die den Kongresstourismus vertreten sollten. Dann war das Angebot an die Zweitwohnungsbesitzer, dass sie ebenfalls 10 Prozent der Aktien übernehmen und ebenfalls im Verwaltungsrat einsitzen können in dieser AG. Das ist ja nämlich die AG, die die Verwendung der Gäste- und Tourismustaxen bestimmt. An diesem Punkt hätten sich die Zweitwohnungsbesitzer den allgemeinen Zielen der AG im Sinne eines Aktionärsbindungsvertrags unterordnen müssen. Sie müssten die allgemeinen Ziele in dem Sinne befürworten, dass man die Destination weiterentwickeln will und der Schwerpunkt auf einem guten Gästeangebot liegt über alle vier Saisons hinweg. Das Ziel kann nicht sein, möglichst wenig Gästetaxe zu erheben, sondern im allgemeinen Sinne der Wertsteigerung der Liegenschaften zu handeln. Und die Zweitwohnungsbesitzer, die in diesem Verein organisiert sind, die sagen, dass sie sich da raushalten müssen, da sie dort als VR nur eingebunden würden. Die anderen VRs würden uns so oder so überstimmen. Ich mache ihnen da zwar keinen Vorwurf, aber dieses Angebot von Engagement und Mitwirken war eigentlich vorbildlich. Das gibt es an anderen Orten wie Lenzerheide oder St. Moritz nicht. Das ist doch genau der Punkt, wie man die Zweitwohnungsbesitzer mit einem relativ hohen Gewicht einbinden kann zum Gemeinwohl der Destination. (Interview 3)

Dieses Angebot zur Mitwirkung im Verwaltungsrat der Tourismusorganisation der Destination kann als Paradebeispiel für das Beherrschbarmachen der Beziehung zu den Zweitwohnungsbesitzenden gesehen werden. Da sich die Vertreter der Zweitwohnungsbesitzervereinigung aber nicht komplett subordinieren wollten, blieb der Konflikt ungelöst und ein Gefühl bestehen, das ein Vertreter der Zweitwohnungsbesitzervereinigung wie folgt be-

schrieb: „Wir [haben hier] eine sehr dominante Organisation bei den Bergbahnen […]. Es herrscht die Kultur ‚Wir sagen, was hier geht und niemand
kann uns reinreden'. Das ist so das Problem und ist sehr verschärft in unserer
Destination" (Interview 2). In der jetzigen Situation scheint der Ball wieder
bei der Destination und ihren Akteuren zu liegen, um die Beziehung aktiv
zu gestalten und neu zu beleben:

> Das ist sehr, sehr schwierig in der Gemengelage der Interessen, den herrschen-
> den Strukturen, den gesellschaftlichen Verhältnisse überhaupt etwas zu bewe-
> gen. Die Frage, wie da die Zweitwohnungsbesitzer zu begeistern oder zu moti-
> vieren wären, sich einzubringen, müsste umgekehrt lauten: Wie könnte es mög-
> lich sein, dass die Destination diese Mitwirkung oder Mitgestaltung überhaupt
> ermöglich kann oder will? Vielmehr hängt es hier vom Willen der Protagonisten
> in der Destination ab und nicht vom Willen der Zweitwohnungsbesitzer. Es
> hängt vom Willen v. a. der Gemeinde und der Exekutive ab, wie das überhaupt
> funktionieren könnte. (Interview 10)

Der vierte und letzte Schritt vom Engagement-Prozess ist „nutzbar machen".
In der Destination Flims Laax Falera wird „nutzbar machen" vor allem unter
finanziellen Aspekten betrachtet. Ein Vertreter einer Tourismusorganisation
meinte:

> Ich will nicht wissen, welchen Umsatz das einzelne Restaurant macht, sondern
> wie viel Wertschöpfung mir der einzelne Kunde bringt. Das konnte ich bisher
> nicht sagen. Was wir brauchen ist Deckungsbeitrag und den bekommen wir,
> indem wir uns anschauen wie viel uns ein Kunde bringt und wie wertig er ist.
> (Interview 8)

Das Nutzbarmachen orientiert sich primär an den finanziellen Grössen
Umsatz, Wertschöpfung und Deckungsbeitrag und damit letztlich an einer
Maximierung des Customer Lifetime Values. Eine Vertreterin der Zweitwohnungsbesitzervereinigung gab aber zu bedenken: „[Die Destination könn-
te] das Know-how und Wissen und Geld der Zweitwohnungsbesitzer viel
nutzbringender einsetzen und nutzen" (Interview 12). Ein anderer Vertreter
der Zweitwohnungsbesitzervereinigung schien das Problem identifiziert zu
haben, weshalb dies aber nicht geschieht:

> Es fehlt eine wirkliche Willkommenskultur in Flims Laax Falera. Vor allem
> ist das auch durch die Weisse Arena AG begründet, die hier die Bergbahnen,
> Gastronomie und Hotels betreibt. Die hat hier eine sehr grosse wirtschaftliche
> Bedeutung. Die ganze Stimmung ist auch durch die Weisse Arena AG bestimmt,
> die die Haltung einnimmt, dass die Zweitwohnungsbesitzer eigentlich wenig
> zum Tourismus beitragen. Die Bergbahnen hätten lieber Feriengäste oder Ta-
> gesgäste, die hierherkommen, aber auch wieder gehen. Im Gegensatz dazu seien
> die Zweitwohnungsbesitzer kein wirklich relevanter Faktor für die Nachfrage
> […]. Die seien nur wenig im Jahr da, und wenn schon, dann verschanzten sie

sich in ihren Häusern und nutzten die Infrastruktur, aber würden wenig zur Wertschöpfung des Tourismus beitragen. (Interview 10)

Ein dritter Vertreter der Zweitwohnungsbesitzervereinigung versuchte, einen Ausweg aus der Situation aufzuzeigen, und schlug eine Beziehung der „Co-Ownership" vor:

> Es gibt gewisse Problemstellungen und man könnte gewisse Interessengruppen bilden, in denen Vertreter von Einheimischen und Zweitwohnungsbesitzer sind. Zum Beispiel beim Thema Infrastruktur oder Ortsverschönerung wäre das möglich. Wenn dieser Austausch stärker stattfinden würde, dann würde es zu einem Know-how Transfer kommen und das Engagement der Zweitwohnungsbesitzer steigen, weil sie sich auf einmal für die Probleme, Projekte und Massnahmen mitverantwortlich fühlen würden. Auch die Lösungen der Probleme würden breiter akzeptiert werden, weil sowohl die Einheimischen als auch die Zweitwohnungsbesitzer ihren Input, ihr Know-how dazugegeben haben. Es gäbe ja viele, die sich engagieren wollen, aber man müsste sie abholen und selbst bereit sein, die Diskussion zu führen. Das ist natürlich zeitintensiv. Das ist ein Meinungsbildungsprozess, der länger dauert, als wenn einige wenige Personen sagen wie man etwas macht. (Interview 13)

Konsequenzen: Was bewirken die Engagement-Massnahmen? (Frageblock E)

Fünf Konsequenzen von Engagement von Zweitwohnungsbesitzenden, das von der Destination und deren Akteuren aktiv ausgelöst wird, ergeben sich aus der Datenanalyse für die Destination: Resonanz, geteilte Identität, Attraktivität der Destination, monetäre Aspekte und Bekanntheit/Word-of-Mouth. Diese wurden besonders durch die Hauptfrage „Welche Ziele verfolgen Sie in Ihrer Destination mit dem Engagement von Zweitwohnungsbesitzenden?" aus Frageblock E des Fragebogens abgefragt.

Die erste Konsequenz von Engagement von Zweitwohnungsbesitzenden, das von der Destination Flims Laax Falera aktiv ausgelöst wird, ist Resonanz. Der Wunsch nach Transformationserlebnissen, Interaktionen, Community, Lernen und Lebensqualität ist der Ausgangspunkt für Resonanz. Es geht darum, dass etwas zum Klingen kommt und eine Beziehung entsteht. Dieses Phänomen beschrieb ein Vertreter einer Gemeinde so:

> Wir machen sechs Veranstaltungen im Jahr, für die wir immer wieder sog. Volontäre brauchen, die uns freiwillig unterstützen. Vor drei Jahren haben wir bewusst damit begonnen, die Zweitwohnungsbesitzer miteinzubeziehen. Die Resonanz ist sehr hoch. Es gibt solche, die jedes Mal, wenn eine Veranstaltung vorbei ist, fragen, wann sie das nächste Mal wieder mithelfen können und wann die nächste Veranstaltung ist. Das sind so Themen. Denn von nichts kommt nichts, wenn man da nichts macht und sie nicht miteinbezieht und ihnen die Chance und die Möglichkeiten dazu gibt. (Interview 16)

Resonanz kann aber auch dadurch entstehen „öfter kleine, zünftige Anlässe durchzuführen mit 30-300 Leuten. Wir setzen dabei auf das ‚KUN-Modell; das ich erfunden habe: Kultur, Urban, Natur" (Interview 15). Warum gerade die Resonanz heute so wichtig ist, beschreibt ein Vertreter einer Tourismusorganisation:

> Wir haben ja alle nur noch Laptop-Jobs. Die Mehrheit, die heute überdurchschnittliche Einkommen hat, die arbeitet heute geistig. Für die müssen wir ein Angebot bereitstellen, damit sie sich auch körperlich betätigen. Zweitens geht es um die Seele und die Eigenwahrnehmung. Drittens geht es um den Geist. Es geht immer um diese drei: Body, Soul and Spirit; Körper, Geist und Seele. (Interview 8)

Die Voraussetzung für Resonanz erwähnte ein Vertreter der Zweitwohnungsbesitzervereinigung:

> Es wäre ein Umdenken vor allem seitens der Gemeindebehörden notwendig, um eine Änderung herbeizuführen. Sie müssen unbedingt den Willen zur Offenheit bekommen und sich den Diskussionen mit den Zweitwohnungsbesitzern, die nicht immer angenehm sind, stellen und sich nicht verschliessen. Sie müssen die Anliegen der Zweitwohnungsbesitzer ernst nehmen und aus ihrem Schneckenhaus ausbrechen und dies als Chance sehen. (Interview 10)

Zweitens ist eine geteilte Identität in der Destination eine Konsequenz. Ein Vertreter einer Gemeinde stellte fest, „dass sich sehr viele [Zweitwohnungsbesitzende] in Vereinen engagieren, seien es Sportvereine wie Skiclubs oder Kulturvereine wie das Gelbe Haus" (Interview 3). Ein Vertreter einer Tourismusorganisation konkretisierte dieses Phänomen wie folgt:

> Die Zweitwohnungsbesitzer haben die höchste Loyalitätsstufe erreicht. Ein Zweitwohnungsbesitzer hat sich in einen freiwilligen Lock-in begeben. Denn in der Regel hat ein Zweitwohnungsbesitzer für einen mindestens sechsstelligen Betrag hier Eigentum erworben. Das heisst, dass seine Wechselkosten relativ hoch sind. [...], wenn man das kombiniert mit Empathie und Leidenschaft für einen Ort, dann kann das sehr interessant sein. (Interview 17)

Diese Loyalität mit Empathie und Leidenschaft kombiniert mit Freundschaften und persönlichem Einsatz fördert eine geteilte Identität. In diesem Kontext kann die Aussage einer Vertreterin der Zweitwohnungsbesitzervereinigung gesehen werden: „Im täglichen Leben sind viele Einwohner und Nachbarn unsere Freunde. Die Zweitwohnungsbesitzer helfen in der Destination auch viel mit. Zum Beispiel beim Kinderfest oder bei Sommerfesten" (Interview 12). Dennoch wurde auch darauf hingewiesen, dass das Potenzial noch stärker genutzt werden sollte und das Identitätsgefühl der Zweitwohnungsbesitzenden noch stärker abgeholt werden könnte:

Aus meiner Sicht wird dieses Potenzial nicht oder zu wenig gesehen. [...] Dafür braucht es ein gemeinsames Systemverständnis. Das wäre der Lösungsansatz. Über das System, von dem alle Teil sind, muss man gemeinsam reden und nicht über Forderungen und Behauptungen. (Interview 17)

Zumindest in einer Gemeinde versucht man jetzt erste Schritte in diese Richtung zu gehen. So beschrieb ein Vertreter einer Gemeinde:

Wir sind im Moment dran, eine touristische Masterplanung für Falera zu machen. Ein wesentlicher Bestandteil sind sog. Runde Tische. Da war es uns ein Anliegen, dass sich Zweitwohnungsbesitzer zu den verschiedenen Themen äussern können und sollen. Da wurden die Zweitwohnungsbesitzer miteinbezogen, weil sie zwar immer zu allem eine Meinung haben, aber sie haben auch eine gute Meinung. Sie haben den Blick von aussen auf gewisse Dinge, die wir als Einheimische teilweise gar nicht haben. Thema ‚Betriebsblindheit‘. (Interview 16)

Eine dritte Konsequenz ist die gesteigerte Attraktivität der Destination. Die Attraktivität der Destination wird in Flims Laax Falera vor allem in den drei Kategorien Wert, Gesellschaft und Angebot angestrebt. Ein Vertreter einer der Gemeinden meinte, dass es entscheidend sei, „dass sie Eigentum in einer Gemeinde haben, die im Marktvergleich und im Vergleich zu anderen Destinationen immer eine Wertsteigerung schafft" (Interview 3). Dies müsse mit einer interessanten Gesellschaftsstruktur verknüpft sein: „Die Gesellschaft sollte gut verteilt sein. Das macht das Dorf attraktiver. Es muss den kleinen Handwerker geben, den Künstler, den Lebenskünstler, die Bauern, eine einheimische Dorfkultur" (Interview 3). Dazu gehört ein modernes Verständnis von Tourismus und der Kundenbedürfnisse, sagte ein Vertreter einer Tourismusorganisation:

Unser Ziel ist es, den Kunden zu stärken und ihm Informationen zu liefern, damit er die Leistungen besser nutzen kann. [...] Dazu müssen wir einfach wegkommen vom traditionellen Tourismus, der davon ausging, dass man entweder arbeitete oder Ferien hatte. Ich glaube, dass der neue Mensch das miteinander kombinieren will: ‚Mesh-Work-and-Life oder -Health‘. Und nicht Work-Life-Balance, ich arbeite oder ich mache Ferien. Ich glaube, dass das der Zeitgeist der Ferien ist. (Interview 8)

Wenn dieses neue Verständnis erkannt und umgesetzt werde, dann werde das die Destination attraktiv machen (Interview 8). Es gibt aber auch warnende Stimmen. Ein Vertreter einer Tourismusorganisation mahnte z. B., dass „die heutige Substanz der Zweitwohnungen die zukünftige Landreserve der Destinationen" (Interview 17) darstellen würde. Ein Vertreter der Zweitwohnungsbesitzervereinigung warnt:

Wenn sich nichts ändert, dann wird diese Destination früher oder später ins Abseits geraten. Nachdem heute schon die spezifischen Probleme des Tourismus bekannt sind, werden diese noch verschärft, wenn sich da die Haltung der Einheimischen nicht verändert. Es war ja in der Geschichte immer so, dass Impulse von aussen einen Fortschritt brachten. Dass die Ideen und die Bedürfnisse der Zweitwohnungsbesitzer aufgenommen und ernst genommen werden, ist essenziell für die Destination. (Interview 10)

Viertens sind monetäre Aspekte eine Konsequenz von Engagement von Zweitwohnungsbesitzenden. Monetäre Aspekte wurden von allen Vertretergruppen angeführt und ergaben sich in den vier Kategorien lokaler Konsum, Wertsteigerung, Gebühren und Steuern sowie Sponsoring. Dies erkannte ein Vertreter einer Gemeinde, als er ausführte:

Die Folgen sind ganz unterschiedlich von Investitionen, weil sie eine Wohnung kaufen, über Abgaben von der Gästetaxe und der Tourismustaxe für die, die die Wohnungen weitervermieten. Sicherlich auch Ausgaben für Handwerker und Renovationen. Dann aber auch Konsumationsausgaben in den Gastronomiebetrieben, im Tourismusbüro, in lokalen Läden. (Interview 16)

Dazu ergab sich in einem anderen Interview: „Da gibt es viele Mäzene und Sponsoren für diverse Sachen, wie z. B. die Renovation von Kapellen oder Museen" (Interview 14). Einen entscheidenden Sachverhalt formuliert zudem ein Vertreter der Zweitwohnungsbesitzervereinigung: „Die Zweitwohnungsbesitzer tragen viel zu den Finanzen der Gemeinde bei. […] Aber das […] Grundproblem [ist]: Als wirtschaftlicher Faktor werden Zweitwohnungsbesitzer akzeptiert und sogar begrüsst, aber möglichst keine Einflussnahme, sondern Distanz" (Interview 10). Ein anderer merkte an:

Zweitwohnungsbesitzer sind immer sehr eng mit einem Ort verbunden und bereit, diesen finanziell zu unterstützen. Wenn es irgendwo Probleme gibt, dann findet man unter den Zweitwohnungsbesitzern Leute, die finanzielle Unterstützung leisten oder sich engagieren, wenn es gewünscht ist. Die Grundhaltung wurde in der letzten Zeit aber etwas abgeschwächt, weil man sieht, dass man uns nicht wertschätzt und uns wie in der Selbstbedienung ausnehmen will. Der wichtigste Faktor ist ja der Konsum vor Ort, aber ich weiss von vielen Leuten, die nicht mehr in Flims einkaufen. Wir haben zwar keinen Boykott, aber viele Leute kaufen nicht mehr oder nur noch sehr selektiv vor Ort. (Interview 2)

Dazu käme:

Die Behörden und die Bergbahnen […] betonen immer, dass wir ja Mehrwert mit unseren Häusern bekommen und rechtfertigen alles damit, dass wir ja eine Wertsteigerung hätten. Aber das ist völliger Blödsinn, denn wir sind grundsätzlich nicht an einer Wertsteigerung interessiert, da eine Wertsteigerung nur die Kosten wiederum erhöht. Dazu kommt, dass wir die Liegenschaften in der Regel über Generationen behalten und nicht zur Spekulation kaufen. Von der Wertsteigerung profitieren eigentlich nur die Gemeinden und die lokalen Architekten und Immobilienentwickler. Sicher hat man es gerne, wenn der Wert erhalten wird, aber die Wertsteigerung steht nicht im Vordergrund. (Interview 2)

Auch die Erhebung der Tourismusgebühren wurde kritisch gesehen:

> Die sind eigentlich veraltet. Jede Gemeinde hat Aufgaben zu erfüllen. Hier oder im Unterland. Früher war die Tourismusgebühr eine kleine Abgabe für die armen Gemeinden, um hier eine gewisse Infrastruktur zu schaffen. Und heute wird diese Tourismusgebühr ganz klar als Einnahmequelle genutzt, um Investitionen zu tätigen und Wirtschaftsförderung zu betreiben. (Interview 2)

Es wurde klar, dass die monetären Aspekte eine wichtige Konsequenz von Zweitwohnungsbesitzenden Engagement sind. Diese monetären Aspekte wurden aber unterschiedlich bewertet abhängig davon, aus welcher Perspektive man sie betrachtete.

Die fünfte Konsequenz ist Bekanntheit/Word-of-Mouth. Das Selbstverständnis der Zweitwohnungsbesitzenden wurde von einem Vertreter der Zweitwohnungsbesitzervereinigung wie folgt beschrieben:

> [Die Zweitwohnungsbesitzenden] sind die besten Markenbotschafter für den Ort und machen das beste Marketing für den Ort. Auch ich habe wegen eines Kollegen hier gekauft, auch ich hatte Freunde hier zu Besuch, die teilweise ins Hotel gegangen sind, aber zum Teil auch bei mir gewohnt haben. Die haben immer Tageskarten der Bergbahnen gekauft. Wenn man vor Ort ist, dann schaut man, dass man mit dem Geschäft zum Skitag hierherkommt. (Interview 2)

Auch die Gemeinden haben erkannt, dass die Zweitwohnungsbesitzenden vorteilhaft für die Bekanntheit der Destination sein können:

> Zweitwohnungsbesitzer können als Botschafter eingesetzt werden, denn sie haben aus irgendeinem Grund ein Haus oder eine Wohnung in Flims Laax Falera gekauft. Das heisst, dass sie Fans von der Destination sind, sonst hätten sie nicht viel, viel Geld ausgegeben. Die einen mehr als die anderen. (Interview 16)

Die Voraussetzung dafür erklärte ein Vertreter einer Tourismusorganisation so: „[Es gibt] ein sehr hohes Potenzial durch ihre grosse Loyalität, denn die Leute sind Fans der Destination und die kann man durch ernsthafte Einbindung gewinnen" (Interview 17). Trotzdem schwang auch hier wieder der eigentliche Grundkonflikt der Zweitwohnungsbesitzenden-Destinationen-Beziehung mit, wie aus dem Zitat eines Vertreters einer Tourismusorganisation hervorging:

> Wir möchten unsere Zweitwohnungsbesitzer, die hier oben mehr als CHF 5 Milliarden in Immobilienwert haben, als Ambassadeure und Freunde gewinnen und nicht als ‚Zweitheimische'. Das ist ja eine Katastrophe. Ich würde nicht ger-

ne als Zweitheimischer bezeichnet werden, denn dann wäre ich ja zweitklassig. (Interview 8)

7.4.2. *Within-case Analyse: Community-type Destination (Grindelwald)*

Die Gemeinde Grindelwald liegt im Kanton Bern. Die Destination am Fusse der Eiger Nordwand ist ein beliebter Ausgangspunkt in die Jungfrau Region für Skifahren im Winter und Wandern im Sommer (Jungfraubahnen Management AG, 2020). Der Zweitwohnungsanteil in der Gemeinde beträgt 62,8 Prozent (ARE, 2020).

Die sieben Interviews, die in Grindelwald geführt wurden, haben tiefe Einblicke in die Destination ermöglicht. Die Datenanalyse hat fünf Antezedenzien, einen vierstufigen Engagement-Prozess und fünf Konsequenzen ergeben. Das Vorgehen der Datenanalyse ist in Abbildung 3 dargestellt. Die folgenden Zitate sind im Anhang in Tabelle 62 zusammengefasst.

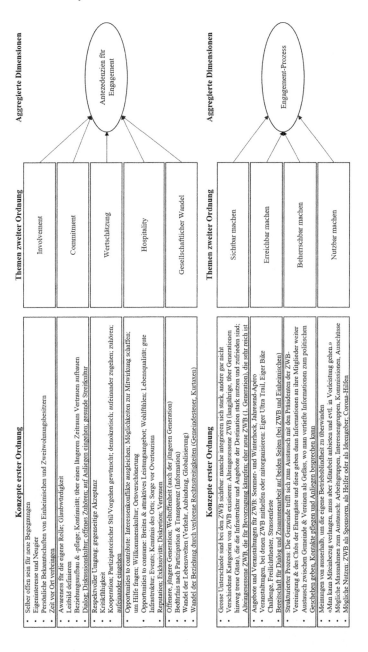

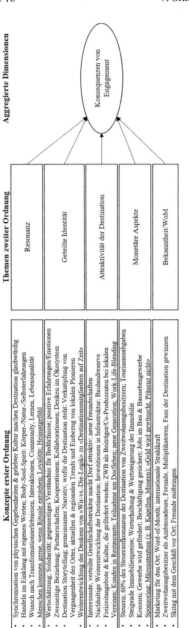

Abbildung 15:   Antezedenzien für, Prozess und Konsequenzen von Engagement von Zweitwohnungsbesitzenden, das von der Destination Grindelwald ausgelöst wird

Quelle: Eigene Darstellung in Anlehnung an Corley und Gioia (2004)

Antezedenzien: Wie sind die Engagement-Massnahmen entstanden?
(Frageblock D)

Die Antezedenzien für das Engagement von Zweitwohnungsbesitzenden in der Destination Grindelwald sind Involvement, Commitment, Wertschätzung, Hospitality und der gesellschaftliche Wandel. Diese wurden mit der Hauptfrage „Wie und warum haben Sie begonnen, Zweitwohnungsbesitzende stärker zu binden und zu begeistern, d. h. in welchem Kontext und mit welcher Vorgeschichte?" im Frageblock D des Fragebogens erfragt.

Das erste Antezedens ist Involvement. Ein Vertreter der Gemeinde äusserte treffend: „Es muss ein Verständnis und ein Sich-ineinander-hineinversetzen entstehen. Die Verhältnisse sind in einem Berggebiet einfach anders als in einem städtischen Agglomerationsgebiet" (Interview 9). Für einen Vertreter der Zweitwohnungsbesitzervereinigung war klar:

> Das aufeinander Zugehen ist sehr wichtig. Die Personen, die gegenüber sind, müssen mitbekommen, dass man sie akzeptiert. Da kann man nicht nur sagen, dass man sie akzeptiert, sondern man muss es sie spüren lassen. Bei Zusammenkünften, bei Diskussionen oder Begegnungen muss man aufeinander zugehen und miteinander reden. (Interview 7)

Glaubwürdigkeit, Offenheit, Ehrlichkeit wurden als Grundbedingungen genannt, die von allen involvierten Parteien gelebt werden müssten (Interview 7):

> Voraussetzung dafür ist, dass sich diese Destinationen auch ein Stück weit öffnen. Die Oberländer müssen sich gegenüber den Unterländern öffnen. Wenn sie dazu bereit sind, sich beraten zu lassen und die eigenen Interessen offenzulegen und die Zweitwohnungsbesitzer miteinzubinden, dann kann viel erreicht werden und herausgeholt werden, dass dem Wohl der Destination und dem Gemeinwohl dient. (Interview 7)

In Grindelwald sei die Situation dahingehend gut (Interview 7).

Zweitens kann Commitment als ein Antezedens von Engagement von Zweitwohnungsbesitzenden gesehen werden. Ein Vertreter der Gemeinde betonte die Wichtigkeit des Dialogs und der Beziehungspflege:

> Einfach nicht nachlassen und den guten Kontakt pflegen und auch auf schwierige Angelegenheiten eingehen. Wir müssen auch darlegen, warum bestimmte Dinge nicht umsetzbar sind, aber auch einen Zeithorizont aufzeigen, wann etwas umsetzbar wird. Man muss einfach im Dialog bleiben, dann wird es schon gut. Wir haben in den letzten Jahren eine sehr gute Beziehung aufgebaut. Und die muss man jetzt weiterpflegen. (Interview 5)

Dafür müssten in der Destination aber alle Stakeholder nachsichtig miteinander umgehen, wie ein Vertreter einer Tourismusorganisation feststellte:

„[Wir brauchen] Kritikfähigkeit und Strapazierfähigkeit. Man muss die Kritik wie sie kommt, richtig einordnen können, damit man nicht alle Zweitwohnungsbesitzer über einen Kamm schert und denkt, dass man da nur Leute hat, die kritisieren würden" (Interview 6). Ein Vertreter der Zweitwohnungsbesitzervereinigung räumte ein, dass auch die Zweitwohnungsbesitzenden dazu ihren Teil beitragen müssen:

> Wir als Zweitwohnungsbesitzer müssen uns immer wieder bewusst werden, dass wir Gäste sind, dass wir keine Einwohner sind, dass wir Ideengebende sind, dass wir Beratende und eigentlich Dienstleistende sind und dass wir keine Forderungen stellen dürfen. Das ist zentral. Dann haben die Zweitwohnungsbesitzer auch die Chance, mitzuarbeiten, mitzutragen und Teil der Destination zu sein. Zweitwohnungsbesitzer wollen in dieser Destination eine Stimme haben und gehört werden. Aber das muss zuerst erarbeitet werden. (Interview 7)

Heute sei das Zweitwohnungsbesitzenden-Destinationen-Verhältnis in Grindelwald „von einem engen und stetigen Dialog geprägt" (Interview 4). Dies sei dadurch möglich geworden, „weil wir aufeinander zugegangen sind und einander zuhören und einander verstehen wollen. Aber gleichzeitig wissen wir auch, dass wir Gäste sind und dass die Einheimischen primär das Sagen haben" (Interview 7).

Ein drittes Antezedens ist Wertschätzung. Ein Vertreter einer Tourismusorganisation unterstrich die Bedeutung eines wertschätzenden Umgangs miteinander und verwies auf die sich stark veränderte Beziehung der Zweitwohnungsbesitzenden zu den verschiedenen Stakeholdern in der Destination:

> Das Verhältnis der Tourismusorganisation zu den Zweitwohnungsbesitzern ist über lange Zeit durch Spannungen geprägt gewesen. Doch in den letzten Jahren hat sich dieses Verhältnis deutlich verbessert, v. a. durch den regelmässigen Austausch, den wir haben. Dieses verbesserte Verhältnis wird von beiden Seiten wahrgenommen. (Interview 6)

So würde man heute versuchen,

> [...] in Teams zu arbeiten und die verschiedenen Institutionen zusammenzubringen, damit nicht Entscheidungen getroffen werden, die z. B. das Gewerbe oder die Zweitwohnungsbesitzer nicht tragen. Alle Interessengruppen müssen mitgenommen werden. Wenn man alle Vereine und Interessengruppen an einen Tisch bringt, dann zeigt das die Wertschätzung. Es zeigt, dass die eigene Meinung wertgeschätzt und geachtet und als wichtig erachtet wird. Das trägt dann viel zum Zusammenhalt bei. (Interview 7)

Ein Vertreter der Zweitwohnungsbesitzervereinigung merkte an, dass früher der Fehler gemacht wurde,

[...] dass man mit Forderungen an die Behörden getreten ist und dann auf entsprechenden Widerstand gestossen ist. Es wurde vergessen, dass der Oberländer ein Oberländer bleibt. Und wir als Unterländer müssen das akzeptieren und verstehen, dass wir hier Gäste sind. Und wenn wir diesbezüglich die Akzeptanz entgegenbringen, dann öffnen sich auch viele Türen bzw. die Oberländer. (Interview 7)

Die persönlichen Beziehungen müssten aufgebaut und gepflegt werden, wofür sich auch die Zweitwohnungsbesitzenden öffnen müssten:

Man wird dann verstehen und sehen, dass man auch z. B. bei Meinungsverschiedenheiten respektvoll miteinander umgehen kann. Dabei ist es wichtig, dass man zwischen fachlichen und persönlichen Angelegenheiten unterscheiden kann. Vielleicht versteht man sich persönlich gut, hat aber unterschiedliche fachliche Auffassungen. Dann kann man sich trotzdem gegenseitig akzeptieren und die andere Meinung respektieren. (Interview 7)

Hospitality ist das vierte Antezedens. Primär wurden unter Hospitality ein attraktives Angebot mit verschiedenen Opportunities to consume und ein gepflegtes Erscheinungsbild verstanden: „Das Angebot innerhalb der Destination muss attraktiv sein. Und auch das Erscheinungsbild des Dorfes muss optisch ansprechend sein. Das Dorfzentrum muss zusammen mit der Gemeinde weiterentwickelt werden" (Interview 6). Dieser Meinung eines Vertreters einer Tourismusorganisation schloss sich ein Gemeindevertreter an: „Im Gesamten ist die Lebensqualität hier in Grindelwald sehr hoch. Die Möglichkeiten, die man hier hat, sind enorm. Seien das Sommeraktivitäten oder Wintersport, vom Einkaufen, die Lage, Grindelwald ist nicht so abgelegen wie andere Orte" (Interview 9). Zu der hohen Lebensqualität gesellten sich zusätzlich noch die Diskretion und die Schönheit der Natur als wichtige Faktoren, die auf die Hospitality einzahlen:

Das ist eine Besonderheit von Grindelwald, dass diese Leute hier diskret behandelt werden. Ich gehe davon aus, dass der grösste Teil aber mit der Wintersaison verbunden ist und dann mit der Natur. Die einmalige und weltberühmte Eigernordwand trägt auch dazu bei. (Interview 1)

Die Themen Naturverbundenheit und Identifikation der Destination Grindelwald mit der Eigernordwand kamen immer wieder in den Interviews auf. Ein Vertreter der Gemeinde beschrieb die Bedeutung der Eigernordwand und ihre Verknüpfung mit Hospitality wie folgt:

Die Urtümlichkeit und Nachvollziehbarkeit sind für uns als Gemeinde und Tourismusorganisation auch sehr wichtig. Dazu haben wir auch den Begriff ‚Eigerness' erfunden, der symbolisiert, dass die Dinge von hier sind, dass diese Urtümlichkeit nicht nur plakativ ist, sondern dass man die hier auch miterleben kann. Man kann problemlos zu einer Alphütte gehen und zuschauen wie der

Käse gemacht wird. Das ist für viele Zweitwohnungsbesitzer sehr wichtig. (Interview 1)

Fünftens ist der gesellschaftliche Wandel ein Antezedens von Engagement von Zweitwohnungsbesitzenden. Der gesellschaftliche Wandel wurde von den Menschen in Grindelwald v. a. bei Menschen aus ihrer eigenen Destination wahrgenommen. Ein Vertreter einer Tourismusorganisation benannte das so: „Wobei der Grindelwälder an sich, und v. a. die jüngere Generation, sehr offen ist. Die alte Generation ist sicherlich noch sehr verschlossen, aber die mittlere und v. a. die jüngere Generation ist sehr offen" (Interview 11). Ein Vertreter der Gemeinde führte zwei mögliche Ursachen für die als offener empfundene Gesellschaft an: „Da wir ein bekannter Tourismusort sind, sind viele Einheimische auch im Bereich Tourismus involviert und kennen den Umgang mit Gästen. Jetzt die jungen Menschen sowieso. Die sind viel offener, sind gereist und haben etwas von der Welt gesehen" (Interview 5). Doch auch die Zweitwohnungsbesitzenden nahmen den gesellschaftlichen Wandel wahr. Für sie waren in diesem Kontext zum einen die Übergabe der Zweitwohnung an die nächste Generation und die demokratische Führung des Zweitwohnungsbesitzervereins wichtig (Interview 7). Insgesamt würde man heute in der Destination ganz anders miteinander umgehen und aufeinander zugehen: „Das ist das demokratische Verhalten und aufeinander Zugehen und einander Zuhören und einander Akzeptieren. Das hat sich sehr stark verändert und zum Guten gebessert. Früher waren die Verbindungen zur Destination etwas kühl" (Interview 7).

Engagement-Prozess: Wie engagieren Sie Zweitwohnungsbesitzende in Ihrer Destination? (Frageblock C)

Der Engagement-Prozess orientiert sich an den vier Schritten „sichtbar machen", „erreichbar/zugänglich machen", „beherrschbar machen" und „nutzbar machen" (Rosa, 2020). Diese Schritte ergaben sich aus den beiden Hauptfragen „Was machen Sie, um Ihre Zweitwohnungsbesitzenden an die Destination zu binden und zu begeistern?" und „Wie sieht Ihre Strategie aus, um das Engagement von Zweitwohnungsbesitzenden zu steigern?" aus Frageblock C des Fragebogens.

Der erste Schritt des Engagement-Prozesses in der Destination Grindelwald ist „sichtbar machen". Ein Vertreter der Zweitwohnungsbesitzervereinigung erklärte die Herausforderung des Sichtbarmachens wie folgt: „[Es gibt] Zweitwohnungsbesitzer, die lieber nur in ihrer Wohnung bleiben und sich zurückziehen. Aber ich stelle fest, dass ein Grossteil der Zweitwohnungsbesitzer sich doch eher im Dorf aufhält und das Dorfleben geniesst und die Geselligkeit dort sehr pflegt" (Interview 7). Diese Auffassung teilte ein Vertreter der Gemeinde:

> Es gibt zwei verschiedene Arten von Zweitwohnungsbesitzern. Es gibt erstens solche, die sich gerne in Grindelwald engagieren, die auch mitmachen bei unserem Leben. [...] Die engagieren sich, die helfen mit und tragen auch etwas bei. Und dann gibt es solche, die sich abschotten und immer unter sich sind. (Interview 5)

Die grundlegende Aufgabe der Destination im Engagement-Prozess muss also sein, erst einmal herauszufinden, wer die Zweitwohnungsbesitzenden wirklich sind. Wie sich die Destination Grindelwald dieser Aufgabe stellt, schilderte ein Vertreter der Gemeinde ausführlich so:

> Bei den Zweitwohnungsbesitzern gibt es sehr grosse Unterschiede. Ich würde grob zwei bis drei Kategorien unterscheiden. Erstens gibt es zwei Arten von alteingesessenen Zweitwohnungsbesitzern. Zuerst die sehr langjährigen, meistens über Generationen hinweg treuen Gäste, die immer wiederkommen und für Grindelwald eine sehr wichtige Rolle gespielt haben, auch in der touristischen Entwicklung. Das sind Leute, die viel profitiert haben und Skischulen genutzt haben, die lokale Sportgeschäfte genutzt haben. Das ist sicher eine ganz wertvolle Kategorie. Dann die zweite Art an Alteingesessenen, die das Gefühl haben, sie seien die Retter des Orts und müssten nun alle Vergünstigungen der Welt haben. Ich sage es mal plakativ: Das sind diejenigen, die meinen, dass sie fast gratis die Bergbahnen benutzen dürfen sollten und Vorzugsbehandlungen bei Eintritten, im Sportzentrum usw. bekommen sollten, auch wenn sie hier keine Steuern zahlen. Diese Gruppe an Gästen empfängt man im Dorf eher mit einem Lächeln, weil man weiss, dass sie immer Forderungen stellen. Da gibt es auch einen Verein, der sich enerviert hat, dass bestimmte Restaurants nicht mehr so seien wie vor 30 Jahren. Diese Leute verlangen eigentlich von der politischen Gemeinde, dass dieser alte Zustand wiederhergestellt werden sollte. Zweitens kommt dazu eine weitere Kategorie. In den 1980er und 1990er Jahren haben wir einen grossen Zweitwohnungsboom erlebt und da wurden sehr teure Wohnungen hier in Grindelwald gebaut. Da gibt es eine grosse Gruppe an Zweitwohnungsbesitzern, die sehr gut betucht sind. Diese Gäste sind für Grindelwald auch sehr gut, denn die nehmen am öffentlichen Leben Teil, besuchen die Events, gehen in die Restaurants, sind relativ oft vor Ort und kaufen in den lokalen Sportgeschäften ein. Das ist eine sehr wertvolle Kategorie und zahlungskräftige Klientel. Diese Klientel frequentiert die lokalen Geschäfte und Restaurants häufig und ist deshalb in der lokalen Bevölkerung sehr willkommen. (Interview 9)

Ziel des ersten Schritts, der Sichtbarmachung, sollte es sein, zu verstehen, a) wer sind die Zweitwohnungsbesitzenden, b) welche Segmente gibt es und c) welche Vorlieben, Interessen, Forderungen und nutzenbringenden Effekte haben sie.

Der zweite Schritt des Engagement-Prozesses kann als „erreichbar oder zugänglich machen" beschrieben werden. Die erste Massnahme, um Zweitwohnungsbesitzende erreichbar bzw. zugänglich zu machen, ist, diverse Angebote zu schaffen. Bei diesen Angeboten kann man sich kennenlernen, austauschen und den Grundstein für Engagement legen. Ein Vertreter der Gemeinde merkte an: „[A]lle Gäste und Zweitwohnungsbesitzer sind bei den folkloristischen Anlässen, die hier stattfinden, wie beispielsweise im Sommer immer mittwochs unser Strassenfest, herzlich willkommen. Dort können sie sich mit den Einheimischen treffen und die folkloristischen Darbietungen geniessen" (Interview 1). Die nächste Massnahme ist die Teilnahme an Events, die die Zweitwohnungsbesitzenden für sich selbst organisieren, z. B. durch ihren Zweitwohnungsbesitzerverein. Ein Gemeindevertreter beschrieb das so:

> [Man ermöglicht einen Dialog, indem] man als erstes zu ihren Anlässen geht und Präsenz und Interesse zeigt. Dort tauscht man sich dann aus. Ich habe z. B. mit dem Vorstand dieses Vereins zwei bis drei Mal zusammengesessen. Dann haben sie ihre Anliegen vorgebracht, ich habe sie entgegengenommen, sie weitergeleitet an die verschiedenen Instanzen und die haben ihnen dann Antworten geliefert. So haben sich viele Probleme gelöst. Dann ergibt sich auch an vielen anderen Stellen ein Gespräch. (Interview 5)

Nicht zu verkennen sei nämlich, dass die Zweitwohnungsbesitzercommunity sehr aktiv ist, wie einer ihrer Vertreter schilderte: „Wir machen einen Sommer- und einen Winterhock und haben einen Jahresend-Apéro, wo wir zusammenkommen und uns austauschen. Denn sonst haben die Zweitwohnungsbesitzenden nur innerhalb des Objektes Kontakt und nicht untereinander" (Interview 4). Dass die Bereitschaft zum Dialog von beiden Seiten vorhanden sein muss, erkennt ein Vertreter der Zweitwohnungsbesitzervereinigung, als er über die Beziehung zu den anderen Vertretergruppen der Destination sprach:

> Wenn die Einheimischen aber merken, dass wir nicht primär fordern, sondern bereit sind, mitzuhelfen, mitzuarbeiten und uns einzubringen, dann öffnen sie sich. Aber dieser Prozess braucht persönliche Beziehungen, Gelegenheiten zur Begegnung und Zeit. Man muss bereit sein, aufeinander zuzugehen, dann wirklich ohne Bedingungen aufeinander zugehen und lernen, einander zu verstehen und einander zuhören, um einen Dialog zu schaffen. Dann kann man auch Wünsche und Anregungen einbringen, die gehört werden. (Interview 7)

Im Prozessschritt „erreichbar oder zugänglich machen" wird die Zweiseitigkeit von Engagement besonders deutlich.

Der dritte Schritt des Engagement-Prozesses in Grindelwald ist „beherrschbar machen". Die Brücke zwischen dem zweiten und dritten Schritt wird durch die Institutionalisierung der Zweitwohnungsbesitzerinteressen in der Zweitwohnungsbesitzervereinigung geschlagen. Ein Vertreter der Gemeinde merkte dazu an, dass wichtige Themen zwischen den Präsidenten der Zweitwohnungsbesitzervereinigung und den Verantwortlichen der Gemeinde besprochen würden: „Wir besprechen dann mit den Vereinsrepräsentanten das Vorgehen und die sprechen dann mit ihren Leuten und ihrem Vorstand" (Interview 9). Weil es klar identifizierbare Ansprechpersonen und definierte Rollen auf Seiten der Zweitwohnungsbesitzenden gibt, ist die Beziehung für die Destination beherrschbar. Ein Vertreter der Gemeinde drückte dies wie folgt aus:

> Wichtig ist, dass man dank diesen Vereinigungen ein Gefäss hat, wo man vertiefte Informationen zum politischen Geschehen geben kann. Zum Beispiel, wenn es um Gebühren geht, für Wasser oder Abwasser. Dann wird manchmal nicht verstanden, warum das System so oder so funktioniert. Dann ist wichtig, dass man es diesen Leuten erklären kann. [...] Solche Dinge werden begriffen, wenn man sie plakativ und im persönlichen Austausch erklären kann. Da sind diese Vereine sehr wertvoll, dass man diesen Austausch haben kann. (Interview 9)

Ein weiterer Vertreter der Gemeinde verwies auf den Erfolg, den man mit diesem Vorgehen hat:

> Das Verhältnis war sicherlich noch nie so gut wie in den letzten Jahren. Sobald sich die Zweitwohnungsbesitzer ernst genommen fühlen, ist schon sehr viel erreicht. Sie wollen ja auch nur das Beste für die Destination Grindelwald. Aber man muss auch immer schauen, was man sich leisten kann und was nicht. Die Zweitwohnungsbesitzer haben zwar das Gefühl, dass die Wertschöpfung, die sie erbringen sehr, sehr gross sei, aber wir haben ihnen dann auch mal vorgerechnet, was die ganze Infrastruktur kostet, die wir bereitstellen müssen und die zum Teil nur zwei bis drei Wochen im Jahr genutzt wird. Und dann hat sich das auch schnell relativiert. (Interview 5)

Diese positive Einschätzung der Situation teilte auch ein Vertreter der Zweitwohnungsbesitzervereinigung:

> Glaubwürdigkeit, Offenheit, Ehrlichkeit sind die Grundbedingungen. Ich glaube, dass wir dahingehend eine gute Grundlage in Grindelwald erreicht haben. Wir haben ein Vertrauen aufgebaut, das uns ermöglicht, mit den verschiedenen Institutionen zusammenzuarbeiten, damit man nicht von Anfang an auf Ablehnung stösst. (Interview 7)

Im Ergebnis funktioniert das Beherrschbarmachen dann, wenn drei Parameter gegeben sind. Erstens müssen für die Destination klare Strukturen auf Seiten der Zweitwohnungsbesitzenden erkennbar sein. Zweitens muss der Wille zur Zusammenarbeit bestehen. Drittens sollte die Beziehung von beiden Seiten glaubwürdig, offen und ehrlich geführt werden.

Der vierte Schritt des Engagement-Prozesses ist „nutzbar machen". Nutzbar machen heisst, die Zweitwohnungsbesitzenden für die Interessen und Anliegen der Destination gewinnen zu können. Dies kann monetär sein, geht aber zumeist darüber hinaus. Ein Vertreter der Gemeinde sah den Vorteil vor allem in der Generierung neuer Ideen:

> Wir sind im regen Kontakt und haben schon viele Ideen aufgenommen und konnten die dann auch umsetzen. Manchmal muss man auch eine Meinung von ausserhalb haben, weil man selbst eventuell auch etwas betriebsblind wird und nicht alles sieht. Deshalb ist es gut, dass man sich austauscht. (Interview 5)

Ein weiterer Gemeindevertreter sprach die Mitarbeit bei Projekten und Veranstaltungen an: „Bei vielen Veranstaltungen werden sie miteinbezogen und bei Grossveranstaltungen. Sei das als Sponsoren, als Helfer oder als Ideengeber. Da schaut man, dass man sie in die Gemeinschaft integrieren kann" (Interview 9). Aber auch kurzfristige, spontane Hilfsdienste seien möglich, laut eines weiteren Gemeindevertreters:

> Es werden [konkrete] Aktivitäten entwickelt. Als Beispiel habe ich kürzlich mit dem Präsidenten des Zweitwohnungsbesitzervereins telefoniert, um zu besprechen, ob es Leute gibt, die schwer von der Corona-Situation betroffen seien, und ob man diesen Leuten eine Spende oder einen Gutschein zukommen lassen könnte vom Verein, um ihnen zu helfen. Das sind ganz konkrete Anliegen, die da umgesetzt werden. Der Kontakt funktioniert aus meiner Sicht sehr gut. (Interview 1)

Für einen Vertreter der Zweitwohnungsbesitzervereinigung ergab v. a. die Mitarbeit in Kommissionen und Arbeitsgruppen Sinn, wobei ein dezentes Auftreten der Zweitwohnungsbesitzenden gefragt sei:

> Und das, denke ich, muss der Ansatz sein, dass man nicht nur mit Forderungen kommt, sondern gar keine Forderungen stellt und erst einmal mitarbeitet. Man kann zwar Miteinbezug verlangen, muss dann aber Mitarbeit anbieten und evtl. auch in Vorleistung gehen. So können sich Zweitwohnungsbesitzer dann in Arbeitsgruppen, Interessengruppen, in Kommissionen und Ausschüssen engagieren und sich einbringen. (Interview 7)

Konsequenzen: Was bewirken die Engagement-Massnahmen? (Frageblock E)

Die Konsequenzen von Engagement von Zweitwohnungsbesitzenden in Grindelwald sind Loyalität, Sense of Community/Ownership, Attraktivität der Destination, monetäre Aspekte und Bekanntheit/Word-of-Mouth. Primär hat die Hauptfrage aus Frageblock E des Fragebogens „Welche Ziele verfolgen Sie in Ihrer Destination mit dem Engagement von Zweitwohnungsbesitzenden?" diese Konsequenzen ergeben.

Die erste Konsequenz von Engagement von Zweitwohnungsbesitzenden, das von der Destination ausgelöst wird, ist Loyalität. Grundsätzlich seien die meisten Zweitwohnungsbesitzenden Fans der Destination Grindelwald, was sich in der jahrelangen Loyalität zur Destination zeigen würde, meinte ein Vertreter einer Tourismusorganisation (Interview 6). Diese Loyalität berge enorme wirtschaftliche Vorteile:

> Die Zweitwohnungsbesitzer [sind] sehr loyale Gäste von Grindelwald. Das ist wichtig für einen Tourismusort, da es unabhängig von der Wettersituation oder anderen Faktoren ist. Das hilft dem Ort und der wirtschaftlichen Situation, weil sie unabhängig von den Rahmenbedingungen nach Grindelwald zu Besuch kommen, weil sie hier schlichtweg Eigentum haben. (Interview 6)

Darüber hinaus kann es sogar passieren, dass manche Zweitwohnungsbesitzende „ihren Erstwohnsitz hierher nach oben verlegen" (Interview 1), wie ein Gemeindevertreter berichtete. Ein weiterer Vertreter der Gemeinde begründete die Loyalität wie folgt:

> Viele Zweitwohnungsbesitzer und auswärtige Hausbesitzer haben diesen Besitz von ihren Eltern oder Grosseltern geerbt und sind schon zu Kinderzeiten hier in Grindelwald gewesen. Die haben vielleicht hier gelernt, Ski zu fahren, und das stiftet einen emotionalen Bezug und eine starke Bindung, wenn man das erste Mal ein Bergerlebnis hier hatte. (Interview 5)

Für einen Vertreter der Zweitwohnungsbesitzervereinigung war das Zukunftsziel klar:

> Ich sehe viele Vorteile darin, dass die heutige Zweitwohnungsbesitzergeneration einen Generationentransfer vollzieht. Wichtig dafür ist, dass heute erkannt wird, dass die Zweitwohnungsbesitzer die treuen Gäste sind und dies nicht die Tagesgäste sind, die am häufigsten oben sind. Nicht die Touristen, die vielleicht ein- oder zweimal im Jahr oben sind. Die Zweitwohnungsbesitzer haben dort Wohnsitz und bereichern somit das ganze Dorfleben. Sie sind wichtig für das ganze Gewerbe, weniger zwar für das Hotellerie-Gewerbe, dafür aber für die ganzen Restaurationsbetriebe. (Interview 7)

Eine zweite Konsequenz ist ein Sense of Community bzw. Ownership. Ein Vertreter der Gemeinde hat das erkannt und sagte: „Das Wichtigste ist, dass sie das Gefühl haben, dass sie willkommen sind und dass sie sich wohlfühlen" (Interview 9). Detaillierter ging ein Vertreter der Zweitwohnungsbesitzervereinigung auf das Thema ein. Er betonte das enorme Potenzial, das sich der Destination bieten würde, und sprach von Zweitwohnungsbesitzenden als einem „Sammelsurium von Wissenden":

> Zweitwohnungsbesitzer sind auch die, die sich mit der Destination auseinandersetzen und identifizieren. Deshalb ist das auch der Teil von Bevölkerungs-

gruppen, der sich meldet, sich einbringt und sich engagiert, wenn sie bei gewissen Angelegenheiten helfen wollen oder bestimmte Angelegenheiten anders sehen. Ich denke, dass es eine zentrale Aufgabe für die Gemeinde sein muss, die Zweitwohnungsbesitzer miteinzubeziehen. Es ist ein enormes Potenzial vorhanden an Gedankengut, Erfahrungen, Know-how, Wissen und verschiedenen Berufsgattungen und -richtungen. Eigentlich sind Zweitwohnungsbesitzer ein Sammelsurium von Wissenden. Und das muss man eigentlich als Destination fast gratis abholen, wenn man auf die Zweitwohnungsbesitzer eingeht. Ich denke, dass das im Interesse der Gemeinde liegen müsste, dass man einerseits die Zweitwohnungsbesitzer miteinbezieht in die Themen, Arbeiten und Aufgaben einer Destination, damit sie wissen, was die Themen, Probleme und Anliegen der Destination sind und wie sie helfen und sich einbringen können. Letztlich geht es auch um das Verständnis wohin es geht, um die Gemeindeentwicklung. (Interview 7)

Die Bedeutung der Zweitwohnungsbesitzenden und ihr Gefühl von Mitverantwortung für die Destination fasste ein Vertreter der Gemeinde wie folgt in Worte:

Insbesondere die auswärtigen Zweitwohnungsbesitzer sind sehr aktiv und machen bei den lokalen Vereinen mit und engagieren sich hier auch vor Ort. Das ist eine sehr gute und erfreuliche Zusammenarbeit. Da braucht man nicht viel mehr zu machen, als den Kontakt sicherzustellen und auf die Anliegen gemeinsam einzugehen und ein offenes Ohr zu haben. (Interview 1)

Drittens ist die Attraktivität der Destination eine Konsequenz von Engagement von Zweitwohnungsbesitzenden. Um die Destination Grindelwald attraktiver zu machen, werden die Zweitwohnungsbesitzenden eng in den Gestaltungsprozess eingebunden, sagte ein Vertreter einer Tourismusorganisation:

[Wir haben] regelmässig Austausch bezüglich z. B. der Gestaltung oder optischen Weiterentwicklung vom Dorf oder zur Ideensammlung. Zum Teil ist das recht lustig, was da alles zusammenkommt, aber auch tolle Ideen, die uns Einheimischen auch guttun, zu sehen, weil jemand von aussen mit einer neuen Sicht draufschaut. (Interview 6)

Ein Vertreter der Zweitwohnungsbesitzervereinigung beschrieb, warum es notwendig sei, die Attraktivität der Destination zu steigern, und warum gerade die Zweitwohnungsbesitzenden dazu beitragen könnten:

Ein Ort muss Lebendigkeit ausstrahlen. Ich denke, dass man hier auch ausspannen und sich erholen kann. Man muss sich behaglich fühlen. Man muss Lebensfreude haben, wo man seine Zweitliegenschaft hat an einem Zweitort. Das ist für viele Zweitwohnungsbesitzer ein Ausbrechen aus ihrer engeren Umgebung, Wohnung zu Hause, um dann in die Freiheit, in die Höhe zu entfliehen. Das ist der Anspruch, den ich sehe, den die Zweitwohnungsbesitzer vor allem haben. Und dann ist es wichtig, dass es ein Ort ist mit einem breit gefächerten Angebot. Sie müssen im Sommer und im Winter ein Angebot bereithalten für Aktivitäten, für Sportanlässe und für Sportfreizeiten oder sogar Vergnügen und Unterhaltung. Es werden zwar nicht alle diese Angebote nutzen, da manche nur Ruhe und Musse suchen. Die werden dann andere Wege gehen. Aber es ist für diesen Ort sehr zentral, dass er für alle diese Ansprüche Möglichkeiten bietet und Angebote bereithält. (Interview 7)

Die vierte Konsequenz sind monetäre Aspekte. Die Ausgangslage für monetäre Konsequenzen für die Destination erklärte ein Vertreter der Gemeinde:

> Das [ist] auch unser Einkommen. Ohne Touristen funktioniert es nicht. Wir haben die Infrastruktur aufgebaut, wir haben uns darauf ausgerichtet und wir brauchen die Touristen, woher auch immer sie letztendlich kommen, damit wir unser Leben hier auch bestreiten können. Das ist eine riesen Abhängigkeit und das haben alle hier begriffen. (Interview 1)

In diesem Sinne kann die Aussage eines Vertreters einer Tourismusorganisation als Ergänzung gesehen werden: „[Durch Zweitwohnungsbesitzende] entstehen auch finanzielle Vorteile, weil die Leute vor Ort Geld ausgeben" (Interview 11). Dazu käme: „Sie sponsoren gewisse Sachen und helfen. Das sind nicht riesen Summen, aber kleine finanzielle Beiträge für z. B. Ausstellungen oder Theater, das Freilichttheater letztes Jahr. [...] Dazu haben die Mitglieder in gewissen Geschäften noch einen kleinen Bonus von fünf Prozent" (Interview 11). Ein Vertreter der Zweitwohnungsbesitzervereinigung stellte fest: „Die Zweitwohnungsbesitzer sind auch viel in der Zwischensaison da und kaufen hier in den Geschäften ein. Das ist ein gutes Potenzial. Wir gehen immer hier vor Ort einkaufen und bringen nichts aus dem Unterland mit [...]" (Interview 4).

Fünftens gelten Bekanntheit bzw. Word-of-Mouth als Konsequenzen von Engagement von Zweitwohnungsbesitzenden. Vor allem die Vertreter der Tourismusorganisationen haben das erkannt. Ein Vertreter betonte die Wichtigkeit der Zweitwohnungsbesitzenden und ihre Rolle als Fans der Destination: „Am Schluss sind die Zweitwohnungsbesitzer sehr loyale Gäste von Grindelwald und eigentlich sogar Fans von Grindelwald. Wir wollen sie in dieser positiven Art und Weise an Bord behalten" (Interview 6). Ein weiterer anderer Vertreter dieser Gruppe sah Profitmöglichkeiten für das gesamte Tourismussystem der Destination durch zusätzliche Gäste: „In erster Linie kann der Tourismus als solcher durch Zweitwohnungsbesitzer profitieren, denn Zweitwohnungsbesitzer bringen mehr Leute nach Grindelwald. Seien das Verwandte, Bekannte oder Freunde" (Interview 11). Auch ein Vertreter der Zweitwohnungsbesitzervereinigung machte deutlich, dass sich die Zweitwohnungsbesitzenden ihrer Wirkung an diesem Punkt durchaus bewusst seien: „Dabei sind wir als Zweitwohnungsbesitzer ja die grössten Botschafter der Destination. Wir wohnen im Unterland und machen die grösste Reklame" (Interview 4).

7.4.3. Cross-case Analyse

Laut Eisenhardt (1989) geht es bei der Cross-case Analyse darum, Gemeinsamkeiten und Unterschiede zwischen den verschiedenen Fällen zu identifizieren.

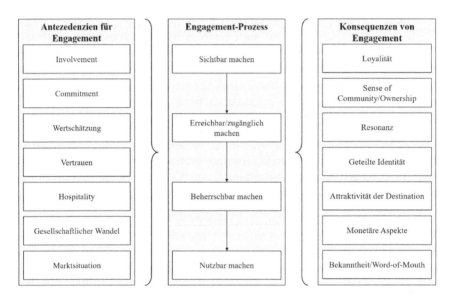

Abbildung 16: *Antezedenzien für, Prozess und Konsequenzen von Engagement von Zweitwohnungsbesitzenden, das von Destinationen ausgelöst wird*

Quelle: Eigene Darstellung in Anlehnung an Corley und Gioia (2004)

Abbildung 16 zeigt die drei Dimensionen vom Engagement von Zweitwohnungsbesitzenden, das von Destinationen aktiv ausgelöst wird: (1) Antezedenzien für Engagement, (2) den Engagement-Prozess und (3) Konsequenzen von Engagement.

Antezedenzien: Wie sind die Engagement-Massnahmen entstanden? (Frageblock D)

Insgesamt haben sich sieben Antezedenzien aus der Datenanalyse ergeben für das Engagement von Zweitwohnungsbesitzenden, das aktiv von einer Destination ausgelöst wird. Drei Antezedenzien treten in beiden untersuchten Destinationen auf, nämlich Commitment, Wertschätzung und Hospitality. Vier Antezedenzien treten nur in jeweils einer Destination auf. Vertrauen und die Marktsituation in Flims Laax Falera sowie Involvement und gesellschaftlicher Wandel in Grindelwald.

Commitment tritt in beiden Destinationen als Antezedens auf. Das Verständnis von Commitment ist in beiden Destinationen sehr ähnlich, aber die Einstellung zu Commitment eine andere. In beiden Destinationen betonten die Interviewpartner, wie wichtig der Dialog sei. Nur durch gegenseitiges Zuhören und durch Austausch könne man beginnen, die andere Seite zu verstehen. An beiden Orten wurde hervorgehoben, dass das Bewusstsein für die eigene Rolle sehr wichtig sei. Zudem wurde sowohl in Grindelwald als auch in Flims Laax Falera erkannt, dass Commitment erst über einen längeren Zeitraum entstehen kann. Ein Unterschied in Bezug auf Commitment liegt darin, dass in Grindelwald die Interviewpartner das eigene Commitment und das Commitment der Gegenseite als generell hoch beschrieben haben. In Flims Laax Falera hingegen hatten manche Interviewpartner das Gefühl, ihr Commitment sei hoch, was aber von der Gegenseite dann nicht so gesehen wurde. Andere Interviewpartner wie bspw. ein Gemeindevertreter gaben dort offen zu, dass hier noch Verbesserungspotenzial bestehe, dies aber Zeit bräuchte:

> Da braucht es sicherlich auch etwas Zeit. Ich glaube, dass es in fünf Jahren ganz anders aussehen wird. Natürlich muss man aber auch etwas machen und Gesprächsbereitschaft signalisieren und den Worten dann auch Taten folgen lassen. Dann wird man sicherlich in fünf bis sechs Jahren zwei bis drei Schritte weiter sein. Aber von nichts kommt nichts. (Interview 16)

Wertschätzung wird in beiden Destinationen als Antezedens beschrieben. Hier ergeben sich leichte Überschneidungen mit dem zuvor beschriebenen Antezedens Commitment. Während sich Commitment aber v. a. auf die persönliche Einstellung und die Gestaltung der Beziehung bezieht, wurde Wertschätzung in beiden Destinationen im Kontext der Kommunikation und der Umgangsformen beschrieben. So wurden in den Interviews die Wichtigkeit eines partizipativen, niveauvollen Kommunikationsstils betont. Dabei kam immer wieder zur Sprache, dass Respekt, respektvoller Umgang miteinander und gegenseitige Akzeptanz wichtig seien. Auch auf Augenhöhe kommunizieren und zuhören spielen eine Rolle, um kritikfähig zu bleiben. Ein Interviewpartner bemühte Redewendungen wie bspw. „So wie man in den Wald ruft, kommt es raus" (Interview 16) oder „C'est le ton qui fait la musique. Der Ton macht die Musik" (Interview 16), um zu unterstreichen, wie wichtig die Wertschätzung sei.

Hospitality gilt in beiden Destinationen als Antezedens. In beiden Destinationen beschrieben die Interviewpartner, dass es für Hospitality wichtig sei, Möglichkeiten zum Mitwirken (Opportunities to contribute) und Möglichkeiten zum Konsumieren (Opportunities to consume) zu schaffen. Dadurch könne die Bereitschaft für Engagement erhöht werden. Unterschiede bestehen in den Ausprägungen der beiden Subkategorien. In Flims Laax Falera wird grosser Wert auf die Möglichkeiten zum Konsumieren gelegt. Hier will man ein innovatives Gästeangebot über vier Saisons hinweg mit hervorragender Infrastruktur anbieten. Eine gewichtige Rolle spielt auch die Digitalisierung, die als Enabler verstanden wird und mithilft, eine immer höhere Convenience anzubieten. Demgegenüber werden Möglichkeiten zum Mitwirken aber eher selten angesprochen. Die Zweitwohnungsbesitzenden müssen sich hierum eher selbst kümmern. In Grindelwald will man auch ein breites und attraktives Leistungsangebot sowie gute Infrastruktur anbieten. Hier werden jedoch zusätzlich zwei Aspekte angesprochen, die in Flims Laax Falera unerwähnt bleiben: Zum einen die optische Gestaltung und Verschönerung des Ortes, bei der den Zweitwohnungsbesitzenden Möglichkeiten zum Mitwirken geboten werden. Zweitens die Sorge vor einem sog. „Overtourism" und der erst langsam einsetzenden Entwicklung hin zu einer Ganzjahresdestination ohne Zwischensaison.

Vertrauen wird in Flims Laax Falera als Antezedens beschrieben. Alle drei interviewten Vertretergruppen betonten wie wichtig es sei, Vertrauen wiederaufzubauen, da im Zuge der Zweitwohnungsinitiative und der Tourismusgesetzänderung viel Vertrauen verloren gegangen sei. Man müsse den Mut und die Gelassenheit haben, wieder aufeinander zugehen zu können. Vertrauen hat an dieser Stelle auch einige Überschneidungen mit Wertschätzung. Doch aus den Interviews hat sich ergeben, dass Vertrauen erst über einen längeren Zeitraum hinweg zusammen mit konsistentem Verhalten entsteht.

Die Marktsituation ist ein Antezedens, das in Flims Laax Falera besteht. Die Situation in Flims Laax Falera wird massgeblich durch drei Faktoren beeinflusst. Erstens die Zweitwohnungsinitiative, die viele Einheimische in der Destination verunsichert hat. Zweitens die Änderung des kantonalen Tourismusgesetzes, die zu Unmut unter den Zweitwohnungsbesitzenden geführt hat. Drittens die ausgeprägte Vormachtstellung der Weissen Arena AG. In dieser Marktsituation treten die Zweitwohnungsbesitzenden laut eines Vertreters einer Tourismusorganisation selbstbewusster auf, was zu

Komplikationen führen würde: „Das Erstarken und die Emanzipation der Zweitwohnungsbesitzer kann man noch nicht richtig einordnen" (Interview 17). Diese Situation ist in Grindelwald anders, da hier von den drei angeführten Faktoren nur die Zweitwohnungsinitiative bis heute wirkt.

Involvement tritt in Grindelwald als Antezedens auf. Die interviewten Vertretergruppen hoben hervor, dass es sehr wichtig sei, selbst offen für neue Begegnungen zu sein. Man müssen Eigeninteresse und Neugier mitbringen, nur so könnten persönliche Bekanntschaften von Einheimischen und Zweitwohnungsbesitzenden entstehen. Anders als in Flims Laax Falera wird in Grindelwald betont, dass man es gerne sehe, wenn die Zweitwohnungsbesitzenden in der Destination seien, möglichst viel Zeit dort verbringen und sich auch einbringen.

Der gesellschaftliche Wandel ist ein Antezedens, das in Grindelwald genannt wird. Die jüngere Generation sei deutlich weltoffener als die alte, sagten mehrere Vertreter aller drei interviewten Gruppen. Doch nicht nur die Menschen in der Destination, sondern auch die Zweitwohnungsbesitzenden seien offener und mehr an einem Austausch interessiert. Dadurch entstehe ein Bedürfnis nach Partizipation und Transparenz. Aber nicht nur der Wandel der Lebenswelten sei hier entscheidend gewesen, sondern auch die Auseinandersetzung vor Gericht. In Grindelwald hätten sich Zweitwohnungsbesitzende und die Gemeinde mehrfach gerichtlich gestritten, bevor dann die alte Generation der Zweitwohnungsbesitzenden und der Gemeindevertreter abgetreten sei. Die neue Generation hätte kein Interesse mehr an gerichtlichen Auseinandersetzungen gehabt und hätte versucht, einen neuen Weg des Dialogs und der Kommunikation einzuschlagen. Im Gegensatz dazu liegen die Rechtsstreitigkeiten in Flims Laax Falera erst kurze Zeit zurück, so dass sich hier schwer abschätzen lässt, ob ein Generationenwandel die Situation eventuell entspannen könnte. Teilweise überlappen sich das Antezedens gesellschaftlicher Wandel in Grindelwald und das Antezedens Marktsituation in Flims Laax Falera. Das verdeutlicht, dass die Interviewten teilweise unterschiedliche Begriffe für ähnliche Sachverhalte gewählt haben.

Engagement-Prozess: Wie engagieren Sie Zweitwohnungsbesitzende in Ihrer Destination? (Frageblock C)

In beiden Destinationen haben sich Menschen Gedanken darüber gemacht, wie man die Zweitwohnungsbesitzende strukturiert und systematisch engagieren kann. Aus den Daten der Interviews ergibt sich ein vierstufiger Engagement-Prozess. Dieser besteht aus den vier Schritten „sichtbar machen", „erreichbar/zugänglich machen", „beherrschbar machen" und „nutzbar machen". Zwei Zitate stechen dabei heraus, da sie den Prozess sehr präzise beschreiben, vor allem wenn man sie hintereinanderstellt. Als erstes stellte sich ein Vertreter der Gemeinde Flims Laax Falera eine Fragenkaskade: „Die Frage ist, was macht man daraus [Anm.: dem Potenzial der Zweitwohnungs- besitzenden]? Wie geht man mit ihnen um? Wie kommuniziert man mit ihnen? Wo werden sie miteinbezogen?" (Interview 16). Diese vier Fragen tangieren in ihrem Kern die vier Schritte „sichtbar machen", „erreichbar/zu- gänglich machen", „beherrschbar machen" und „nutzbar machen" und da- mit die vier Dimensionen der Verfügbarmachung (Rosa, 2019, 2020). Als Antworten auf die vier Fragen lässt sich das folgende Votum eines Vertreters einer Tourismusorganisation aus Flims Laax Falera lesen:

> Die Lösung liegt im Systemischen, in einem gemeinsamen Verständnis des Systems und seiner Wirkungsmechanismen. Dazu muss erstens ein Wille zum Dialog geschaffen werden, indem die Destination bzw. Gemeinde den ersten Schritt macht und in Vorleistung geht. Zweitens muss in einer geführten bzw. moderierten Diskussion ein Dialog geführt werden, um drittens die Pay-back Mentalität abzulegen und um viertens zu partizipativen Lösungen für die Desti- nation zu gelangen. (Interview 17)

Hier wurden konkrete Lösungsansätze für die vier dargelegten Fragen und Schritte formuliert. Im Vergleich zu Grindelwald wird der komplette Pro- zess in Flims Laax Falera dezidierter herausgearbeitet. Die einzelnen Schritte werden in Flims Laax Falera im Zusammenhang und in Abhängigkeit zu einander gesehen und in den Interviews wiedergegeben. Zwar wurden die vier Dimensionen „sichtbar machen", „erreichbar/zugänglich machen", „be- herrschbar machen" und „nutzbar machen" auch in den Interviews mit Ver- tretern aus Grindelwald klar und deutlich benannt, aber eher fragmentiert und ohne Prozessbewusstsein oder einen „wenn – dann" Bezug.

Konsequenzen: Was bewirken die Engagement-Massnahmen? (Frageblock E)

Sieben Konsequenzen von Engagement von Zweitwohnungsbesitzenden waren das Ergebnis der Datenanalyse. Drei der Konsequenzen ergeben sich in beiden Destinationen, vier nur in jeweils einer der beiden. In Flims Laax Falera und Grindelwald kommt es zu den Konsequenzen Attraktivität der Destination, monetäre Aspekte und Bekanntheit/WoM. Resonanz und geteilte Identität sind Konsequenzen, die nur in Flims Laax Falera auftreten, Loyalität und Sense of Community/Ownership dahingegen nur in Grindel- wald.

Gesteigerte Attraktivität der Destination ist eine Konsequenz von Enga- gement in beiden Destinationen. Dies wurde zum einen als lebendiges, gut gehendes Dorfleben beschrieben gepaart mit einem attraktiven Kulturange- boten und einem belebten, gepflegten Strassenbild. Zum anderen wurde aber auch die Bedeutung einer ausgewogenen, interessanten, verteilten Gesellschaftsstruktur genannt.

Monetäre Aspekte treten als Konsequenz in beiden Destinationen auf. Zum einen geht es um Konsum in lokalen Geschäften, Restaurationsbetrieben und bei Dienstleistern. Zum anderen geht es um andere Faktoren wie Sponsoring, Steuereinnahmen und Arbeitsplätze für Einheimische. In beiden Destinationen wurde der Wunsch geäussert, dass man verstärkt versuchen will, die kalten Zweitwohnungsbetten in warme Betten umzuwandeln. In Flims Laax Falera wurde zudem immer wieder hervorgehoben, wie wichtig der Werterhalt und die Wertsteigerung der Immobilien seien.

Bekanntheit bzw. Word-of-Mouth wird in beiden Destinationen als Konsequenz genannt. Die grösste Überschneidung zwischen den Voten in den beiden Destinationen hat sich an diesem Punkt ergeben. In beiden Destinationen will man die Zweitwohnungsbesitzenden als Botschafter, Fans, Ambassadeure und Repräsentanten der Destination gewinnen. Sie sollen bei Verwandten, Freunden und Bekannten für die Destination werben, für ein positives Image der Destination sorgen und so neue Gäste oder sogar neue Zweitwohnungsbesitzende anlocken.

Resonanz ist eine Konsequenz in Flims Laax Falera. Zu Resonanz kommt es durch die Synchronisation von physischen Gegebenheiten und gelebter Kultur. Dies macht die Destination glaubwürdig. Betont wurden in Flims Laax Falera die Bedeutung von Body-Soul-Spirit, also Körper-, Natur- und Selbsterfahrungen. In Grindelwald wurden die Rollen der Natur und der Landschaft stark hervorgehoben. Im Vergleich zu Grindelwald wurde in Flims Laax Falera der Umgebungsraum viel stärker als Handlungsraum verstanden, den die Destination zur Angebotsausweitung und Befriedigung der Kundenbedürfnisse nutzen und gestalten sollte. Es wurde betont, dass die Kunden einen Wunsch nach Transformationserlebnissen hätten. Würde dieser Wunsch befriedigt, hätten die Kunden ein positives Resonanzerlebnis in der Destination.

Eine geteilte Identität gilt als Konsequenz in Flims Laax Falera. Dies setzt eine zweiseitige Beziehung voraus und ein Denken im Ökosystem. Kooperativ wurde ein Narrativ entwickelt, wofür die Destination steht. Bei diesem gemeinschaftlichen Storytelling gaben alle Anspruchsgruppen gewisse Elemente zu der gemeinsamen, geteilten Geschichte bzw. Identität hinzu. Aus den Interviews liess sich die Botschaft herauskristallisieren, dass das Denken von einer „Wir-vs.-Die-Logik" zu einem Verständnis von „Destinationsmitgliedern auf Zeit" weiterentwickelt werden sollte. Der Unterschied zu Grindelwald besteht darin, dass dort der Kontrast zwischen Einheimischen und Zweitwohnungsbesitzenden in Bezug auf die zeitliche Zugehörigkeit zur Destination deutlich weniger betont wird.

Loyalität ist eine Konsequenz, die in Grindelwald auftritt. Die Loyalität der Zweiwohnungsbesitzenden führt für die Destination und ihre Stakeholder zu besserer Planbarkeit. Man weiss, dass die Zweitwohnungsbesitzenden jedes Wochenende oder jeden Monat wiederkommen, so dass man sich auf einen Grundstock an Kunden, Besuchern und Menschen im Ort einstellen kann. Gleichzeitig ist Loyalität wichtig, um eine nächste Generation der Zweitwohnungsbesitzenden heranzuziehen. Auch die Zweitwohnungsbesitzenden erfahren Loyalität, da sich engere Bekanntschaften mit Menschen aus der Destination ergeben und es zu mehr Austausch und Mitwirkung kommt.

Ein Sense of Community bzw. Ownership tritt in Grindelwald als Konsequenz auf. Dieses Gemeinschaftsgefühl tritt dann auf, wenn man das Gefühl hat, in einer Komfortzone zu sein. Beide Seiten wollen dann das Beste für die Destination und halten zusammen. Bekanntschaften und Freundschaften zwischen Einheimischen und Zweitwohnungsbesitzenden sind das Ergebnis. Während diese Konsequenz in Grindelwald in vielen Interviews zur Sprache kam, blieb sie in Flims Laax Falera weitgehend unerwähnt. Dort wird eher von einer geteilten Identität gesprochen, weniger aber davon, Teil einer Gemeinschaft zu sein. Die Abgrenzung zwischen einzelnen Gruppen ist dort schärfer, während man trotzdem bestimmte Aspekte der Identität teilen kann. Auch hier wurde deutlich, dass die Interviewten teilweise ähnliche, miteinander verwandte Themen ansprachen, die Schnittmengen haben, aber sich dennoch in feinen Nuancen unterschieden.

7.5. Forschungsergebnisse und Interpretation

Die Antezedenzien für, der Prozess und die Konsequenzen von Engagement von Zweitwohnungsbesitzenden werden im Folgenden detailliert besprochen. Es gilt zu verstehen, aus welchen Themen zweiter Ordnung sich die aggregierten Dimensionen ableiten lassen und wie sie mit existierender Literatur verknüpft werden können. Nach Eisenhardt (1989) können bei diesem Vorgehen Hypothesen geformt werden, die sich aus den Daten ergeben, und mit existierender Literatur abgeglichen werden.

7.5.1. *Antezedenzien für Engagement*

Sieben Antezedenzien für das aktive Engagement von Zweitwohnungsbesitzenden durch Destinationen charakterisieren die Erfahrungen und Auskünfte der Interviewpartner. Diese Antezedenzien sind (1) Involvement,

(2) Commitment, (3) Wertschätzung, (4) Vertrauen, (5) Hospitality, (6) gesellschaftlicher Wandel und (7) die Marktsituation.

Die erste Antezedenz ist Involvement. Involvement als Ursache tritt v. a. in der Community-type Destination Grindelwald auf und wird als Interessenlevel oder persönliche Relevanz eines Individuums gegenüber einem Objekt definiert (American Psychological Association, 2020d; Mittal, 1995; Zaichkowsky, 1994). Es basiert auf einer offenen Einstellung gegenüber Neuem und anderen Menschen, auf Eigeninteresse und Neugier. Damit Vertreter der Destination die Zweitwohnungsbesitzenden als persönlich relevant empfinden, muss es zu persönlichen Bekanntschaften kommen. Zudem muss die Destination erkennen, dass Zweitwohnungsbesitzende eine wichtige Rolle für die Entwicklung der Destination spielen. Während diese Einsicht in der Community-type Destination gereift ist, haben die Zweitwohnungsbesitzenden nur eine geringe persönliche Relevanz für die Vertreter der Company-type Destination. Dort wird der Grossteil des touristischen Umsatzes mit Tages- und Hotelgästen gemacht. Zweitwohnungsbesitzende würden zu wenig konsumieren und nur einen Bruchteil der Gäste ausmachen, so dass das Hauptaugenmerk auf anderen Kundensegmenten liegt.

Das zweite Antezedens ist Commitment, das den dauerhaften Wunsch nach einer wertvollen Beziehung beschreibt (Moorman et al., 1992). Die American Psychological Association (2020c) definiert Commitment als Verpflichtung oder Hingabe an eine Person, Beziehung, Aufgabe, Sache oder eine andere Einheit oder Handlung. Dieses Antezedens ist in beiden Arten von Destinationen beobachtbar. In der Community-type Destination beruht das Commitment auf einer Awareness für die eigene Rolle in der Destination, auf der Notwendigkeit, ein gemeinsames Leitbild zu entwerfen, Beziehungen kontinuierlich und glaubwürdig aufzubauen und zu pflegen sowie den Dialog und eine Diskussionskultur zu etablieren. Die Beteiligten teilen den dauerhaften Wunsch nach einer wertvollen Beziehung in dem Sinne, dass alle Player in der Destination kooperieren müssen, damit sich die Destination weiterentwickeln kann. In der Company-type Destination wird Commitment als dauerhafter Wunsch nach einer wertvollen Beziehung anders ausgelegt. Der mächtigste Player in der Destination hat die Deutungshoheit und definiert „wertvoll" heute v. a. monetär. Zwar wurde eingesehen, dass Kooperation leichter ist als Konfrontation, und es wird versucht, das eigene Mindset zu öffnen in Richtung mehr Zusammenarbeit, aber der Austausch muss noch etabliert werden. Dabei herrschen Optimismus und Hoffnung, dass es in mittlerer Frist besser werden kann, wenn man sich anstrengt.

Die dritte Antezedenz ist Wertschätzung. Die American Psychological Association (2020e) definiert das Bedürfnis nach Wertschätzung als einen Wunsch nach Leistung, Ansehen oder Prestige, der für ein Gefühl des persönlichen Wertes und der Selbstachtung notwendig ist. Auf der vierten Ebene der Bedürfnispyramide von Maslow (1943) sei das Bedürfnis nach Wertschätzung von der Bewunderung und Zustimmung anderer abhängig (American Psychological Association, 2020e). In beiden Destinationen wird ein wertschätzender Umgang miteinander als zentrale Grundvoraussetzung für Engagement beschrieben. Der schon erreichte Ausprägungsgrad ist in den beiden Destinationen aber ein anderer. In der Community-type Destination wird Wertschätzung von allen Beteiligten praktiziert. Nach mehreren Rechtstreitigkeiten hat in Grindelwald in den letzten Jahren ein Gesinnungswandel hin zu einem partizipatorischen, wertschätzenden Umgang und Kommunikationsstil stattgefunden. Diese Transformation von einem eher konfrontativen zu einem kooperativen Stil steht in der Company-type Destination noch am Anfang. In Flims Laax Falera liegen die Rechtsstreitigkeiten zwischen der Gemeinde und den Zweitwohnungsbesitzenden noch nicht so lange zurück wie in Grindelwald und die beteiligten Personen sind noch dieselben. Der Grund für die Auseinandersetzungen waren in beiden Destinationen die Gebühren und Abgaben für Zweitwohnungsbesitzende.

Das vierte Antezedens für Engagement ist Vertrauen. Gemäss der American Psychological Association (2020i) ist Vertrauen die „reliance on or confidence in the dependability of someone or something." In zwischenmenschlichen Beziehungen beziehe sich Vertrauen auf das Zutrauen, das eine Person oder Personengruppe in die Verlässlichkeit einer anderen Person oder Personengruppe hat; insbesondere sei es das Mass, in dem jede Partei das Gefühl hat, sich darauf verlassen zu können, dass die andere Partei tut, was sie sagt, dass sie tun wird (American Psychological Association, 2020i). Der Schlüsselfaktor sei nicht die intrinsische Ehrlichkeit der anderen Menschen, sondern ihre Vorhersehbarkeit. Vertrauen würde von den meisten Psychologen als eine primäre Komponente in reifen sozialen Beziehungen zu anderen Menschen betrachtet (American Psychological Association, 2020i). Vertrauen spielt besonders in der Company-type Destination eine grosse Rolle. Zum einen hat dies mit den oben besprochenen Rechtsstreiten zu tun, zum anderen mit der dominanten Stellung der Weissen Arena AG. Die Interviewpartner haben betont, dass es Zeit bräuchte, um Vertrauen aufzubauen, um Engagement zu ermöglichen. Darüber hinaus müsste die Weisse Arena AG den ersten Schritt gehen, um trotz ihrer starken Stellung in einem kooperativen Dialog, die Ansprüche und Bedürfnisse der anderen Player in der Destination zu klären.

Fünftens ist Hospitality ursächlich für Engagement. Hospitality wird als simultaner menschlicher Austausch beschrieben, der freiwillig geschieht und darauf abzielt, das gegenseitige Wohlbefinden der beteiligten Parteien durch die Bereitstellung von Produkten und Services zu fördern

(Brotherton, 1999). Dazu müssen die Bedürfnisse, das Verhalten und die Präferenzen der Kunden genau gekannt werden und es muss klar sein, auf welche Weise die erbrachten Dienstleistungen einen Mehrwert für die Kunden schaffen und wie sie ihre Bindung und Loyalität fördern (Minghetti, 2003). Für die Destinationen ergibt sich eine zweiseitige Anforderung. Zum einen gilt es, Gelegenheiten zum Mitwirken (Opportunities to contribute) zu ermöglichen, zum anderen müssen Gelegenheiten zum Konsumieren (Opportunities to consume) bereitgestellt werden. Nur in diesem doppelseitigen Verhältnis zwischen Möglichkeiten zur Mitwirkung und einem breiten und attraktiven Leistungsangebot kann Engagement entstehen. Für beide Destinationsarten ist dies ein entscheidender Punkt.

Sechstens wird der gesellschaftliche Wandel als Ursache für Engagement beschrieben. Zum einen sei die jüngere Generation weltoffener für und interessierter an anderen Eindrücken und Kontakten in der Destination. Zum anderen hätten sich die Lebenswelten auch in Bezug auf die Verkehrsanbindung, Möglichkeiten zum Reisen, Ausbildung und Globalisierung gewandelt. Dies ermöglicht Engagement von Zweitwohnungsbesitzenden und gilt besonders in der Community-type Destination Grindelwald.

Siebtens gilt die allgemeine Marktsituation als Antezedenz. Sie ist vor allem für die Company-type Destination Flims Laax Falera wichtig. Hier stellten die Interviewpartner fest, dass die Zweitwohnungsinitiative die Wahrnehmung der Zweitwohnungsbesitzenden deutlich verändert habe und somit auch das Verhältnis zu den Einheimischen. In der Folge kam es zu neuen Abgaberegelungen, Rechtsstreitigkeiten und einem angespannteren Verhältnis zwischen Zweitwohnungsbesitzenden und der Destination. Zwar gilt die Zweitwohnungsinitiative auch für Grindelwald, doch die Auswirkungen wurden in Flims Laax Falera als deutlich stärker spürbar beschrieben.

7.5.2. Engagement-Prozess

Die Ausgangslage für den Engagement-Prozess ist in den beiden Destinationen eine andere. Je nachdem, ob es sich bei der Destination um einen Company-type (Flims Laax Falera) oder um einen Community-type (Grindelwald) handelt, wirken bestimmte Kräfte anders. Erstens besteht ein unterschiedlicher Integrationsgrad der Wertschöpfungsketten. Zweitens sind damit die Ressourcen in der Destination unterschiedlich allokiert. Drittens hat in einer Company-type Destination das DMO-Unternehmen, wie die Weisse Arena AG, mehr Macht und Durchsetzungskraft, z. B. finanzielle Kraft, im Netzwerk der Destination und nutzt diese Macht aus (Beritelli, Laesser & Wittmer, 2012). Die resultierenden Fragen sind, wie der Engagement-Prozess strukturiert wird und welche Schritte konkret durchlaufen werden.

Nach Rosa (2020) kann das Verfügbarmachen, auch von Engagement, kein homogener Prozess sein, sondern muss Unterschritte haben. In den beiden untersuchten Destinationen wird klar, dass der Engagement-Prozess anhand von vier verschiedenen Stufen bzw. Dimensionen abläuft, wenn er durch die Gemeinde ausgelöst wird. Diese vier Schritte sind das Sichtbar-, Erreichbar-, Beherrschbar- und Nutzbarmachen der Engagement-Beziehungen zwischen der Destination und Zweitwohnungsbesitzenden (Rosa, 2019). Im Folgenden werden diese vier Stufen beschrieben.

Der erste Schritt heisst, wie ihn Rosa (2019) nennt, Sichtbarmachen. Es geht darum, sichtbar und erkennbar zu machen, was da um einen herum eigentlich ist (Rosa, 2019). In den beiden untersuchten Destinationen bedeutet das zum Beispiel, herauszufinden, wer die Zweitwohnungsbesitzenden überhaupt sind, wo sie wohnen, wo sie arbeiten und was ihre Bedürfnisse sind. Das Ziel ist Erkenntnis und Verständnis des Gegenübers bzw. der Zweitwohnungsbesitzenden.

Der zweite Schritt wird als Erreichbarmachen betitelt. Es gilt, einen bestimmten Gegenstand oder ein Gegenüber für sich zugänglich zu machen (Rosa, 2019). Für die Destinationen heisst das, das Wissen über die Zweitwohnungsbesitzenden soweit auszudehnen, dass man in Beziehung zu ihnen treten kann. Es können z. B. Events für die Zweitwohnungsbesitzende organisiert werden.

In einem dritten Schritt geht es um das Beherrschbarmachen dieser neu aufgenommenen Beziehung, das Rosa (2019) „als das Unter-Kontrolle-Bringen eines Weltausschnitts" (S. 22) beschreibt. Für die Destinationen bedeutet das zwei konsekutive Massnahmen. Erstens müssen sie selbst ein Interesse daran entwickeln, dass sich möglichst alle Zweitwohnungsbesitzenden in einer Vereinigung zusammenschliessen, damit es klare Rollen, Hierarchien und Ansprechpersonen gibt. Zweitens müssen sie dann den Einbezug der Vertreter der Zweitwohnungsbesitzervereinigung systematisch forcieren, um die Legitimation des Vereins zu untermauern, um die Vertreter bei Laune zu halten und um das Wissen der Zweitwohnungsbesitzenden optimal zu nutzen. Durch diese beiden Massnahmen stellen die Destinationen sicher, dass sie die Kontrolle über die Beziehung und den Rahmen des Engagements behalten, in dem die Zweitwohnungsbesitzenden aktiv sein, wirken und auftreten dürfen. „Voraussetzung dieser Form der Beherrschung ist das wissenschaftliche Analysieren, Durchdringen und Verstehen der kausalen Wirkmechanismen" (Rosa, 2019, S. 22).

Der vierte Schritt zielt auf das Nutzbarmachen der Beziehung zu den Zweitwohnungsbesitzenden durch die Destination ab. Angewandt auf die

Zweitwohnungsbesitzenden geht es für die Destinationen nach Rosa (2019) darum, die Zweitwohnungsbesitzenden zum Instrument für die Zwecke der Destinationen zu machen: Sie werden instrumentalisiert und zum Material bzw. Objekt der Projektionen und Wünsche der Destination transformiert. In den Destinationen zeigt sich dieser Schritt bspw. in der Transformation von kalten in warme Betten oder in reichhaltigen Sponsoring-Gaben der Zweitwohnungsbesitzenden.

Aus der Datenanalyse hat sich ergeben, dass für die Company-type Destination Flims Laax Falera v. a. die Schritte 1 „sichtbar machen" und 3 „beherrschbar machen" wichtig zu sein scheinen. Dafür sprechen zwei Gründe. Erstens stellte ein Vertreter einer Tourismusorganisation fest: „Das Fundament ist die Digitalisierung, damit wir an granulare Daten kommen. Dann ist die wichtige Frage, wie wir die Kunden binden. Wir müssen wissen, was der Kunde ausgibt und was seine Präferenzen sind" (Interview 8). In diesem Statement wurde letztlich die Bedeutung des Schrittes Sichtbarmachen genau beschrieben. Dazu kommt die Frage, wie sich die Kunden binden lassen. In Flims Laax Falera gibt es zwar eine grosse Anzahl an Zweitwohnungsbesitzenden, aber eine beträchtliche Zahl der Gäste sind auch Tages- oder Wochengäste. Ein Vertreter der Zweitwohnungsbesitzervereinigung formulierte dies wie folgt:

Die Bergbahnen hätten lieber Feriengäste oder Tagesgäste, die hierherkommen, aber auch wieder gehen. Im Gegensatz dazu seien die Zweitwohnungsbesitzer kein wirklich relevanter Faktor für die Nachfrage [...]. Die seien nur wenig im Jahr da, und wenn schon, dann verschanzten sie sich in ihren Häusern und nutzten die Infrastruktur, aber würden wenig zur Wertschöpfung des Tourismus beitragen. (Interview 10)

Somit liegt auf der Hand, dass in Flims Laax Falera v. a. versucht wird, die Beziehung zu den Zweitwohnungsbesitzenden zu dominieren und ihnen nicht zu viel Macht und Gestaltungsspielraum in der Destination einzuräumen, da sie als eine nicht entscheidende Kundengruppe wahrgenommen werden.

Für die Community-type Destination Grindelwald erscheint es, als seien die Schritte 2 „erreichbar machen" und 4 „nutzbar machen" von herausgehobener Bedeutung. Das Erreichbarmachen beschrieb ein Gemeindevertreter wie folgt: „[Man ermöglicht einen Dialog, indem] man als erstes zu ihren Anlässen geht und Präsenz und Interesse zeigt. Dort tauscht man sich dann aus. Ich habe z. B. mit dem Vorstand dieses Vereins zwei bis drei Mal zusammengesessen" (Interview 5). Zum einen müssen also die Vertreter der Destination offen dafür sein, auf die Zweitbewohnungsbesitzenden zuzugehen, zum anderen müssen aber auch Events für oder mit Zweitwoh-

nungsbesitzenden organisiert werden, um eine Austauschplattform zu ermöglichen. Das Nutzbarmachen wurde in Grindelwald von einem Gemeindevertreter aktiv beschrieben: „Bei vielen Veranstaltungen werden sie miteinbezogen und bei Grossveranstaltungen. Sei das als Sponsoren, als Helfer
oder als Ideengeber. Da schaut man, dass man sie in die Gemeinschaft
integrieren kann" (Interview 9).

Wichtig ist, dass immer alle vier Schritte der Verfügbarmachung gebraucht werden, um Engagement aktiv auszulösen. Die Datenanalyse hat
gezeigt, dass in den Interviews in beiden Destinationen alle Schritte angesprochen werden. In beiden Destinationen werden aber jeweils zwei unterschiedliche Schritte stärker betont als in den Interviews in der anderen
Destination.

7.5.3. Konsequenzen von Engagement

Sieben Konsequenzen von Engagement lassen sich aus den Daten ableiten.
Die Konsequenzen sind (1) Loyalität, (2) Sense of Community/Ownership,
(3) Resonanz, (4) geteilte Identität, (5) Attraktivität der Destination, (6)
monetäre Aspekte und (7) Bekanntheit/Word-of-Mouth.

Erstens gilt Loyalität als Konsequenz von Engagement. Dies wurde vor
allem in der Community-type Destination Grindelwald offensichtlich. Interviewpartner haben betont, wie sehr ihnen die Zweitwohnungsbesitzenden
helfen, verlässlicher zu planen. Sie gelten als Baseline in der Gästestruktur
und durch stärkeres Engagement würde ihre Präsenz sogar noch zunehmen.
Zudem seien Zweitwohnungsbesitzende treue Gäste, die häufig über mehrere Generationen in der Destination verankert seien.

Zweitens beschreibt ein Sense of Community ein Gemeinschaftsgefühl
und Gefühl der Zugehörigkeit von Mitgliedern zu einer Gruppe. Es ist das
Gefühl, dass die Mitglieder einander und der Gruppe etwas bedeuten, und
der gemeinsame Glaube, dass ihre Bedürfnisse durch ihre Verpflichtung
zum Zusammensein erfüllt werden (McMillan & Chavis, 1986). Ein Sense
of Ownership zeigt, wer eine Stimme hat und wessen Stimme gehört wird,
wer Einfluss auf Entscheidungen hat und was die Ergebnisse der Entscheidungen sind sowie wer von den Entscheidungen betroffen ist (Lachapelle,
2008). Möglichst viele Anspruchsgruppen müssen in Entscheidungsprozesse
miteinbezogen werden, um die Entscheidung breit zu legitimieren. In diesem Prozess kommt es zu Know-how Transfer und es entstehen ein Gemeinschaftsgefühl, Zusammenhalt sowie Verschmelzen von Einheimischen und
Zweitwohnungsbesitzenden. Dabei sind gegenseitiges Verständnis und ein
positives Selbstbild wichtig. Das Selbstbild ist ein entscheidender Aspekt der
Persönlichkeit eines Menschen, der über den Erfolg von Beziehungen und

das allgemeine Wohlbefinden entscheiden kann (American Psychological Association, 2020g). Diese Folge wird vor allem in der Community-type Destination beobachtet. Hier müssen sich die Menschen stärker miteinander arrangieren und Interessen abwägen. Sie haben aber auch erkannt, dass der Austausch miteinander und die gemeinsame partizipative Entscheidungsfindung grosse Vorteile mit sich bringen kann.

Drittens kommt es in Folge von Engagement zu Resonanzerlebnissen. „Resonanz ist eine durch Affizierung und Emotion, intrinsisches Interesse und Selbstwirksamkeitserwartung gebildete Form der Weltbeziehung, in der sich Subjekt und Welt gegenseitig berühren und zugleich transformieren. Resonanz ist keine Echo-, sondern eine Antwortbeziehung; sie setzt voraus, dass beide Seiten mit eigener Stimme sprechen [...] Resonanz ist kein emotionaler Zustand, sondern ein Beziehungsmodus. Dieser ist gegenüber dem emotionalen Inhalt neutral", schreibt Rosa (2020, S. 298). Resonanz als ein Beziehungsmodus herrscht in beiden Destinationen, wird aber in der Company-type Destination stärker verfolgt. Dort wird versucht, den Gästen, und nicht nur den Zweitwohnungsbesitzenden, ein Transformationserlebnis anzubieten. Durch die Verknüpfung von physischen Gegebenheiten und tatsächlichem Angebot soll es zu intensiven Körper-, Natur- und Selbsterfahrungen kommen. Engagement ermöglicht Identitätsbildung, Selbsterfahrung und Resilienz, so dass es zu Resonanz als transformativer Erfahrung für alle Beteiligten kommen kann (Zukunftsinstitut, 2019).

Viertens ist eine geteilte Identität eine Konsequenz von Engagement. Die American Psychological Association (2020f) beschreibt das Identitätskonstrukt als das über die Zeit stabile Selbstverständnis eines Individuums, das sich definiert durch (a) eine Reihe physischer, psychischer und zwischenmenschlicher Merkmale, die mit keiner anderen Person vollständig geteilt werden, und (b) eine Reihe von Zugehörigkeiten (z. B. ethnische Zugehörigkeit) und sozialen Rollen. Vor allem das Gefühl von Zugehörigkeit ist wichtig für eine geteilte Identität. Im Resultat kann es zu einem Shared Mental Model kommen, wobei alle Destinationsmitglieder ein gemeinsames geistiges Bild des Systems und seiner Eigenschaften, ein gemeinsames Wissen über alle relevanten Aufgaben und ein gemeinsames Verständnis der Fortschritte auf dem Weg zum Ziel haben (American Psychological Association, 2020h). Dieses Shared Mental Model wurde besonders in den Interviews in Flims Laax Falera als Ziel genannt. Dort wurde immer wieder von einem gemeinsamen Systemverständnis gesprochen, das wichtig sei (Interview 17). Eine geteilte Identität zwischen Zweitwohnungsbesitzenden und Einheimischen basiert auf Solidarität, gegenseitigem Verständnis für Bedürfnisse und positiven Erfahrungen. Dabei sind narrative Konzepte entscheidend, weil sie Emotionen freisetzen (Zukunftsinstitut, 2019). Aus einer zweiseitigen Beziehung, die auf Kooperation, Kollaboration und Denken im Ökosystem beruht, kann ein gemeinsames Narrativ erwachsen, wofür die Destination steht. Darüber macht man sich v. a. in der Company-type Destination Flims Laax Falera Gedanken. So sprach ein Interviewpartner von dem Ziel, den „Laax-Style" (Interview 8) zu entwickeln. In einer Destination müssen drei Fragen beantwortet werden, um eine geteilte Identität bzw. Narrativ zu entwickeln (Zukunftsinstitut, 2019): Erstens, welche Elemente aus der Vergangenheit machen die Seele des Ortes aus. Zweitens, welche aktuellen Themen der Gegenwart passen zur Destination. Und drittens, welche Menschen, Experten und Berühmtheiten sollen vor Ort miteinbezogen werden. Das Ergebnis ist eine Weiterentwicklung des Denkens von einer „Wir-vs.-Die-Logik" zu einem Konzept der „Destinationsmitglieder auf Zeit".

Fünftens steigt die Attraktivität der Destination. Attraktivität wird als das Interesse an und die Sympathie für eine Person oder Sache durch eine andere Person beschrieben (American Psychological Association, 2020a). Sie kann auf gemeinsamen Erfahrungen oder Eigenschaften, dem physischen Erscheinungsbild, der inneren Motivation (z. B. für eine Zugehörigkeit) oder einer Kombination davon beruhen (American Psychological Association, 2020a). Dies wird in beiden Destinationen beschrieben. Interviewpartner beschrieben ein gut gehendes und lebendiges Dorfleben als Folge von Engagement von Zweitwohnungsbesitzenden. Das Dorf würde bereichert und gemeinsam weiterentwickelt, weil u. a. gemeinsame Projekte realisiert würden. Vor allem die Freizeit- und Kulturangebote profitieren vom Engagement der Zweitwohnungsbesitzenden, da sie sich in ihren Rollen als Kunden und Co-Produzenten in lokalen Vereinen und Clubs einbringen. Somit werden fast alle Aspekte der Definition angesprochen.

Sechstens sind monetäre Aspekte eine Konsequenz von aktiv ausgelöstem Engagement. Monetäre Folgen können sich in Bezug auf die vier Bereiche Steuern, Immobilienpreise, Konsum und Sponsoring ergeben. Zweitwohnungsbesitzende zahlen Steuern und Abgaben in ihrer jeweiligen Destination. Durch mehr Engagement steigen die Attraktivität des Ortes und damit die Immobilienpreise. Die Immobilie erhält somit nicht nur ihren Wert, sondern steigert ihn. Da der Immobilienwert teilweise als Berechnungsgrundlage für Abgaben genommen wird, steigen die Einnahmen für die Destination. Zudem konsumieren Zweitwohnungsbesitzende in lokalen Restaurants und Geschäften und sichern Arbeitsplätze durch Aufträge ans lokale Gewerbe. In manchen Fällen sponsoren Zweitwohnungsbesitzende bestimmte Events oder Anliegen.

Siebtens kommt es zu steigender Bekanntheit und Word-of-Mouth durch Engagement. Die Interviewpartner haben in beiden Destinationen die Bedeutung der Zweitwohnungsbesitzenden für die Bekanntheit der

Destination betont. Die American Psychological Association (2020b) definiert Bekanntheit als die Wahrnehmung oder das explizite oder implizite Wissen von etwas. Durch Word-of-Mouth käme es zu glaubwürdiger und authentischer Weiterempfehlung, da die Zweitwohnungsbesitzenden wahre Fans und Ambassadeure der Destination seien. WoM wird als inoffizieller Kommunikationskanal verstanden, da Fakten, Meinungen, Gerüchte und Klatsch mündlich von Person zu Person übermittelt werden (American Psychological Association, 2020j).

7.6. Fazit

Im Folgenden wird zuerst auf die zentralen Studienergebnisse eingegangen. Danach werden möglich Limitationen abgewogen. Anschliessend werden die Validität und die Reliabilität der Studie beurteilt. Zum Schluss wird ein Ausblick auf die zweite empirische Studie gegeben.

7.6.1. Ergebnisse

Aus der Untersuchung ergeben sich sieben zentrale Ergebnisse.

Erstens wird in der Community-type Destination viel Wert auf Kooperation und Inklusion gelegt. Die Art der Kommunikation der Interviewpartner ist ausgleichender und auf den Miteinbezug sämtliche Anspruchsgruppen bedacht. Der Ausgangspunkt der gemeinschaftlichen Beziehung liegt aber auch schon längere Zeit zurück. Die Interviewpartner nennen diverse Rechtsstreitigkeiten als Startpunkt für die Engagement-Bemühungen. In den Jahren danach hätte sich das Verhältnis zwischen Zweitwohnungsbesitzenden und Destination verbessert, auch weil die ursprünglich daran beteiligten Personen gewechselt hätten. In der Company-type Destination dominieren die Interessen der integrierten DMO den Diskurs. Zudem liegen hier die Rechtsstreitigkeiten noch nicht so lange zurück und die Akteure sind auf beiden Seiten dieselben.

Zweitens werden die Antezedenzien Involvement, Commitment und Wertschätzung in beiden Destinationstypen stark betont (vgl. Within-case Ergebnisse). Dialog und Transparenz werden aber vor allem in der Community-type Destination als wichtige Grundpfeiler einer Engagement-Beziehung betont. Ein Grund könnte sein, dass hier verschiedene Player zusammenarbeiten und zusammenwirken müssen. In einer Company-type Destination sind diese Faktoren auch wichtig, aber eher im Innenverhältnis der integrierten Betreiberfirma. Mit der Weissen Arena ist in dem Gesamtgefüge der Destination ein Player überproportional mächtig geworden im Vergleich zu den anderen Anspruchsgruppen. Dadurch dominiert eine Anspruchsgruppe mit ihren Interessen und optimiert die Ursachen und Folgen im Gesamtsystem für sich. Im Innenverhältnis der integrierten DMO spielen aber auch Faktoren eine Rolle, die in der Community-type Destination im Gesamtverhältnis wirken.

Drittens haben die Daten gezeigt, dass beide Destinationen teilweise ähnliche Antezedenzien und Konsequenzen aufweisen, dass es aber auch entscheidende Unterschiede gibt (vgl. Between-case Ergebnisse). Deutlich wird dies am Beispiel der monetären Aspekte und der Bekanntheit. Beide Konsequenzen sind für beide Destinationen wichtig. In der Community-type Destination sind die Umsätze wichtig, weil das lokale Gewerbe und damit die dort lebenden Menschen unterstützt werden. In der Company-type Destination geht es mehr um die Makrosicht. Hier wird im Sinne einer langfristigen, holistischen Perspektive die Werterhaltung und Wertsteigerung der Immobilienpreise forciert.

Viertens erscheint die Steuerung der Gesamtaktivitäten in der Company-type Destination leichter als in der Community-type Destination, da der hohe Integrationsgrad der DMO Entscheidungsprozesse verkürzt. Dadurch ist weniger Abstimmung mit anderen Anspruchsgruppen notwendig. In diesem Sinne ist die Verhandlungsmacht der Zweitwohnungsbesitzenden in einer Company-type Destination niedriger als in einer Community-type Destination. Trotzdem wird der Wunsch nach Kooperation, Transparenz, Abstimmung und Partizipation in beiden Destinationsarten immer stärker und seine Erfüllung kann als eine Voraussetzung für das Engagement von Zweitwohnungsbesitzenden gesehen werden.

Fünftens scheinen Company-type Destinationen in Zeiten der Digitalisierung den Vorteil zu haben, schneller und zielgerichteter auf differenzierte Kundenwünsche reagieren zu können. Zweitwohnungsbesitzende und Gäste in einer Destination werden zunehmend zu Datenlieferanten. Doch Gäste im Allgemeinen und Zweitwohnungsbesitzende im Besonderen hegen den Wunsch nach Engagement, Verbundenheit, Gemeinschaft und Resonanzerfahrungen. Dazu braucht es individuelle Erfahrungen und positive Eindrücke. Destinationen müssen darauf reagieren, indem sie transparent, freundschaftlich und partizipativ versuchen, die Interessen aller Anspruchsgruppen miteinander in Einklang zu bringen und gelingende Beziehung aufzubauen (Zukunftsinstitut, 2019).

Sechstens ist der Prozess, um eine Engagement-Beziehungen zwischen der Destination und den Zweitwohnungsbesitzenden zu ermöglichen, in beiden Destinationen gleich strukturiert. Der Engagement-Prozess folgt den vier Schritten der Verfügbarmachung (Rosa, 2019, 2020). In beiden untersuchten Destinationen läuft der Engagement-Prozess anhand der vier Schrit-te des Sichtbar-, Erreichbar-, Beherrschbar- und Nutzbarmachens der Bezie-hung zu den Zweitwohnungsbesitzenden ab. Die Gewichtung der einzelnen vier Stufen ist aber unterschiedlich. In der Company-type Destination Flims Laax Falera sind vor allem der erste und der dritte Schritt des Sichtbarma-chens und Beherrschbarmachens der Beziehung wichtig. In der Communi-ty-type Destination sind demgegenüber besonders der zweite und vierte Schritt des Erreichbarmachens und des Nutzbarmachens der Beziehung zu den Zweitwohnungsbesitzenden entscheidend. Wichtig ist trotzdem, dass sich Engagement nicht erzwingen lässt. Es können lediglich die Rahmenbe-dingung für das Auftreten von Engagement-Verhalten geschaffen werden (Rosa, 2020, S. 626), was in diesem Kontext als Engagement-Orientierung bezeichnet werden kann.

Siebtens ergibt sich aus den Interviews, dass es teilweise zu Konflikten oder Cross-Effekten zwischen den drei Rollen eines Zweitwohnungsbesit-zenden (Kunde, Co-Produzent, Investor) kommen kann. Einerseits können Rollenkonflikte entstehen, indem beispielsweise die Wertsteigerungsinteres-sen eines Investors den Werterhaltungsinteressen eines Kunden entgegenlau-fen. Andererseits können Cross-Effekte ausgelöst werden, z. B. dadurch, dass erhöhtes Engagement in lokalen Vereinen als Co-Produzent auch zu mehr Engagement als Kunde durch Konsum in Geschäften vor Ort führt[3].

Diese Studie liefert wichtige Erkenntnisse in Bezug auf Antezedenzien für, den Prozess und Konsequenzen von Engagement von Zweitwohnungs-besitzenden, das aktiv von Destinationen ausgelöst wird. Die Ergebnisse und das fundierte Modell dienen somit als ein erster empirischer Schritt zum Verständnis des von Destinationen ausgelösten Engagement-Prozesses im Allgemeinen und der konkreten Antezedenzien und Konsequenzen im Besonderen[4].

7.6.2. Limitationen

An dieser Stelle werden vier mögliche Limitationen der ersten Studie disku-tiert.

---

3   Diese Implikation wurde massgeblich während der Diskussion der Studienergebnisse bei der Swiss Academy of Marketing Science (SAMS) Konferenz in Luzern am 16. Oktober 2020 entwickelt.

4   Teile dieser Studie wurden von dem Autor in dem Paper „Antecedents and consequences of supply-side induced engagement in destination second-home owner relationships" in dem Journal „Die Unternehmung – Swiss Journal of Business Research and Practice" in der Ausgabe 1/2021 veröffentlicht (Klumbies, 2021).

Eine Limitation liegt im ausschliesslich qualitativen Vorgehen und im explorativen, an Entdeckungen orientierten Ansatz der Studie. Dennoch eignet sich dieser Ansatz am besten in der kritischen, frühen Phase eines Forschungsprozesses, wenn Schlüsselvariablen und ihre Beziehungen erforscht werden sollen (Eisenhardt, 1989; Yin, 1994).

Eine weitere Limitation könnte die Anzahl der untersuchten Fälle bzw. der Destinationen sein. Es wäre möglich diese auf die von Eisenhardt (1989) empfohlenen vier Fälle zu steigern. Die Studie gleicht dies aber dadurch aus, dass in jeder der beiden Destinationen Vertreter von drei verschiedenen Interessengruppen interviewt wurden. Dabei ist die Verknüpfung von den drei Rollen eines Zweitwohnungsbesitzenden (Kunde, Co-Producer, Investor) auf die drei Vertretergruppen (Tourismusorganisation, Zweitwohnungsbesitzervereinigung, Gemeinde) zwar nicht empirisch validiert, die drei Gruppen decken aber alle denkbaren Engagement-Massnahmen und Wirkmechanismen breit ab.

Wie von Sheridan et al. (2014) erwähnt, können Fälle, die sehr unterschiedlich sind, sowohl eine Limitation als auch Stärke der Studie sein. Einerseits trägt die vergleichende Fallanalyse der Diversität Rechnung, indem breite deskriptive Kategorien über Antezedenzien, Prozesse und Konsequenzen untersucht werden. Somit kann der Aufbau von Theorie aus sehr verschiedenen Fällen ein wirksames Mittel sein, um inklusivere Darstellungen zu entwickeln (Stake, 2008). Andererseits besteht eine Einschränkung darin, dass diese inklusiven Darstellungen etwas weniger Nuancen aufweisen.

Viertens könnte die Anzahl der Interviews gesteigert werden, da die Gefahr besteht, dass wichtige Codes nicht erfasst wurden. Guest, Bunce und Johnson (2006) befassen sich in ihrem Paper „How many interviews are enough? An experiment with data saturation and variability" mit der Frage nach dem „genug". Sie argumentieren, dass 10-12 vertiefte Interviews (in-depth interviews) genug seien, um ca. 88 Prozent der Codes abzudecken, wenn das Thema fokussiert und das Sample der Interviewpartner relativ homogen sei (Guest et al., 2006). In diesem Sinne sollten die 17 Interviews dieser Studie ausreichen, um die wichtigsten Informationen abzudecken. Diese Annahme hat sich auch während des Datenerhebungsprozesses ergeben, da nach 15 Interviews eine Sättigung des Informationsgehalts festgestellt wurde.

7.6.3. Beurteilung von Validität und Reliabilität

Fallstudien sind eine geeignete Methode, um Theorie zu entwickeln und zu testen (Eisenhardt, 1989). Trotzdem gibt es gegenüber der Fallstudienmethode oft Bedenken, wie methodisch genau, valide und reliabel sie sei

(Gibbert et al., 2008). Dieses Paper folgt deshalb dem Appell von Gibbert et al. (2008) und nimmt Stellung zu den vier Qualitätsmerkmalen einer gründlichen Fallstudie: Interne Validität, Konstruktvalidität, externe Validität und Reliabilität (Cook & Campbell, 1979; Yin, 1994).

Erstens, das Ziel der internen Validität ist, eine plausible und logische Argumentation aufzubauen, die überzeugend genug ist, um die Forschungsergebnisse zu verteidigen (Gibbert et al., 2008). Sie bezieht sich auf die Phase der Datenanalyse. Pratt (2009) empfiehlt, sich an dem Vorgehen von renommierten Autoren zu orientieren, die in publizierten Papern ähnlich vorgegangen sind, wie man es selbst vorhat. Diese Studie ist einem klaren Forschungsdesign gefolgt, indem es sich an dem Studienaufbau von Eisenhardt (1989) und den Vorgaben zur Datenanalyse von Gioia et al. (2013) orientiert hat. Dazu hat der Autor das sog. Pattern Matching durchgeführt, wobei die empirischen Ergebnisse mit der schon existierenden Literatur abgeglichen wurden. Zudem ist der Autor der Forderung einer Theory Triangulation nachgekommen, da die verschiedene Literaturströmungen und Fachrichtungen Customer, Employee und Investor Engagement sowohl für die Vorbereitung als auch für die Ergebnisinterpretation herangezogen wurden.

Zweitens, die Konstruktvalidität bezieht sich auf die Qualität der Konzeptualisierung und Operationalisierung des konkreten Vorgehens (Gibbert et al., 2008). Sie ist für die Datenerhebungsphase wichtig. Der Autor ist diversen Vorschlägen von Yin (1994) gefolgt, um die Konstruktvalidität zu erhöhen. Zum einen sind die Daten trianguliert worden, indem Interviewdaten, öffentlich zugängliche Informationen zu den Destinationen und Interviewpartnern auf Websites und in der Universitätsbibliothek sowie Beobachtungen während und nach jedem Interview erhoben wurden. Zum anderen wurden die anonymisierten Transkripte der Interviews von einem akademischen Peer gegengelesen und auf Verständlichkeit und Orthografie geprüft. Ausserdem hat der Autor eine klare Beweiskette etabliert, indem er sich an den von Eisenhardt (1989) vorgeschlagenen Ablauf von Within-case Analyse, Cross-case Analyse, Interpretation und Diskussion gehalten hat. Zusätzlich wurden die Umstände der Datensammlung transparent gemacht und das Vorgehen bei der Datenanalyse erklärt.

Drittens, die externe Validität zielt darauf ab, dass Forschungsergebnisse auch ausserhalb ihres Beobachtungsraumes gültig sind (Gibbert et al., 2008). Diese Studie folgt dem Ansatz von Eisenhardt (1989), indem eine vergleichende Fallstudie mit zwei unterschiedlichen Destinationen durchgeführt wird. Der Autor hat die Auswahl der beiden Fälle ausführlich erklärt. Er ist auf die Unterschiede zwischen einer Company-type und einer Community-type Destination sowie auf ihre Kontexte eingegangen. Die Studienergebnisse können im Kern auf weitere Schweizer Destinationen übertragen werden.

Viertens, die Reliabilität bezieht sich auf die Verlässlichkeit der Forschung und auf die Abwesenheit von Zufallsfehlern: Andere Forscher sollten zu den gleichen Erkenntnissen gelangen, wenn sie die Studie erneut nach den gleichen Schritten durchführen würden (Gibbert et al., 2008). Der Autor kommt verschiedenen Anforderungen an hohe Reliabilität nach. Er hat jeden seiner Schritte im Sinne eines Case Study Protokolls genau dokumentiert und dem Leser transparent dargelegt. Der Autor hat erwähnt, dass sämtliche Daten (Audiodateien, Transkripte, Memos, Field Notes, Code-Books, Datenanalysen, Tabellen und Grafiken) auf Nachfrage anonymisiert zur Verfügung gestellt werden können. Zudem wurden die beiden Destinationen Flims Laax Falera und Grindelwald explizit mit Namen genannt und nicht anonymisiert.

7.6.4. Ausblick

An dieser Stelle wird kurz auf die zweite Studie übergeleitet.

Die Ergebnisse der ersten Studie lassen sich mit Peter Drucker (1974) einordnen, über den Starbuck (2013) schreibt: „He stressed the essentials of good communication: people could perform only if they know what, and why, they were expected to contribute. He coined the term 'People are our greatest asset', and warned that the human machine is badly designed and that you cannot 'hire a hand as the man always comes with it'" (S. 281-282). In diesem Sinne müssen Destinationen ihre Zweitwohnungsbesitzenden als Assets sehen und vor allem auf gute Kommunikation achten, um Engagement zu ermöglichen und zu erhöhen.

Dazu kann das Paper von Srivastava, Shervani und Fahey (1998) „Market-Based Assets and Shareholder Value: A Framework for Analysis" als Ergänzung gesehen werden. „As Lusch and Harvey (1994, p. 101) note, 'Organizational performance is increasingly tied to intangible assets such as corporate culture, customer relationships and brand equity. Yet controllers, who monitor and track firm performance, traditionally concentrate on tangible, balance-sheet assets such as cash, plants and equipment, and inventory.' [...] Thus, a failure to understand the contribution of marketing activities to shareholder value continues to diminish the role of marketing thought in corporate strategy" (Srivastava et al., 1998, S. 4).

Diesem Verständnis folgend ermöglichen engagierte Zweitwohnungsbesitzende als ein Market-based Asset für die Destination eine bessere Market Performance.

Lusch und Harvey (1994) sowie Srivastava et al. (1998) fordern, dass das Marketing mehr Einfluss auf Entscheidungsprozesse und die Corporate Strategy erhalten sollte. Dazu müssen die Konstrukte gemessen werden, die für Managemententscheidungen relevant sind. Dieser Aufgabe wird sich die zweite Studie widmen.

8. Studie 2: Empirische Umfrage unter Zweitwohnungsbesitzenden

Die zweite Studie untersucht, welche Bedeutung und Wirkung unterschiedliche Einflussfaktoren auf das Engagement-Niveau von Zweitwohnungsbesitzenden haben. Der Aufbau folgt dem Vorgehen für akademische Umfragen nach Fink (2003c).

8.1. Einführung

In der ersten Studie wurde die Anbieterseite der Engagement-Beziehung zwischen Zweitwohnungsbesitzenden und Destinationen untersucht. Es wurden Antezedenzien, der Prozess und Konsequenzen identifiziert, wie unterschiedliche Destinationen mit dem Engagement von Zweitwohnungsbesitzenden umgehen, es gestalten und managen. Die zweite Studie widmet sich der Nachfragerseite. Es wird eine empirische, quantitative Umfrage unter Zweitwohnungsbesitzenden durchgeführt. Die Umfrage strebt gesamtschweizerische Repräsentativität an.

Die forschungsleitende Fragestellung lautet: Was sind die Treiber und damit die Steuerungshebel für die Verbesserung der Beziehung von Zweitwohnungsbesitzenden mit der Destination? Diese wird in drei Subfragen beantwortet:

1) Wie lässt sich das Engagement-Level von Zweitwohnungsbesitzenden messen?
2) Welchen Einfluss haben unabhängige Variablen auf das Engagement-Level von Zweitwohnungsbesitzenden?
3) Welchen Einfluss hat der Moderator Destination auf das Engagement-Level von Zweitwohnungsbesitzenden?

Erstens werden die Engagement-Level von Zweitwohnungsbesitzenden aus verschiedenen Schweizer Destinationen mit etablierten Skalen aus der Engagement-Forschung gemessen. Diese Skalen stammen aus den Forschungsbereichen Customer, Employee und Investor Engagement. Damit werden die drei Rollen Kunde, Co-Produzent und Investor eines Zweitwohnungsbesitzenden abgedeckt.

Zweitens wird untersucht, welchen Einfluss unabhängige Variablen auf das Engagement-Level von Zweitwohnungsbesitzenden haben. Was sind relevante Treiber von Engagement, die dann als Steuerungshebel für die

Verbesserung der Beziehung von Zweitwohnungsbesitzenden mit der Destination genutzt werden könnten?

Drittens wird untersucht, ob die Destination einen moderierenden Effekt auf die Beziehung von Engagement und Einflussvariablen hat.

Somit lassen sich drei forschungsleitende Grundhypothese aufstellen:

–   Total_H1: Engagement von verschiedenen Zweitwohnungsbesitzenden kann unterschiedlich ausgeprägt sein.

–   Total_H2: Das Engagement-Level eines Zweitwohnungsbesitzenden ist abhängig von verschiedenen unabhängigen Variablen.

–   Total_H3: Wenn unterschiedliche unabhängige Variablen einen Einfluss auf das Engagement-Level eines Zweitwohnungsbesitzenden haben, dann beeinflusst die Ausprägung des Moderators Destination das Engagement-Level.

Die Studie ist in neun Kapitel gegliedert. Nach der Einführung wird zweitens das Forschungsverständnis besprochen. Anschliessend werden drittens das Fragebogendesign und viertens das Forschungsdesign dargelegt. Fünftens wird das Stichprobendesign behandelt. Sechstens wird auf die Psychometrie anhand der Reliabilität und Validität eingegangen. Siebtens werden die erhobenen Daten in drei Analysen aufbereitet und besprochen. Abschliessend wird ein zusammenfassendes Fazit gezogen, in dem die forschungsleitende Fragestellung beantwortet wird.

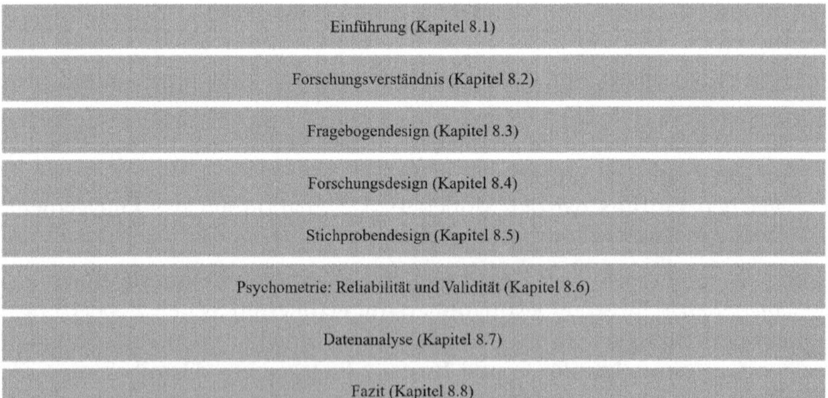

| Einführung (Kapitel 8.1) |
| Forschungsverständnis (Kapitel 8.2) |
| Fragebogendesign (Kapitel 8.3) |
| Forschungsdesign (Kapitel 8.4) |
| Stichprobendesign (Kapitel 8.5) |
| Psychometrie: Reliabilität und Validität (Kapitel 8.6) |
| Datenanalyse (Kapitel 8.7) |
| Fazit (Kapitel 8.8) |

Abbildung 17:   Flow Chart der zweiten Studie

Quelle: Eigene Darstellung

8.2. Forschungsverständnis

Quantitative Forschung umfasst eine Vielzahl an Methoden, Techniken und Verfahren, um ein theoretisches Modell, seine zugrundeliegenden Hypothesen und die Gültigkeit bestimmter Annahmen zu kontrollieren und zu überprüfen (Goldenstein et al., 2018). „Quantitative Forschung zeichnet sich i. d. R. durch einen deduktiven Charakter aus, d. h. vorab theoretisch hergeleitete kausale Wirkungszusammenhänge werden anhand eines Untersuchungssamples auf ihre Gültigkeit sowie Übertragbarkeit auf die Grundgesamtheit überprüft" (Goldenstein et al., 2018, S. 107).

Um eine Theorie überprüfen zu können, müssen Elemente der Theorie in Konstrukte überführt werden. Diese Konstrukte müssen messbar gemacht werden. Somit kann die Wechselwirkung zwischen diesen Konstrukten in Hypothesen formuliert werden (Goldenstein et al., 2018). „Es ist das Ziel quantitativer Forschung, diese Annahmen an realen Daten zu überprüfen" (Goldenstein et al., 2018, S. 110). Da sich theoretische Konstrukte nicht direkt messen lassen, müssen hierfür Indikatoren bzw. Variablen entwickelt werden, mit denen der entsprechende Sachverhalt abgebildet werden kann (Goldenstein et al., 2018). „Dieser Vorgang des Messbarmachens theoretischer Konstrukte wird als Operationalisierung bezeichnet" (Goldenstein et al., 2018, S. 111).

Um Indikatoren bzw. Variablen operationalisieren zu können, stehen prinzipiell zwei Ansätze zur Verfügung: mittels eines formativen oder reflektiven Messmodells (Eberl, 2004).

Die reflektive Spezifikationsart zeichnet sich dadurch aus, „dass die Ausprägungen der beobachtbaren Variablen kausal durch die latente verursacht werden" (Eberl, 2004, S. 3). Dieser Ansatz basiert auf dem Domain-sampling Model, wobei angenommen wird, dass ein nicht beobachtbares Konstrukt durch sein definitorisches Umfeld von beobachtbaren Variablen abgebildet werden kann, seinem Indikatorenuniversum (Eberl, 2004). Mathematisch kann jede „manifeste Variable x_i auf der Seite der Abhängigen als (mit einer Ladung λ_i) gewichtetes Abbild der Latenten ξ" (Eberl, 2004, S. 3) dargestellt werden. Die Grundform eines reflektiven Messmodells ist unten abgebildet.

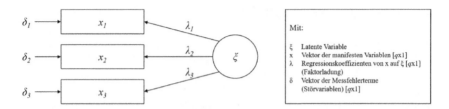

Abbildung 18: Grundform eines reflektiven Messmodells

Quelle: Eberl (2004, S. 3) in Anlehnung an Edwards und Bagozzi (2000, S. 161)

Die formative Messung unterscheidet sich von der reflektiven Messung v. a. durch eine veränderte Beziehungsrichtung: „Hier verursachen die beobachteten Indikatoren die Latente" (Eberl, 2004, S. 5). Bei diesem Ansatz setzt sich das Konstrukt aus den es beeinflussenden Indikatoren zusammen, wobei diese dem Konstrukt auch kausal voranstehen (Eberl, 2004). Die Grundform der formativen Spezifikation ist unten abgebildet.

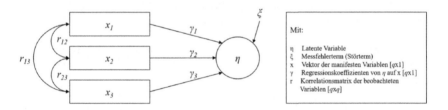

Abbildung 19: Grundform eines formativen Messmodells

Quelle: Eberl (2004, S. 5) in Anlehnung an Edwards und Bagozzi (2000, S. 162)

Das reflektive Messmodell als Forschungsansatz ist in der Wissenschaft verbreiteter und akzeptierter als das formative Messmodell. Es wird u. a. im Bereich Marketing Management häufiger genutzt als der formative Ansatz (Eberl, 2004).

Jarvis, MacKenzie und Podsakoff (2003) fassen die Unterschiede zwischen reflektiven und formativen Messmodellen wie folgt zusammen.

Principal Factor (Reflective) Model	Composite Latent Variable (Formative) Model
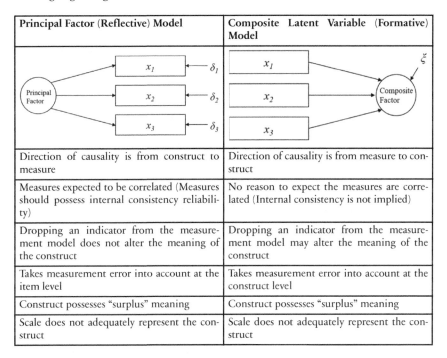	
Direction of causality is from construct to measure	Direction of causality is from measure to construct
Measures expected to be correlated (Measures should possess internal consistency reliability)	No reason to expect the measures are correlated (Internal consistency is not implied)
Dropping an indicator from the measurement model does not alter the meaning of the construct	Dropping an indicator from the measurement model may alter the meaning of the construct
Takes measurement error into account at the item level	Takes measurement error into account at the construct level
Construct possesses "surplus" meaning	Construct possesses "surplus" meaning
Scale does not adequately represent the construct	Scale does not adequately represent the construct

Tabelle 6: *Zusammenfassung der Unterschiede reflektiver und formativer Messmodelle*

Quelle: *Eigene Darstellung in Anlehnung an (Jarvis et al., 2003, S. 201)*

8.3. Fragebogendesign

In Übereinstimmung mit der Literaturanalyse können sich Zweitwohnungsbesitzende als Kunden, Mitarbeitende und Investoren engagieren. Deshalb werden die drei Konstrukte Customer, Employee und Investor Engagement in unabhängigen Skalen abgefragt. Die drei verwendeten Messinstrumente stammen aus der aktuellen, relevanten Fachliteratur. Die abhängige Variable ist jeweils das Customer, Employee oder Investor Engagement bzw. der jeweilige Factor Score. Die unabhängigen Variablen sind demografische, geografische, sozial-ökonomische und persönliche Faktoren. Die Destination dient als Moderator. Dieses Unterkapitel erörtert die Zusammenhänge und die einzelnen Komponenten. Zusammengefasst kann das Messmodell wie folgt dargestellt werden.

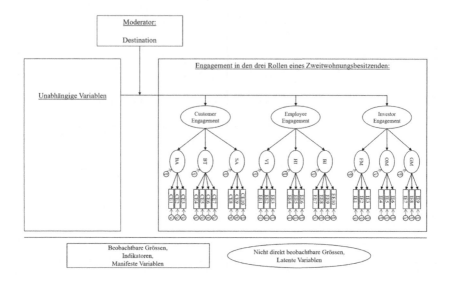

Abbildung 20: Das Messmodell der zweiten Studie

Quelle: Eigene Darstellung

Mithilfe einer schriftlichen Befragung werden Daten gesammelt, um die Forschungsfragen zu beantworten (self-completion questionnaire). Um transparent und nachvollziehbar zu zeigen, wie der Fragebogen entwickelt und erstellt wurde, sollte gemäss Fink (2003c) auf fünf Punkte eingegangen werden: Den Umfragetyp, die Anzahl der Fragen, den Inhalt, administrative Aspekte und relevante Literatur bzw. andere, ähnliche Umfragen. Im Folgenden werden diese fünf Punkte besprochen.

Erstens ist die Umfrage als online Fragebogen konzipiert, der mithilfe der Software Qualtrics aufgesetzt wird. Der Autor hat diese Umfragesoftware aus drei Gründen ausgewählt. Qualtrics ist einer der weltweit führenden Anbieter von Marktforschungstools im akademischen Bereich und wurde in mehreren Doktorandenseminaren empfohlen, die der Autor besucht hat. Zudem haben auch zwei akademische Peers des Autors Qualtrics für ähnliche Forschungsprojekte benutzt. Ausserdem stellt die Universität

St.Gallen (HSG) ihren Angehörigen eine Nutzungslizenz der Software zur Verfügung.

Zweitens umfasst der Fragebogen dieser Studie insgesamt 47 Fragen. Von diesen 47 Fragen werden 45 Fragen sämtlichen Teilnehmenden gestellt und zwei Fragen nur in Abhängigkeit einer vorherigen positiven Antwort als Präzisierungsfrage.

Drittens ist der Fragebogen inhaltlich in fünf Blöcke gegliedert. Die Gliederung folgt damit den Grundüberlegungen des Untersuchungsmodells. Der erste Block dient zur Einführung und Orientierung der Teilnehmenden. Die Blöcke zwei bis vier enthalten sämtliche Fragen zur abhängigen Variable Engagement und sind aus der Theorie abgeleitet. Die Fragen beziehen sich auf das Customer, Employee und Investor Engagement, weil Zweitwohnungsbesitzende ihr Rollenverständnis aus den drei Rollen Kunde, Co-Produzent/Mitarbeiter und Investor kombinieren (Bieger, 2006). Im letzten Block werden Fragen zu den unabhängigen Variablen, demografischen Daten und zum Moderator Destination gestellt.

a) Einführung
b) Customer Engagement
c) Employee Engagement
d) Investor Engagement
e) Unabhängige Variablen, demografische Daten

Auf der Einführungsfolie werden Informationen zum Inhalt, Sinn und Zweck der Studie, zum Datenschutz sowie Kontaktdetails des Autors gegeben. Darauf folgt der erste Fragenblock zum Subkonstrukt Customer Engagement mit zehn Fragen. Als nächstes kommen neun Fragen zum Subkonstrukt Employee Engagement. Danach werden neun Fragen zum Subkonstrukt Investor Engagement gestellt. Den Abschluss bilden 19 Fragen zu den unabhängigen Variablen, demografischen Daten und zur Destination.

Viertens gilt es, drei administrative Aspekte zu beachten. Der Autor hat ca. zwei Wochen benötigt, um eine erste Version des Fragebogens aufzusetzen, für den man im Schnitt zwölf Minuten braucht, um ihn zu absolvieren. Danach hat er einen zweiwöchigen Pretest durchgeführt. Die eigentliche Datenerhebung hat einen Monat gedauert.

Fünftens wird auf relevante Literatur bzw. andere, ähnliche Umfragen eingegangen. An dieser Stelle wird auch die Konzeption der einzelnen Fragen detaillierter besprochen. Für den Operationalisierungsprozess empfehlen Goldenstein et al. (2018) fünf übergeordnete Aspekte: Orientierung an bereits etablierten Variablen oder Fragebogenitems; Auswahl einer passenden Skala und diese begründen; mögliche Anpassungen der ausgewählten

Skala für den Leser nachvollziehbar darstellen; sowie ein möglichst hohes Skalenniveau wählen und denkbare Limitationen antizipieren.

Wie empfohlen hat sich der Autor an schon bestehenden, in der Managementliteratur etablierten Skalen und Fragebatterien orientiert. Goldenstein et al. (2018) raten zu einer Recherche auf der „Database of Management Scales and Measures" Webseite http://esbmanagement.pacific.edu/, die eine breite Sammlung bereits etablierter Skalen bereitstellt. Eine Suche nach „Engagement" ergab 66 Treffer (Stand bzw. letzte Suche: 30.11.2020). Im Folgenden wurde die Suche auf die drei Bereiche Customer, Employee und Investor Engagement eingegrenzt. In Übereinstimmung mit der Literatur Review dieser Dissertation wurden schliesslich sechs Skalen in die engere Auswahl aufgenommen. Im Kontext von Customer Engagement gehörten die beiden Skalen von Vivek, Beatty, Dalela und Morgan (2014) und Dessart, Veloutsou und Morgan-Thomas (2016) dazu. Der Grund dafür war, dass sie – in Bezug auf die Vorauswahl – in den beiden Journals mit dem höchsten Ranking im Bereich Marketing erschienen sind. Im Bereich Employee Engagement waren es die drei Skalen von Schaufeli et al. (2002), Schaufeli et al. (2006) und Saks (2006). Die beiden Paper, an denen Schaufeli beteiligt war, werden der sog. Utrecht-Gruppe zugerechnet. Laut Bailey et al. (2017) wird das Forschungsfeld von der Perspektive der Utrecht-Gruppe dominiert, da ihre beiden UWES-Skalen in 86 Prozent der Studien zu dem Thema verwendet wurden. Die Skala von Saks (2006) wurde aufgenommen, weil sie auch häufiger im Forschungsfeld repliziert wurde (Bailey et al., 2017). In der Domäne des Investor Engagements wurde nur die Arbeit von Denes, Karpoff und McWilliams (2017) miteinbezogen, weil das Paper in diesem Fachbereich das einzige ist, in dem Kriterien zur Überprüfung von Investor Engagement systematisch aufgestellt wurden. Diese insgesamt sechs Vorbildskalen sind im Anhang mit ihren Items dargestellt.

Als nächstes hat der Autor die Vorauswahl auf drei Messinstrumente eingegrenzt: Je eine zu Customer, Employee und Investor Engagement, um die drei Rollen eines Zweitwohnungsbesitzenden abzubilden. Im Folgenden wird die Auswahl begründet.

Der Autor hat die Skala zu Customer Engagement von Vivek et al. (2014) gewählt. Dies hat zwei Gründe: Erstens ist die Skala mit zehn Items deutlich kürzer als die alternative 22-Item-Skala. Zweitens passt die Skala von Vivek et al. (2014) besser zum Kontext dieser Dissertation, da sie ein einziges Engagement-Objekt untersucht. Demgegenüber legt die Skala von Dessart et al. (2016) zwei Schwerpunkte in einer Umfrage, Brand und Community Engagement.

Die Vorbildskala aus dem Bereich Employee Engagement stammt von Schaufeli et al. (2006). Für diese Skala sprechen zwei Gründe: Erstens ist die Skala durch die Autoren doppelt geprüft worden. Eine erste Version der Skala haben die Autoren einige Jahre vorher mit 17 Items publiziert (Schaufeli et al., 2002). Nun haben sie diese Skala auf die relevanten neun Items gekürzt und ihre Validität und Reliabilität gezeigt (Schaufeli et al., 2006). Zweitens hat auch der Autor der Alternativskala bestätigt, dass seine eigene Skala zu denselben Engagement-Ergebnissen kommt wie die UWES-9 Skala (Saks, 2019). Drittens ergibt es Sinn, den Umfrageumfang so kompakt wie möglich zu halten, so dass die 9-Item-Skala einen Vorteil gegenüber den alternativen Skalen mit entweder 17 Items oder 11 Items hat.

Die Skala zu Investor Engagement folgt dem Vorbild von Denes et al. (2017). Dies hat zwei Gründe: Erstens ist es die einzige Arbeit, die sich mit der Messung von Investor Engagement vergleichend und systematisch auseinandersetzt. Zweitens bezieht sie die wesentlichen Merkmale Finanzielles, Operatives und Governance mit ein.

Im nächsten Schritt wurde die Operationalisierung der drei ausgewählten Skalen auf den Kontext der Zweitwohnungsbesitzenden-Destinationen-Beziehung angepasst. Zuerst wird die Anpassung der Customer Engagement-Skala von Vivek et al. (2014) besprochen. Der Autor hat alle zehn Items der Skala von Englisch nach Deutsch übersetzt. Danach hat er den Sachverhalt der Items auf den Kontext Zweitwohnungsbesitzende angepasst. Die untenstehende Tabelle zeigt links die originalen und rechts die angepassten Items.

	Skala zu Customer Engagement nach Vivek et al. (2014)	**Angepasste Items auf den Kontext der Zweitwohnungsbesitzenden-Destinationen-Beziehung**
1	Anything related to _____ grabs my attention.	Alles, was mit meinem Zweitwohnsitz zu tun hat, erregt meine Aufmerksamkeit.
2	I like to learn more about _____.	Ich interessiere mich dafür, mehr über meine Zweitwohnungsdestination zu erfahren.
3	I pay a lot of attention to anything about _____.	Ich schenke allem, was mit meinem Zweitwohnsitz zu tun hat, sehr viel Beachtung.
4	I spend a lot of my discretionary time _____.	Ich verbringe möglichst viel Zeit an meinem Zweitwohnsitz.
5	I am heavily into _____.	Ich bin in meinen Zweitwohnsitz „verliebt".
6	I am passionate about _____.	Ich bin von meinem Zweitwohnsitz begeistert. (*Doppelte Frage, nur einmal abgefragt.*)
7	My days would not be the same without _____.	Ich werde unruhig, wenn ich lange nicht an meinem Zweitwohnsitz war.
8	I love _____ with my friends.	Ich nehme gerne Freunde an meinen Zweitwohnsitz mit.
9	I enjoy _____ more when I am with others.	Ich habe Freundinnen und Freunde an meinem Zweitwohnsitz.
10	_____ is more fun when other people around me do it too.	An meinem Zweitwohnsitz zu sein, macht mehr Spass, wenn auch andere Leute um mich herum vor Ort sind.

Tabelle 7: Originale und angepasste Items der Customer Engagement-Skala

Quelle: Eigene Darstellung

Die neun Items der Skala zu Employee Engagement von Schaufeli et al. (2006) wurden zuerst vom Englischen ins Deutsche übersetzt. Danach wurde der Kontext der Skala von der Arbeitswelt zu Schweizer Destinationen und Zweitwohnsitzen verändert. Der Zusammenhang der Arbeitswelt und der Schweizer Zweitwohnungsdestinationen besteht darin, dass der Erwerb einer Zweitwohnung im Prinzip dem Einkauf in einen Club ähnelt. Dies hat beides viel mit Partizipation und Volunteering zu tun. Der konkrete Anpassungsprozess ist in der untenstehenden Tabelle detailliert dargestellt. Links finden sich die ursprünglichen Items und rechts die für diese Dissertation angepassten Items. Wichtig zu erwähnen ist, dass die Frage 6 der Customer Engagement-Skala und die Frage 5 der Employee Engagement-Skala beide mit „Ich bin von meinem Zweitwohnsitz begeistert" operationalisiert wurden. Anstatt die Frage doppelt abzufragen, wurde sie nur einmal in den Fragebogen aufgenommen. Die in diesem Sinne freigewordene Frage hat der Autor mit der Frage ergänzt, ob der oder die Umfrageteilnehmende einen Beitrag zur Destination leisten will (s. u. Frage 10 rechts).

	Skala zu Employee Engagement nach Schaufeli et al. (2006)	Angepasste Items auf den Kontext der Zweitwohnungsbesitzenden-Destinationen-Beziehung
1	When I get up in the morning, I feel like going to work.	Ich sehne mich häufig an den Ort meiner Zweitwohnung.
2	At my work, I feel bursting with energy.	Wenn ich Zeit an meinem Zweitwohnsitz verbringe, dann bin ich voller Energie.
3	At my job, I feel strong and vigorous.	Während der Zeit, die ich an meinem Zweitwohnsitz verbringe, fühle ich mich stark und lebhaft.
4	My job inspires me.	An meinem Zweitwohnsitz zu sein, inspiriert mich.
5	I am enthusiastic about my job.	Ich bin von meinem Zweitwohnsitz begeistert. *(Doppelte Frage, nur einmal abgefragt.)*
6	I am proud of the work that I do.	Ich bin stolz, eine Zweitwohnung in dieser Destination zu haben.
7	I get carried away when I'm working.	Ich verbinde überwiegend schöne Gedanken mit meinem Zweitwohnsitz.
8	I am immersed in my work.	Ich fühle mich an meinem Zweitwohnsitz wie zu Hause.
9	I feel happy when I am working intensely.	Ich könnte mir vorstellen, meinen Erstwohnsitz in meine Zweitwohnungsdestination zu verlegen.
10		Ich möchte an meinem Zweitwohnsitz einen Beitrag zur Destination leisten.

Tabelle 8: Originale und angepasste Items der Employee Engagement-Skala

Quelle: Eigene Darstellung

Die Skala zu Investor Engagement von Denes et al. (2017) besteht aus neun Items. Diese wurden zunächst vom Englischen ins Deutsche übersetzt. Danach wurden der Kontext und der Fokus der Fragen auf den Themenbereich der Dissertation angepasst. In der untenstehenden Tabelle sind die originalen Items links zu finden und die abgeleiteten Items rechts.

	Skala zu Investor Engagement nach Denes et al. (2017) (Characteristics of firms attracting shareholder activism)	Angepasste Items auf den Kontext der Zweitwohnungsbesitzenden-Destinationen-Beziehung
1	Increase/continuity in accounting measures of performance	Mir ist der Werterhalt meiner Zweitwohnung wichtig.
2	Increase in share values	Mir ist die Wertsteigerung meiner Zweitwohnung wichtig.
3	Sales growth	Bitte beurteilen Sie folgende Aussage: Ich werde in Zukunft mehr Konsumgüter an meinem Zweitwohnsitz kaufen.
4	Change in target firm's operations or management	Ich habe konkrete Anliegen, die ich am Ort meines Zweitwohnsitzes verändern will.
5	Governance satisfaction	Bitte vervollständigen Sie folgende Aussage: Mein Zweitwohnsitz … (übertrifft die Erwartungen bei Weitem/übertrifft die Erwartungen leicht/trifft die Erwartungen/ trifft die Erwartungen eher nicht/trifft die Erwartungen überhaupt nicht).
6	Governance satisfaction	Bitte beurteilen Sie folgende Aussage: Ich bin mit meiner Zweitwohnsitzdestination … (äusserst zufrieden/zufrieden/weder zufrieden noch unzufrieden/unzufrieden/ äusserst unzufrieden).
7	Specific actions sought by activist adopted by target firm	Ich lege Wert darauf, dass die Destination meine Steuern und Abgaben nachvollziehbar und transparent verwendet.
8	Some actions by target firm attributed to activism	Ich habe das Gefühl, dass meine Bedürfnisse an meinem Zweitwohnsitz berücksichtigt werden.
9	Percent of votes cast in favor of shareholder proposal	Wenn auf meine Anliegen nicht eingegangen wird, dann kann ich mir vorstellen, meine Zweitwohnung zu verkaufen.

Tabelle 9: Originale und angepasste Items der Investor Engagement-Skala

Quelle: Eigene Darstellung

Nachdem der Inhalt der Items besprochen wurde, gilt es nun, die Skalenniveaus transparent zu machen. Ursprünglich haben Schaufeli et al. (2006) eine siebenstufige Likert-Skala und Vivek et al. (2014) eine fünfstufige Likert-Skala verwendet. Denes et al. (2017) arbeitet ohne Likert-Skala. Der

Autor hat sich nach Rücksprache mit zwei akademischen Peers für die fünfstufige Likert-Skala entschieden. Die Stufen wurden wie folgt definiert: 1 = Stimme überhaupt nicht zu, 2 = Stimme eher nicht zu, 3 = Weder noch, 4 = Stimme eher zu, 5 = Stimme voll zu. Zwei Gründe sprechen für die Auswahl der fünfstufigen Likert-Skala: Erstens sind die Fragen für die Teilnehmenden leichter und intuitiver zu beantworten, wenn sie nur mit fünf statt mit sieben Antwortoptionen konfrontiert sind. Zweitens hat der Fragebogen mit insgesamt 47 Fragen eine gewisse Länge, die der Autor selbst am oberen Ende der Machbarkeit einschätzt, so dass fünf statt sieben Antwortmöglichkeiten die Antwortdauer verkürzen sollen.

Zuletzt gilt es, denkbare Limitationen bei der Fragebogenerstellung zu antizipieren. Der Autor hat vier limitierende Aspekte definiert, bevor er die Umfrage durchgeführt hat. Alle diese Limitationen sind zwar wichtig zu berücksichtigen, werden aber nach Meinung des Autors den Erfolg der Umfrage und ihre Aussagekraft nicht schmälern. Erstens wurde versucht, die Vorbildskalen objektiv zu vergleichen und auszuwählen. Ein anderer Autor hätte aber eventuell andere Skalen ausgesucht. Zweitens hätten andere Autoren die Items der drei Vorbildskalen unter Umständen anders auf den Kontext von Zweitwohnungsbesitzenden angepasst. Der Autor hat sich zwar bemüht, möglichst nahe am Original und den Kernaussagen der Vorbildskalen zu bleiben, dennoch könnte diese Subjektivität ein Faktor sein, der das Ergebnis limitiert. Drittens entstammen die drei Vorbildskalen zwar drei unterschiedlichen Subdisziplinen, bewegen sich aber in einer ähnlichen Themen- und Gedankenwelt. Somit kann es zu inhaltlichen Ähnlichkeiten und leichten Überschneidungen bei den Items des finalen Fragebogens kommen. Viertens hat der Autor immer die Gesamtlänge des Fragbogens im Blick gehabt. Einerseits hat er deshalb bei der Auswahl der Vorbildskalen die Länge bei der Beurteilung miteinbezogen, andererseits könnte die Gesamtlänge von 47 Fragen trotzdem für manche Teilnehmende zu lang sein und zu Abbrüchen bei der Beantwortung führen.

Das gewählte Befragungskonzept hat generell Vorteile und Nachteile, die beide in der untenstehenden Tabelle zusammengefasst sind.

	Vorteile	Nachteile
1	Kein Einfluss durch den Befrager	Bei Verständnisschwierigkeiten ist keine Hilfe verfügbar
2	Befragte können Fragen besser durchdenken	Der Fragebogen fordert eine einfache Gestaltung und muss selbsterklärend sein
3	Geringerer Kostenaufwand	Es bleibt unsicher, ob die Zielpersonen den Fragebogen ausfüllen
4		Eine Internetbefragung erfordert verfügbare und korrekte Adressen
5		Die mittlere Rücklaufquote ist eher tief

Tabelle 10: Generelle Vor- und Nachteile einer schriftlichen Befragung

Quelle: Eigene Darstellung in Anlehnung an Hochschule Luzern (2020)

8.4. Forschungsdesign

Das Forschungsdesign beschreibt, wie die Fragestellungen der Studie untersucht werden sollen (Goldenstein et al., 2018). „The term design in this context refers to the surveyor's way of arranging the environment in which a survey takes place. The environment consists of the individuals or groups of people, places, activities, or objects that are to be surveyed" (Fink, 2003a, S. 3). Bevor das konkrete Umfragedesign ausgewählt werden kann, müssen drei Fragen beantwortet werden.

Erstens, was ist das Ziel der Studie? Mögliche Ziele können die Beschreibung, der Vergleich oder die Vorhersage eines Sachverhaltes sein (Fink, 2003a). Das Ziel dieser Studie ist es, die Bedeutung und Wirkung unterschiedlicher Einflussfaktoren auf das Engagement-Niveau von Zweitwohnungsbesitzenden zu untersuchen und zu beschreiben. Die empirische Untersuchung findet somit auf der Individualebene statt.

Zweitens, wird eine Kontrollgruppe miteinbezogen? Für diese Studie ist keine ex-ante Festlegung einer Kontrollgruppe geplant. Die Umfrageteilnehmenden sollen einmal befragt werden.

Drittens, wer ist teilnahmeberechtigt? Die Zielgruppe der empirischen Untersuchung besteht aus Menschen, die einen exklusiven Zugang zu einem Zweitwohnsitz in einer Schweizer Destinationen haben.

Nachdem diese drei grundlegenden Fragen beantwortet sind, lässt sich bestimmen, wie die beiden Hauptcharakteristiken des Forschungsdesigns ausgeprägt sein sollen: Zum einen wie die Modellvariablen und deren Beziehungen untereinander überwacht bzw. manipuliert werden können, zum anderen wie die zeitliche Struktur der Untersuchung gestaltet ist (Goldenstein et al., 2018).

In Bezug auf die Überwachung bzw. Manipulation der Modellvariablen und deren Beziehung untereinander können entweder experimentelle Designs (Labor- oder Feldexperimente) oder Ex-post-facto-Designs durchgeführt werden. „In den Managementwissenschaften kommen jedoch überwiegend Ex-post-facto-Designs zum Einsatz, in deren Rahmen keine direkte Kontrolle der unabhängigen Variablen vorgenommen werden kann" (Goldenstein et al., 2018, S. 121). Ein Ex-post-facto-Design wird durch eine einmalige, gleichzeitige Messung aller relevanten Variablen charakterisiert, wobei der Einfluss der unabhängigen Variablen auf die abhängige Variable nachträglich untersucht wird (Goldenstein et al., 2018). Für diese Studie wird ein Ex-post-facto-Design gewählt. Dabei können diverse methodische Schwierigkeiten auftreten, die in der untenstehenden Tabelle mit denkbaren Lösungsansätzen aufgelistet sind.

	Problem	Charakterisierung	Lösungsstrategie
1	Varianz der unabhängigen Variablen	Bestimmte interessierende Merkmalsausprägungen treten u. U. nur sehr selten auf	– Gezieltes Sampledesign
2	Kausale Reihenfolge der Variablen	Durch einmalige und gleichzeitige Erhebung aller Daten keine Aussage über Ursache-Wirkungs-Zusammenhänge möglich	– Retrospektivfragen, d. h. Vormessung durch geeignete Fragestellungen nachträglich simulieren – Wiederholte Messung (Panelstudien)
3	Kontrolle von Drittvariablen	Die Einwirkung der unabhängigen Variablen kann nicht gezielt auf die Untersuchungsobjekte verteilt werden	– Theoriegeleitete Integration und Erhebung relevanter Drittvariablen (Kontrollvariablen)

Tabelle 11: *Methodische Probleme von Ex-post-facto-Designs mit Lösungsstrategien*

Quelle: Goldenstein et al. (2018, S. 122) in Anlehnung an Schnell, Hill und Esser (2013, S. 230 ff.)

Die zeitliche Struktur der Untersuchung kann entweder als Querschnitts- oder als Längsschnittstudie gestaltet werden. „Bei Querschnittstudien wird die Untersuchung zu einem bestimmten Zeitpunkt (bzw. in einem bestimmten Zeitraum) einmalig an verschiedenen Untersuchungsobjekten durchgeführt. Demgegenüber zeichnen sich Längsschnittstudien dadurch aus, dass eine identische Untersuchung zu mehreren Zeitpunkten wiederholend stattfindet" (Goldenstein et al., 2018, S. 122). Diese Studie wird als Querschnittsstudie durchgeführt.

Zusammengenommen ergeben ein Ex-post-facto-Design und eine Querschnittsstudie ein Cross-sectional Design. „Studies using cross-sectional designs result in portraits of one or many groups at one point in time. Cross-sectional designs are used frequently with standard survey-based measurement […] and are themselves sometimes called survey designs" (Fink, 2003a, S. 52). Laut Fink (2003a) hat jedes Studiendesign Vor- und Nachteile. Ein grosser Vorteil eines Cross-sectional Designs sei, dass es Basisinformationen über die Umfrageteilnehmenden und beschreibende Informationen über die Intervention liefere. Eine Limitation sei, dass es nur eine Momentaufnahme der Teilnehmereinstellungen zu einem gewissen Zeitpunkt biete.

8.5. Stichprobendesign

„Sampling consists of selecting a subset of units or elements from a finite population for the purpose of extrapolating the results obtained on this subset to the entire population" (Wolf, Joye, Smith & Fu, 2016, S. 311). Im Folgenden wird auf die Grundgesamtheit, Stichprobe, Einschluss- und Ausschlusskriterien sowie das Verfahren der Stichprobenermittlung eingegangen.

Die Grundgesamtheit bezieht alle Objekte mit ein, auf die die Untersuchungsergebnisse übertragen und generalisiert werden können (Goldenstein et al., 2018). Für diese Studie bilden alle Menschen, die einen Zweitwohnsitz in der Schweiz besitzen oder einen exklusiven Zugang zu einem Zweitwohnsitz haben, die Grundgesamtheit. Letzteres kann bspw. durch ein dauerhaftes Mietverhältnis oder familiäre Beziehungen gegeben sein. Eine konkrete Grösse der Grundgesamtheit ist schwer zu ermitteln. Die Allianz Zweitwohnungen Schweiz als nationaler Dachverband der regionalen Zweitwohnungsbesitzervereinigungen beziffert die Anzahl der selbstbewohnten Ferienliegenschaften in der Schweiz auf 450'000 (Allianz Zweitwohnungen Schweiz, 2020). Eine ältere Quelle von 2009 besagt, dass 8,5 Prozent der Schweizer Haushalte eine Zweitwohnung in Eigentum oder in Miete besässen (ARE, 2009). Diese Zahl liesse sich auf heute hochrechnen. „Ende 2019 gab es in der Schweiz rund 3,8 Mio. Privathaushalte. […] Die durchschnittliche Haushaltsgrösse betrug 2,21 Personen" (Bundesamt für Statistik, 2020). 8,5 Prozent von 3,8 Millionen Privathaushalten ergibt eine hypothetische Grundgesamtheit von 323'000 Haushalten in der Schweiz. Multipliziert mit der durchschnittlichen Haushaltsgrösse von 2,21 Personen ergibt dies ca. 714'000 Personen mit primärem Zugang zu einer Zweitwohnung. Hinzukommen weitere inländische Nutzer mit exklusivem Zugang sowie ausländische Zweitwohnungsbesitzende und diesen zurechenbare Personen. Bieger et al. (2005) gehen davon aus, dass rund 35% der Schweizer Bevölkerung einen privilegierten Zugang zu Zweitwohnungen hätten und dass mehr als 10% der Schweizer Bevölkerung Eigentümer einer Zweitwohnung seien.

Eine Stichprobe (Sample) ist Teil der Grundgesamtheit und wird aus dieser gezogen (Wolf et al., 2016). „The main goal of using a sample instead of the entire population is to reduce the survey costs" (Wolf et al., 2016, S. 312). „Um möglichst verlässliche Aussagen über die Grundgesamtheit treffen zu können, sollte [die] Stichprobe eine hohe Repräsentativität aufweisen, d. h. die Merkmalszusammensetzung in der Stichprobe sollte die Merkmalszusammensetzung in der Grundgesamtheit widerspiegeln" (Goldenstein et al., 2018, S. 123). Für diese Studie wird Wert auf die Übereinstimmung von besonders relevanten Merkmalen gelegt, d. h. es handelt sich in dieser Studie um eine merkmalsspezifisch-repräsentative Stichprobe (Goldenstein et al., 2018).

Die Einschlusskriterien legen fest, wer für die Studie teilnahmeberechtigt ist und in die Stichprobe miteinbezogen wird. Sie beziehen sich meistens auf Charakteristika der Zielgruppe, Geografie und Zeit (Fink, 2003a). Das Charakteristikum, das die Zielgruppe teilt, ist, dass die teilnehmenden Menschen einen exklusiven Zugang zu einem Zweitwohnsitz in einer Schweizer Destinationen haben. Geographisch ist somit der Fokus auf die Schweiz gelegt. Zeitlich gesehen wird kein Einschlusskriterium formuliert. Potenzielle Teilnehmende müssen sich im Erhebungszeitraum einzig die Zeit für eine vollständige Beantwortung des Fragebogens nehmen. Zusätzlich zu den Einschlusskriterien hat der Autor vier Ausschlusskriterien aufgestellt. Nicht in die Zielgruppe der Umfrage miteinbezogen wird, wer aufgrund medizinischer, psychischer, physischer oder alterstechnischer Gründe die Umfrage nicht ausfüllen kann; wer Deutsch als Fragebogensprache nicht lesen oder verstehen kann; wer keinen Internetzugang hat, da die Umfrage webbasiert durchgeführt wird; wer nur einen Teil der Einschlusskriterien erfüllt, wie z. B. einen Zweitwohnsitz in der Schweiz zu besitzen, aber kein Deutsch lesen zu können.

„Samples can be drawn from the population using probabilistic or nonprobabilistic methods. The non-probabilistic methods are also called deterministic or purposive methods" (Wolf et al., 2016, S. 312). Für diese Studie wird auf ein probabilistisches Stichprobenverfahren gesetzt. Das Ziel ist es,

Primärdaten aus eigener Befragung zu gewinnen. Es wird eine Gelegenheits-auswahl durchgeführt, wobei die Untersuchungsobjekte nach günstiger Gelegenheit ausgewählt werden (Convenience Sampling). Anschliessend wird auf das Schneeballverfahren gesetzt, wobei die Teilnehmenden gebeten werden, die Umfrage an weitere Teilnehmende weiterzuleiten (Goldenstein et al., 2018). Die Umfrage findet online statt. Generell gilt: „With the rise of the Internet, the so-called online panels of general populations [...] emerged in developed countries and they are rapidly becoming the prevailing survey data collection method, particularly in marketing research" (Macer & Wilson, 2017, S. 176; Wolf et al., 2016, S. 336).

Für das konkrete Verfahren der Stichprobenermittlung hat der Autor den nationalen Dachverband der Zweitwohnungsbesitzerinteressengemeinschaften, Allianz Zweitwohnungen Schweiz, am 26.01.2021 kontaktiert. In der Allianz sind regionale Zweitwohnungsbesitzervereinigungen aus 33 Destinationen organisiert. Die 33 Destinationen sind Adelboden, Anniviers, Anzère, Arosa, Bellwald, Bergün, Bürchen, Celerina, Champéry, Crans Montana, Davos, Disentis, Engelberg, Flims Laax Falera, Grindelwald, Tujetsch, Surselva, La Punt, Lenk, Melchsee-Frutt, Mürren, Ovronnaz, Saas Fee, Stoos, Thyon, Toggenburg, Urserental, Verbier, Vitznau, Grächen, Wengen, Zermatt und Zweisimmen (Allianz Zweitwohnungen Schweiz, 2021). Am 29.01.2021 hat das Präsidium der Allianz Zweitwohnungen Schweiz den Link zur Umfrage an alle Präsidien der 33 Mitgliedervereinigungen verschickt mit der Bitte um Weiterleitung an die jeweiligen Mitglieder, Freunde, Familien und Bekannten. Damit wurde die sog. Snowball Sampling Strategie umgesetzt (Fink, 2003d). Zudem haben die Allianz Zweitwohnungsbesitzer Schweiz und einige lokale Zweitwohnungsbesitzervereinigungen den Umfrageaufruf auf ihrer Webseite geteilt. Der Autor hat den Fragebogen auch persönlich an ihm bekannte Zweitwohnungsbesitzende geschickt und diese gebeten, an der Umfrage teilzunehmen und sie weiterzuleiten. Somit kam der Autor dem Qualitätskriterium einer Multi-Channel Datensammlungsstrategie nach (Wolf et al., 2016).

Die Datensammlung wurde am 29.01.2021 gestartet. Die Datenerhebung dauerte vom 29.01.2021 bis 28.02.2021. In den Wochen während der Datenerhebung haben 18 Destinationen (Adelboden, Arosa, Bellwald, Bergün, Bürchen, Davos, Disentis, Engelberg, Flims Laax Falera, Grindelwald, La Punt, Lenk, Melchsee-Frutt, Mürren, Stoos, Toggenburg, Vitznau und Zermatt) dem Autor den Versand des Fragebogens bestätigt. Diese 18 Destinationen haben zusammen ca. 6'230 Mitglieder. Der Autor hat den Fragebogen selbst an 20 ihm bekannte Zweitwohnungsbesitzende verschickt. Nimmt man diese beiden Zahlen zusammen, dann kommt man auf 6'250 versandte Fragebögen, deren Versand dem Autor bekannt sind.

Ein Charakteristik um des Schneeballverfahrens ist, dass die konkrete Anzahl aller verschickten und weitergeleiteten Fragebögen unbekannt bleibt (Fink, 2003d). Insgesamt haben 1'877 Teilnehmende den Fragebogen im Erhebungszeitraum begonnen. Dies ergibt eine Bruttorücklaufquote von ca. 30 Prozent.

$$\text{Bruttorücklaufquote} = \frac{\text{Anzahl zurückgesandter Fragebögen bzw. begonnener Umfragen}}{\text{Bekannte Anzahl versandter Fragebögen}} \times 100$$

$$= \frac{1'877}{6'250} \times 100 \approx 30\,\%$$

Formel 1: Bruttorücklaufquote der Umfrage

Quelle: Qualtrics (2020)

Von allen Teilnehmenden haben 1'529 die Umfrage vollständig beendet, was eine Nettorücklaufquote (Beantwortungsquote) von ca. 24,5 Prozent bedeutet.

$$\text{Nettorücklaufquote} = \frac{\text{Anzahl ausschliesslich vollständig ausgefüllter Fragebögen}}{\text{Bekannte Anzahl versandter Fragebögen}} \times 100$$

$$= \frac{1'529}{6'250} \times 100 \approx 24,5\,\%$$

Formel 2: Nettorücklaufquote der Umfrage

Quelle: Qualtrics (2020)

Somit beträgt die Abschlussquote der Umfrage ca. 81,5 Prozent.

$$\text{Abschlussquote} = \frac{\text{Anzahl ausschliesslich vollständig ausgefüllter Fragebögen}}{\text{Anzahl zurückgesandter Fragebögen bzw. begonnener Umfragen}} \times 100$$

$$= \frac{1'529}{1'877} \times 100 \approx 81,5\,\%$$

Formel 3: Abschlussquote der Umfrage

Quelle: SurveyMonkey (2020)

8.6. Psychometrie: Reliabilität und Validität

In Übereinstimmung mit Fink (2003c) wird vor der Datenauswertung auf die Herausforderungen eingegangen, die sich dem durchgeführten Cross-sectional Design in Bezug auf die Reliabilität, interne und externe Validität stellen.

Reliabilität (Zuverlässigkeit) bedeutet, dass wiederholte Messungen mit dem gleichen Messinstrument zu gleichen Ergebnissen führen müssen (Jacob, Heinz & Décieux, 2013). Nach Fink (2003c) gibt es zwei Möglichkeiten, um die Zuverlässigkeit der Messung zu erhöhen: Einerseits einen Pretest und andererseits umfragebegleitende Unterstützungsmassnahmen. Für diese Studie hat der Autor zwischen dem 19. November 2020 und dem 2. Dezember 2020 einen zweiwöchigen Pretest durchgeführt. Ziel des Pretest war es, die Verständlichkeit der Fragen, die Übersichtlichkeit des Fragebogens, Schwierigkeiten bei der Beantwortung und die Eignung des gewählten Forschungsdesigns unter Feldbedingungen zu überprüfen (Häder, 2010). Es wurden 23 Zweitwohnungseigentümer befragt, ihre Reaktionen gesammelt und der Fragebogen ihrem Feedback entsprechend angepasst.

Von den 23 Pretest-Teilnehmenden waren 15 männlich und 8 weiblich. 16 waren Schweizer und 7 Deutsche. Alterstechnisch waren die Teilnehmenden sehr gleichmässig verteilt, wobei die grösste Altersgruppe die 25-34-Jährigen und die zweitgrösste Altersgruppe die 55-64-Jährigen waren. Insgesamt besassen die Teilnehmenden Zweitwohnsitze in 15 verschiedenen Schweizer Destinationen. Vier gaben Laax als Zweitwohnsitz an, drei Flims, zwei Wengen, zwei Saanen-Gstaad, zwei Savognin und je ein Teilnehmender Casima, Chandolin, Crans Montana, Disentis, Falera, Flums, Gambarogno, Innertkirchen, Lenk und Locarno.

Die Pretest-Teilnehmenden haben insgesamt 26 Anmerkungen gemacht, die im Anhang aufgelistet sind und ausführlich kommentiert wurden. Die Anmerkungen lassen sich grob in die drei Kategorien Wording, Design und Inhalt unterteilen, welche hier kurz besprochen werden.

Erstens haben einige Pretest-Teilnehmende das Wording bzw. die Formulierung einzelner Fragen kommentiert. Jedes dieser Kommentare hat der Autor geprüft und abgewogen. In einigen Fällen wurden die Fragen oder Formulierungen angepasst, in anderen nicht. Dies wurde im Einzelfall beurteilt und ist ausführlich im Anhang beschrieben.

Zweitens haben manche Pretest-Teilnehmende das Design des Fragebogens kommentiert. Beispielsweise hat ein Teilnehmender angeregt, eine Einführungsfolie einzufügen, und ein anderer Teilnehmender hat sich eine Abschlussfolie gewünscht, auf der nochmals die Kontaktdetails des Autors angegeben werden. Zu dieser Gruppe gehören auch Anmerkungen, die sich auf die Antwortoptionen des Fragebogens beziehen. Manche Pretest-Teilnehmende haben z. B. angeregt, eine andere als die verwendete fünfstufige Likert-Skala zu benutzen oder die konkrete Bezeichnung der Antwortoptionen anzupassen. Jede dieser Anregungen wurde diskutiert und zum Teil übernommen, was im Anhang ausführlich kenntlich gemacht ist.

Drittens haben einige Pretest-Teilnehmende Anmerkungen zum Inhalt gemacht. Diese Kommentarkategorie umfasst die wenigsten Anmerkungen, hat beim Autor aber tiefe Reflexionsprozesse ausgelöst. So wurde z. B. darauf hingewiesen, dass das Thema Home-Office zwar momentan sehr präsent ist, im Fragebogen aber nicht vorkommt, obwohl es für das Engagement von Zweitwohnungsbesitzenden interessant sein könnte. Ein weiterer Pretest-Teilnehmender hat die Diskussion auf die Frage zur Weiterempfehlung gelenkt und diese problematisiert. Aus der Auseinandersetzung mit diesem Kommentar wurde der Autor schon frühzeitig für interessante Diskussions- und Interpretationsansätze im weiteren Verlauf der Studie sensibilisiert.

Eine weitere Massnahme neben dem Pretest, um die Reliabilität zu gewährleisten, war, dass der Autor jedem Umfrageteilnehmenden seine Kontaktdaten zur Verfügung gestellt hat, damit er oder sie sich bei Fragen an ihn wenden konnte. Insgesamt haben den Autor 32 Zuschriften mit Fragen oder Kommentaren erreicht.

Neben der Zuverlässigkeit ist die Gültigkeit (Validität) ein wichtiges Qualitätsmerkmal eines Messinstruments (Jacob et al., 2013). Fink (2003a) hebt vier Risiken für die interne Validität hervor, die auftreten können, falls der Datenerhebungszeitraum zu lange dauert. Erstens könnten historische Ereignisse die Einstellung der Teilnehmenden verändern (History Bias). Zweitens könnte ein Prozess der Reifung bei den Teilnehmenden einsetzen, der zu veränderten charakterlichen, biologischen oder psychologischen Ausprägungen führt (Maturation Bias). Drittens könnten die Studienteilnehmenden auf Basis ungleicher Kriterien ausgewählt werden (Selection Bias). Viertens könnten im Verlauf der Studie manche Teilnehmenden die Studie abbrechen und ihre Daten somit wertlos werden oder es könnten sich nur bestimmte Menschen für eine Teilnahme begeistern und andere nicht (Attrition Bias). In Bezug auf die externe Validität sieht Fink (2003a) geringe Risiken, solange die interne Validität gegeben und die Stichprobe repräsentativ für die Grundgesamtheit sei. Nur so seien die Ergebnisse auf die Population anwendbar.

Der Autor sieht sein Messinstrument unter Aspekten der Validität als solide aufgestellt an. Dafür sprechen zwei Gründe. Erstens werden für die Abfrage des Customer, Employee und Investor Engagement Level drei Skalen als Basis verwendet, die von namhaften Forschern entwickelt und getestet wurden. Sie wurden darüber hinaus in der Forschungs-Community durch strenge Peer Review Prozesse geprüft. Ausserdem haben eine Reihe anderer Forscher die Skalen für ihre Zwecke verwendet, angepasst und wiederholt durchgeführt. Zweitens argumentieren Jacob et al. (2013), dass die Gültigkeit von Messinstrumenten durch Konstruktvalidierung überprüft wird. Dazu müssten Konstrukte theoretisch begründet werden und Hypothesen über ihre Beziehung untereinander formuliert werden, welche dann durch Datenerhebung und -analyse geprüft werden müssten (Bieger, 2006). Der Autor ist diesem Vorgehen gefolgt, indem er eine Literatur Review und eine qualitative Studie durchgeführt hat. Beide erläutern den Zusammenhang der Konstrukte. Zudem bilden die dort gewonnenen Erkenntnisse die Basis für die Formulierung und Operationalisierung der Items.

8.7. Datenanalyse

Die Datenanalyse legt die Grundlage, um die Forschungsfragen zu beantworten. Nach einer deskriptiven Beschreibung der Stichprobe folgen drei Analysen. Erstens werden für die erste Forschungsfrage die drei Kausalmodelle von Customer, Employee und Investor Engagement analysiert. Zweitens wird der Einfluss der unabhängigen Variablen (UVs) auf die abhängigen Variablen (AVs) Customer, Employee und Investor Engagement Factor Scores betrachtet, um die zweite Forschungsfrage zu beantworten. Drittens wird die dritte Forschungsfrage durch eine Untersuchung der moderierenden Effekte der Destination auf die Beziehung zwischen den UVs und den AVs geklärt. Die Analysen wurden mithilfe der Softwares IBM SPSS Statistics Version 27, IBM SPSS Amos Version 27 und Microsoft Excel für Office 365 durchgeführt. Das Vorgehen ist in der untenstehenden Tabelle visualisiert. Der Aufbau ist angelehnt an die Arbeit von Schuster (2016).

Zu beantwortende Forschungsfragen	Durchzuführende Analysen
Forschungsfrage 1: Wie lässt sich das Engagement-Level von Zweitwohnungsbesitzenden messen?	Analyse 1: Beurteilung der Kausalmodelle
Forschungsfrage 2: Welchen Einfluss haben unabhängige Variablen auf das Engagement-Level von Zweitwohnungsbesitzenden?	Analyse 2: Beurteilung des Einflusses der unabhängigen Variablen
Forschungsfrage 3: Welchen Einfluss hat der Moderator Destination auf das Engagement-Level von Zweitwohnungsbesitzenden?	Analyse 3: Beurteilung der moderierenden Effekte

Tabelle 12: Struktur der Datenanalyse
Quelle: Eigene Darstellung

8.7.1. Deskriptive Beschreibung der Stichprobe

Von den insgesamt 1'529 abgegebene Antworten sind 493 von Frauen. Dies ergibt einen Frauenanteil an den Antworten von 32,2 Prozent. Demgegenüber beträgt der Männeranteil an der Stichprobe 67,8 Prozent. Kein Teilnehmender hat sich mit der Kategorie „Andere" ausgewiesen. In Bezug auf die Altersstruktur dominiert die Altersgruppe der 65-74-Jährigen mit einem Anteil von 33,9 Prozent gefolgt von der Gruppe der 55-64-Jährigen, die einen Anteil von 26,1 Prozent ausmachen. 3,8 Prozent der Stichprobe sind ledig, 84,5 Prozent verheiratet oder in einer Lebenspartnerschaft, 5,7 Prozent verwitwet und 6,0 Prozent geschieden oder getrennt. Mehr als vier Fünftel der Teilnehmenden haben Kinder, nämlich 82,5 Prozent.

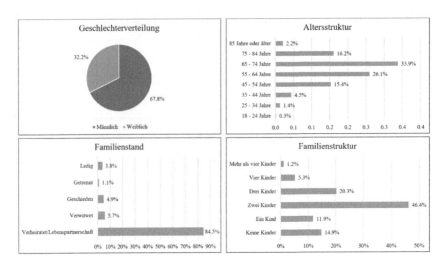

Abbildung 21: Demografische Merkmale der Stichprobe

Quelle: Eigene Darstellung

		Geschlecht		Total
		Männlich	Weiblich	
Alter	18–24 Jahre	1	3	4
	25–34 Jahre	16	5	21
	35–44 Jahre	40	29	69
	45–54 Jahre	149	86	235
	55–64 Jahre	250	149	399
	65–74 Jahre	360	159	519
	75–84 Jahre	192	56	248
	85 Jahre oder älter	28	6	34
Total		1'036	493	1'529

Tabelle 13: Kreuztabelle zur Verteilung von Geschlecht und Alter in der Stichprobe

Quelle: Eigene Darstellung

Die grösste Gruppe der Teilnehmenden befindet sich mit 50,5 Prozent im Ruhestand gefolgt von Beschäftigten in Vollzeit mit 29,1 Prozent und Beschäftigten in Teilzeit mit 19,3 Prozent. Ein Hochschul- bzw. Universitätsabschluss auf Bachelor, Master oder noch höherer Stufe wurde von zusammengenommenen 54,9 Prozent erreicht. Die meisten Teilnehmenden sind mit 93,7 Prozent Schweizer, 4,0 Prozent sind Deutsche und 1,1 Prozent sind Niederländer.

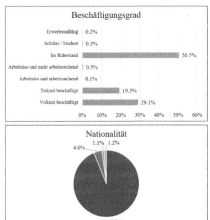

Abbildung 22: Persönliche Merkmale der Stichprobe

Quelle: Eigene Darstellung

18,3 Prozent der Umfrageteilnehmenden besitzen mehr als einen Zweitwohnsitz. Für 42,7 Prozent beträgt die Entfernung zwischen dem Erst- und Zweitwohnsitz ca. zwei Stunden. Ungefähr zwei Drittel verbringen mehr als 28 Tage an ihrem Zweitwohnsitz gefolgt von 20,3 Prozent, die 22-28 Tage pro Jahr vor Ort sind. Die Grösse des Zweitwohnsitzes ist relativ homogen verteilt. Mit 28,8 Prozent geben die meisten eine Grösse von 60 bis 80 Quadratmeter an.

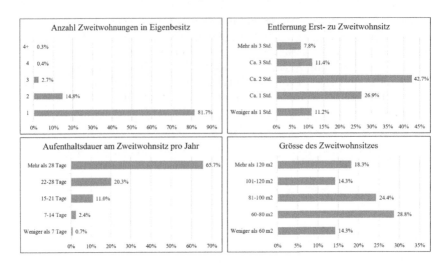

Abbildung 23: Merkmale der Stichprobe in Bezug auf die Zweitwohnsitze

Quelle: Eigene Darstellung

66,3 Prozent der Umfrageteilnehmenden haben ihren Zweitwohnsitz in den Jahren nach 2000 erworben. Die häufigste Erwerbsart war insgesamt der Kauf mit 76,2 Prozent gefolgt vom Erbe mit 14,6 Prozent. Die grosse Mehrheit der Stichprobe versteht sich in ihrer Destination mit 90,8 Prozent als Kunde/Kundin, 8,2 Prozent als Co-Produzent/in und 1,0 Prozent als Investor/in.

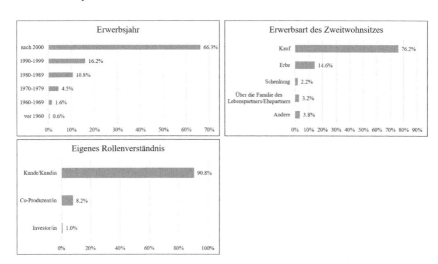

Abbildung 24: Weitere Stichprobenmerkmale und Rollenverständnis

Quelle: Eigene Darstellung

Insgesamt 1'454 Teilnehmende haben ihren Erstwohnsitz in der Schweiz (95,1 Prozent), während 75 Teilnehmende ihren Erstwohnsitz im Ausland haben. Die geografische Verteilung der Schweizer Erstwohnsitze kann über eine Spatial Visualization der Postleitzahlen abgebildet werden. Dafür wurde die Software QGIS verwendet. QGIS ist ein freies Open-Source-Geografie-Informationssystem, mit dem räumliche Daten und Informationen erfasst, bearbeitet und analysiert werden können (QGIS, 2021). Aus der untenstehenden Grafik wird deutlich, dass sich die Erstwohnsitze der Teilnehmenden auf die Deutschschweiz konzentrieren. Häufungen treten um die Ballungszentren Basel, Bern, Luzern, St. Gallen und Zürich auf.

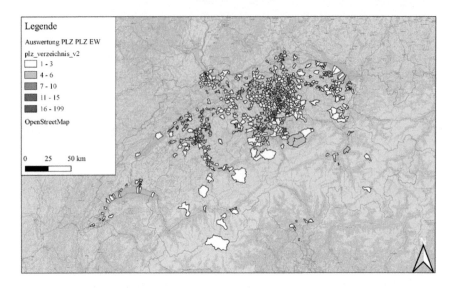

Abbildung 25: Räumliche Verteilung Schweizer Erstwohnsitze nach PLZ

Quelle: Eigene Darstellung

Auch die geografische Verteilung der Zweitwohnsitze aller Umfrageteilnehmenden in der Schweiz wurde mit QGIS visualisiert. Auch hier zeigt sich eine Konzentration auf einige Gemeinden in den Kantonen Bern, Graubünden und Wallis.

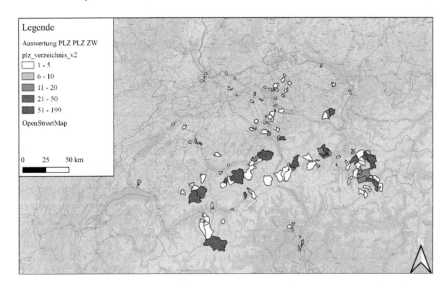

Abbildung 26: Räumliche Verteilung Schweizer Zweitwohnsitze nach PLZ

Quelle: Eigene Darstellung

Die elf Gemeinden mit den meisten Teilnehmenden sind in der folgenden Tabelle aufgelistet.

PLZ	Gemeinde	Anzahl Umfrageteilneh-mende
6390	Engelberg	199
3775	Lenk	145
7260, 7265, 7270	Davos	121
7017, 7018, 7019	Flims	115
3920	Zermatt	90
9656, 9657, 9658	Wildhaus-Alt. St. Johann	90
6433	Stoos	84
3818	Grindelwald	78
7031, 7032	Laax	74
7050	Arosa	67
7180	Disentis	63
3825	Mürren	62

Tabelle 14: Die häufigsten Gemeinden mit Zweitwohnsitzen in der Umfrage

Quelle: Eigene Darstellung

Eine Stichprobe gilt als repräsentativ, wenn in dem Sample wichtige Charakteristika der Population (z. B. Alter, Geschlecht) ähnlich oder gleich verteilt sind wie in der Gesamtpopulation (Fink, 2003d). Die Datenlage in Bezug auf Zweitwohnungsbesitzende in der Schweiz ist dünn. Das Alter betreffend schreiben Bieger et al. (2005), „dass das Alter ein klares Unterscheidungsmerkmal für den Besitz einer Zweitwohnung ist. Eigentümer von Zweitwohnungen sind eher ältere Leute" (S. 78). Über die Aufenthaltsdauer am Zweitwohnsitz pro Jahr ist bekannt, dass zwei Drittel der Zweitwohnungen weniger als acht Wochen pro Jahr ausgelastet sind (ARE, 2009). Bieger et al. (2005) ergänzen: „Die Eigennutzung der Zweitwohnung durch die Eigentümer liegt schweizweit bei rund fünf Wochen" (S. 83). Darüber hinaus identifizieren Bieger et al. (2005) fünf Cluster, mit denen sich das Selbstverständnis der Zweitwohnungsbesitzenden erklären lässt. 35 Prozent seien sport- und familienorientierte Eigentümer (Cluster 1), 25 Prozent seien unmotivierte Eigentümer, die teilweise die Wohnung geerbt hätten (Cluster 2), 13 Prozent seien Menschen, die Flexibilität und Bequemlichkeit suchen (Cluster 3), 9 Prozent seien Wohnungsfixierte, die den Zweitwohnsitz eher als eine Kapitalanlage sehen (Cluster 4) und 18 Prozent seien Wohnungsfixierte, die ihre Zweitwohnung eher als Zufluchtsort verstehen (Cluster 5). Übertragen auf diese Studie lassen sich Cluster 1, Cluster 2 und Cluster 5 dem Eigenverständnis eines Zweitwohnungsbesitzenden als Kunde zurechnen, was zusammen 78 Prozent ergäbe. Cluster 3 repräsentiert das Selbstverständnis als Co-Produzent mit 13 Prozent. Cluster 4 beinhaltet mit 9 Prozent die Zweitwohnungsbesitzende, die sich primär als Investoren verstehen.

Im Vergleich zu den beschriebenen Charakteristiken der Gesamtpopulation kann die Stichprobe wie folgt beurteilt werden. Die Altersgruppe, die in der Stichprobe am häufigsten vertreten ist, ist die zwischen 65 und 74 Jahren mit 33,9 Prozent. Danach kommen die 55-64-Jährige mit 26,1 Prozent. Dies deckt sich mit den Angaben über die Population aus der Literatur, dass Zweitwohnungsbesitzende eher ältere Leute seien (Bieger et al., 2005). Die Teilnehmenden der Umfrage haben mit 65,7 Prozent eine Nutzungsdauer pro Jahr von mehr als 28 Tagen angegeben gefolgt von 20,3 Prozent mit 22 bis 28 Tagen. Auch an diesem Punkt stimmt die Stichprobe mit den Referenzwerten der Population überein, die die Literatur vorgibt (ARE, 2009; Bieger et al., 2005). Das prozentuale Verteilung der Rollenverständnisse der Zweitwohnungsbesitzenden nähert sich in der Stichprobe zumindest den Werten für die Gesamtpopulation an, die Bieger et al. (2005) beschreiben. In der Umfrage identifizieren sich 90,8 Prozent primär mit der Kundenrolle, 8,2 Prozent mit der Co-Creator-Rolle und 1,0 Prozent mit der Investorenrolle. Diese Werte nähern sich zumindest den Ergebnissen der Studie von Bieger et al. (2005) an, auch wenn ihre Clusterung auf ein anderes Rollenverständnis setzt.

8.7.2. Auswahl der Analyseverfahren

Um die erhobenen Daten auszuwerten, werden drei multivariate Analyseverfahren durchgeführt. Für die erste Analyse, Beurteilung der Kausalmodelle, kommen Strukturgleichungsmodelle (Structural Equation Modeling (SEM)) zum Einsatz. Die zweite Analyse, Beurteilung des Einflusses der unabhängigen Variablen, setzt auf multiple lineare Regressionsanalysen. Die dritte Analyse, Beurteilung der moderierenden Effekte, verwendet Moderated Multiple Regressions.

Durchzuführende Analysen	Analyseverfahren
Analyse 1: Beurteilung der Kausalmodelle	Strukturgleichungsmodelle
Analyse 2: Beurteilung des Einflusses der unabhängigen Variablen	Multiple lineare Regressionsanalysen
Analyse 3: Beurteilung der moderierenden Effekte	Moderated Multiple Regressions

Tabelle 15: Gewählte Analyseverfahren

Quelle: Eigene Darstellung

In Bezug auf das Messmodell der zweiten Studie wird wie folgt vorgegangen.

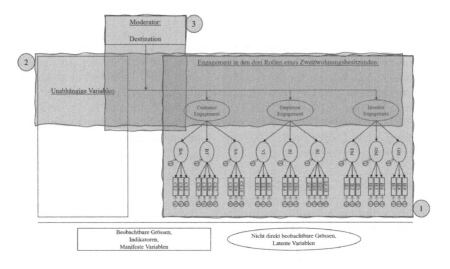

Abbildung 27: Die drei Analyseverfahren im Messmodell der Studie

Quelle: Eigene Darstellung

8.7.3. Analyse 1: Konfirmatorische Faktoranalyse

Das Ziel der ersten Analyse ist es, die erste Forschungsfrage zu beantworten: Wie lässt sich das Engagement-Level von Zweitwohnungsbesitzenden messen? Dazu werden drei Kausalmodelle aus der Forschung zu Customer, Employee und Investor Engagement verwendet. Jedes Kausalmodell besteht aus einem mehrdimensionalen Strukturmodell und Messmodellen der latent exogenen Variablen (Weiber & Mühlhaus, 2014).

Aufbau der Strukturgleichungsmodelle

Strukturgleichungsmodelle sind statistische Verfahren zum Testen von Mess-, Funktions-, Vorhersage- und Kausalhypothesen, gelten als multivariates statistisches Verfahren und ergänzen die Methoden der multiplen Regression und ANOVA (Bagozzi & Yi, 2012). Solche Strukturmodelle werden verwendet, um komplexe Themen wie Engagement mit ausreichender theoretischer Tiefe zu erschliessen (Schuster, 2016).

Nach Bagozzi und Yi (2012, S. 12) liegen die Vorteile von Strukturgleichungsmodellen u. a. darin, dass sie eine integrative Funktion haben und eine Vielzahl an gängigen und relevanten Analyseverfahren zulassen; dass sie Forschern dabei helfen, ihre Hypothesen und Konstruktoperationalisierungen individuell anzupassen und konkret zu überprüfen; dass sie die Reliabilität von Messungen bei Hypothesentests in einer Weise berücksichtigen, die über die Mittelwertbildung von Mehrfachmessungen von Konstrukten hinausgeht; und dass sie oft neue, ursprünglich nicht in Betracht gezogene Hypothesen als Ergebnis haben und somit neue Wege für weitere Forschung eröffnet.

Um das Engagement von Zweitwohnungsbesitzenden zu überprüfen, wird ihr Customer, Employee und Investor Engagement abgefragt. Diese Konzeptualisierung wird aus der Literatur abgeleitet und spiegelt die drei Rollen (Kunde, Co-Produzent, Investor) eines Zweitwohnungsbesitzenden wider (Bieger, 2006, S. 184; Müller-Jentsch, 2017). Total Zweitwohnungsbesitzenden Engagement gilt als theoretisches Konstrukt auf der konzeptionellen Ebene und kann hier nicht gemessen werden, da keine neue Messskala entworfen werden soll (Giere, Wirtz & Schilke, 2006). Vielmehr werden die antizipierten Bestandteile Customer, Employee und Investor Engagement gemessen. Alle drei sind mehrdimensionale Konstrukt höherer bzw. zweiter Ordnung, weshalb für die Untersuchung zuerst ihre Subebenen spezifiziert werden müssen (Schuster, 2016). Law, Wong und Mobley (1998) stellen für solche mehrdimensionalen Konstrukte fest: „We refer to a construct as multidimensional when it consists of a number of interrelated attributes or dimensions and exists in multidimensional domains. In contrast to a set of interrelated unidimensional constructs, the dimensions of a multidimensional construct can be conceptualized under an overall abstraction, and it is theoretically meaningful and parsimonious to use this overall abstraction as a representation of the dimensions" (S. 741). Gemäss Jarvis et al. (2003) gibt es vier Typen von mehrdimensionalen Konstrukten.

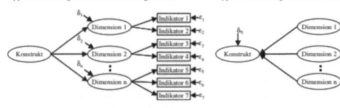

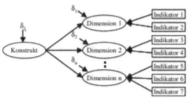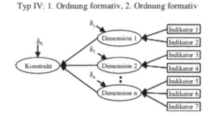

Abbildung 28: Mehrdimensionale Messmodelle zweiter Ordnung

Quelle: Albers und Götz (2006, S. 671) in Anlehnung an Jarvis et al. (2003, S. 205)

Die drei Konstrukte Customer, Employee und Investor Engagement werden in Übereinstimmung mit der Literatur als Konstrukte zweiter Ordnung Typ I klassifiziert. Customer Engagement wird reflektiv durch die Dimensionen bzw. Faktoren Bewusste Aufmerksamkeit (BA), Begeisterte Teilnahme (BT) und Soziale Anbindung (SA) abgebildet (Vivek et al., 2014). Diese drei Dimensionen werden durch zehn Indikatoren dargestellt. Employee Engagement wird reflektiv durch die Dimensionen Vitalität (VI), Hingabe (HI) und Bindung (BI) beschrieben (Schaufeli et al., 2006). Diese drei Dimensionen werden mithilfe von zehn Indikatoren abgefragt. Investor Engagement konstituiert sich reflektiv durch die drei Dimensionen Finanzielle Merkmale (FM), Operative Merkmale (OM) und Governance Merkmale (GM) (Denes et al., 2017). Insgesamt sieben Items bilden diese drei Dimensionen ab. Die Items IE4, IE7 und IE9 werden invertiert abgefragt. Die Operationalisierung der Subkonstrukte und ihre Indikatorenformulierung werden in der untenstehenden Tabelle zusammengefasst.

Konstrukt	Dimension/ Faktor	Indi- kator/ Item	Indikatorenformulierung
Customer Engage- ment (CE)	Bewusste Aufmerksam- keit (BA)	CE1	Alles, was mit meinem Zweitwohnsitz zu tun hat, er- regt meine Aufmerksamkeit.
		CE2	Ich interessiere mich dafür, mehr über meine Zweit- wohnungsdestination zu erfahren.
		CE3	Ich schenke allem, was mit meinem Zweitwohnsitz zu tun hat, sehr viel Beachtung.
	Begeisterte Teilnahme (BT)	CE4	Ich verbringe möglichst viel Zeit an meinem Zweit- wohnsitz.
		CE5	Ich bin in meinen Zweitwohnsitz „verliebt".
		CE6	Ich bin von meinem Zweitwohnsitz begeistert.
		CE7	Ich werde unruhig, wenn ich lange nicht an meinem Zweitwohnsitz war.
	Soziale Anbindung (SA)	CE8	Ich nehme gerne Freunde an meinen Zweitwohnsitz mit.
		CE9	Ich habe Freundinnen und Freunde an meinem Zweitwohnsitz.
		CE10	An meinem Zweitwohnsitz zu sein, macht mehr Spass, wenn auch andere Leute um mich herum vor Ort sind.
Employee Engage- ment (EE)	Vitalität (VI)	EE1	Ich sehne mich häufig an den Ort meiner Zweitwoh- nung.
		EE2	Wenn ich Zeit an meinem Zweitwohnsitz verbringe, dann bin ich voller Energie.
		EE3	Während der Zeit, die ich an meinem Zweitwohnsitz verbringe, fühle ich mich stark und lebhaft.
	Hingabe (HI)	EE4	An meinem Zweitwohnsitz zu sein, inspiriert mich.
		EE5	Ich bin von meinem Zweitwohnsitz begeistert.
		EE6	Ich bin stolz, eine Zweitwohnung in dieser Destinati- on zu haben.
	Bindung (BI)	EE7	Ich verbinde überwiegend schöne Gedanken mit mei- nem Zweitwohnsitz.
		EE8	Ich fühle mich an meinem Zweitwohnsitz wie zu Hause.
		EE9	Ich könnte mir vorstellen, meinen Erstwohnsitz in meine Zweitwohnungsdestination zu verlegen.
		EE10	Ich möchte an meinem Zweitwohnsitz einen Beitrag zur Destination leisten.

Investor Engagement (IE)	Finanzielle Merkmale (FM)	IE1	Mir ist der Werterhalt meiner Zweitwohnung wichtig.
		IE2	Mir ist die Wertsteigerung meiner Zweitwohnung wichtig.
		IE3	Bitte beurteilen Sie folgende Aussage: Ich werde in Zukunft mehr Konsumgüter an meinem Zweitwohnsitz kaufen.
	Operative Merkmale (OM)	IE4	Ich habe konkrete Anliegen, die ich am Ort meines Zweitwohnsitzes verändern will.
		IE5	Bitte vervollständigen Sie folgende Aussage: Mein Zweitwohnsitz … (übertrifft die Erwartungen bei Weitem/übertrifft die Erwartungen leicht/trifft die Erwartungen/trifft die Erwartungen eher nicht/trifft die Erwartungen überhaupt nicht).
		IE6	Bitte beurteilen Sie folgende Aussage: Ich bin mit meiner Zweitwohnsitzdestination … (äusserst zufrieden/zufrieden/weder zufrieden noch unzufrieden/unzufrieden/äusserst unzufrieden).
	Governance Merkmale (GM)	IE7	Ich lege Wert darauf, dass die Destination meine Steuern und Abgaben nachvollziehbar und transparent verwendet.
		IE8	Ich habe das Gefühl, dass meine Bedürfnisse an meinem Zweitwohnsitz berücksichtigt werden.
		IE9	Wenn auf meine Anliegen nicht eingegangen wird, dann kann ich mir vorstellen, meine Zweitwohnung zu verkaufen.

Tabelle 16: Operationalisierung der Konstrukte und Indikatorenformulierung

Quelle: Eigene Darstellung

Demnach bestehen die drei Kausalmodelle aus einem Strukturmodell und einem Messmodell der latent exogenen Variablen. Sie können wie folgt visualisiert werden.

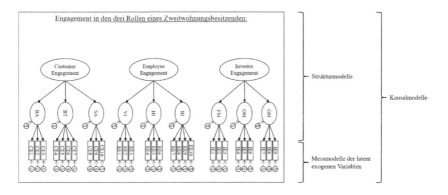

Abbildung 29: Die Kausalmodelle der zweiten Studie

Quelle: Eigene Darstellung

Varianzanalytische und kovarianzanalytische Analyseverfahren

In der Literatur werden zwei verschiedene Verfahren der Parameterschätzung besprochen, mit denen sich Strukturgleichungsmodelle analysieren lassen (Schuster, 2016).

Das erste Verfahren ist der kovarianzanalytische Ansatz. Dieser Ansatz erlaubt „die Analyse von komplexen Abhängigkeitsstrukturen bei gleichzeitiger Berücksichtigung der Problematik, dass viele theoretisch interessante Phänomene nicht direkt messbar sind" (Homburg & Klarmann, 2006, S. 2). Das Ziel dieses Ansatzes ist die bestmögliche Reproduktion der empirischen Varianz-Kovarianzmatrix (Backhaus, Erichson & Weiber, 2015; Weiber & Mühlhaus, 2014). Die Grundlagen zu diesem Verfahren, das auch unter dem Namen LISREL (Linear Structural Relations) bekannt ist, hat Karl Jöreskog gelegt (Jöreskog, 1973; Jöreskog & Sörbom, 1982). Der kovarianzanalytische Ansatz eignet sich besonders für die Messung von reflektiven Messmodellen (Homburg & Klarmann, 2006).

Das zweite Verfahren ist der varianzanalytische Ansatz. Das Ziel dieses Ansatzes ist die Prognose abhängiger Variablen (Homburg & Klarmann, 2006). Der varianzanalytische Ansatz ist „vor allem für Prognosezwecke geeignet, da er eine möglichst genaue Schätzung der Ausgangsdaten anstrebt. Demgegenüber analysiert der LISREL-Ansatz die Varianz-Kovarianzmatrix der Daten und versucht, die empirisch gewonnene Gesamtinforation durch das Kausalmodell zu reproduzieren" (Weiber & Mühlhaus, 2014, S. 323-324). Die untenstehende Tabelle zeigt die Unterschiede der beiden Ansätze.

Kriterium	Kovarianzanalytischer Ansatz	Varianzanalytischer Ansatz
Definition	Auf dem Fundamentaltheorem der Faktorenanalyse basierender ganzheitlicher Ansatz, bei dem alle Parameter eines Strukturgleichungsmodells auf Basis der Informationen aus der empirischen Varianz-Kovarianzmatrix bzw. Korrelationsmatrix simultan geschätzt werden (S. 54).	Auf der Kleinst-Quadrate-Schätzung basierender zweistufiger Ansatz, bei dem im ersten Schritt fallbezogen konkrete Schätzwerte für die latenten Variablen (scores; construct values) aus den empirischen Messdaten ermittelt werden, die dann im zweiten Schritt zur Schätzung der Parameter des Strukturmodells verwendet werden (S. 67).
Zielsetzung	Bestmögliche Reproduktion der empirischen Varianz-Kovarianzmatrix	Bestmögliche Vorhersage der Datenmatrix bzgl. der Zielvariablen
Theoriebezug	Theorie-testender Ansatz (hard modeling)	Daten- und prognoseorientierter Ansatz (soft modeling)
Methodik	Faktoranalytischer Ansatz mit simultaner Schätzung aller Parameter des Kausalmodells	Regressionsanalytischer Ansatz bei zweistufiger Schätzung von Messmodellen und Strukturmodell
Datenbasis	Varianz-Kovarianzmatrix	Ausgangsdatenmatrix
Messmodelle	Primär reflektiv	Formativ und reflektiv
Stichprobenumfang	Gross	Klein ausreichend
Programmpakete	LISREL; EQS; AMOS	LVPLS; PLS Graph; Smart-PLS

Tabelle 17:　Zentrale Unterschiede zwischen dem kovarianzanalytischen und dem varianzanalytischen Ansatz der Kausalanalyse

Quelle: Weiber und Mühlhaus (2014, S. 54-74) ergänzt durch Homburg und Klarmann (2006, S. 15)

Im Folgenden wird dem kovarianzanalytischen Ansatz (LISREL) gefolgt, da die drei Kausalmodelle ausschliesslich reflektive Elemente beinhalten.

Das kovarianzbasierte Verfahren (LISREL-Ansatz)

Obwohl bei der Analyse von Strukturgleichungsmodellen „eine simultane Parameterschätzung erfolgt, findet die Beurteilung in einem zweistufigen Prozess statt. Vor der Betrachtung des Strukturmodells werden die einzelnen Messmodelle überprüft. Diese Herangehensweise stellt eine valide und reliable Konstruktmessung sicher, bevor Rückschlüsse auf die Beziehungen zwischen den latenten Konstrukten gezogen werden" (Hulland, 1999, S. 199; Schuster, 2016, S. 109). Diese zweistufige Vorgehensweise schlagen auch Mulaik und Millsap (2000) vor: Zuerst solle das Messmodell mit einer konfirmatorischen Faktorenanalyse bestätigt und danach das Strukturmodell getestet werden. „Die konfirmatorische Faktorenanalyse höherer Ordnung geht von der Annahme aus, dass die Beziehungen zwischen den Konstrukten 1. Ordnung durch die Existenz eines oder mehrerer übergeordneter Konstrukte erklärbar sind, die selbst keine direkte Verbindung zu den Indikatorvariablen aufweisen" (Bollen, 1989; Giere et al., 2006, S. 686).

Anforderungen an reflektive Messmodelle

Der Literatur folgend, werden im ersten Schritt die Messmodelle der latent exogenen Variablen analysiert. Dafür gilt es, gängige Anforderungen an reflektive Messmodelle zusammenzufassen. Die Gütekriterien der Reliabilität und Validität geben „Aufschluss über die Gültigkeit und Zuverlässigkeit der Modellbeziehungen sowie des Gesamtgefüges" (Huber, Herrmann, Meyer, Vogel & Vollhardt, 2007, S. 35; Schuster, 2016, S. 109). „Die Reliabilität beschreibt in diesem Zusammenhang das Ausmaß, in welchem die Messprozedur über verschiedene Messwiederholungen hinweg gleiche Ergebnisse liefert. Im Gegensatz dazu gibt die Validität an, ob auch wirklich das gemessen wird, was gemessen werden soll" (Carmines & Zeller, 1979, S. 11-12; Schuster, 2016, S. 109). „Die Validität weist bei der Operationalisierung hypothetischer Konstrukte eine besondere Relevanz auf, da sie als ein zusammenfassendes Maß für die Güte der Messung anzusehen ist" (Weiber & Mühlhaus, 2014, S. 156). Zuerst werden die Anforderungen an die Reliabilität besprochen, danach an die Validität. Diese lassen sich in Kriterien der ersten und zweiten Generation unterscheiden. „Die Gütekriterien der ersten Generation wurden vor allem in der psychometrischen Forschung entwickelt und basieren im Wesentlichen auf Korrelationsbetrachtungen zur Reliabilitätsprüfung" (Weiber & Mühlhaus, 2014, S. 129). Das Problem mit diesen Kriterien sei, dass sie keine Schätzung der Messfehler erlaubten und Modellparameter nicht inferenzstatistisch überprüften (Weiber & Mühlhaus, 2014, S. 129). Im Vergleich dazu setzen die Gütekriterien der zweiten Generation auf eine konfirmatorische Faktoranalyse (KFA) und ermöglichen eine fundierte Validitätsprüfung (Weiber & Mühlhaus, 2014).

Reliabilitätsprüfung	Validitätsprüfung
Kriterien der ersten Generation	
Prüfung auf Eindimensionalität: Isolierte EFA für jeweils nur ein Konstrukt	Inhalts- und Expertenvalidität
Indikatorebene: a) Item-to-Total-Correlation b) Cronbachs Alpha (ohne Item)	
Konstruktebene: a) Cronbachs Alpha b) Beta-Koeffizient c) Inter-Item-Korrelation	
Kriterien der zweiten Generation	
Indikatorebene: a) Indikatorreliabilität	Inhaltsvalidität
Konstruktebene: a) Faktorreliabilität (Konstruktreliabilität) b) Durchschnittlich extrahierte Varianz (DEV bzw. AVE)	Kriteriumsvalidität: a) Übereinstimmungsvalidität b) Prognosevalidität
	Konstruktvalidität: a) Konvergenzvalidität (= Faktorreliabilität) b) Diskriminanzvalidität c) Nomologische Validität

Tabelle 18:   Gütekriterien zur Prüfung reflektiver Messmodelle
Quelle: Weiber und Mühlhaus (2014, S. 130)

Da die verwendeten Items und Skalen aus peer-reviewten, veröffentlichten und replizierten Journal Artikeln stammen, wird auf die explorative Faktoranalyse (EFA) und die damit verbundene Beurteilung der Kriterien der ersten Generation verzichtet (Jahn, 2007).

Die Reliabilitätskriterien der zweiten Generation werden auf Indikatoren- und Konstruktebene überprüft. Auf Indikatorenebene heisst das: „Die Indikatorreliabilität gibt den Anteil der Varianz eines Indikators an, der durch das Konstrukt erklärt wird" (Weiber & Mühlhaus, 2014, S. 150). Insgesamt gilt, dass ein Indikator als Item für ein latentes Konstrukt verwendet werden kann, wenn die Indikatorreliabilität einen Wert von grösser als 0,4 annimmt und signifikant von Null verschieden ist (Weiber & Mühlhaus,

2014). Jahn (2007, S. 21) argumentiert, dass die Faktorladungen „einen Min-
destwert von 0,707 annehmen sollten, damit die Hälfte der Varianz in den
Indikatoren mit dem Konstrukt verbunden werden kann". Dazu wird ein
t-Wert von mindestens 1,645 gefordert (Götz & Liehr-Gobbers, 2004).
    Auf Konstruktebene werden die Faktorreliabilität bzw. Konstruktrelia-
bilität und die durchschnittlich extrahierte Varianz bzw. durchschnittlich
erfasste Varianz (DEV oder AVE) geprüft. „Die sog. Faktorreliabilität entspricht der „Indikatorreliabilität" auf Konstruktebene und sollte nach
Bagozzi und Yi (1988) Werte größer als 0,6 annehmen" (Weiber & Mühlhaus, 2014, S. 150). Die durchschnittliche je Faktor extrahierte Varianz zeigt,
„wie viel Prozent der Streuung des latenten Konstruktes über die Indikatoren durchschnittlich erklärt wird" (Weiber & Mühlhaus, 2014, S. 151).
Dabei sollten die Werte grösser als 0,5 sein (Fornell & Larcker, 1981).

Kriterium	Schwellenwerte
Kriterien der zweiten Generation	
Indikatorreliabilität	≥ 0,4 mit t-Wert von mindestens 1,645
Faktorreliabilität	≥ 0,6
Durchschnittlich extrahierte Varianz (DEV)	≥ 0,5

*Tabelle 19: Gütekriterien und Schwellenwerte zur Reliabilitätsprüfung auf
             Indikator- und Faktorebene*

Quelle: Weiber und Mühlhaus (2014, S. 155)

Zur Validitätsprüfung werden die Inhalts-, Kriteriums- und Konstruktvalidität überprüft.
    Die Inhaltsvalidität der Indikatoren „zeigt auf, in welchem Ausmaß
die Indikatoren auch wirklich das zugeordnete Konstrukt abbilden und
messen" (Schuster, 2016, S. 109). „Die sorgfältige [...] Konzeptualisierung
und Operationalisierung der Konstrukte ist Voraussetzung zur Erzielung
von Inhaltsvalidität" (Weiber & Mühlhaus, 2014, S. 168).
    Die Kriteriumsvalidität wird in der Anwendungspraxis zumeist nicht
explizit überprüft, da oft passende und anwendbare Aussenkriterien fehlen
(Weiber & Mühlhaus, 2014). „Das Kernproblem bei der Messung von Kriteriumsvalidität liegt dabei im Auffinden eines ‚brauchbaren' Außenkrite-
riums. Da auch die Außenkriterien hypothetische Konstrukte darstellen,
müssen sie ebenfalls entsprechend konzeptualisiert, operationalisiert und
empirisch erhoben werden" (Weiber & Mühlhaus, 2014, S. 157).
    „Konstruktvalidität betrifft allgemein die Beziehung zwischen einem
hypothetischen Konstrukt und seiner Messkonzeption" (Weiber & Mühl-

haus, 2014, S. 159). Sie existiert, wenn die Konstruktmessung nicht durch andere Konstrukte oder systematische Fehler verfälscht wird und wenn ihre drei Bestandteile Konvergenz-, Diskriminanz- und nomologische Validität erfüllt werden (Weiber & Mühlhaus, 2014).

Die Konvergenzvalidität wird auf Konstruktebene analysiert. Nach Weiber und Mühlhaus (2014) bedeutet Konvergenzvalidität, dass zwei Messungen eines Konstruktes mit zwei maximal unterschiedlichen Methoden dieselben Ergebnisse ergeben müssen. Fornell und Larcker (1981) schlagen die durchschnittlich erfasste Varianz nicht nur für die Reliabilitätsprüfung auf Konstruktebene vor, sondern auch für die Beurteilung von Konvergenzvalidität auf Konstruktebene (Schuster, 2016). Die durchschnittliche je Faktor extrahierte Varianz zeigt, „wie viel Prozent der Streuung des latenten Konstruktes über die Indikatoren durchschnittlich erklärt wird" (Weiber & Mühlhaus, 2014, S. 151). Die Werte sollten grösser als 0,5 sein (Fornell & Larcker, 1981).

Die Diskriminanzvalidität besagt, dass sich die Messungen verschiedener Konstrukte signifikant unterscheiden müssen (Weiber & Mühlhaus, 2014). Um die Diskriminanzvalidität zu beurteilen, wird das Fornell-Larcker-Kriterium analysiert (Fornell & Larcker, 1981). Für das Fornell-Larcker-Kriterium gilt: „In order to ensure discriminant validity, the AVE of each latent variable should be higher than the squared correlations with all other latent variables. Thereby, each latent variable shares more variance with its own block of indicators than with another latent variable representing a different block of indicators" (Henseler, Ringle & Sinkovics, 2009, S. 300).

Von nomologischer Validität wird gesprochen, wenn die Zusammenhänge zwischen den verwendeten Konstrukten theoretisch mit einem nomologischen Netzwerk bestätigt werden können (Weiber & Mühlhaus, 2014).

Kriterium	Schwellenwerte
Inhaltsvalidität	
Gemessene Items bilden alle inhaltlich-semantischen Bedeutungsinhalte eines Konstruktes ab	Bestätigung (z. B. durch Experten)
Kriteriumsvalidität	
Konkurrenzvalidität	Cor $(\xi_{i,t=0}, \xi_{i,t=0})$ hoch bzw. sign.
Prognosevalidität	Cor $(\xi_{i,t=0}, \xi_{i,t=1})$ hoch bzw. sign.
Konstruktvalidität	
Erfordert Konvergenz-, Diskriminanz- und nomologische Validität	
Konvergenzvalidität	DEV > 0,5
Diskriminanzvalidität: Fornell-Larcker-Kriterium	DEV > höchste quadrierte Korrelation mit allen anderen latenten Variablen (Korr²)
Nomologische Validität	KFA-Modell mit hoher Güte

Tabelle 20: Gütekriterien und Schwellenwerte zur Validitätsprüfung

Quelle: Weiber und Mühlhaus (2014, S. 167)

Beurteilung des Messmodells der latent exogenen Variablen

Nachdem im vorangegangen Subkapitel die Anforderungen an reflektive Messmodelle und ihre Anspruchsniveaus diskutiert wurden, werden nun die erhobenen Daten des Messmodells analysiert und beurteilt.

Die Werte für die Faktorladungen und die t-Werte auf Indikatorebene werden von SPSS Amos im Datenoutput zur Verfügung gestellt. Die Faktorreliabilität und die DEV müssen hingegen über folgende Formeln berechnet werden (Jahn, 2007):

Faktorreliabilität

$$= \frac{(\text{Summe der standardisierten Ladungen})^2}{(\text{Summe der standardisierten Ladungen})^2 + \text{Summe des Messfehlers}}$$

Formel 4: Faktorreliabilität

Quelle: Jahn (2007, S. 22)

$$\text{Durchschnittlich erfasste Varianz (DEV)} = \frac{\text{Summe der quadrierten standardisierten Ladungen}}{\text{Summe der quadrierten standardisierten Ladungen} + \text{Summe des Messfehlers}}$$

Formel 5: Durchschnittlich erfasste Varianz (DEV)

Quelle: Jahn (2007, S. 22)

Die folgende Tabelle enthält die Ergebnisse der Reliabilitätsanalyse des Messmodells auf Indikator- und Konstruktebene aus SPSS Amos.

Reflektive Messmodelle	Item	Indikatorebene		Konstruktebene	
		Faktorladung (≥ 0,4)	t-Wert (> 1,645)	Faktorreliabilität (≥ 0,6)	DEV (≥ 0,5)
Bewusste Aufmerksamkeit (BA)	CE1	0,723	21,240	0,770	0,531
	CE2	0,634	21,240		
	CE3	0,817	23,755		
Begeisterte Teilnahme (BT)	CE4	0,632	23,370	0,802	0,506
	CE5	0,809	23,370		
	CE6	0,715	26,423		
	CE7	0,676	25,045		
Soziale Anbindung (SA)	CE8	0,496	12,682	0,599	0,336
	CE9	0,661	12,682		
	CE10	0,569	12,483		
Vitalität (VI)	EE1	0,649	26,963	0,833	0,628
	EE2	0,851	26,963		
	EE3	0,859	38,417		
Hingabe (HI)	EE4	0,752	24,305	0,704	0,444
	EE5	0,638	24,305		
	EE6	0,600	22,746		
Bindung (BI)	EE7	0,713	21,588	0,660	0,336
	EE8	0,650	21,588		
	EE9	0,424	14,598		
	EE10	0,482	16,468		

Reflektive Messmodelle	Item	Indikatorebene		Konstruktebene	
		Faktorladung (≥ 0,4)	t-Wert (> 1,645)	Faktorreliabilität (≥ 0,6)	DEV (≥ 0,5)
Finanzielle Merkmale (FM)	IE1	0,703	8,369	0,545	0,305
	IE2	0,575	8,369		
	IE3	0,301	8,180		
Operative Merkmale (OM)	IE4	0,153	5,346	0,565	0,366
	IE5	0,522	13,312		
	IE6	0,896	13,312		
Governance Merkmale (GM)	IE7	0,214	6,594	0,340	0,162
	IE8	0,543	6,594		
	IE9	0,381	10,697		

Tabelle 21: Ergebnisse der Reliabilitätsanalyse
Quelle: Eigene Darstellung

Auf der Indikatorebene ergeben sich die folgenden Ergebnisse: Die Faktorladungen der insgesamt 29 Items liegen fast ausschliesslich über dem ausgegebenen Gütewert von 0,4. Vier Werte erreichen den Schwellenwert nicht, wovon aber zwei wiederum über 0,3 liegen. Sämtliche Faktorladungen sind gemäss t-Wert signifikant von Null verschieden (zweiseitig getestet). Zusammengefasst kann davon ausgegangen werden, dass die Bedingungen der Indikatorreliabilität erfüllt sind.

Auf der Konstruktebene erfüllen fünf von neun Subkonstrukten das Gütemass der Faktorreliabilität. Drei Konstrukte können als Fälle nahe des Schwellenwertes gesehen werden, während eines den Voraussetzungswert eher nicht erfüllt. Ähnlich verhält es sich mit der durchschnittlich extrahierten Varianz. Drei Konstrukte erreichen das geforderte Qualitätsmass, fünf sind Grenzfälle und eines untererfüllt den verlangten Wert. Vor allem das Subkonstrukt GM fällt im Vergleich zu den anderen acht Subkonstrukten leicht ab in Bezug auf die Qualitätsmasse der Faktorreliabilität und der DEV. Dennoch werden die Bedingungen auf Konstruktebene als ausreichend bestätigt angesehen.

Insgesamt sind die Kriterien der Reliabilitätsprüfung auf Indikator- und Konstruktebene in dem Masse erfüllt, dass als nächstes die Validität geprüft wird.

Zuerst wird die Inhaltsvalidität besprochen. Die wichtigsten Voraussetzungen sind die eingehende theoretische Fundierung des Hypothesensystems sowie die sorgfältige Konzeptualisierung und Operationalisierung der Konstrukte (Weiber & Mühlhaus, 2014). Da diese Studien ausschliesslich Items und Skalen verwenden, die aus der anerkannten und überprüften Managementforschung stammen, können die Bedingungen der Inhaltsvalidität als erfüllt betrachtet werden.

In Bezug auf die Kriteriumsvalidität schliesst sich diese Studie dem vorgeschlagenen Vorgehen von Weiber und Mühlhaus (2014) an und verzichtet darauf, Aussenkriterien zu definieren, zu erheben und auszuwerten.

Die Konstruktvalidität erfordert Konvergenz-, Diskriminanz- und nomologische Validität. Die Werte der Analyse der Konvergenz- und Diskriminanzvalidität sind in der untenstehenden Tabelle aufgeführt. Die Konvergenzvalidität wird ebenso wie die Faktorreliabilität anhand der durchschnittlich erfassten Varianz beurteilt. Drei Werte übersteigen das geforderte Gütemass, fünf erreichen es fast und ein Wert fällt etwas ab. Insgesamt sind die Werte im Anbetracht der Komplexität der Modelle und der Stichprobengrösse aber akzeptabel. Die erste Möglichkeit, um die Diskriminanzvalidität zu überprüfen, ist das Fornell-Larcker-Kriterium. Vier Subkonstrukte erfüllen das geforderte Verhältnis zwischen DEV und höchster quadrierter Inter-Konstrukt-Korrelation, fünf nicht.

Die nomologische Validität erfordert ein Gesamtmodell von hoher Güte, weshalb sie erst nach der Gesamtevaluation der Modelle beurteilt werden kann.

Zusammengefasst sind die Kriterien der Reliabilitätsprüfung grösstenteils hinreichend erfüllt. Somit sind die Validitäts- und Reliabilitätsprüfungen abgeschlossen.

Reflektive Messmodelle	Konvergenzvalidität	Diskriminanzvalidität
	DEV ($\geq 0,5$)	Fornell-Larcker-Kriterium (DEV > Korr^2)
Bewusste Aufmerksamkeit (BA)	0,531	0,531 > 0,336
Begeisterte Teilnahme (BT)	0,506	0,506 > 0,336
Soziale Anbindung (SA)	0,336	0,336 > 0,279
Vitalität (VI)	0,628	0,628 < 0,846
Hingabe (HI)	0,444	0,444 < 0,867
Bindung (BI)	0,336	0,336 < 0,867
Finanzielle Merkmale (FM)	0,305	0,305 > 0,069
Operative Merkmale (OM)	0,366	0,366 < 0,745
Governance Merkmale (GM)	0,162	0,162 < 0,745

Tabelle 22: Ergebnisse der Validitätsanalyse

Quelle: Eigene Darstellung

Anforderungen an Strukturmodelle

Im zweiten Schritt der zweistufigen Analyse werden die Strukturmodelle getestet und damit die gesamten Kausalmodelle. „Die Evaluation eines Kausalmodells bildet das zentrale Ziel der Kausalanalyse, da hier geprüft wird, ob sich das a-priori aufgrund von theoretischen und/oder sachlogischen Überlegungen formulierte Hypothesensystem anhand der erhobenen Daten empirisch bestätigen lässt" (Weiber & Mühlhaus, 2014, S. 200). Im Folgenden werden die Anforderungen formuliert, um die Kausalmodelle (Strukturmodelle plus Messmodelle) gesamthaft zu prüfen (Modell-Fit). Zuerst werden die Plausibilität der Gesamtmodelle und dann die Gütekriterien geprüft.

Zuerst werden die Parameterschätzungen auf ihre Plausibilität hin überprüft. „Die Parameterschätzungen eines Kausalmodells gelten allgemein dann als ‚unplausibel', wenn negative Varianzen, Kommunalitäten > 1 oder Korrelationen > 1 auftreten. Das führt dazu, dass Parametermatrizen nicht

‚positiv definit' und damit nicht invertierbar sind" (Weiber & Mühlhaus, 2014, S. 201-202). Diese Fälle werden Heywood Cases genannt. „Sie sind häufig das Ergebnis der Nichterfüllung von Voraussetzungen der gewählten Schätzmethodik, kleiner Stichproben oder ‚schlechter' Startwerte bei der Schätzung" (Weiber & Mühlhaus, 2014, S. 202).

Als zweites wird die Gesamtgüte des Kausalmodells mittels Gütekriterien überprüft. „Eine hohe Güte eines Kausalmodells (sog. Modell-Fit) ist allgemein dann gegeben, wenn die mit Hilfe der Parameterschätzer berechneten Varianzen und Kovarianzen möglichst gut mit den empirisch gewonnenen Varianzen und Kovarianzen übereinstimmen" (Weiber & Mühlhaus, 2014, S. 203).

Um den Modell-Fit zu beurteilen, gibt es inferenzstatistische (beurteilende) und deskriptive (beschreibende) Gütekriterien.

Zu den relevanten inferenzstatistischen Gütekriterien gehören der Chi-Quadrat-Test (auch Likelihood-Ratio-Test genannt), die Root-Mean-Square-Error of Approximation (RMSEA), der Quotient aus Chi-Quadrat (χ^2) und den Freiheitsgraden (d.f.) (CMIN/DF) und der Test von Hoelter (Weiber & Mühlhaus, 2014).

Weiber und Mühlhaus (2014) beschreiben die vier Tests wie folgt: (1) Der Chi-Quadrat-Test testet die Nullhypothese H_0, ob die modelltheoretische Varianz-Kovarianzmatrix (Σ) den wahren Werten der Grundgesamtheit entspricht, gegen die Alternativhypothese H_1, ob die modelltheoretische Varianz-Kovarianzmatrix (Σ) einer beliebig positiv definiten Matrix A entspricht. Ziel ist ein möglichst geringer χ^2-Wert mit einer Wahrscheinlichkeit p (probability) grösser 0,1, so dass es eine Fehlentscheidung wäre, die Nullhypothese abzulehnen. Insgesamt muss der Chi-Quadrat-Test vorsichtig interpretiert werden, da er immer nur Aussagen über das ganze Modell und nicht über Teile dessen macht, sehr sensitiv auf grosse Stichproben reagiert und eine Vielzahl an Voraussetzungen gegeben sein müssen, damit er aussagekräftig ist. Da alle diese Bedingungen in der Praxis de facto unerfüllbar sind, wurden weitere Gütekriterien entwickelt. (2) Die Root-Mean-Square-Error of Approximation (RMSEA) gibt an, ob das Modell die Realität gut approximieren kann. Die RMSEA ist also weniger streng als der Chi-Quadrat-Test, der die Richtigkeit des Modells prüft. Ein RMSEA-Wert von $\leq$ 0,08 gilt als guter bis akzeptabler Modell-Fit. Ist zudem die Irrtumswahrscheinlichkeit (PCLOSE-Wert) kleiner als eine vorgegebene Irrtumswahrscheinlichkeit (z. B. α = 0,05), lässt sich ein guter Modell-Fit annehmen. (3) „Bei praktischen Anwendungen sind oftmals die Voraussetzungen der Chi-Quadrat-Teststatistik nicht erfüllt, so dass empfohlen wird, den Chi-Quadrat-Wert nur als deskriptives Gütekriterium zu interpretieren und mit den Freiheitsgraden (d.f.) ins Verhältnis zu setzen" (Weiber & Mühlhaus, 2014, S. 205). Dieser Quotient (CMIN/DF) sollte für einen guten Modell-Fit Werte von $\leq 2,5$ annehmen. (4) Der Test von Hoelter beurteilt die kritische Stichprobengrösse (N_{kSP}), „bei der das betrachtete Modell anhand des Chi-Quadrat-Tests mit einer Irrtumswahrscheinlichkeit von $\alpha = 0,01$ bzw. 0,05 gerade noch akzeptiert würde. Stichproben größer als N_{kSP} führen in diesem Fall zur Ablehnung der Nullhypothese des Chi-Quadrat-Tests" (Weiber & Mühlhaus, 2014, S. 206). Dennoch sollten auch die Aussagen des Hoelter-Tests mit Vorsicht bewertet werden.

In der Praxis wird die Annahme des Chi-Quadrat-Tests meist als unrealistisch betrachtet (Jöreskog, 1969). Aus diesem Grund werden deskriptive Gütekriterien herangezogen, um zu prüfen, „ob eine bestehende Differenz zwischen der empirischen (S) und der modelltheoretischen Varianz-Kovarianzmatrix (Σ) vernachlässigt werden kann" (Weiber & Mühlhaus, 2014, S. 208). Deskriptive Gütekriterien werden in absolute Fitmasse und Goodness-of-Fit-Masse unterteilt. Zu den absoluten Fitmassen gehören das Root Mean Square Residual (RMR) bzw. das Standardized Root Mean Square Residual (SRMR). Die klassischen Goodness-of-Fit-Masse sind der Goodness-of-Fit-Index (GFI) und der Adjusted-Goodness-of-Fit-Index (AGFI) (Weiber & Mühlhaus, 2014).

Der Unterschied zwischen absoluten Fitmassen und Goodness-of-Fit-Massen lautet wie folgt: Absolute Fitmasse setzen den Chi-Quadrat-Wert (bzw. Differenzwert von S - Σ) ins Verhältnis zur Komplexität eines Modells (Anzahl Freiheitsgrade, Anzahl Modellparameter, Anzahl manifeste Variablen und/oder Stichprobengrösse). Goodness-of-Fit-Masse „setzen den für ein Modell ermittelten Minimalwert der Diskrepanzfunktion in Relation zu dem Minimalwert der Diskrepanzfunktion, der sich ergibt, wenn die modelltheoretische Kovarianzmatrix auf null gesetzt wird" (Weiber & Mühlhaus, 2014, S. 211).

Nachfolgend wird zusammengefasst wie Weiber und Mühlhaus (2014) die vier Tests besprechen. (1) Ein Root Mean Square Residual mit einem Wert von Null bedeutet, dass die empirischen Kovarianzen mit den modelltheoretischen übereinstimmen. Dies spricht für einen perfekten Fit der modelltheoretischen Anpassungen an die empirischen Daten. (2) Das Standardized Root Mean Square Residual hat den Vorteil, dass es unabhängig von der Skalierung der Indikatoren ist. Dadurch ist das SRMR das bewährteste Gütemass für die Modellevaluation und gilt mit einem Wert $\leq 0,1$ als akzeptabel. (3) Der Goodness-of-Fit-Index „misst die relative Menge an Varianz und Kovarianz, der das Modell insgesamt Rechnung trägt und ist im Gegensatz zum Chi-Quadrat-Test unabhängig von der Stichprobengröße. Er entspricht dem Bestimmtheitsmaß (R^2) im Rahmen der Regressionsanalyse und kann somit Werte zwischen 0 und 1 annehmen. Für GFI = 1 können

Güteart	Kriterium	Anspruchsniveau
Plausibilitätskriterien	Varianzen	Positiv
	Kommunalitäten	< 1
	Korrelationen	< 1
Inferenzstatistische Gütekriterien	Chi-Quadrat-Test	Je kleiner, desto besser (mit probability (p) ≥ 0,1)
	Root-Mean-Square-Error of Approximation (RMSEA)	≤ 0,08 (mit Irrtumswahrscheinlichkeit PCLOSE ≤ α = 0,05)
	χ^2/d.f.	Je kleiner, desto besser (Zielwert ≤ 2,5)
	Hoelter-Test	Tatsächliche Stichprobengrösse (n) ≤ akzeptierte Stichprobengrösse (N_{kSP})
Deskriptive Gütekriterien	Root Mean Square Residual (RMR)	Je kleiner, desto besser (0 = perfekter Fit)
	Standardized Root Mean Square Residual (SRMR)	≤ 0,1
	Goodness-of-Fit-Index (GFI)	≥ 0,9
	Adjusted-Goodness-of-Fit-Index (AGFI)	≥ 0,9

Tabelle 23: Kriterien zur Evaluation des Gesamtmodells
Quelle: Weiber und Mühlhaus (2014, S. 222)

alle empirischen Varianzen und Kovarianzen durch das Modell exakt wiedergegeben werden, d. h. es gilt (S = Σ), und es liegt ein perfekter Modell-Fit vor" (Weiber & Mühlhaus, 2014, S. 211). Akzeptiert werden Werte ≥ 0,9. (4) Der Adjusted-Goodness-of-Fit-Index ist zwar ebenfalls ein Mass für die im Modell erklärte Varianz, wird aber anders als der GFI nicht von der Modellkomplexität beeinflusst. Verglichen mit der Regressionsanalyse könnte der AGFI als korrigiertes R^2 interpretiert werden (Weston & Gore Jr, 2006). Werte ≥ 0,9 gelten als Schwellenwert für einen guten Modell-Fit (Weiber & Mühlhaus, 2014).

Beurteilung des Strukturmodells

Im Folgenden wird überprüft, ob die erhobenen Daten die drei Modelle zu Customer, Employee und Investor Engagement bestätigen können oder nicht. Anhand der oben dargelegten Gütekriterien werden die Kausalmodelle akzeptiert bzw. verworfen (Weiber & Mühlhaus, 2014). Die erhobenen Daten erfüllen die Plausibilitätskriterien. Es treten keine sog. Heywood Cases auf, bei denen negative Varianzen oder Kommunalitäten und Korrelationen grösser als 1 gegeben wären (Weiber & Mühlhaus, 2014). Auch die zuvor durchgeführten Reliabilitäts- und Validitätsprüfungen haben verlässliche Ergebnisse für die gemessenen Variablen (Indikatoren) und latenten Variablen geliefert. Laut Weiber und Mühlhaus (2014) ergeben sich somit keine Anzeichen, dass das Kausalmodell fehlspezifiziert wäre.

Als erstes werden die inferenzstatistischen Gütekriterien für das Customer Engagement-Modell besprochen (n = 1'529). Das Modell hat 32 Freiheitsgrade (d.f.). Der Chi-Quadrat-Wert, den AMOS ausweist, beträgt 315,038 mit einem Probability Level p = 0,000. Das heisst „die Nullhypothese (empirische und modelltheoretische Kovarianzmatrizen sind gleich) muss verworfen werden, da eine Ablehnung mit einer Wahrscheinlichkeit von 0,000 ein Fehler wäre" (Weiber & Mühlhaus, 2014, S. 208). Teilt man den Chi-Quadrat-Wert durch die Anzahl der Freiheitsgrade, erhält man χ^2/d.f. (CMIN/DF) = 9,845. Für den RMSEA gibt AMOS den Wert 0,076 aus, was als guter Modell-Fit gesehen werden kann. Gemäss Hoelter-Test liegt die akzeptierte Stichprobengrösse (N_{kSP}) bei einer Irrtumswahrscheinlichkeit von 1 Prozent bei 260 und bei einer Irrtumswahrscheinlichkeit von 5 Prozent bei 225. Beide Werte liegen deutlich unter der tatsächlichen Stichprobengrösse. Dieses Ergebnis stützt die Aussagen des Chi-Quadrat-Tests und des χ^2/d.f. Verhältnisses. Zusammengefasst ist das Modell laut Chi-Quadrat-Test, Verhältnis CMIN/DF und Hoelter-Test keine gute Anpassung an die Realität, aber laut RMSEA schon.

Als zweites wird das Employee Engagement-Modell analysiert (n = 1'529). Der Chi-Quadrat-Wert liegt bei 434,193 bei einem Probability Level von p = 0,000. Bei 32 Freiheitsgraden (d.f.) ergibt sich ein Verhältnis CMIN/DF = 13,569. Der Wert von RMSEA liegt bei 0,091 bei einem PCLOSE-Wert von 0,000. Da auch das angegebene Konfidenzintervall [0,083; 0,098] oberhalb des geforderten Schwellenwertes liegt, wird das angegebene Gütekriterium nicht erfüllt. Der Hoelter-Test gibt für die Irrtumswahrscheinlichkeit von 1 Prozent eine akzeptierte Stichprobengrösse von 189 vor und bei 5 Prozent 163. Insgesamt sprechen alle vier Gütekriterien gegen die Gültigkeit des Kausalmodells.

Als drittes werden die inferenzstatistischen Gütekriterien des Investor Engagement-Modells dargelegt (n = 1'529). Der Wert von Chi-Quadrat beträgt 634,960 bei einem Probability Level von 0,000. Dividiert durch die Freiheitsgrade (d.f. = 24) ergibt sich der Wert CMIN/DF = 26,457. Für

RMSEA gibt AMOS den Wert 0,129 aus bei PCLOSE = 0,000. Auch das Konfidenzintervall [0,121; 0,138] liegt oberhalb des Gütewerts. Mit einer einprozentigen Irrtumswahrscheinlichkeit liegt laut Hoelter-Test die akzeptierte Stichprobengrösse bei 104 und für eine fünfprozentige bei 88. Somit verfehlen alle vier Tests die Schwellenwerte der Gütekriterien.

Konstrukte	Inferenzstatistische Gütekriterien			
	Chi-Quadrat	RMSEA	χ^2/d.f.	Hoelter
	Min. & p ≥ 0,1	≤ 0,08 & PCLOSE ≤ α = 0,05	≤ 2,5	n (1'529) ≤ N_{kSP}
CE	315,038 p = 0,000	0,076 PCLOSE = 0,000	9,845	260
EE	434,193 p = 0,000	0,091 PCLOSE = 0,000	13,569	189
IE	634,960 p = 0,000	0,129 PCLOSE = 0,000	26,457	104

Tabelle 24: Ergebnisse der inferenzstatistischen Gütekriterien

Quelle: Eigene Darstellung

Mithilfe der deskriptiven Gütekriterien wird der Modell-Fit unabhängig vom störanfälligen Chi-Quadrat-Wert untersucht (Weiber & Mühlhaus, 2014).

Zuerst werden die deskriptiven Gütekriterien für das Customer Engagement-Modell besprochen. „Je kleiner die RMR-Werte sind, desto besser ist die modelltheoretische Anpassung an die empirischen Daten gelungen. Ein Wert von Null bedeutet dabei, dass die empirischen Kovarianzen mit den modelltheoretischen übereinstimmen und spricht für einen perfekten Fit" (Weiber & Mühlhaus, 2014, S. 209). Im vorliegenden Fall liegt der RMR-Wert bei 0,039, so dass von einem guten Modell-Fit ausgegangen werden kann. Diese Annahme wird auch durch SRMR-Wert von 0,0454 bestätigt, der deutlich unter dem Schwellwert für guten Modell-Fit von 0,1 liegt. Mittlerweile gelten RMR und SRMR als absolut notwenige und zuverlässige Gütemasse (Jahn, 2007; Weiber & Mühlhaus, 2014; Weston & Gore Jr, 2006). Darüber hinaus sind auch der GFI und AGFI häufig verwendete Gütekriterien (Jahn, 2007). Das untersuchte Modell erreicht einen GFI-Wert von 0,958 und einen AGFI-Wert von 0,928. Beide Werte liegen somit deutlich über dem Schwellenwert für guten Modell-Fit.

Zweitens wird das Employee Engagement-Modell analysiert. AMOS errechnet einen RMR-Wert von 0,037 und einen SRMR-Wert von 0,0488. Der GFI liegt bei 0,942 und der AGFI bei 0,900. Alle vier Werte erfüllen somit strengste Gütekriterien.

Drittens werden die vier Analyse für das Investor Engagement-Modell besprochen. Der RMR-Wert erreicht 0,088. Der SRMR-Wert von 0,1081 überschreitet den geforderten Schwellenwert nur minimal. Der GFI erfüllt das Gütemass mit einem Wert von 0,910, während der AGFI mit 0,831 leicht unter der Schwelle für guten Modell-Fit liegt. Im vorliegenden Fall liegt die Abweichung von den üblichen Cut-off-Werten aber bei weniger als 10 Prozent, was auf einen akzeptablen Modell-Fit hinweist.

Insgesamt bestätigen die deskriptiven Gütekriterien für alle drei Modelle einen Modell-Fit.

Konstrukte	Deskriptive Gütekriterien			
	RMR	SRMR	GFI	AGFI
	Min.	≤ 0,1	≥ 0,9	≥ 0,9
CE	0,039	0,0454	0,958	0,928
EE	0,037	0,0488	0,942	0,900
IE	0,088	0,1081	0,910	0,831

Tabelle 25: Ergebnisse der deskriptiven Gütekriterien

Quelle: Eigene Darstellung

Interpretation der Ergebnisse

Diese Studie hat drei in der Forschung bestehende Messmodelle von Engagement auf den Kontext von Zweitwohnungsbesitzenden angewendet. In diesem neuen Kontext wurden die Messmodell zu Customer Engagement von Vivek et al. (2014), zu Employee Engagement von Schaufeli et al. (2006) und zu Investor Engagement von Denes et al. (2017) repliziert. Insgesamt kann festgestellt werden, dass die drei Modelle die Anforderungen an Reliabilität, Validität und statistische Gütekriterien auf Ebene der Mess- und Strukturmodelle grösstenteils erfüllen.

Die Schwellenwerte der Reliabilitätskriterien wurden für die drei Messmodelle zum allergrössten Teil gut erreicht. Am stärksten bei dem Messmodell des Customer Engagements gefolgt von dem des Employee und dann des Investor Engagements. Die Validitätskriterien sind mehrheitlich erfüllt. Dabei zeichnet sich unter den drei Messmodellen die gleiche Erfüllungshierarchie ab wie zuvor. Das Messmodell des Investor Engagements liegt bei der Diskriminanzvalidität teilweise deutlich unter den Schwellenwerten. Insgesamt ist das Customer Engagement-Modell das valideste und reliabelste der drei Modelle.

Bei den statistischen Gütekriterien für die drei Strukturmodelle ergibt sich ein gemischtes Bild. Die inferenzstatistischen Gütekriterien werden von den drei Strukturmodellen überwiegend nicht erfüllt. Dies lässt sich nach Weiber und Mühlhaus (2014) dadurch erklären, dass sämtliche inferenzstatistischen Gütekriterien vom Chi-Quadrat-Wert abhängig sind, der wiederum sehr sensibel und fehleranfällig auf hohe Stichprobengrössen reagiert. Die hier vorliegende Stichprobe ist mit 1'529 Umfrageteilnahmen sehr hoch und wird den Chi-Quadrat-Wert aller Voraussicht nach stark beeinflusst haben. Diese Annahme wird auch vom Ergebnis des Hoelter-Tests gestützt, der deutlich niedrige Werte für die maximal zulässige Höchstanzahl der Umfrageteilnahmen angibt. In dieses Gesamtbild passen auch die Analyseergebnisse der deskriptiven Gütekriterien. Hier werden sämtliche Gütekriterien erfüllt. Zwei minimale Abweichungen liegen bei den SRMR- und AGFI-Werten des Investor Engagement-Strukturmodells vor. Diese sind jedoch so klein, dass sie trotzdem als erfüllt betrachtet werden können.

Zusammengefasst kann davon ausgegangen werden, dass alle drei replizierten Modelle einen guten Modell-Fit für den untersuchten Zweitwohnungsbesitzenden-Kontext haben. Aufbauend auf den Ergebnissen dieses ersten Analyseblocks wird nun die zweite Analyse durchgeführt.

8.7.4. Analyse 2: Multiple lineare Regressionsanalyse

Ziel dieses zweiten Analyseblocks ist es, die zweite Forschungsfrage zu bearbeiten. Sie lautet: Welchen Einfluss haben unabhängige Variablen auf das Engagement-Level von Zweitwohnungsbesitzenden? Zuerst müssen die Faktorwerte der drei Konstrukte Customer, Employee und Investor Engagement berechnet werden, um dann die Forschungsfrage mithilfe einer multiplen linearen Regressionsanalyse zu beantworten.

Berechnung der Faktorwerte

Die Grundvoraussetzung für weitere Analysen ist die Berechnung der sog. Faktorwerte (Factor Scores) der hypothetischen Konstrukte. Ein Factor Score ist ein numerischer Wert, der die relative Einstellung eines Umfrageteilnehmenden im Vergleich zu allen anderen in Bezug auf einen latenten Faktor angibt. Um die Faktorwerte zu berechnen, wird nach Weiber und Mühlhaus (2014) vorgegangen. Bei der Analyse der Strukturmodelle werden u. a. die Werte für die Factor Score Weights in einer Matrix ausgegeben.

Mithilfe der Factor Score Weights lässt sich eine Formel aufstellen, in die die einzelnen Antwortwerte der Umfrageteilnehmenden eingefügt werden können, um so einen Messwert bzw. Faktorwert für die hypothetischen Konstrukte zu erhalten. Im Folgenden werden die errechneten Factor Score Weights in Tabellen zusammengefasst und die Formeln für die Factor Scores der drei Konstrukte Customer, Employee und Investor Engagement dargelegt.

	CE1	CE2	CE3	CE4	CE5	CE6	CE7	CE8	CE9	CE10
CE	0,035	0,024	0,052	0,044	0,113	0,081	0,049	0,013	0,022	0,018

Tabelle 26: Factor Score Weights des Customer Engagement-Modells

Quelle: Eigene Darstellung

Customer Engagement Factor Score $(i) = 0{,}035*CE1(i) + 0{,}024*CE2(i) + 0{,}052*CE3(i) + 0{,}044*CE4(i) + 0{,}113*CE5(i) + 0{,}081*CE6(i) + 0{,}049*CE7(i) + 0{,}013*CE8(i) + 0{,}022*CE9(i) + 0{,}018*CE10(i)$

Formel 6: Berechnung der Faktorwerte des Customer Engagements

Quelle: Eigene Darstellung

	EE1	EE2	EE3	EE4	EE5	EE6	EE7	EE8	EE9	EE10
EE	0,026	0,082	0,082	0,203	0,141	0,106	0,075	0,052	0,013	0,023

Tabelle 27: Factor Score Weights des Employee Engagement-Modells

Quelle: Eigene Darstellung

Employee Engagement Factor Score $(i) = 0{,}026*EE1(i) + 0{,}082*EE2(i) + 0{,}082*EE3(i) + 0{,}203*EE4(i) + 0{,}141*EE5(i) + 0{,}106*EE6(i) + 0{,}075*EE7(i) + 0{,}052*EE8(i) + 0{,}013*EE9(i) + 0{,}023*EE10(i)$

Formel 7: Berechnung der Faktorwerte des Employee Engagements

Quelle: Eigene Darstellung

	IE1	IE2	IE3	IE4	IE5	IE6	IE7	IE8	IE9
IE	-0,036	-0,014	-0,006	0,030	0,176	0,854	-0,030	-0,076	-0,043

Tabelle 28: Factor Score Weights des Investor Engagement-Modells

Quelle: Eigene Darstellung

Investor Engagement Factor Score (i)

$= (-0,036) * IE1(i) + (-0,014) * IE2(i) + (-0,006) * IE3(i) + 0,030 * IE4(i)$
$+ 0,176 * IE5(i) + 0,854 * IE6(i) + (-0,030) * IE7(i) + (-0,076) * IE8(i) +$
$(-0,043) * IE9(i)$

Formel 8: Berechnung der Faktorwerte des Investor Engagements

Quelle: Eigene Darstellung

Mithilfe dieser drei Formeln lassen sich für jeden Umfrageteilnehmenden (i) die Faktorwerte für sein oder ihr Customer, Employee und Investor Engagement berechnen. Diese Werte werden für die weiteren Analysen verwendet, u. a. die folgende multiple lineare Regressionsanalyse. In der hier vorliegenden Stichprobe sind die Factor Scores wie folgt verteilt.

	N	Min.	Max.	Durch-schnitt	Standardabwei-chung
Customer Engagement Factor Score	1'529	0,45	1,80	0,809	0,248
Employee Engagement Factor Score	1'529	0,80	4,01	1,447	0,453
Investor Engagement Factor Score	1'529	0,33	4,31	1,579	0,636

Tabelle 29: Deskriptive Statistik der Factor Scores

Quelle: Eigene Darstellung

Multiple lineare Regressionsanalyse

Das Ziel dieser Analyse ist, den Einfluss unabhängiger Variablen auf die Engagement-Einstellungen der Umfrageteilnehmenden zu untersuchen. Dazu wird eine multiple lineare Regression durchgeführt. „Multiple linear regression is an extension of simple linear regression in which there is a single dependent (response) variable (Y) and k independent (predictor) variables X_i, $i = 1, ..., k$. In multiple linear regression, the dependent variable is a quantitative variable while the independent variables may be quantitative or indicator (0, 1) variables" (Elliott & Woodward, 2016, S. 129). Fink (2003b) schlägt die multiple lineare Regressionsanalyse als Methode zur Datenanalyse vor, wenn – wie im hier vorliegenden Fall – der Einfluss mehrere nominal, ordinal oder kardinal skalierter, unabhängiger Variablen auf eine abhängige Variable geprüft werden soll. „Das Ziel der multiplen Regressionsanalyse ist eine Modellgleichung zu ermitteln, in der ein Regressionskoeffizient als ein Maß für die Änderung der abhängigen Variable interpretiert werden kann, wenn der entsprechende Prädikator um eine Einheit ansteigt und alle anderen Prädikatoren konstant gehalten werden können" (Schendera, 2014, S. 102).

„Die multiple Regression unterstellt ein multivariates Kausalmodell (z. B. x_1, x_2, x_3 verursachen y) und erlaubt somit nicht nur eine Aussage darüber, ob und in welchem Ausmaß mehrere Variablen zusammenhängen, sondern auch die Überprüfung der Richtung des Zusammenhangs, also des Kausalmodells selbst, also inwieweit mehrere unabhängige Variablen (syn.: UV, Regressoren, Prädikatoren, erklärende Variablen, Einflussgrößen) einen Einfluss auf eine abhängige Variable (syn.: AV, Regressand, Kriterium, Zielvariable bzw. -größe, Response- bzw. Reaktionsvariable) ausüben können" (Schendera, 2014, S. 102).

Eine multiple lineare Regressionsanalyse hat mindestens zwei unabhängige Variablen und schätzt deren Einfluss auf die abhängige Variable. Der Grundaufbau sieht dabei wie folgt aus:

$$y_t = \alpha_t + \beta_1 x_{t1} + \beta_2 x_{t2} + \ldots + \beta_n x_{tn} + e_t$$

Formel 9: Standardformel einer multiplen linearen Regression

Quelle: Eigene Darstellung

Die Engagement-Einstellungen werden als abhängige Variablen durch die kalkulierten Engagement Factor Scores repräsentiert (Customer Engagement Factor Score, Employee Engagement Factor Score, Investor Engagement Factor Score). Im Rahmen der Umfrage wurden 13 unabhängige Variablen von 1'529 Teilnehmenden erhoben, die der Autor zur besseren Übersicht in die vier Kategorien demographisch, geographisch, sozial-ökonomisch und persönlich eingeteilt hat. In der nachfolgenden Tabelle werden die Variablen definiert, kategorisiert und ihre Notation sowie Skalenniveaus offengelegt.

Variable	Notation	Kategorie	Definition
			Abhängige Variablen
Customer Engagement Factor Score	CE_FS	-	Messwert des hypothetischen Konstrukts Customer Engagement bei einem Individuum bzw. Ausprägung des Faktors bei einem Befragten (Weiber & Mühlhaus, 2014).
Employee Engagement Factor Score	EE_FS	-	Messwert des hypothetischen Konstrukts Employee Engagement bei einem Individuum bzw. Ausprägung des Faktors bei einem Befragten (Weiber & Mühlhaus, 2014).
Investor Engagement Factor Score	IE_FS	-	Messwert des hypothetischen Konstrukts Investor Engagement bei einem Individuum bzw. Ausprägung des Faktors bei einem Befragten (Weiber & Mühlhaus, 2014).
			Unabhängige Variablen
Alter	ALTER	Demografisch	Ordinal skalierte Variable: Das Alter der Befragten wurde in neun Gruppen abgefragt. Diese wurden wie folgt kodiert: 1 = Unter 18 Jahren, 2 = 18-24 Jahre, 3 = 25-34 Jahre, 4 = 35-44 Jahre, 5 = 45-54 Jahre, 6 = 55-64 Jahre, 7 = 65-74 Jahre, 8 = 75-84 Jahre, 9 = 85 Jahre oder älter.
Geschlecht	GESCHL	Demografisch	Nominal skalierte Variable: Im Fragebogen wurden die drei Antwortmöglichkeiten männlich, weiblich und andere angeboten. Da kein Befragter die Option „andere" ausgewählt hat, wurde die Variable binär bzw. dichotom und als Dummy-Variable kodiert: 0 = Mann, 1 = Frau.
Familienstand	FAMST	Demografisch	Nominal skalierte Variable: Der Familienstand der Befragten wurde in fünf Kategorien abgefragt: 1 = Verheiratet/Lebenspartnerschaft, 2 = Verwitwet, 3 = Geschieden, 4 = Getrennt, 5 = Ledig. Die Kategorien wurden in Dummy-Variablen mit 0 und 1 umkodiert.
Kinder	KIND	Demografisch	Nominal skalierte Variable: Es wurde erhoben, ob die Teilnehmenden Kinder haben. Die Variable ist binär bzw. dichotom. Sie wurde als Dummy-Variable kodiert: 0 = Nein, 1 = Ja.
Ausbildungsniveau	BILDNIV	Demografisch	Ordinal skalierte Variable: Das Ausbildungsniveau der Befragten wurde in sechs Kategorien abgefragt. Diese wurden wie folgt kodiert: 1 = Grundschule (Primar-, Sekundar-, Real-, Bezirksschule), 2 = Berufslehre, Berufs-

			schule (Gewerbeschule, KV), 3 = Handelsschule, höhere Berufsbildung, 4 = Mittelschule (Matura, Berufsmatura, Abitur), 5 = Hochschule/Universität (Bachelor, Master, Examen), 6 = Hochschule/Universität (Doktor, weiterführende berufsqualifizierende Ausbildung, z. B. Anwaltsausbildung, CPA, CFA etc.).
Beschäftigungsstatus	BESCHSTAT	Demografisch	Nominal skalierte Variable: Der Beschäftigungsstatus der Befragten wurde in sieben Kategorien abgefragt. Diese wurden wie folgt kodiert: 1 = Vollzeit beschäftigt, 2 = Teilzeit beschäftigt, 3 = Arbeitslos und arbeitssuchend, 4 = Arbeitslos und nicht arbeitssuchend, 5 = Im Ruhestand, 6 = Schüler/Student, 7 = Erwerbsunfähig. Die Kategorien wurden in Dummy-Variablen mit 0 und 1 umkodiert. Nach der Analyse der Dummy-Variablen erfolgte eine weitere Umkodierung der Kategorie in dichotome Dummy-Variablen mit: 0 = Nicht im Ruhestand (Zusammenfassung der anderen sechs Antwortkategorien) und 1 = Im Ruhestand.
Nationalität	NATIO	Demografisch	Nominal skalierte Variable: Die Nationalität der Befragten nach Ländern abgefragt mit 296 Auswahlmöglichkeiten (Kategorien). Die Kategorien wurden in Dummy-Variablen mit 0 und 1 umkodiert. Nach der Analyse der Dummy-Variablen erfolgte eine weitere Umkodierung der Kategorie in dichotome Dummy-Variablen mit: 0 = Nicht Schweiz (Zusammenfassung der anderen Antwortkategorien) und 1 = Schweiz.
Entfernung Erst- zu Zweitwohnsitz	ENTF	Geografisch	Ordinal skalierte Variable: Die Entfernung des Erst- zum Zweitwohnsitz der Befragten wurde in fünf Gruppen abgefragt. Diese wurden wie folgt kodiert: 1 = Weniger als 1 Stunde, 2 = Ca. 1 Stunde, 3 = Ca. 2 Stunden, 4 = Ca. 3 Stunden, 5 = Mehr als 3 Stunden.
Mehrere Zweitwohnsitze weltweit	ZAHLZW	Sozialökonomisch	Nominal skalierte Variable: Es wurde erhoben, ob die Teilnehmenden mehrere Zweitwohnsitze weltweit haben. Die Variable ist binär, dichotom. Sie wurde als Dummy-Variable kodiert mit: 0 = Nein, 1 = Ja.
Aufenthaltsdauer pro Jahr	NUTZINT	Persönlich	Ordinal skalierte Variable: Die Aufenthaltsdauer am Zweitwohnsitz pro Jahr der Befragten wurde in fünf Gruppen abgefragt. Diese wurden wie folgt kodiert: 1 = Weniger als 7 Tage, 2 = 7-14 Tage, 3 = 15-21 Tage, 4 = 22-28 Tage, 5 = Mehr als 28 Tage.
Erwerbsart	ERWERBART	Sozialökonomisch	Nominal skalierte Variable: Die Erwerbsart des Zweitwohnsitzes wurde in fünf Kategorien abgefragt. Diese wurden wie folgt kodiert: 1 = Kauf, 2 = Erbe, 3 = Schenkung, 4 = Über die Familie des Lebenspartners, 5 = Andere. Die Kategorien wurden in Dummy-Variablen mit 0

			und 1 umkodiert. Nach der Analyse der Dummy-Variablen erfolgte eine weitere Umkodierung der Kategorie in dichotome Dummy-Variablen mit: 0 = Kein Erwerb durch Erbe (Zusammenfassung der anderen vier Antwortkategorien) und 1 = Erwerb durch Erbe.
Besitz-dauer	BESITZD	Sozial-ökono-misch	Absolut skalierte Variable: Die Besitzdauer in Jahren wurde mit der Jahreszahl des Erwerbs bzw. der ersten Nutzung abgefragt.
Grösse des Zweit-wohnsit-zes	GROESSE-ZW	Sozial-ökono-misch	Ordinal skalierte Variable: Die Grösse des Zweitwohnsitzes der Befragten wurde in fünf Gruppen abgefragt. Diese wurden wie folgt kodiert: 1 = Weniger als 60 m², 2 = 60-80 m², 3 = 81-100 m², 4 = 101-120 m², 5 = Mehr als 120 m².

Tabelle 30: Variablenbeschreibung

Quelle: Eigene Darstellung nach Liebi (2020)

Die abhängigen Variablen sind die oben berechneten Customer, Employee und Investor Engagement Factor Scores. Sie leiten sich direkt aus den Ergebnissen der ersten Analyse ab. Factor Scores gelten als Messwerte der jeweiligen Konstrukte (Teil-Engagements) für ein Individuum bzw. als Ausprägung des Faktors bei einem Befragten (Weiber & Mühlhaus, 2014).

Die unabhängigen Variablen stammen aus der Literatur zum Kontext der Zweitwohnungsbesitzenden. Ziel war es, die für Zweitwohnungsbesitzende relevanten Variablen aus vier Kategorien (demographisch, geographisch, sozial-ökonomisch und persönlich) in die Analyse miteinzubeziehen. In der Literatur häufig vorkommende, für Umfragen klassische Variablen sind Alter, Geschlecht, Familienstand, Ausbildungsniveau und Beschäftigungsstatus der Teilnehmenden (Zöfel, 2002). Im Kontext von Zweitwohnungsbesitzenden werden zudem die folgenden Variablen in anderen Erhebungen bzw. Debatten verwendet: Kinder, Beschäftigungsstatus, Nationalität, Entfernung des Erst- zum Zweitwohnsitz, Anzahl der Zweitwohnsitze weltweit, Nutzungsintensität, Erwerbsart, Besitzdauer und Grösse des Zweitwohnsitzes (ARE, 2009; Arpagaus & Spörri, 2008; Bieger, 2006; Bieger et al., 2005; Müller-Jentsch, 2017).

Schendera (2014) beschreibt die statistische Unabhängigkeit der UVs als eine wichtige Voraussetzung der multiplen Regressionsanalyse. Es dürften keine Interkorrelationen, sprich Multikollinearitäten, zwischen den erklärenden Variablen untereinander bestehen. Bei Multikollinearität wären die UVs linear und hoch miteinander korreliert. In diesem Fall wäre jede UV als lineare Funktion anderer UVs abbildbar. Somit wäre es nicht mehr möglich, eine UV zu ändern, während alle anderen UVs konstant gehalten würden.

Eine Interpretation der Analyseergebnisse wäre nicht mehr sinnvoll. Im nächsten Schritt werden deshalb die verwendeten UVs anhand der Pearson-Korrelation, den Varianzinflationsfaktoren (VIF) und Toleranzen auf Multi-kollinearität hin untersucht, um diese ausschliessen zu können.

Zuerst wird die Pearson-Korrelation der unabhängigen Variablen unter-einander untersucht. Damit kann der lineare Zusammenhang zwischen zwei Variablen bestimmt werden. „Die Stärke und Richtung des linearen Zusammenhangs zwischen zwei metrischen Messreihen können mit dem PearsonKorrelationskoeffizienten beurteilt werden. Die Korrelation misst, wie stark der lineare Zusammenhang zwischen den beiden Datenreihen ist. Der Wert des Korrelationskoeffizienten liegt zwischen -1 und 1. Für den Fall, dass kein linearer Zusammenhang zwischen den beiden Messreihen vorliegt, ist der zugehörige Korrelationskoeffizient ungefähr gleich null, und man spricht davon, dass die beiden Variablen unkorreliert sind" (Held, 2010, S. 652). Korrelationen bis zu einem Grenzwert von ±0,8 werden in der Literatur als akzeptabel beurteilt (Schendera, 2014). Werte darüber bzw. darunter wären ein erster Indikator für mögliche Multikollinearität. Aus der Analyse mit SPSS ergibt sich, dass zwar Korrelationen bestehen, aber kein kritisches Niveau erreicht wird. Die folgende Tabelle zeigt das SPSS Output.

	ALTER	GE-SCHL	FAMST	KIND	BILD-NIV	BESCH STAT	NATIO	ENTF	ZAHL ZW	NUTZ-INT	ER-WERB-ART	BE-SITZD	GROES SEZW
ALTER	1	-0,110**	-0,217**	-0,208**	-0,084**	0,683**	-0,038	0,115**	-0,017	0,033	-0,144**	-0,016	-0,005
GESCHL	-0,110**	1	0,130**	0,044	-0,220**	0,015	0,001	0,005	0,073**	0,039	0,032	-0,021	-0,017
FAMST	-0,217**	0,130**	1	0,341**	0,004	-0,052*	-0,017	0,007	0,046	-0,058**	0,099**	0,003	-0,098**
KIND	-0,208**	0,044	0,341**	1	-0,028	-0,084**	0,004	0,044	0,015	0,028	0,065*	0,003	-0,160**
BILDNIV	-0,084**	-0,220**	0,004	-0,028	1	-0,118**	0,082**	0,118**	-0,111**	-0,063*	0,008	0,000	0,204**
BESCHSTAT	0,683**	0,015	-0,052*	-0,084**	-0,118**	1	-0,050	0,129**	-0,026	0,066**	-0,108**	-0,029	-0,039
NATIO	-0,038	0,001	-0,017	0,004	0,082**	-0,050	1	0,207**	-,093**	0,018	-0,044	-0,034	0,069**
ENTF	0,115**	0,005	0,007	0,044	0,118**	0,129**	0,207**	1	-0,036	0,039	-0,053*	-0,028	0,033
ZAHLZW	-0,017	0,073**	0,046	0,015	-0,111**	-0,026	-0,093**	-0,036	1	0,017	0,054*	-0,006	-0,143**
NUTZINT	0,033	0,039	-0,058**	0,028	-0,063*	0,066**	0,018	0,039	0,017	1	-0,051*	-0,017	0,067**
ERWERBART	-0,144**	0,032	0,099**	0,065*	0,008	-0,108**	-0,044	-0,053*	0,054*	-0,051*	1	0,007	0,065*
BESITZD	-0,016	-0,021	0,003	0,003	0,000	-0,029	-0,034	-0,028	-0,006	-0,017	0,007	1	0,036
GROESEZW	-0,005	-0,017	-0,098**	-0,160**	0,204**	-0,039	0,069**	0,033	-0,143**	0,067**	0,065*	0,036	1

Tabelle 31: Pearson-Korrelationen der unabhängigen Variablen

Quelle: Eigene Darstellung

Laut Schendera (2014) kann Multikollinearität zusätzlich durch den Varianzinflationsfaktor und die Toleranz analysiert werden. „Je größer der lineare Zusammenhang zwischen den Prädikatoren ist, [...] umso größer wird VIF(X_i). VIF größer als 10 sind i.d.R. als Hinweise auf Multikollinearität zu verstehen. [...] Liegen alle VIF der Prädikatoren (VIF(X_i) = 1 / (1 − R_i^2)) im Modell unter 10, gilt die Kollinearität noch als unproblematisch" (Schendera, 2014, S. 105). Läge kein linearer Zusammenhang zwischen den Prädikatoren vor, würde der VIF = 1 sein. Für die Toleranz würden Werte von über 0,1 angestrebt, um Multikollinearität ausschliessen zu können. Aus der untenstehenden Tabelle wird ersichtlich, dass alle UVs deutlich einen VIF von unter 10 und eine Toleranz von über 0,1 ausweisen. Diese beiden Indikatoren zusammen mit den Pearson-Korrelationen der UVs untereinander.

UV	Toleranz	VIF
ALTER	0,477	2,095
GESCHL	0,908	1,102
FAMST	0,830	1,205
KIND	0,837	1,194
BILDNIV	0,870	1,150
BESCHSTAT	0,509	1,966
NATIO	0,937	1,067
ENTF	0,914	1,094
ZAHLZW	0,957	1,045
NUTZINT	0,973	1,027
ERWERBART	0,959	1,043
BESITZD	0,995	1,005
GROESSEZW	0,898	1,114

Tabelle 32: Toleranzen und Varianzinflationsfaktoren der unabhängigen Variablen

Quelle: Eigene Darstellung

Neben der Multikollinearität wurde auch die Normalverteilung der Residuen untersucht. Das Ergebnis der Analyse bestätigt Normalverteilung und ist im Anhang grafisch aufbereitet.

Nach der Abklärung der Voraussetzungen werden nun multiple lineare Regressionsanalysen durchgeführt. Bei den Analysen wird für die Prädikatoren auf den unstandardisierten Koeffizienten β und seine Signifikanz geachtet. Für die untersuchten Modelle werden R^2 und Adj. R^2 angegeben sowie die Signifikanzergebnisse der ANOVA. „Im Falle der multiplen Regression entspricht R^2 der quadrierten Korrelation zwischen beobachtetem und vorhergesagtem Kriterium ($R^2=r^2_{y\hat{y}}$). Für den Vergleich verschiedener Modelle sollte evtl. das adjustierte R^2 verwendet werden, das im Vergleich zum Standardfehler darüber hinaus den Vorteil hat, unabhängig von der Einheit der abhängigen Variable zu sein" (Schendera, 2014, S. 105). Es gilt die Interpretation, dass je höher R^2 ist, desto höher ist der Zusammenhang zwischen Modell und abhängiger Variable (Schendera, 2014). Zudem würde R^2 mit zunehmender Variablenanzahl steigen und mit zunehmender Stichprobengrösse sinken.

Das erste Modell analysiert den Einfluss der unabhängigen Variable ALTER auf die Engagement-Faktorwerte. Mit Zunahme des Alters um eine Einheit steigt der Customer Engagement Factor Score um β = 0,012 (für EE_FS: β = 0,051; für IE_FS: β = 0,058).

Im zweiten Modell wurde der Einfluss des Geschlechts auf die Engagement Factor Scores untersucht. Für Frauen im Vergleich zu Männern fällt der Customer Engagement Factor Score um β = -0,048 niedriger aus (für EE_FS: β = -0,072; für IE_FS: β = -0,089). Verglichen mit Modell eins liegt das Adj. R^2 für CE_FS mehr als doppelt so hoch, für EE_FS und IE_FS deutlich niedriger.

Das dritte Modell hat den Einfluss des Prädikators Bildungsniveau auf die Engagement-Faktorwerte untersucht. Je höher das Bildungsniveau, desto höher fällt der Engagement Factor Score aus. Dies gilt signifikant für CE_FS (β = 0,013) und EE_FS (β = 0,025), aber nicht signifikant für IE_FS (β = 0,006).

Im vierten Modell wird ergründet, wie sich die Entfernung vom Erst- zum Zweitwohnsitz auf den Engagement Factor Score auswirkt. Für jede Steigerung der Entfernung vom Erst- zum Zweitwohnsitz um eine Stunde sinkt der Engagement-Faktorwert für CE_FS um β = -0,011, für EE_FS um β = -0,025 und für IE_FS um β = -0,058.

Das fünfte Modell überprüft den Einfluss der Nutzungsintensität auf die Engagement Factor Scores. Die Analyse zeigt, dass eine Steigerung der Nutzungsintensität um eine Woche zu einer Abnahme des Customer Engagement Factor Scores von β = -0,093 führt (für EE_FS: β = -0,094; für IE_FS: β = -0,052). Der Prädiktor NUTZINT hat einen R^2-Wert von 0,098 und einen Adj. R^2-Wert von 0,097 für CE_FS (für EE_FS: R^2 = 0,030; Adj. R^2 = 0,029; für IE_FS: R^2 = 0,005; Adj. R^2 = 0,004). Verglichen mit den vorherigen Modellen liegt das Adj. R^2 in diesem Modell für CE_FS und EE_FS deutlich am höchsten.

Das sechste Modell untersucht, ob die Variablen ALTER, GESCHL, BILDNIV, ENTF und NUTZINT die Variablen CE_FS bzw. EE_FS bzw. IE_FS signifikant vorhersagen. Das Regressionsmodell zeigt, dass die Prädiktoren $R^2 = 0,112$ und Adj. $R^2 = 0,109$ der Varianz von CE_FS erklären (für EE_FS: $R^2 = 0,064$; Adj. $R^2 = 0,061$; für IE_FS: $R^2 = 0,032$; Adj. $R^2 = 0,028$).

Modell sieben analysiert, ob die Variablen BILDNIV, BESCHSTAT, ZAHLZW und NATIO die Engagement-Faktorwerte signifikant vorhersagen. Für das siebte Modell wurde die Variable BESCHSTAT zuerst als Dummy-Variable untersucht. Eine Analyse der sieben Antwortmöglichkeiten hat ergeben, dass signifikante Effekte auf die Engagement Factor Scores für Umfrageteilnehmende vorliegen, die sich „Im Ruhestand" befinden im Vergleich zu den anderen Antwortmöglichkeiten. Daraufhin wurde die Variable BESCHSTAT als dichotome Dummy-Variable umkodiert mit 0 = Nicht im Ruhestand (Zusammenfassung der anderen sechs Antwortkategorien) und 1 = Im Ruhestand. Ebenso wurde die Variable NATIO zuerst eigenständig untersucht. Es hat sich gezeigt, dass für Schweizer signifikante Effekte bestehen, so dass die Variable dichotom umkodiert wurde zu 0 = Nicht Schweiz (Zusammenfassung der anderen Antwortkategorien) und 1 = Schweiz. Die Ergebnisse der Regression ergeben $R^2 = 0,020$ und Adj. $R^2 = 0,017$ für CE_FS (für EE_FS: $R^2 = 0,037$; Adj. $R^2 = 0,034$; für IE_FS: $R^2 = 0,012$; Adj. $R^2 = 0,012$).

Im achten Modell werden die Variablen GESCHL, BILDNIV, NATIO und ERWERBART daraufhin überprüft, ob sie einen Einfluss auf die Engagement Factor Scores haben. Dazu wurden zuerst die Antwortmöglichkeiten der Variable ERWERBART genauer analysiert. Es wurde offenbar, dass die Erwerbsart „Erbe" im Vergleich zu den anderen vier Erwerbsarten einen deutlich signifikanten Effekt auf die Engagement-Faktorwerte hat. Zu Analysezwecken wurde die Variable ERWERBART daraufhin in eine dichotome Dummy-Variable mit den Ausprägungen 0 = Kein Erwerb durch Erbe (Zusammenfassung der anderen vier Antwortkategorien) und 1 = Erwerb durch Erbe umkodiert. Die multiple Regressionsanalyse hat für CE_FS ein $R^2 = 0,020$ und Adj. $R^2 = 0,018$ ergeben (für EE_FS: $R^2 = 0,020$; Adj. $R^2 = 0,017$; für IE_FS: $R^2 = 0,023$; Adj. $R^2 = 0,020$).

Das neunte Modell ist als Vorwärts-Selektion (Forward) aufgesetzt. Dabei werden alle UVs sequenziell bzw. nacheinander getestet, ob sie ins Modell aufgenommen werden sollen (Schendera, 2014). Der Variableneinschluss erfolgte bei einer Signifikanz von p < 0,05. Für CE_FS ergibt die Analyse ein $R^2 = 0,118$ und ein Adj. $R^2 = 0,115$ (für EE_FS: $R^2 = 0,072$; Adj. $R^2 = 0,068$; für IE_FS: $R^2 = 0,045$; Adj. $R^2 = 0,041$).

Das zehnte Modell folgt dem Vorgehen der Rückwärts-Eliminierung (Backward). Dabei „werden alle Variablen auf einmal ins Modell aufgenommen und nacheinander auf Ausschluss getestet" (Schendera, 2014, S. 110). Variablen wurden ab einem Signifikanzniveau von p > 0,10 ausgeschlossen. Die Regressionsanalyse berechnet für CE_FS ein R^2 = 0,120 und ein Adj. R^2 = 0,117 (für EE_FS: R^2 = 0,074; Adj. R^2 = 0,070; für IE_FS: R^2 = 0,045; Adj. R^2 = 0,041). Im Allgemeinen wird der Backward- dem Forward-Ansatz vorgezogen, da die R^2-Werte der Forward-Variante stark biased sein können, so dass die p-Werte keine verlässlichen Aussagen zulassen (Elliott & Woodward, 2016).

Die Einzelanalyse der Variablen KIND, BESITZD, GROESSEZW hat ergeben, dass keine der drei UVs einen signifikanten Einfluss auf eine der drei AVs hat. Genauso verhält es sich mit dem Familienstand (FAMST): Nach einer Dummy-Kodierung konnten keine Effekte der fünf abgefragten Familienstände ermittelt werden. Diese Ergebnisse wurden sowohl durch die Vorwärts-Selektion (Forward) als auch durch die Rückwärts-Eliminierung (Backward) bestätigt, so dass die vier Variablen aus dem Modell ausgeschlossen wurden.

Das elfte Modell zeigt das finale Regressionsmodell. Es werden alle verbliebenen neun Variablen eingeschlossen. Diese sind ALTER, GESCHL, BILDNIV, BESCHSTAT, NATIO, ENTF, ZAHLZW, NUTZINT und ERWERBART. Die Analyse zeigt, dass im vollen Modell die UVs die Varianz wie folgt erklären: Für CE_FS ergeben sich R^2 = 0,122 und Adj. R^2 = 0,116 (für EE_FS: R^2 = 0,076; Adj. R^2 = 0,070; für IE_FS: R^2 = 0,047; Adj. R^2 = 0,041). Im Modell für CE_FS haben fünf Faktoren eine signifikante Vorhersagewirkung, in dem Modell für EE_FS sind es sieben UVs und in dem Modell für IE_FS sind es ebenso sieben.

Die untenstehende Tabelle fasst die Ergebnisse der elf Modelle zusammen. Ausgewiesen werden die Regressionskoeffizienten mit ihren t-Werten in Klammern, die Werte der Konstanten sowie R^2 und Adj. R^2. *, **, *** zeigen die statistischen Signifikanzniveaus für die 10 %, 5 % und 1 % Niveaus.

Unabhängige Variable	Abhängige Variable											
	1			**2**			**3**			**4**		
	CE_FS	EE_FS	IE_FS	CE_FS	EE_FS	IE_FS	CE_FS	EE_FS	IE_FS	CE_FS	EE_FS	IE_FS
ALTER	0,012** (2,325)	0,051*** (5,475)	0,058*** (4,358)									
GESCHL				-0,048*** (-3,567)	-0,072*** (-2,905)	-0,089** (-2,558)						
BILDNIV							0,013*** (2,838)	0,025*** (2,979)	0,006 (0,504)			
BESCHSTAT												
NATIO												
ENTF										-0,011* (-1,742)	-0,025** (-2,301)	-0,058*** (-3,751)
ZAHLZW												
NUTZINT												
ERWERBART												
Konstante	0,732*** (21,626)	1,117*** (18,188)	1,209*** (13,966)	0,824*** (107,581)	1,470*** (14,720)	1,608*** (81,490)	0,754*** (36,926)	1,341*** (35,924)	1,554*** (29,551)	0,838*** (46,698)	1,517*** (46,254)	1,740*** (37,875)
R^2	0,004	0,019	0,012	0,008	0,005	0,004	0,005	0,006	0,000	0,002	0,003	0,009
Adj. R^2	0,003	0,019	0,012	0,008	0,005	0,004	0,005	0,005	0,000	0,001	0,003	0,008

Signifikanz: * $p < 0,10$; ** $p < 0,05$; *** $p < 0,01$

Unabhängige Variable	Abhängige Variable											
	5			6			7			8		
	CE_FS	EE_FS	IE_FS	CE_FS	EE_FS	IE_FS	CE_FS	EE_FS	IE_FS	CE_FS	EE_FS	IE_FS
ALTER				0,015*** (2,944)	0,058*** (6,187)	0,064*** (4,758)						
GESCHL				-0,031** (-2,366)	-0,031 (-1,247)	-0,060* (-1,677)				-0,044*** (-3,160)	-0,060** (-2,372)	-0,098*** (-2,755)
BILDNIV				0,009** (2,052)	0,027*** (3,133)	0,010 (0,853)	0,014*** (3,076)	0,032*** (3,746)	0,013 (1,111)	0,011** (2,383)	0,024*** (2,788)	0,004 (0,309)
BESCHSTAT							0,027** (2,155)	0,126*** (5,509)	0,115*** (3,559)			
NATIO							0,078*** (2,998)	0,167*** (3,533)	0,263*** (3,922)	0,073*** (2,791)	0,168*** (3,508)	0,253*** (3,773)
ENTF				-0,011* (-1,902)	-0,034*** (-3,159)	-0,067*** (-4,272)						
ZAHLZW							0,047*** (2,902)	0,058* (1,957)	0,089** (2,145)			
NUTZINT	-0,093*** (-12,855)	-0,094*** (-6,830)	-0,052*** (-2,651)	-0,092*** (-12,684)	-0,092*** (-6,745)	-0,049** (-2,541)						
ERWERBART										0,043** (2,432)	0,058* (1,784)	0,172*** (3,743)
Konstante	1,226*** (37,133)	1,867*** (29,811)	1,811*** (20,325)	1,127*** (21,557)	1,477*** (15,052)	1,550*** (11,058)	0,652*** (18,902)	1,082*** (17,284)	1,201*** (13,562)	0,743*** (18,160)	1,259*** (16,780)	1,431*** (13,601)
R^2	0,098	0,030	0,005	0,112	0,064	0,032	0,020	0,037	0,022	0,020	0,020	0,023
Adj. R^2	0,097	0,029	0,004	0,109	0,061	0,028	0,017	0,034	0,019	0,018	0,017	0,020

Signifikanz: * $p < 0,10$; ** $p < 0,05$; *** $p < 0,01$

Unabhängige Variable	Abhängige Variable								
	9 (Forward)			10 (Backward)			11		
	CE_FS	EE_FS	IE_FS	CE_FS	EE_FS	IE_FS	CE_FS	EE_FS	IE_FS
ALTER		0,030** (2,305)	0,060*** (4,486)		0,030** (2,322)	0,060*** (4,486)	0,005 (0,776)	0,029** (2,192)	0,042** (2,242)
GESCHL	-0,037*** (-2,855)		-0,073** (-2,123)	-0,031** (-2,352)		-0,073** (-2,123)	-0,030** (-2,273)	-0,031 (-1,229)	-0,067* (-1,896)
BILDNIV		0,032*** (3,910)		0,009* (1,950)	0,031*** (3,684)		0,009** (2,067)	0,028*** (3,302)	0,010 (0,855)
BESCHSTAT	0,031*** (2,611)	0,095*** (2,966)		0,034*** (2,819)	0,093*** (2,888)		0,027 (1,598)	0,094*** (2,922)	0,066 (1,453)
NATIO	0,072*** (2,914)	0,120** (2,439)	0,168** (2,394)	0,078*** (3,129)	0,124** (2,517)	0,168** (2,394)	0,066** (2,531)	0,122** (2,476)	0,169** (2,408)
ENTF		-0,028** (-2,469)	-0,052*** (-3,160)		-0,029** (-2,477)	-0,052*** (-3,160)	-0,007 (-1,135)	-0,028** (-2,412)	-0,055*** (-3,328)
ZAHLZW	0,046*** (2,981)		0,092** (2,231)	0,043*** (2,785)	0,056* (1,928)	0,092** (2,231)	0,043*** (2,800)	0,054* (1,875)	0,086** (2,092)
NUTZINT	-0,094*** (-12,991)	-0,095*** (-7,004)	-0,040** (-2,044)	-0,093*** (-12,900)	-0,094*** (-6,985)	-0,040** (-2,044)	-0,092*** (-12,564)	-0,092*** (6,712)	-0,040** (-2,071)
ERWERBART			0,160*** (3,492)			0,160*** (3,492)	0,011 (0,655)	0,032 (0,991)	0,162*** (3,522)
Konstante	1,185*** (27,393)	1,460*** (12,317)	1,417*** (9,371)	1,131*** (22,037)	1,451*** (12,252)	1,417*** (9,371)	1,118*** (16,438)	1,496*** (11,717)	1,456*** (7,996)
R^2	0,118	0,72	0,045	0,120	0,074	0,045	0,122	0,076	0,047
Adj. R^2	0,115	0,68	0,041	0,117	0,070	0,041	0,116	0,070	0,041

Signifikanz: * $p < 0,10$; ** $p < 0,05$; *** $p < 0,01$

Tabelle 33: *Übersicht über die Regressionsmodelle*

Quelle: *Eigene Darstellung*

Interpretation der Ergebnisse

Im Folgenden werden die einzelnen Modelle interpretiert und Unterschiede bzw. Besonderheiten der Modelle aufgezeigt. Die Modelle 1 bis 5 testen jeweils nur eine unabhängige Variable. Dabei werden erste Wirkungszusammenhänge offenbar, die auch für das volle Modell 11 gelten.

Modell 6 fasst die fünf Variablen Alter, Geschlecht, Ausbildungsniveau, Entfernung Erst- zu Zweitwohnsitz und Nutzungsintensität zusammen und testet ihren Einfluss auf die drei Engagement-Faktorwerte. Interessant dabei ist, dass über alle drei Engagement-Arten hinweg die unabhängige Variable Geschlecht negativ ist, was bedeutet, dass das Engagement von Frauen niedriger ist als von Männern. Dieser Effekt ist signifikant für den Customer und Investor Engagement-Faktorwert, aber nicht für den Employee Engagement-Faktorwert. Zudem konnte das Ergebnis der einfachen linearen Regression aus Modell 3 gehalten werden, da das Bildungsniveau keinen signifikanten Einfluss auf den Investor Engagement Factor Score hat. Zunehmendes Alter ist jeweils positiv assoziiert mit den drei Engagement-Faktorwerten, während die Entfernung des Erst- zum Zweitwohnsitz und die zunehmende Nutzungsintensität einen negativen Einfluss aufweisen. Für die Entfernung des Erst- zum Zweitwohnsitz ergibt dies intuitiv Sinn, bei der Nutzungsintensität könnte evtl. auf abnehmendes Interesse geschlossen werden. Insgesamt lässt sich aus Modell 6 schliessen, dass gut ausgebildete, ältere Männer, deren Erstwohnsitz nicht zu weit vom Zweitwohnsitz entfernt liegt und deren Nutzungsintensität nicht allzu hoch ist, mit einem höheren Engagement-Niveau assoziiert sind.

Modell 7 beleuchtet den Einfluss der Regressoren Ausbildungsniveau, Beschäftigungsstatus, Nationalität und Anzahl der besessenen Zweitwohnsitze weltweit auf die Regressanden CE_FS, EE_FS und IE_FS. Die Modelle zeigen deutlich signifikante Effekte auf die Engagement-Faktorwerte mit Ausnahme des Bildungsniveaus auf IE_FS. Es lässt sich feststellen, dass gut ausgebildete Schweizer, die im Ruhestand sind und mehrere Zweitwohnsitze haben, mit höheren Engagement-Faktorwerten verbunden sind.

In Modell 8 wird der Einfluss der Prädikatoren Geschlecht, Ausbildungsniveau, Nationalität und Erwerbsart auf die Engagement-Faktorwerte untersucht. Auch hier bleibt der Einfluss des Ausbildungsniveaus auf den Investor Engagement-Faktorwert nicht signifikant. Insgesamt wird festgehalten, dass gut ausgebildete Schweizer Männer, die ihren Zweitwohnsitz geerbt haben, mit höheren Engagement-Faktorwerten zu tun haben.

Modell 9 und Modell 10 müssen im Zusammenhang betrachtet werden. Ersteres folgte dem Ansatz der Vorwärts-Selektion (Forward), zweiteres dem der Rückwärts-Eliminierung (Backward). Beide Verfahren gelten eher als explorative Verfahren (Elliott & Woodward, 2016). Obwohl in dieser Studie für die Datenanalyse ein theoriebasierter, konfirmatorischer Ansatz verfolgt wird, wurden beide Verfahren im Sinne eines Ergebnischecks bzw. einer Zwischenkontrolle vor dem finalen Modell durchgeführt. Beim Forward-Ansatz wurden alle Variablen eingeschlossen, die mindestens ein Signifikanzniveau von $p < 0{,}05$ erreichten. Bei der Backward-Methode erfolgte der Ausschluss ab einem Removal-Wert von $p > 0{,}10$. Für den Customer Engagement-Faktorwert ergibt sich ein Unterschied zwischen den beiden Ansätzen auf der unabhängigen Variable Ausbildungsniveau, für den Employee Engagement Factor Score auf dem Prädiktor Nutzungsintensität und für IE_FS auf keiner Variablen.

Für das finale Modell 11 gilt: Alle neun aufgenommenen unabhängigen Variablen sind für das Gesamtkonstrukt Engagement relevant, aber nicht für jedes der drei Subkonstrukte. Die UVs entfalten an unterschiedlichen Stellen ihre Wirkung. Für das Subkonstrukt Customer Engagement haben die fünf Variablen Geschlecht, Ausbildungsniveau, Nationalität, Anzahl der besessenen Zweitwohnsitze weltweit und Nutzungsintensität einen signifikanten Einfluss auf den Faktorwert. Beim Employee Engagement sind es die UVs Alter, Ausbildungsniveau, Beschäftigungsstatus, Nationalität, Entfernung Erst- zu Zweitwohnsitz und Nutzungsintensität. Für das Investor Engagement-Modell haben die Prädiktoren Alter, Geschlecht, Nationalität, Entfernung Erst- zu Zweitwohnsitz, Anzahl der besessenen Zweitwohnsitze weltweit, Nutzungsintensität und Erwerbsart einen signifikanten Einfluss. Damit haben nur die drei Variablen Nationalität, Anzahl der besessenen Zweitwohnsitze weltweit und Nutzungsintensität einen signifikanten Einfluss auf alle drei Engagement-Arten. Bei den übrigen Variablen gibt es Unterschiede hinsichtlich des Signifikanzniveaus.

Insgesamt lassen sich zehn Kernaussagen festhalten.

Erstens, alle neun unabhängigen Variablen sind relevant, um Bestandteile des Engagements von Zweitwohnungsbesitzenden zu erklären. Nicht alle neun Variablen haben einen signifikanten Einfluss auf alle drei Engagement-Subkonstrukte, aber mindestens immer auf eines. Nur die Variablen Nationalität, Anzahl der besessenen Zweitwohnsitze weltweit und Nutzungsintensität wirken sich signifikant auf alle drei Engagement-Faktorwerte aus.

Zweitens, Menschen mit Schweizer Nationalität sind in allen drei Engagement-Bereichen signifikant positiv assoziiert mit höheren Engagement-Faktorwerten als Menschen anderer Nationalität. Hier lässt sich ein Effekt beobachten, der auf Heimatverbundenheit, stärkere Verankerung mit der Schweizer Lebenswirklichkeit und das Selbstkonzept zurückgeführt werden kann. In diesem Kontext kann auch das signifikant niedrigere Engagement gesehen werden, das mit einer steigenden Entfernung zwischen Erst- und Zweitwohnsitz zu tun hat. Beide sind Ausdruck desselben Sachverhaltes. Interessant ist, dass die steigende Entfernung zwischen Erst- und Zweitwohnsitz jedoch keinen Zusammenhang mit dem Engagement in der Kundenrolle hat. Konsum am Zweitwohnsitz vor Ort ist davon unabhängig.

Drittens, das Ausbildungsniveau hat keinen signifikanten Einfluss auf den Investor Engagement-Faktorwert, aber auf die Faktorwerte von Customer und Employee Engagement. Somit ist das Auftreten eines Zweitwohnungsbesitzenden in der Rolle eines Investors bildungsunabhängig. Dies ergibt Sinn, da der Wunsch nach finanzieller Mitbestimmung nicht vom Ausbildungsgrad abhängen sollte. In Bezug auf das Customer Engagement muss von einem eher kleinen Effekt gesprochen werden, der bspw. durch ausgefallenere oder teurere Hobbies bei steigendem Ausbildungsgrad erklärt werden kann. Beim Employee Engagement gilt Ähnliches, nämlich dass ein steigendes Bildungsniveau mit einem ausgeprägteren Interesse an verschiedenen Aktivitäten zusammenhängen kann und damit auch mit mehr Mitarbeit.

Viertens steht demgegenüber, dass die Erwerbsart als Erbe nur mit dem Investor Engagement-Faktorwert einen signifikanten Zusammenhang hat, nicht aber mit denen von Customer oder Employee Engagement. Die Frage, ob man den Zweitwohnsitz geerbt hat oder nicht, ist positiv mit Investor Engagement assoziiert. Dafür können juristische, monetäre und private Gründe angeführt werden. Ein Erbfall stellt meist einen Einschnitt im Leben eines Erbenden dar, da in den meisten Fällen die Eltern sterben und von diesen das Erbe angetreten wird. Schon aus juristischen Gründen müssen sich die Erbenden somit mit dem Zweitwohnsitz als Erbe auseinandersetzen. Dies führt zum nächsten, dem monetären Grund. Es könnte sein, dass die Erben die Zweitwohnung veräussern und unter der Erbengemeinschaft aufteilen wollen. Oder es kommen private Gründe zum Tragen. Da die Erben schon mit ihren Eltern in der Zweitwohnung waren und somit eine grosse Nähe zur Destination verspüren, fühlen sie sich der Zweitwohnung gegenüber verpflichtet und wollen sie nicht verkaufen. Da die Zweitwohnung aber Geld im Unterhalt kostet, fordern sie Mitspracherechte in finanziellen bzw. Governance-technischen Angelegenheiten im Ort ein, z. B. bei Steuern. Eine weitere Begründung kann darin liegen, dass Erben sich erst innerhalb der Erbengemeinschaft durchsetzen mussten, um das finale oder alleinige Nutzungsrecht des Zweitwohnsitzes zu erhalten. So käme es zu einer Art von Inter-Generationen Engagement.

Fünftens fällt auf, dass das Alter keinen signifikanten Effekt auf den Customer Engagement Factor Score hat, während es signifikant mit EE_FS und

IE_FS zusammenhängt. Wenn ein Zweitwohnungsbesitzender älter wird, ist dies positiv mit höheren Employee und Investor Engagement-Faktorwerten verbunden. Erklärt werden kann dies wie folgt: Customer Engagement ist unabhängig vom Alter, weil Konsum vor Ort für jeden Zweitwohnungsbesitzenden unumgänglich ist. Bestimmte Einkäufe des täglichen Bedarfs müssen zwingend in der Destination vor Ort erledigt werden. Dazu kommen Freizeitausgaben, wie z. B. Skitickets, die am Zweitwohnsitz gekauft werden, wenn dieser in einer Urlaubsregion liegt. In Bezug auf das Employee Engagement kann der Effekt dadurch erklärt werden, dass man mit zunehmendem Alter schon insgesamt länger vor Ort sein wird und mehr lokale Kontakte und Verbindungen hat. Dadurch wird man stärker in die Mitarbeit in der Destination eingebunden sein. Zudem hat man mit zunehmendem Alter in der Regel mehr finanzielle Ressourcen, was zu steigendem Investor Engagement führen kann.

Sechstens haben Frauen signifikant niedrigere Engagement-Faktorwerte als Männer. Dieser Effekt ist signifikant für Customer und Investor Engagement Factor Scores, jedoch nicht für Employee Engagement. Männer sind in den Rollen des Kunden und des Investors somit engagierter als Frauen, aber in der Rolle des Mitarbeitenden bzw. Co-Produzenten existiert kein signifikanter Effekt zwischen den Geschlechtern. Ein Grund könnte sein, dass sich die Konsumangebote vieler Destinationen eher an Männer richten. Heutzutage treffen zudem noch in vielen Haushalten vor allem Männer die Investitionsentscheidungen. Beim Thema Mitarbeit vor Ort lässt sich dann aber kein geschlechterspezifischer Effekt identifizieren. In der ersten Studie wurde dieses Phänomen im Rahmen der Hospitality als Opportunities to consume und Opportunities to contribute beschrieben.

Siebtens kann ein signifikanter Effekt der Variable Beschäftigungsstatus für die Rolle des Mitarbeiters bzw. Co-Produzenten ausgemacht werden. Wer sich im Ruhestand oder in Pension befindet ist im Bereich Employee Engagement mit signifikant höheren Engagement Niveaus assoziiert. Die Hauptgründe hierfür werden darin liegen, dass Menschen im Ruhestand zum einen mehr Zeit zur Verfügung haben und sich zum anderen neue Beschäftigungen suchen, die für sie Purpose bzw. Relevanz haben und neue soziale Kontakte und Aufgaben bringen. Für Customer und Investor Engagement-Faktorwerte bestehen keine solche Effekte.

Achtens ist eine steigende Nutzungsintensität des Zweitwohnsitzes pro Jahr signifikant verknüpft mit weniger Engagement in den drei untersuchten Bereichen. Dieser Befund könnte auf den ersten Blick hin konterintuitiver wirken. Bei genauerem Hinsehen lässt sich aber feststellen, dass vor allem die erste Woche von deutlich mehr Aktivitäten und Engagement geprägt ist als jede weitere Woche. Beispiele wären getätigte Einkäufe, aufgefrischte Bekanntschaften, Gottesdienstbesuche etc. Das Ankommen vor Ort führt dazu, dass man das Bekannte vor Ort wieder in sich erwecken will und sich stärker engagiert. Danach stellt sich eine Ruhe und Beruhigung ein, die mit einem Eingewöhnungseffekt zu vergleichen ist. Wer kürzer vor Ort ist, wird mehr Aktivitäten unternehmen, sich alles anschauen und sich aktiver mit dem Ort auseinandersetzen. Wer länger vor Ort ist, wird vor allem auf der Suche nach Ruhe und Erholung sein. Diese Personen werden mehr mit sich bzw. für sich Zeit verbringen und in ihren Wohnungen bleiben. Dadurch liesse sich ein abnehmender Engagement-Effekt bei steigender Nutzungsdauer erklären.

Neuntens hat ein steigender Engagement-Faktorwert in allen drei untersuchten Bereichen signifikant damit zu tun, ob man mehrere Zweitwohnsitze (mehr als einen) weltweit hat. Dieser Effekt kann in ökonomischer und psychologischer Hinsicht interpretiert werden. Unter dem ökonomischen Aspekt kann der Effekt für Customer und Investor Engagement mit dem zur Verfügung stehenden Budget bzw. Kapital erklärt werden. Wer mehrere Zweitwohnsitze besitzt, der wird mehr finanzielle Mittel zum Konsum zur Verfügung haben und bzw. oder die Immobilienobjekte unter Umständen verstärkt als Investitionen betrachten. Unter dem psychologischen Aspekt kann so argumentiert werden, dass Menschen mit mehreren Zweitwohnsitzen mehr Interesse an Variabilität und Abwechslung haben als Menschen mit nur einem Zweitwohnsitz. Damit erfüllt der Zweitwohnsitz eine andere Funktion für den Menschen. Mehrere Zweitwohnsitze zu besitzen, kann eine Haltung der Neugier reflektieren, durch die man mehr Aktivitäten unternimmt und stärker in die Destinationen eintauchen will, sowie eine höhere Mobilitätsbereitschaft. Dazu gehören Besuche von Theatern oder Mitgliedschaften in Vereinen. Der positive Effekt auf den Employee Engagement Factor Score kann dadurch erklärt werden, dass mehrere Zweitwohnsitze das Interesse an verschiedenen Destinationen und ihren lokalen Gegebenheiten widerspiegeln. Wer gerne mehrere Zweitwohnsitze besitzt, ist u. U. gerne unterwegs und aktiver Teil der Communities vor Ort. Wer nur einen Zweitwohnsitz hat, kommt aus dem Bedürfnis zum Ausruhen. Wer mehrere Zweitwohnsitze hat, kommt aus dem Bedürfnis nach Abwechslung. Dies deutet auf eine erhöhte Aktivitätsbereitschaft hin und resultiert in höherem Engagement.

Zehntens haben die vier Variablen Kinder, Besitzdauer, Grösse des Zweitwohnsitzes und Familienstand keinen signifikanten Zusammenhang mit einem der drei Engagement-Faktorwerte. Erklären lässt sich dies so: Für alle vier Variablen gibt es Effekte, die zu stärkerem Engagement führen könnten, aber auch Effekte, die das Engagement verhindern oder reduzieren würden. Bei Kindern könnte hypothetisch auf mehr Konsum, weniger Mitarbeit und weniger Investment geschlossen werden. Genauso gut liesse sich aber auch das Gegenteil postulieren. Ähnliches gilt für die Besitzdauer und die Grösse der Zweitwohnung. Sobald man eine Zweitwohnung besitzt, kommt es nicht mehr darauf an, wie lange man sie schon besitzt oder wie gross sie ist. Ebenfalls wirkt sich der Familienstand in keiner Ausprägung auf Engagement aus. Beispielsweise als Dummy-Variable „Partnerschaft" gegenüber „Keine Partnerschaft" kodiert, ergibt sich kein Effekt. Denn auch hier ist für Engagement nur wichtig, dass man einen Zweitwohnsitz besitzt, nicht aber in welcher Familienkonstellation.

8.7.5. Analyse 3: Moderated Multiple Regression

Die dritte Analyse hat das Ziel, die moderierenden Effekte zu beurteilen. Damit soll die dritte Forschungsfrage beantwortet werden: Welchen Einfluss hat der Moderator Destination auf das Engagement-Level von Zweitwohnungsbesitzenden? Als erstes wird kurz das Vorgehen erläutert. Danach werden die Variablen zwei verschiedenen Moderatorenanalysen bzw. Moderated Multiple Regressions (MMR) unterzogen und die Ergebnisse besprochen.

Methodik

Die Standardmethode, um herauszufinden, ob moderierende Effekte bzw. Interaktionseffekte bestehen, ist die Moderated Multiple Regression (Hayes, 2013). Dabei wird ein (linearer) Interaktionsterm in ein multiples Regressionsmodell mitaufgenommen (Aguinis, 2004). „More specifically; researchers are interested in testing whether the relationship between two variables changes depending on the value of a discrete grouping variable. [...] whether the (presumably causal) relationship between two quantitative variables X and Y changes based on the value of a third discrete grouping variable Z. This third variable Z is labeled a moderator of the relationship between variables X and Y when the nature of this relationship is contingent upon Z" (Aguinis, 2004, S. 1-2). Dieses Verständnis wird in den beiden folgenden Grafiken visualisiert: Erst das konzeptionelle Design, dann das statistische Diagramm.

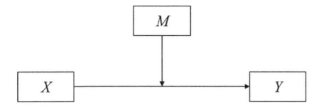

Abbildung 30: Das konzeptionelle Design einer Moderation

Quelle: Eigene Darstellung nach Hayes (2013)

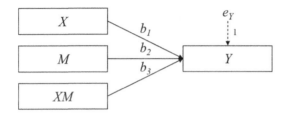

(Konditionaler Effekt von X auf Y = $b_1 + b_3M$)

Abbildung 31: Das statistische Diagramm einer Moderation

Quelle: Eigene Darstellung nach Hayes (2013)

Analyseansatz 1: Community-type vs. Company-type Verständnis

Um den Einfluss des Moderators Destination auf das Engagement-Level von Zweitwohnungsbesitzenden zu untersuchen, werden zwei unterschiedliche Analysedesigns angewendete. Zum einen wird der Moderator Destination mithilfe des Community-type vs. Company-type Verständnisses untersucht, zum anderen mithilfe der Einwohnergrösse pro Postleitzahl.

Als erstes wird der Ansatz der ersten Studie aufgegriffen und der Moderator als Community-type vs. Company-type Destination verstanden. In der Umfrage wurde die Postleitzahl der Zweitwohnungsdestination abgefragt, so dass eine Dummy-Variable kodiert werden konnte. Dabei wurden die sechs Postleitzahlen der Destination Flims Laax Falera als Company-type Destination = 1 kodiert und die anderen Postleitzahlen als Community-type Destination = 0.

PLZ	Ort
7017, 7018, 7019	Flims
7031, 7032	Laax
7153	Falera

Tabelle 34: Postleitzahlen der Destination Flims Laax Falera

Quelle: Eigene Darstellung

Als nächstes wurde die MMR absolviert. Dabei wurde jeweils eine multiple Regression mit der unabhängigen Variablen, der Moderatorenvariable und dem Interaktionsterm auf jeden der drei Engagement-Faktorwerte durch-geführt. Die UV wurden zuvor um den Mittelwert zentriert, damit die Haupteffekte interpretierbar bleiben, auch wenn kein Interaktionseffekt be-stehen sollte (Hayes, 2013). Die Ergebnisse sind in der folgenden Tabelle abgebildet.

Moderator	Unabhängige Variable	Interaktionsterm	Abhängige Variable		
			CE_FS	EE_FS	IE_FS
CompTypeDestFLF	ALTER	Moderator_CompTypeDest-FLF_ALTER	0,002 (0,131)	0,018 (0,691)	0,045 (1,242)
	GESCHL	Moderator_CompTypeDest-FLF_GESCHL	-0,029 (-0,741)	0,028 (0,399)	0,081 (0,817)
	BILDNIV	Moderator_CompTypeDest-FLF_BILDNIV	0,021 (1,625)	0,054** (2,310)	0,007 (0,200)
	BESCHS-TAT	Moderator_CompTypeDest-FLF_BESCHSTAT	-0,001 (-0,031)	0,019 (0,289)	0,016 (0,173)
	NATIO	Moderator_CompTypeDest-FLF_NATIO	0,019 (0,306)	0,116 (1,015)	0,170 (1,074)
	ENTF	Moderator_CompTypeDest-FLF_ENTF	0,002 (0,076)	-0,028 (-0,681)	0,009 (0,163)
	ZAHLZW	Moderator_CompTypeDest-FLF_ZAHLZW	0,024 (0,546)	0,135* (1,663)	-0,018 (-0,162)
	NUTZINT	Moderator_CompTypeDest-FLF_NUTZINT	-0,056** (-2,502)	-0,117*** (-2,767)	-0,029 (-0,484)
	ERWERB-ART	Moderator_CompTypeDest-FLF_ERWERBART	0,021 (0,382)	-0,029 (-0,289)	-0,083 (-0,606)
Signifikanz: * $p < 0,1$; ** $p < 0,05$; *** $p < 0,01$					

Tabelle 35: *Übersicht über die Moderationseffekte mit Company-type Kodierung*

Quelle: Eigene Darstellung

Die Beziehung zwischen der UV Nutzungsintensität und der AV Customer Engagement-Faktorwert wird moderiert durch die Company-type Destination. Der Interaktionsterm zwischen Company-type Destination und Nutzungsintensität erklärt einen signifikanten Rückgang des Customer Engagement Factor Scores.

Company-type Destination ist ein Moderator für die drei Beziehungen zwischen dem Bildungsniveau und dem Employee Engagement Factor Score, zwischen der Zahl der Zweitwohnsitze und dem EE_FS sowie zwischen der Nutzungsintensität und dem EE_FS. Die Interaktionsterme zwischen Company-type Destination und Bildungsniveau sowie zwischen Company-type Destination und Zahl der Zweitwohnsitze erklären eine signifikante Steigerung des EE_FS. Der Interaktionsterm zwischen Company-type Destination und Nutzungsintensität erklärt einen signifikanten Rückgang des Employee Engagement Factor Scores.

Für den Investor Engagement-Faktorwert hat die Moderatorenanalyse keine signifikanten Interaktionseffekte zwischen den unabhängigen Variablen und Company-type Destination entdeckt.

Die Ergebnisse der Moderatorenanalyse werden beispielhaft an der Interaktion zwischen der Nutzungsintensität und dem Destinationstyp besprochen. Aus der unten dargestellten Grafik wird der Moderationseffekt deutlich. In der Company-type Destination Flims Laax Falera ist der abnehmende Employee Engagement Factor Score in Zusammenhang mit steigender Nutzungsintensität stärker wahrnehmbar als in den Community-type Destinationen. Dieser verstärkende Effekt liegt auch bei den anderen drei signifikanten Werten vor.

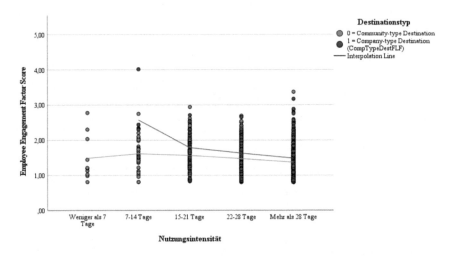

Abbildung 32:   Scatter Plot Employee Engagement Factor Score vs. Nutzungsintensität nach Destinationstyp

Quelle: Eigene Darstellung

Analyseansatz 2: Ersteinwohnergrösse pro Postleitzahl

In der zweiten Moderatorenanalyse wird der Moderator Destination durch die tatsächliche Anzahl der Ersteinwohner repräsentiert. Dafür wurden die abgefragten Postleitzahlen der Zweitwohnsitze aus der Umfrage mit der Anzahl der Ersteinwohner zusammengeführt. Die Daten dazu stammen vom Open Data Portal der Schweizerischen Post: https://swisspost.opendatasoft.com/. Die neue Variable Bevölkerung pro Postleitzahl (BevölkPLZ) wurde dann als Moderator und für den Interaktionsterm in der MMR verwendete (Die Post, 2021). Auch für diese Analyse wurden die unabhängigen Variablen zuerst um den Mittelwert zentriert. Die Ergebnisse der Analysen sind in der folgenden Tabelle zu finden.

Moderator	Unabhängige Variable	Interaktionsterm	Abhängige Variable		
			CE_FS	EE_FS	IE_FS
BevölkPLZ	ALTER	Moderator_Bevölk-PLZ_ALTER	0 (-0,976)	0 (-1,257)	0 (-0,950)
	GESCHL	Moderator_Bevölk-PLZ_GESCHL	0 (-0,508)	0 (-1,175)	0 (-0,885)
	BILDNIV	Moderator_Bevölk-PLZ_BILDNIV	0 (-1,251)	-2,968E-6* (-1,728)	0 (-0,421)
	BESCHS-TAT	Moderator_Bevölk-PLZ_BESCHSTAT	0 (-0,016)	0 (-0,375)	0 (-0,355)
	NATIO	Moderator_Bevölk-PLZ_NATIO	0 (-1,673)	0 (-0,495)	0 (-1,053)
	ENTF	Moderator_Bevölk-PLZ_ENTF	-2,337E-6* (-1,782)	-6,089E-6** (-2,541)	0 (-0,445)
	ZAHLZW	Moderator_Bevölk-PLZ_ZAHLZW	0 (-0,913)	0 (-1,175)	0 (-0,558)
	NUTZINT	Moderator_Bevölk-PLZ_NUTZINT	0 (1,554)	0 (0,537)	0 (0,393)
	ERWERB-ART	Moderator_Bevölk-PLZ_ERWERBART	0 (0,236)	0 (0,632)	0 (0,885)
Signifikanz: * p < 0,1; ** p < 0,05; *** p < 0,01					

Tabelle 36: Übersicht über die Moderationseffekte durch Bevölkerung pro Postleitzahl

Quelle: Eigene Darstellung

Bei der zweiten Moderatorenanalyse ergeben sich drei signifikante Effekte. Es fällt auf, dass die Effekte sehr klein sind, wenn die Destination anhand ihrer Ersteinwohnergrösse konzeptualisiert wird.

Erstens wird die Beziehung zwischen der Entfernung von Erst- zu Zweitwohnsitz und Customer Engagement-Faktorwert durch die Grösse der Destination moderiert. Der Interaktionsterm zwischen der Entfernung und der Destinationsgrösse erklärt einen signifikanten, wenn auch nur minimalen, Rückgang des CE_FS.

Zweitens ist die Destinationsgrösse nach Ersteinwohneranzahl ein Moderator für die Beziehung zwischen dem Bildungsniveau und dem Employee Engagement Factor Score. Der Interaktionsterm belegt eine minimal negative, signifikante Verminderung des EE_FS.

Drittens hat die Analyse ergeben, dass die Beziehung zwischen der Entfernung von Erst- zu Zweitwohnsitz und Employee Engagement-Faktorwert durch die Grösse der Destination moderiert wird. Der Interaktionsterm zeigt einen signifikanten, leicht negativen Einfluss.

Für den Investor Engagement-Faktorwert konnte kein signifikanter Moderatoreffekt der Destinationsgrösse festgestellt werden.

Interpretation der Ergebnisse

Zusammengefasst können drei Ergebnisse der Moderatorenanalyse festgestellt werden.

Erstens wurden bei dem Ansatz Company- vs. Community-type Destination vier signifikante Moderationseffekte der Company-type Destination festgestellt. Der Einfluss der Nutzungsintensität auf die Customer und Employee Engagement Factor Scores variiert je nach Ausprägung der Destinationsart. Genauso der Einfluss des Bildungsniveaus und der Anzahl der Zweitwohnsitze auf den Employee Engagement-Faktorwert.

Zweitens konnten bei der zweiten Moderationsanalyse, bei der die Destination anhand der Ersteinwohneranzahl operationalisiert wurde, drei signifikante Moderationseffekte nachgewiesen werden. Ein Effekt aus der ersten Analyse kann mit diesem Ansatz repliziert werden. Nämlich die Interaktion des Bildungsniveaus mit der Destinationsgrösse auf den Employee Engagement Factor Score. Die beiden anderen Effekte beziehen sich auf die Entfernung von Erst- zu Zweitwohnsitz. Der Einfluss dieser Variable verändert sich je nach Destinationsgrösse in Ersteinwohnern. Es muss aber zu bedenken gegeben werden, dass die festgestellten Effekte minimale Werte aufweisen.

Drittens lässt sich aus den beiden Analysen ableiten, dass die Moderationseffekte der Destination mit Vorsicht zu geniessen sind, sofern sie bestehen. Die erste Analyse basiert auf der Annahme, dass Flims Laax Falera die einzige Company-type Destination der Schweiz und der Stichprobe sei. Zwar mag diese Beurteilung nach bestem Wissen und Gewissen richtig sein, dennoch bleibt sie subjektiv, theoretisch und konstruiert. Im Endeffekt führt dieses Vorgehen dazu, dass nicht nur Company- vs. Community-type Destinationen einander gegenübergestellt werden, sondern auch die Destination Flims Laax Falera dem Rest der Schweiz bzw. Stichprobe. Mit aus diesen Gründen wurde die zweite Analyse durchgeführt. Dabei konnten aber, wenn überhaupt, nur äusserst geringe Moderationseffekte festgestellt werden, so dass ihr Einfluss begrenzt bleibt.

8.8. Fazit

In diesem Kapitel werden erst die Limitationen dieser Studie besprochen. Danach werden die Ergebnisse der forschungsleitenden Fragestellung und der drei Subfragen bzw. Analysen erörtert.

8.8.1. Limitationen

Es gibt sieben Limitationen für diese Studie.

Erstens war die Umfrage nur auf Deutsch verfügbar. Dadurch wurden anderssprachige Zweitwohnungsbesitzende systematisch von der Umfrage ausgeschlossen. Folglich wurde auch das explizite Ausschlusskriterium aufgestellt, dass Umfrageteilnehmende Deutsch lesen und verstehen müssten.

Zweitens war die Umfrage nur über das Internet zugänglich und per E-Mail-Versand erhältlich. Falls jemand keinen Internetzugang hätte, wäre es ihr oder ihm nicht möglich gewesen, an der Umfrage teilzunehmen.

Drittens wurden die Daten im Winter 2021 erhoben. Aller Voraussicht nach ist den Zweitwohnungsbesitzenden ihr Zweitwohnsitz in der Schweiz im Winter präsenter als im Sommer. Dadurch könnten die Eindrücke frischer und die gemessenen Engagement-Level höher sein, als wenn die Umfrage im Sommer durchgeführt worden wäre.

Viertens kann von einem saisonalen Effekt durch die Corona-/Covid-19-Pandemie ausgegangen werden. Viele Menschen konnten im Sommer 2020 weniger reisen und waren deshalb auch im Sommer ungewohnter Weise in ihren Zweitwohnungen. Dadurch könnte es zu einem verzerrenden Effekt bei der Umfragebeantwortung gekommen sein.

Fünftens wurden die drei verwendeten Engagement-Skalen vom Englischen ins Deutsche übersetzt. Da der Autor möglichst nah am sprachlichen Vorbild der Skalen bleiben wollte, könnten sich für manche Teilnehmende einzelne Formulierungen eigentümlich oder fremd anhören.

Sechstens wurde die Verteilung massgeblich von den Schweizer Zweitwohnungsbesitzervereinigungen getrieben. Ein Umfrageteilnehmender hat die damit verbundene Problematik in einer privaten E-Mail-Zuschrift wie folgt auf den Punkt gebracht: „Mitglieder sind meist überdurchschnittlich am Geschehen in der Feriengemeinde interessiert, auch durchaus kritischer als der Durchschnitt. Man tritt einem Verein bei, weil man sich von dessen

Anliegen überdurchschnittlich angesprochen fühlt." Das würde bedeuten, dass viele der Umfrageteilnehmenden Teil einer überdurchschnittlich informierten, interessierten Gruppe seien, die sich selbst als „Meinungsbildner aller Zweitheimischen" verstehen.

Siebtens wurde im Bereich Investor Engagement nur das Paper von Denes et al. (2017) in die Skalenauswahl miteinbezogen. Berücksichtigt werden muss, dass die Arbeit von Denes et al. (2017) keine explizite, empirisch validierte Messskala zu Investor Engagement entwickelt, sondern systematisch Charakteristika und Kriterien zur Überprüfung von Investor Engagement untersucht. Somit unterscheidet sich diese Arbeit zwar von den anderen Papern in der Vorauswahl, eignet sich aber dennoch sehr gut für das vorliegenden Untersuchungsziel. Die Arbeit erfasst alle relevanten Kriterien für die Item-Operationalisierung zu Investor Engagement.

Achtens muss auch das Erwartungsmanagement als limitierender Faktor berücksichtigt werden. Das Thema Zweitwohnsitz ist für viele Menschen ein hoch emotionales Thema. Manche Teilnehmende könnten subjektive Voreinstellungen oder bestimmte Erwartungen an die Umfrage gehabt haben. Falls diese Erwartungen nicht erfüllt wurden oder der Fragenstil als unpassend empfunden wurde, könnten manche die Umfrage nicht vollständig oder nicht wahrheitsgetreu fertig ausgefüllt haben.

8.8.2. Ergebnisse

Ziel der zweiten Studie war es, die Bedeutung und Wirkung unterschiedlicher Einflussfaktoren auf das Engagement-Niveau von Zweitwohnungsbesitzenden zu untersuchen. Dafür wurde eine empirisch quantitative Umfrage unter Zweitwohnungsbesitzenden durchgeführt. Die Umfrage hat insgesamt knapp 2'000 Zweitwohnungsbesitzende erreicht und 1'529 vollständig ausgefüllte Fragebögen ergeben.

Die forschungsleitende Fragestellung war: Was sind die Treiber und damit die Steuerungshebel für die Verbesserung der Beziehung von Zweitwohnungsbesitzenden mit der Destination? Diese wurde in drei Subfragen untergliedert und in drei aufeinanderfolgenden Analysen beantwortet.

Die erste Analyse hat sich der Subfrage gewidmet: Wie lässt sich das Engagement-Level von Zweitwohnungsbesitzenden messen? Um die Frage zu beantworten, wurden drei Strukturgleichungsmodelle aufgestellt und mithilfe von SPSS Amos nach dem LISREL-Ansatz untersucht. Zusammengefasst haben die drei Modelle zu Customer, Employee und Investor Engagement die Anforderungen an Reliabilität, Validität und statistische Gütekriterien auf Ebene der Mess- und Strukturmodelle überwiegend erfüllt. Das Engagement-Level von Zweitwohnungsbesitzenden lässt sich somit in den drei Dimensionen Customer, Employee und Investor Engagement anhand der Ansätze von Vivek et al. (2014), Schaufeli et al. (2006) und Denes et al. (2017) messen.

Die zweite Analyse hat die Fragestellung untersucht: Welchen Einfluss haben unabhängige Variablen auf das Engagement-Level von Zweitwohnungsbesitzenden? Für die Beantwortung wurde auf den Ergebnissen der ersten Analyse aufgebaut. Mithilfe statistischer Verfahren wurden aus allen drei untersuchten Strukturgleichungsmodellen zu Customer, Employee und Investor Engagement die entsprechenden Factor Scores abgeleitet und berechnet. Diese drei Faktorwerte wurden dann als abhängige Variablen für multiple lineare Regressionsanalysen verwendet. Insgesamt wurden elf Regressionsmodelle für alle drei Konstrukte bzw. Faktorwerte aufgestellt und überprüft. In das finale Modell wurden neun unabhängige Variablen aufgenommen, um das Engagement von Zweitwohnungsbesitzenden zu erklären. Zwar haben nicht alle neun Variablen einen signifikanten Einfluss auf alle drei Engagement-Subkonstrukte, aber mindestens immer auf eines.

Die dritte Analyse hat die Frage überprüft: Welchen Einfluss hat der Moderator Destination auf das Engagement-Level von Zweitwohnungsbesitzenden? Um den moderierenden Effekt der Destination zu überprüfen, wurden zwei Moderated Multiple Regressions durchgeführt. Es wurde die Interaktion aller neun unabhängigen Variablen, die in das finale Modell von Analyse 2 eingeschlossen wurden, mit den drei Faktorwerten zu Customer, Employee und Investor Engagement untersucht. Die erste MMR hat das konzeptionelle Verständnis von Company-type vs. Community-type Destination aus Studie 1 aufgegriffen. Dabei konnten vier signifikante Moderationseffekte festgestellt werden. In der zweiten MMR wurde der Moderator Destination anhand seiner tatsächliche Ersteinwohnergrösse nach PLZ konzipiert, was drei signifikante moderierende Effekte ergeben hat. Dennoch müssen die Ergebnisse vorsichtig interpretiert werden. Die erste MMR basiert auf einer empirisch nicht validierten Unterscheidung zwischen Company-type vs. Community-type Destinationen und die Effekte der zweiten MMR sind äusserst gering.

Als Zwischenergebnis ergibt sich für die eingangs aufgestellten forschungsleitenden Grundhypothesen folgendes Bild.

Kodierung	Hypothese	Erfüllungs-grad
Total_H1	Engagement von verschiedenen Zweitwohnungsbesitzenden kann unterschiedlich ausgeprägt sein.	Ja
Total_H2	Das Engagement-Level eines Zweitwohnungsbesitzenden ist abhängig von verschiedenen unabhängigen Variablen.	Ja
Total_H3	Wenn unterschiedliche unabhängige Variablen einen Einfluss auf das Engagement-Level eines Zweitwohnungsbesitzenden haben, dann beeinflusst die Beschaffenheit des Moderators Destination die Ausprägung des Engagement-Levels.	Gering

Tabelle 37: Ergebnisse der forschungsleitenden Grundhypothesen

Quelle: Eigene Darstellung

Zuletzt wird die forschungsleitende Fragestellung beantwortet. Prinzipiell bestehen Möglichkeiten, um das Engagement von Zweitwohnungsbesitzenden zu messen. Dieses Engagement kann aber nur in den drei Rollen Kunde, Co-Produzent und Investor gemessen werden. Dafür existieren in den unterschiedlichen BWL-Forschungsströmungen Skalen und Messinstrumente. Eine integrierte Messung des Konstruktes „Zweitwohnungsbesitzenden Engagement" ist somit bisher nicht immanent möglich. Die derzeitige Analyse ist rollenfokussiert, zusammengesetzt und konstruiert. Hier läge Potenzial, um eine holistische, inhärente und integrierende Skala inklusive Fragebogen zu entwickeln. Dennoch lassen sich aus den drei separat abgefragten Skalen wertvolle Erkenntnisse für das Engagement von Zweitwohnungsbesitzenden ableiten. Vor allem die zweite Analyse hat Treiber gezeigt, an denen als Stellhebel gearbeitet werden kann, um das Zweitwohnungsbesitzenden Engagement zu beeinflussen. Es wurden neun Variablen identifiziert, die das Engagement signifikant treiben – manche mit positivem, manche mit negativem Vorzeichen. Zudem konnte gezeigt werden, dass die Destination an sich, wenn überhaupt, nur einen sehr geringen moderierenden Effekt auf die Beziehung zwischen Einflussfaktoren und Engagement hat.

9. Empirische Konklusion: Entwicklung einer Messskala

Im Rahmen der empirischen Konklusion wird eine spezifische Messskala für das Engagement von Zweitwohnungsbesitzenden entwickelt. Danach soll die Güte der entwickelten Skala beurteilt werden. Zudem wird der Faktorwert der neuen Skala einer multiplen linearen Regressionsanalyse unterzogen.

9.1. Einführung

Die empirische Konklusion besteht aus drei weiteren Analysen, die auf den Daten und den Ergebnissen der zweiten Studie aufbauen. Der erhobene Datensatz mit n = 1'529 vollständig ausgefüllten Fragebögen wird wiederverwendet. In diesem Kapitel werden zwei Ziele verfolgt: Zum einen soll ein Beitrag zur Praxis bzw. zum Forschungsobjekt Zweitwohnungsbesitzende geleistet werden. Zum anderen soll ein Erkenntnisbeitrag zum Erkenntnisobjekt Engagement-Konstrukt geschaffen werden.

Die forschungsleitende Fragestellung lautet: Wie kann das Total Zweitwohnungsbesitzenden Engagement mit einer Skala gemessen werden? Diese wird in drei Subfragen untergliedert:

1) Kann eine neue Skala zu Total Zweitwohnungsbesitzenden Engagement (TZE) aus den drei abgefragten Skalen zu Customer, Employee und Investor Engagement abgeleitet werden?
2) Welchen Gütegehalt weist die entwickelte TZE-Messskala auf?
3) Kann die entwickelte TZE-Messskala die Ergebnisse der multiplen linearen Regressionsanalyse aus Studie 2 replizieren?

Für die erste Frage werden die drei abgefragten Skalen zu Customer, Employee und Investor Engagement aus Studie 2 zu einer neuen Skala kombiniert. Diese misst das Total Zweitwohnungsbesitzenden Engagement eines Individuums und lässt sich auch auf Destinationsebene aggregieren. Das methodische Vorgehen ist eine explorative Faktorenanalyse (EFA).

Um die zweite Frage zu beantworten, wird eine konfirmatorische Faktoranalyse (KFA) für die entwickelte Messskala durchgeführt. Ziel ist es, die Reliabilität, Validität und Gütekriterien der TZE-Messskala zu untersuchen.

Die dritte Frage prüft, ob mit der neu entwickelten Messskala und dem daraus gewonnenen Total Zweitwohnungsbesitzenden Engagement Factor

Score (TZE_FS) die Ergebnisse der multiplen linearen Regressionsanalyse aus Studie 2 bestätigt werden können. Dazu wird das finale Modell aus Studie 2 repliziert. Die Ergebnisse für die vier Engagement-Faktorwerte werden miteinander verglichen.

Die empirische Konklusion ist in fünf Kapitel gegliedert. Nach der Einführung wird die erste Analyse durchgeführt, indem mithilfe einer explorativen Faktoranalyse die Messskala für Total Zweitwohnungsbesitzenden Engagement entwickelt wird. Anschliessend wird in einer zweiten Analyse die entwickelte Messskala mithilfe einer konfirmatorischen Faktoranalyse überprüft. Danach wird versucht, einen Teil der Studienergebnisse aus der zweiten Studie dieser Dissertation mit der neuen TZE-Messskala zu replizieren. Abschliessend folgt ein zusammenfassendes Fazit.

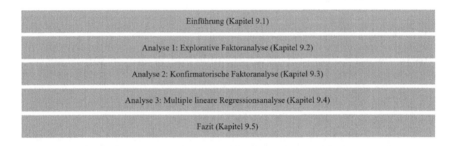

Abbildung 33: Flow Chart der empirischen Konklusion

Quelle: Eigene Darstellung

9.2. Analyse 1: Explorative Faktoranalyse

Diese Analyse bearbeitet die erste Forschungsfrage: Kann eine neue Skala zu Total Zweitwohnungsbesitzenden Engagement aus den drei abgefragten Skalen zu Customer, Employee und Investor Engagement abgeleitet werden? Dafür wird auf eine explorative Faktoranalyse gesetzt. Zuerst wird die Methodik der explorativen Faktoranalyse erläutert. Danach werden die Daten ausgewertet. Abschliessend werden die Ergebnisse interpretiert.

9.2.1. Methodik

Im Rahmen der empirischen Umfrage zu Studie 2 wurden insgesamt 29 Items zum Themenbereich Engagement erhoben. Zehn Items gehörten zum Bereich Customer Engagement, zehn Items zum Employee Engagement und neun Items zum Investor Engagement. Nun sollen diese Items neu zusammengesetzt werden, um die Faktoren abzubilden, die das Konstrukt Total Zweitwohnungsbesitzenden Engagement formen. Da ein Item doppelt abgefragt wurde („Ich bin von meinem Zweitwohnsitz begeistert."), wurde es nur einmal in diese Analyse miteinbezogen, so dass diese Analyse 28 Items umfasst.

Zwei Dinge sind dabei wichtig. Erstens, Zweitwohnungsbesitzende setzen ihr Rollenverständnis aus Bestandteilen der drei Rollen Kunde, Co-Produzent und Investor zusammen (Bieger, 2006; Müller-Jentsch, 2017; Staub & Rütter, 2014). Zweitens, genauso wie Customer, Employee und Investor Engagement wird Total Zweitwohnungsbesitzenden Engagement als mehrdimensionales Konstrukt höherer bzw. zweiter Ordnung verstanden. Das bedeutet, dass mithilfe der explorativen Faktoranalyse die Faktoren bzw. die Subebenen identifiziert werden, die das eigentliche Konstrukt zweiter Ordnung konstituieren (Schuster, 2016).

„Die explorative Faktorenanalyse (EFA) ist ein Verfahren zur Datenanalyse, das angewendet wird, wenn in einem Datensatz nach einer noch unbekannten, korrelativen Struktur gesucht werden soll. Die EFA gehört somit in die Gruppe der strukturentdeckenden Verfahren" (Klopp, 2010, S. 1). „Im Rahmen der Faktorenanalyse werden Messwerte von Objekten (in den Sozialwissenschaften meistens befragte Personen) in einer Menge beobachteter (manifester) Variablen auf Faktoren zurückgeführt. Faktoren sind dabei als hypothetische, nicht beobachtete Variablen (Konstrukte) definiert, die den beobachteten Variablen Gemeinsames abbilden" (Wolff & Bacher, 2010, S. 334). Dieses Vorgehen erlaubt es, „die Anzahl an latenten Konstrukten (Faktoren) in unseren Daten zu identifizieren und beschreiben" (Hemmerich, 2021).

„Ziel einer Faktorenanalyse ist es, eine Vielzahl von korrelierenden, manifesten Variablen auf einen kleinen Satz latenter Variablen (Faktoren) zurückzuführen, die einen möglichst großen Teil der Varianz der Ausgangsvariablen aufklären. Die Grundannahme der Faktorenanalyse besteht darin, dass sich der Wert einer Variable additiv in eine gewichtete Summe aus den Faktoren zerlegen lässt" (Klopp, 2010, S. 1). Dieses Ziel soll im vorliegenden Fall erreicht werden, indem die erhobenen 28 Items analysiert und auf Faktoren neu aggregiert werden. Das Vorgehen folgt vier Schritten, die sowohl Klopp (2010) als auch Weiber und Mühlhaus (2014) detailliert beschreiben. Im Folgenden wird gemäss ihren Ausführungen vorgegangen.

Zuerst muss geprüft werden, ob sich die Messindikatoren eignen, um eine EFA durchzuführen (Klopp, 2010; Weiber & Mühlhaus, 2014). „Um die Eignung von Daten für die Faktorenanalyse zu bestimmen gibt es mehrere

Verfahren" (Klopp, 2010, S. 3). Diese werden für jede einzelne Variable und über die Gesamtdaten durchgeführt. „Die Anwendung einer Faktorenanalyse ist nur sinnvoll, wenn zwischen den Ausgangsvariablen hinreichend hohe Korrelationen bestehen" (Weiber & Mühlhaus, 2014, S. 132). Diese Voraussetzung kann auf Variablenebene durch das Measure of Sampling Adequacy (MSA) und die Kommunalitäten geprüft werden. Der MSA-Wert zeigt, „in welchem Umfang eine Variable mit den übrigen Variablen als „zusammengehörend" anzusehen ist. Demgegenüber gibt die Kommunalität einer Variablen Auskunft darüber, wie viel Prozent der Variablenstreuung durch die extrahierten Faktoren erklärt werden kann" (Weiber & Mühlhaus, 2014, S. 132). Beide Prüfgrössen liegen im Intervall [0;1]. Bei beiden Prüfgrössen gelten Werte kleiner als 0,5 als ungenügend. Somit sollten die Variablen aus der EFA ausgeschlossen werden, „da sie nur wenig Gemeinsamkeit mit den übrigen Variablen aufweisen bzw. ein nur geringer Anteil der Varianz dieser Variablen durch die Faktoren erklärt werden kann" (Weiber & Mühlhaus, 2014, S. 132).

„Für die Variablenmenge insgesamt geben das Kaiser-Meyer-Olkin-Kriterium (KMO) und der Bartlett-Test Auskunft über die Zusammengehörigkeit der Variablen. Das KMO-Kriterium bestimmt sich durch Aggregation aus den MSA-Werten und sollte deshalb ebenfalls nicht kleiner als 0,6 sein (Kaiser & Rice, 1974, S. 111). Der Bartlett-Test prüft die Nullhypothese, dass die Variablen aus einer unkorrelierten Grundgesamtheit entstammen und sollte abgelehnt werden (Dziuban & Shirkey, 1974, S. 358)" (Weiber & Mühlhaus, 2014, S. 132-133). „Die Stichprobengröße und die Anzahl der manifesten Variablen beeinflussen ebenfalls die Ergebnisse einer Faktorenanalyse" (Klopp, 2010, S. 4). Dabei gelten Stichprobengrössen ab n = 1'000 im Zusammenspiel mit Kommunalitäten $\geq$ 0,5 als exzellente Ausgangslage für eine EFA.

Kriterium	Schwellenwerte
Variablenebene – MSA-Werte – Kommunalitäten	≥ 0,5 ≥ 0,5
Variablenmenge – KMO-Kriterium – Bartlett-Test	≥ 0,6 Signifikant abgelehnt
Stichprobengrösse	n ≥ 1'000

Tabelle 38: Gütekriterien und Schwellenwerte einer explorativen Faktoranalyse

Quelle: Eigene Darstellung nach Klopp (2010) sowie Weiber und Mühlhaus (2014)

Zweitens muss sich für eine Extraktionsmethode entschieden werden, um die Anzahl der zu extrahierenden Faktoren zu bestimmen (Klopp, 2010; Weiber & Mühlhaus, 2014). Für die Extraktion stehen unterschiedliche Methoden zur Verfügung. Die drei am weitest verbreiteten Methoden sind die Hauptachsenanalyse (HAA), die Maximum-Likelihood-Schätzung und die Hauptkomponentenanalyse. Mit allen drei lässt sich die unbekannte Ladungsmatrix L bestimmen, sie haben aber unterschiedliche Voraussetzungen (Reitzner, 2015). Die einzelnen Unterschiede sollen im Folgenden nicht detailliert besprochen werden. Überblicke bieten Bühner und Ziegler (2009) oder Reitzner (2015). Generell gilt jedoch: „Grundlegendes Ziel einer Faktorenanalyse soll es sein, eine Faktorenstruktur zu ermitteln, die in Bezug auf die verwendete Methode der Faktorenextraktion und -rotation so stabil ist, dass ihre Replikation in einer anderen Untersuchung sichergestellt ist" (Klopp, 2010, S. 4). Aus diesem Grund wurde die Extraktionsmethode der Hauptachsenanalyse (auch Hauptfaktorenanalyse, Principal Axis Factoring oder Hauptachsen-Faktorenanalyse) gewählt. „Die HAA nimmt eine explizite Differenzierung der Indikatorenvarianzen nach einem von den extrahierten Faktoren erklärten Varianzanteil (Kommunalität) und der variablenspezifischen Einzelrestvarianz vor" (Weiber & Mühlhaus, 2014, S. 133). Das Ziel bestände darin, „die gemeinsame Varianz der Variablen zu erklären. Die so entdeckten Faktoren werden als latente Variablen verstanden. Sie stellen in diesem Verständnis die Ursache für die Ausprägungen der Variablen dar. Sie werden also kausal interpretiert" (Universität Zürich, 2021).

Um mit der HAA die Anzahl der zu extrahierenden Faktoren zu bestimmen, sollte das Kaiser-Kriterium (Eigenwert-Regel) herangezogen werden. Es sollten diejenigen Faktoren gewählt werden, deren Eigenwerte grösser als

1 sind (Kaiser, 1974). „Das bedeutet, dass nur diejenigen Faktoren einen ‚nennenswerten' Erklärungsgehalt aufweisen, die mehr Varianz erklären können als eine einzelne standardisierte Indikatorvariable selbst, die (nach Standardisierung) eine Varianz von 1 besitzt" (Weiber & Mühlhaus, 2014, S. 133). Eine weitere Möglichkeit, um die Anzahl der zu extrahierenden Faktoren festzulegen, ist der Scree-Test nach Cattell (1966). Dabei werden die Eigenwerte in einem Diagramm dargestellt mit der Faktorennummer auf der x-Achse und dem Eigenwert auf der y-Achse. Die mit einer Linie verbundenen Punkte werden Scree-Plot genannt. „Die Stelle, an dem dieser Graph einen Knick aufweist, bestimmt die Zahl der zu extrahierenden Faktoren; sie wird an der Faktornummer auf der Abszisse abgelesen" (Klopp, 2010, S. 5). Dieses Vorgehen sei jedoch teilweise subjektiv, weshalb beide Ansätze zusammen durchgeführt werden sollten. „Generell sollte gelten, dass nur die Faktorlösung genommen wird, deren inhaltliche Interpretierbarkeit gegeben ist" (Klopp, 2010, S. 5).

Drittens müssen die extrahierten Faktoren rotiert werden, um sie inhaltlich interpretieren zu können (Klopp, 2010; Weiber & Mühlhaus, 2014). Weil oft die erste errechnete Faktorlösung schwer zu interpretieren ist, gibt es sog. Rotationsmethoden, wie z. B. die Promax, Varimax oder Quartimax Ansätze. Grundsätzlich können die schiefwinklige (oblique) und rechtwinklige (orthogonale) Rotationsmethode unterschieden werden (Klopp, 2010; Weiber & Mühlhaus, 2014). Sie unterscheiden sich darin, „dass bei obliquen Faktorrotationen Korrelationen zwischen den Faktoren erlaubt sind, wohingegen bei orthogonalen Rotationen die Faktoren immer unkorreliert sind" (Klopp, 2010, S. 6). Bei beiden Ansätzen wird die Einfachstruktur als Ziel angestrebt, was bedeutet, „dass jede Variable nur auf einem Faktor lädt und somit Interpretationsschwierigkeiten durch Variablen, die auf zwei oder mehr Faktoren hoch laden, verhindert werden sollen" (Klopp, 2010, S. 6). Im hier vorliegenden Fall wird die schiefwinklige Rotation Promax gewählt, da das „Indikatorenset inhaltlich demselben Konstrukt zugeordnet ist und damit auch eine gewisse Korrelation zwischen den Faktoren zu vermuten ist, wenn die EFA mehr als einen Faktor extrahiert" (Weiber & Mühlhaus, 2014, S. 133).

Viertens muss diskutiert werden, ab welcher Höhe die Faktorladung relevant ist und somit als bedeutsam interpretiert wird (Klopp, 2010). Die Frage ist, wie hoch die Faktorladung einer Variablen sein muss, damit man die Variable als wirklich zum Faktor zugehörig betrachten und interpretieren kann (Klopp, 2010). Gemäss Gorsuch (1990) sollte man für die Interpretation der Faktoren nur Ladungen beachten, die grösser als 0,30 sind.

9.2.2. Datenanalyse

Nachdem im vorherigen Abschnitt das Vorgehen, die Gütekriterien und die Grenzwerte erläutert wurden, wird nun die EFA durchgeführt.

Zuerst wird untersucht, ob sich die Items für eine EFA eignen. Dafür werden auf Ebene der Variablenmenge das KMO-Kriterium und der Bartlett-Test beleuchtet und auf Variablenebene die MSA-Werte und die Kommunalitäten.

Mass der Stichprobeneignung nach Kaiser-Meyer-Olkin		0,915
Bartlett-Test auf Sphärizität	Ungefähres Chi-Quadrat	14846,428
	df	378
	Signifikanz nach Bartlett	0,000

Tabelle 39: KMO-Kriterium und Bartlett-Test mit allen Variablen

Quelle: Eigene Darstellung nach SPSS-Output

Item	Variablenebene	
	MSA-Werte (≥ 0,5)	Kommunalitäten (≥ 0,5)
CE1	0,854	0,574
CE2	0,912	0,421
CE3	0,889	0,616
CE4	0,945	0,485
CE5	0,937	0,586
CE6	0,935	0,588
CE7	0,942	0,546
CE8	0,920	0,234
CE9	0,896	0,377
CE10	0,811	0,322
EE1	0,942	0,598
EE2	0,918	0,682
EE3	0,896	0,822
EE4	0,953	0,572
EE5	Ausgeschlossen, da doppelt abgefragt (siehe CE6).	
EE6	0,962	0,420
EE7	0,944	0,437
EE8	0,939	0,357
EE9	0,912	0,203
EE10	0,932	0,360
IE1	0,873	0,367
IE2	0,738	0,509
IE3	0,939	0,224
IE4	0,819	0,365
IE5	0,908	0,259
IE6	0,895	0,485
IE7	0,830	0,275
IE8	0,872	0,312
IE9	0,816	0,231

Tabelle 40: Ergebnisse der Reliabilitätsanalyse mit allen Variablen
Quelle: Eigene Darstellung nach SPSS-Output

Das Ergebnis zeigt, dass der KMO-Wert den Schwellenwert deutlich erfüllt und der Bartlett-Test signifikant abgelehnt werden kann. Somit sind die beiden Gütekriterien auf Ebene der Variablenmenge erfüllt, damit die EFA durchgeführt werden kann.

Auf Variablenebene sind die Schwellenwerte für die MSA-Werte bei allen Variablen deutlich erfüllt, aber bei den Kommunalitäten zum Teil nicht. Deshalb werden als nächstes diejenigen Variablen aus dem Modell ausgeschlossen, die die Schwellenwerte nicht erreichen. Dies erfolgt in einem iterativen Prozess beginnend bei der Variablen mit der niedrigsten Kommunalität. Danach wird die Analyse wiederholt und die nächstniedrige Variable ausgeschlossen. Das finale Ergebnis ist in der folgenden Tabelle abgebildet. Nun werden sowohl die Gütekriterien auf der Ebene der Variablenmenge als auch grösstenteils auf der Variablenebene erfüllt. Bei den Kommunalitäten müssen kleine Zugeständnisse gemacht werden, die aber in Anbetracht der grossen Stichprobe von deutlich über 1'000 vollkommen im Rahmen liegen (Klopp, 2010). Insgesamt wurden die Variablen CE4, CE8, CE9, CE10, EE5, EE6, EE7, EE8, EE9, EE10, IE3, IE4, IE5, IE6, IE7, IE8 und IE9 ausgeschlossen. Die Variablen CE1, CE2, CE3, CE5, CE6, CE7, EE1, EE2, EE3, EE4, IE1 und IE2 wurden beibehalten.

Item	Variablenebene	
	MSA-Werte (≥ 0,5)	Kommunalitäten (≥ 0,5)
CE1	0,803	0,556
CE2	0,873	0,394
CE3	0,834	0,611
~~CE4~~	–	–
CE5	0,877	0,508
CE6	0,879	0,424
CE7	0,912	0,458
~~CE8~~	–	–
~~CE9~~	–	–
~~CE10~~	–	–
EE1	0,899	0,537
EE2	0,868	0,633
EE3	0,837	0,639
EE4	0,920	0,552
~~EE5~~	–	–
~~EE6~~	–	–
~~EE7~~	–	–
~~EE8~~	–	–
~~EE9~~	–	–
~~EE10~~	–	–
IE1	0,809	0,413
IE2	0,679	0,456
~~IE3~~	–	–
~~IE4~~	–	–
~~IE5~~	–	–
~~IE6~~	–	–
~~IE7~~	–	–
~~IE8~~	–	–
~~IE9~~	–	–

Tabelle 41: Ergebnisse der Reliabilitätsanalyse für angepasste Variablenmenge
Quelle: Eigene Darstellung nach SPSS-Output

Nachdem geprüft wurde, welche Messindikatoren sich für eine explorative Faktoranalyse eignen, wird mit den verbleibenden Variablen die EFA durchgeführt. Die EFA setzt auf die Methode der Hauptachsenanalyse und die Promax-Rotation. Faktorladungen unter 0,30 werden gemäss Literatur unterdrückt (Gorsuch, 1990). Die Ergebnisse der EFA sind in den untenstehenden Tabellen zusammengefasst.

Mass der Stichprobeneignung nach Kaiser-Meyer-Olkin		0,865
Bartlett-Test auf Sphärizität	Ungefähres Chi-Quadrat	7544,953
	df	66
	Signifikanz nach Bartlett	0,000

Tabelle 42: KMO-Kriterium und Bartlett-Test für angepasste Variablenmenge
Quelle: Eigene Darstellung nach SPSS-Output

Item	MSA	Kommunalität	Faktor 1	Faktor 2	Faktor 3
CE1	0,803	0,556		0,782	
CE2	0,873	0,394		0,607	
CE3	0,834	0,611		0,753	
CE5	0,877	0,508	0,605		
CE6	0,879	0,424	0,559		
CE7	0,912	0,458	0,620		
EE1	0,899	0,537	0,716		
EE2	0,868	0,633	0,835		
EE3	0,837	0,639	0,854		
EE4	0,920	0,552	0,766		
IE1	0,809	0,413			0,572
IE2	0,679	0,456			0,703
Eigenwerte der Faktoren (vor Rotation):			4,896	1,528	1,234
Summe der quadrierten Ladungen (nach Rotation):			4,190	2,702	1,497
Erklärter Varianzanteil der 3-Faktoren (nach Rotation):			51,518 %		
Extraktionsmethode: Hauptachsen-Faktorenanalyse					
Rotationsmethode: Promax mit Kaiser-Normalisierung					

Tabelle 43: Ergebnisse der finalen EFA
Quelle: Eigene Darstellung nach Weiber und Mühlhaus (2014, S. 134)

Faktor	1	2	3
1	1,000	0,497	0,371
2	0,497	1,000	0,289
3	0,371	0,289	1,000

Tabelle 44: Korrelationsmatrix der extrahierten Faktoren

Quelle: Eigene Darstellung nach SPSS-Output

Folgende Aspekte sprechen für die Güte der durchgeführten EFA: Das KMO-Kriterium von 0,865, die signifikante Ablehnung des Bartlett-Tests, die hohen MSA-Werte sämtlicher Variablen und die hohen bis ausreichenden Kommunalitäten der Variablen. Gemäss dem Kaiser-Kriterium bzw. der Eigenwert-Regel ergibt die EFA eine Drei-Faktoren-Lösung mit den Eigenwerten der Faktoren vor der Rotation von 4,896 und 1,528 und 1,234. Die drei Faktoren erklären zusammen einen Varianzanteil von 51,518 Prozent. Die Korrelation der drei Faktoren liegt durchweg unter 0,5, was dafür spricht, dass eine eindimensionale Messung des Konstrukts Total Zweitwohnungsbesitzenden Engagement unwahrscheinlich erscheint (Weiber & Mühlhaus, 2014). Die Faktorladungen der insgesamt zwölf beibehaltenen Variablen laden jeweils auf nur einen Faktor, wobei Faktorladungen unter 0,30 der Fachliteratur folgend unterdrückt wurden (Gorsuch, 1990).

9.2.3. Interpretation der Ergebnisse

Im Folgenden werden die Faktoren und ihre entsprechenden Faktorladungen interpretiert. Auf Faktor 1 laden sieben Items, auf Faktor 2 drei Items und auf Faktor 3 zwei Items. Die Faktoren und ihre Items werden mithilfe des APA Dictionary of Psychology definiert.

Faktor 1 kann als Tiefe Resonanzerlebnisse (Deep Resonance) interpretiert werden. Die sieben Items Verliebtheit (CE5), Begeisterung (CE6), Unruhe (CE7), Sehnsucht (EE1), Energie (EE2), Lebhaftigkeit (EE3) und Inspiration (EE4) laden auf ihn. Der erste Faktor ist eine Kombination von Items aus der Customer Engagement-Skala von Vivek et al. (2014) und der Employee Engagement-Skala von Schaufeli et al. (2006). Die Variablen Verliebtheit (CE5) und Begeisterung (CE6) und Unruhe (CE7) gehören bei Vivek et al. (2014) zum Faktor Begeisterte Teilnahme. Die Items Sehnsucht (EE1), Energie (EE2) und Lebhaftigkeit (EE3) laden bei Schaufeli et al. (2006) auf den Faktor Vitalität und das Item Inspiration (EE4) lädt auf den Faktor Hingabe. Die gefundenen Ergebnisse bestätigen die intuitive Vermutung, dass sich die Faktoren Begeisterte Teilnahme, Vitalität und Hingabe stark theoretisch und sachlogisch überschneiden (Weiber & Mühlhaus, 2014). Es wird nun unterstellt, dass die sieben Items auf den eigentlich zugrundeliegenden Faktor Tiefe Resonanzerlebnisse subsummiert werden können. Tief bedeutet im hier vorliegenden Kontext tiefe Verarbeitung (deep processing), d. h. „cognitive processing of a stimulus that focuses on its meaningful properties rather than its perceptual characteristics. It is considered that processing at this semantic level, which usually involves a degree of elaboration, produces stronger, longer-lasting memories than shallow processing" (American Psychological Association, 2021b). Resonanzerlebnisse werden von Rosa (2020) wie folgt beschrieben: „Resonanz ist eine durch Affizierung und Emotion, intrinsisches Interesse und Selbstwirksamkeitserwartung gebildete Form der Weltbeziehung, in der sich Subjekt und Welt gegenseitig berühren und zugleich transformieren. Resonanz ist keine Echo-, sondern eine Antwortbeziehung; sie setzt voraus, dass beide Seiten mit eigener Stimme sprechen […] Resonanz ist kein emotionaler Zustand, sondern ein Beziehungsmodus. Dieser ist gegenüber dem emotionalen Inhalt neutral" (S. 298). Diese „Form der Weltbeziehung" bzw. Beziehung zur Destination ist im Kontext von Engagement gegeben.

Faktor 2 lässt sich als Bewusste Wahrnehmung (Conscious Perception) beschreiben. Er setzt sich aus Aufmerksamkeit (CE1), Interesse (CE2) und Beachtung (CE3) zusammen. Die drei Items bilden in der Customer Engagement-Skala von Vivek et al. (2014) auch einen Faktor. Sie nennen ihn Bewusste Aufmerksamkeit. Im Kontext von Zweitwohnungsbesitzenden und ihrer Beziehung zur Destination geht es aber nicht nur um Aufmerksamkeit. Es geht um mehr, und zwar um die bewusste Wahrnehmung. Bewusst im Sinne von conscious, das wie folgt beschrieben wird: „The region of the psyche that contains thoughts, feelings, perceptions, and other aspects of mental life currently present in awareness. The content of the conscious is thus inherently transitory and continuously changing as the person shifts the focus of his or her attention" (American Psychological Association, 2021a). Wahrnehmung wird als Perception definiert, was das Folgende meint: „Process or result of becoming aware of objects, relationships, and events by means of the senses, which includes such activities as recognizing, observing, and discriminating. These activities enable organisms to organize and interpret the stimuli received into meaningful knowledge and to act in a coordinated manner" (American Psychological Association, 2021d). Bei der Wahrnehmung im Sinne von Perception geht es also darum, wie die Umwelt und die äussere Welt wahrgenommen werden, sprich auch die jeweilige Destination eines Zweitwohnungsbesitzenden. Bei Wahrnehmung im Sinne von Awareness geht es eher um die Erfahrungen mit der eigenen inneren Welt. Dieses Verständnis schwingt im Adjektiv „bewusst" mit. Bei

Engagement geht es um die eindeutige, bewusste Wahrnehmung und Erfahrung des Äusseren bzw. der Destination sowie die Verknüpfung mit der individuellen Innenwelt.

Faktor 3 wird als Wertbezogenes Interesse (Value-related Interest) ausgelegt. Die beiden Items Werterhalt (IE1) und Wertsteigerung (IE2) laden auf den dritten Faktor. Beide Items stammen aus der Arbeit zu Investor Engagement von Denes et al. (2017). Bei Faktor 3 geht es um die eigene Interessenvertretung. Interesse ist „an attitude characterized by a need or desire to give selective attention to something that is significant to the individual, such as an activity, goal, or research area" (American Psychological Association, 2021c). Es bezieht sich auf die beiden wertbezogenen Aspekte Werterhalt und Wertsteigerung. Beides kann monetär gesehen werden. Wert definiert sich aber nicht nur über Geld, sondern kann auch in anderen Dimensionen geschaffen oder aus anderen Gegebenheiten gezogen werden. Wert ist allgemein eine mathematische Grösse oder Menge einer Variablen (American Psychological Association, 2021e). Es kann aber auch als „a moral, social, or aesthetic principle accepted by an individual or society as a guide to what is good, desirable, or important" und sogar als „the worth, usefulness, or importance attached to something" beschrieben werden (American Psychological Association, 2021e). In diesem Sinne bleibt die Wertkomponente aus Faktor 3 individuell auslegbar.

9.2.4. *Zwischenfazit*

Die entwickelte Skala misst das Total Zweitwohnungsbesitzenden Engagement. TZE ist ein Konstrukt zweiter Ordnung Typ I (Albers & Götz, 2006). Es wird reflektiv durch die drei Faktoren Tiefe Resonanzerlebnisse, Bewusste Wahrnehmung und Wertbezogenes Interesse dargestellt. Diese Faktoren werden mithilfe von zwölf Items abgefragt. Geantwortet wird auf einer fünfstufigen Likert-Skala. Die Operationalisierung des Konstrukts und die Indikatorenformulierung ist in der untenstehenden Tabelle abgebildet.

Konstrukt	Dimension/ Faktor	Indikator/ Item neu (alte Bezeichnung in Klammern)	Indikatorenformulierung
Total Zweitwohnungsbesitzenden Engagement (TZE)	Tiefe Resonanzerlebnisse (TR)	TR1 (CE5)	Ich bin in meinen Zweitwohnsitz verliebt.
		TR2 (CE6)	Ich bin von meinem Zweitwohnsitz begeistert.
		TR3 (CE7)	Ich werde unruhig, wenn ich lange nicht an meinem Zweitwohnsitz war.
		TR4 (EE1)	Ich sehne mich häufig an den Ort meiner Zweitwohnung.
		TR5 (EE2)	Wenn ich Zeit an meinem Zweitwohnsitz verbringe, dann bin ich voller Energie.
		TR6 (EE3)	Während der Zeit, die ich an meinem Zweitwohnsitz verbringe, fühle ich mich stark und lebhaft.
		TR7 (EE4)	An meinem Zweitwohnsitz zu sein, inspiriert mich.
	Bewusste Wahrnehmung (BW)	BW1 (CE1)	Alles, was mit meinem Zweitwohnsitz zu tun hat, erregt meine Aufmerksamkeit.
		BW2 (CE2)	Ich interessiere mich dafür, mehr über meine Zweitwohnungsdestination zu erfahren.
		BW3 (CE3)	Ich schenke allem, was mit meinem Zweitwohnsitz zu tun hat, sehr viel Beachtung.
	Wertbezogenes Interesse (WI)	WI1 (IE1)	Mir ist der Werterhalt meiner Zweitwohnung wichtig.
		WI2 (IE2)	Mir ist die Wertsteigerung meiner Zweitwohnung wichtig.

Tabelle 45: *Operationalisierung des TZE-Konstrukts und Indikatorenformulierung*

Quelle: Eigene Darstellung

9.3. Analyse 2: Konfirmatorische Faktoranalyse

In dieser Analyse wird auf die zweite Forschungsfrage eingegangen: Welchen Gütegehalt weist die entwickelte TZE-Messskala auf? Um die Reliabilität, Validität und Gütekriterien der Messskala zu untersuchen, wird eine konfirmatorische Faktoranalyse durchgeführt. Diese Art der Analyse wurde auch in Studie 2 verwendet, um die Skalen zu Customer, Employee und Investor Engagement zu überprüfen. Im Folgenden werden dieselben Kriterien an die Total Zweitwohnungsbesitzenden Engagement-Skala angelegt, um die Reliabilität und Validität auf Indikator- und Faktorebene sowie den Modell-Fit zu evaluieren (Weiber & Mühlhaus, 2014). Die ausführlich beschriebene Methodik samt detailliert dargelegter Gütekriterien ist in Studie 2 beschrieben.

9.3.1. Datenanalyse: Indikator- und Faktorebene

Zuerst werden die Ergebnisse der Reliabilitätsanalyse auf Indikator- und Faktorebene aus SPSS Amos besprochen, danach die der Validitätsanalyse.

Reflektive Messmodelle	Item	Indikatorebene		Faktorebene	
		Faktorla-dung ($\geq 0,4$)	t-Wert ($> 1,645$)	Faktorreliabili-tät ($\geq 0,6$)	DEV ($\geq 0,5$)
Tiefe Resonanzerlebnisse (TR)	TR1	0,684	26,037	0,883	0,520
	TR2	0,638	24,175		
	TR3	0,663	25,192		
	TR4	0,726	27,704		
	TR5	0,792	30,343		
	TR6	0,788	30,164		
	TR7	0,743	30,343		
Bewusste Wahrnehmung (BW)	BW1	0,716	23,226	0,770	0,531
	BW2	0,634	21,522		
	BW3	0,823	23,226		
Wertbezogenes Interesse (WI)	WI1	0,864	8,039	0,638	0,488
	WI2	0,479	8,039		

Tabelle 46: Ergebnisse der Reliabilitätsanalyse
Quelle: Eigene Darstellung

Auf der Indikatorenebene liegen alle Faktorladungen über dem geforderten Schwellenwert von 0,4. Alle t-Werte übertreffen den Schwellenwert. Auf Faktorebene liegt die Faktorreliabilität aller drei Faktoren über dem geforderten Gütewert. In Bezug auf die durchschnittlich extrahierte Varianz erreichen TR und BW den geforderten Wert, WI liegt knapp darunter.

Reflektive Messmodelle	Konvergenzvalidität	Diskriminanzvalidität
	DEV ($\geq 0,5$)	Fornell-Larcker-Kriterium (DEV > Korr^2)
Tiefe Resonanzerlebnisse (TR)	0,520	0,520 > 0,500
Bewusste Wahrnehmung (BW)	0,531	0,531 > 0,500
Wertbezogenes Interesse (WI)	0,488	0,488 > 0,386

Tabelle 47: Ergebnisse der Validitätsanalyse
Quelle: Eigene Darstellung

Konstruktvalidität basiert v. a. auf Konvergenz- und Diskriminanzvalidität (Weiber & Mühlhaus, 2014). Der Schwellenwert für Konvergenzvalidität wird für TR und BW übertroffen, WI erreicht ihn fast. Die Diskriminanzvalidität ist für alle drei Faktoren gegeben, da die Vorgaben des Fornell-Larcker-Kriteriums erfüllt werden.

9.3.2. Datenanalyse: Gesamtmodell

Im zweiten Teil der Datenanalyse wird der Modell-Fit des Gesamtmodells bzw. des Kausalmodells anhand der inferenzstatistischen und der deskriptiven Gütekriterien beurteilt.

Konstrukte	Inferenzstatistische Gütekriterien			
	Chi-Quadrat	RMSEA	χ^2/d.f.	Hoelter
	Min. & $p \geq 0,1$	$\leq 0,08$ & PCLOSE $\leq \alpha =$ 0,05	$\leq 2,5$	n (1'529) $\leq N_{kSP}$
TZE	932,892 p = 0,000	0,106 PCLOSE = 0,000	18,292	127

Tabelle 48: Ergebnisse der inferenzstatistischen Gütekriterien
Quelle: Eigene Darstellung

Die inferenzstatistischen Gütekriterien testen den Modell-Fit basierend auf dem Chi-Quadrat-Wert, dessen Ergebnis durch grosse Stichproben beeinflusst werden kann (Weiber & Mühlhaus, 2014). Der Chi-Quadrat-Wert beträgt 932,892 bei einem Probability Level von p = 0,000. Mit 51 Freiheitsgraden (d.f.) ergibt sich ein Verhältnis CMIN/DF = 18,292. RMSEA liegt bei 0,106 für einen PCLOSE-Wert von 0,000. Der Hoelter-Test berechnet für die Irrtumswahrscheinlichkeit von 1 Prozent eine akzeptierte Stichprobengrösse von 127 und bei 5 Prozent 113.

Konstrukte	Deskriptive Gütekriterien			
	RMR	SRMR	GFI	AGFI
	Min.	≤ 0,1	≥ 0,9	≥ 0,9
TZE	0,032	0,0522	0,893	0,836

Tabelle 49: Ergebnisse der deskriptiven Gütekriterien

Quelle: Eigene Darstellung

Die deskriptiven Gütekriterien untersuchen den Modell-Fit unabhängig vom störanfälligen Chi-Quadrat-Wert (Weiber & Mühlhaus, 2014). Der RMR konnte minimiert werden und der SRMR erfüllt das geforderte Gütekriterium deutlich. Die Schwellenwerte des GFI und des AGFI werden minimal untertroffen.

9.3.3. Interpretation der Ergebnisse

Insgesamt können die Reliabilitäts- und Validitätskriterien auf Indikator- und Faktorebene als erfüllt angesehen werden. Die inferenzstatistischen Gütekriterien hängen stark vom Chi-Quadrat-Wert ab, der wiederum durch die grosse Stichprobe beeinflusst wird. Anders verhält es sich mit den deskriptiven Gütekriterien. Alle vier untersuchten Kriterien weisen sehr gute bis ausreichende Erfüllungsgrade auf. Insgesamt wird davon ausgegangen, dass die inferenzstatistischen und deskriptiven Gütekriterien den Modell-Fit im Angesicht der grossen Stichprobe bestätigen.

9.4. Analyse 3: Multiple lineare Regressionsanalyse

Die dritte Analyse geht auf die dritte Forschungsfrage ein: Kann die entwickelte TZE-Messskala die Ergebnisse der multiplen linearen Regressionsanalyse aus Studie 2 replizieren? Dazu wird zuerst der Total Zweitwohnungsbesitzenden Engagement Factor Score berechnet (analog zu dem Vorgehen in Studie 2). Danach wird getestet, ob die Ergebnisse des finalen Regressionsmodells aus Studie 2 mit dem TZE_FS als abhängige Variable repliziert werden können. Zuletzt werden die Ergebnisse interpretiert.

9.4.1. Berechnung des Faktorwerts

Im Folgenden wird der Total Zweitwohnungsbesitzenden Engagement Factor Score berechnet. Die Factor Score Weights werden aus SPSS Amos ausgelesen und in der untenstehenden Tabelle dargestellt. Mit ihnen lässt sich die Formel für die Berechnung der individuellen Faktorwerte bilden (Weiber & Mühlhaus, 2014).

	TR1	TR2	TR3	TR4	TR5	TR6	TR7	BW1	BW2	BW3	WI1	WI2
TZE	0,029	0,028	0,022	0,033	0,052	0,048	0,038	0,049	0,035	0,078	0,084	0,010

Tabelle 50: Factor Score Weights des TZE-Modells
Quelle: Eigene Darstellung

$$
\begin{aligned}
&\text{Total Zweitwohnungsbesitzenden Engagement Factor Score } (i) \\
&= 0{,}029 * TR1(i) + 0{,}028 * TR2(i) + 0{,}022 * TR3(i) + 0{,}033 * TR4(i) \\
&+ 0{,}052 * TR5(i) + 0{,}048 * TR6(i) + 0{,}038 * TR7(i) + 0{,}049 * BW1(i) \\
&+ 0{,}035 * BW2(i) + 0{,}078 * BW3(i) + 0{,}084 * WI1(i) + 0{,}010 * WI2(i)
\end{aligned}
$$

Formel 10: Berechnung der Faktorwerte des TZE
Quelle: Eigene Darstellung

Die folgende Tabelle beinhaltet die deskriptive Statistik des berechneten Total Zweitwohnungsbesitzenden Engagement Factor Scores.

	N	Min.	Max.	Durchschnitt	Standardabweichung
Total Zweitwohnungsbesitzenden Engagement Factor Score	1'529	0,51	1,89	0,861	0,235

Tabelle 51: Deskriptive Statistik des TZE Factor Scores
Quelle: Eigene Darstellung

9.4.2. Datenanalyse

Nachdem der TZE_FS gebildet wurde, wird er nun als abhängige Variable verwendet, um das finale multiple lineare Regressionsmodell aus Studie 2 (Modell 11) zu replizieren. Es wird der Zusammenhang zwischen den neun unabhängigen Variablen (ALTER, GESCHL, BILDNIV, BESCHSTAT, NATIO, ENTF, ZAHLZW, NUTZINT, ERWERBART) und der abhängigen Variablen (TZE_FS) getestet. Die Ergebnisse sind in der untenstehenden Tabelle vermerkt.

Unabhängige Variable	Abhängige Variable			
	Modell 11 (aus Studie 2)			
	CE_FS	EE_FS	IE_FS	TZE_FS
ALTER	0,005 (0,776)	0,029** (2,192)	0,042** (2,242)	0,000 (0,041)
GESCHL	-0,030** (-2,273)	-0,031 (-1,229)	-0,067* (-1,896)	-0,033** (-2,524)
BILDNIV	0,009** (2,067)	0,028*** (3,302)	0,010 (0,855)	0,009** (2,077)
BESCHSTAT	0,027 (1,598)	0,094*** (2,922)	0,066 (1,453)	0,031* (1,833)
NATIO	0,066** (2,531)	0,122** (2,476)	0,169** (2,408)	0,062** (2,425)
ENTF	-0,007 (-1,135)	-0,028** (-2,412)	-0,055*** (-3,328)	-0,013** (-2,159)
ZAHLZW	0,043*** (2,800)	0,054* (1,875)	0,086** (2,092)	-0,036** (-2,364)
NUTZINT	-0,092*** (-12,564)	-0,092*** (6,712)	-0,040** (-2,071)	-0,063*** (-8,831)
ERWERBART	0,011 (0,655)	0,032 (0,991)	0,162*** (3,522)	0,011 (0,656)
Konstante	1,118*** (16,438)	1,496*** (11,717)	1,456*** (7,996)	1,170*** (16,384)
R^2	0,122	0,076	0,047	0,77
Adj. R^2	0,116	0,070	0,041	0,71
Signifikanz: * $p < 0,1$; ** $p < 0,05$; *** $p < 0,01$				

Tabelle 52: Übersicht über die Regressionsmodelle

Quelle: Eigene Darstellung

Die Ergebnisse des TZE_FS können wie folgt mit den Ergebnissen für die Customer, Employee und Investor Engagement Factor Scores verglichen werden.

Für die Variablen Nationalität (Ausprägung: 1 = Schweiz, 0 = andere), Anzahl der Zweitwohnsitze weltweit (Ausprägung: 1 = mehrere, 0 = nur einen) und Nutzungsintensität (Ausprägung: steigend) kann der signifikante Zusammenhang mit den Factor Scores auch für den TZE_FS repliziert werden, so wie bei den drei anderen Faktorwerten. In Bezug auf die anderen Variablen ergeben sich teilweise Gemeinsamkeiten bzw. Unterschiede mit den anderen drei Factor Scores. Bei den Variablen Alter (Ausprägung: steigend) und Erwerbsart (Ausprägung: 1 = Erbe, 0 = andere) ergibt sich kein signifikanter Zusammenhang, während für die Variablen Geschlecht (Ausprägung: 1 = weiblich, 0 = männlich), Bildungsniveau (Ausprägung: steigend), Beschäftigungsstatus (Ausprägung: 1 = Ruhestand, 0 = andere) und Entfernung Erst- zu Zweitwohnsitz (Ausprägung: steigend) ein solcher gezeigt werden kann. Die Werte für R^2 und Adj. R^2 liegen über denen der Employee und Investor Engagement-Modelle, aber unter denen des Customer Engagement-Modells.

Dieses Ergebnis zeigt, dass die entwickelte Skala mit ihrem Faktorwert TZE_FS die drei anderen Skalen mit den CE_FS, EE_FS und IE_FA abdecken kann. Die Ergebnisse lassen sich replizieren bzw. subsummieren. Somit sind alle drei Rollen eines Zweitwohnungsbesitzenden abgedeckt und in der Skala repräsentiert.

9.5. Fazit

Abschliessend werden mögliche Limitationen der empirischen Konklusion und Ergebnisse formuliert.

9.5.1. Limitationen

Es wird auf zwei Limitationen eingegangen. Erstens ist die Faktorstruktur ungleich verteilt. Auf den ersten Faktor laden sieben Items, während auf den zweiten Faktor nur drei Items und auf den dritten Faktor nur zwei Items laden. In Praxistests und Expertengesprächen müssten mehrere Aspekte überprüft werden: Ist der eine Faktor überspezifiziert oder sind die beiden anderen Faktoren unterspezifiziert? Hat dies Auswirkungen auf die Güte des Messmodells? Falls ja, wie liesse sich die Über- bzw. Unterspezifizierung lösen?

Zweitens ist die statistische Entwicklung einer Skala nur der erste Schritt. Die Skala müsste nun in weiteren Schritten evaluiert und geprüft werden. Dazu gehören beispielsweise Fokusgruppen mit Praktikern, die darüber diskutieren könnten, ob alle relevanten Items bzw. Faktoren in der Skala enthalten sind. Danach könnten Experteninterviews mit anderen Forscherinnen und Forschern Aufschluss darüber geben, ob noch weitere statistische Tests durchgeführt werden müssten. Zudem liessen sich weitere Daten sammeln, um die Anwendbarkeit in weiteren Destinationen auszutesten. Zuletzt sollte die Skala weiterhin im Feld erprobt werden, um die Verständlichkeit zu testen. Dazu könnte auch die Übersetzung in andere Sprachen gehören.

9.5.2. Ergebnisse

Im ersten Teil dieser empirischen Konklusion wurde eine Messskala entwickelt, mit der sich das Total Zweitwohnungsbesitzenden Engagement messen lässt. Die drei Faktoren Tiefe Resonanzerlebnisse, Bewusste Wahrnehmung und Wertbezogenes Interesse bilden TZE reflektiv ab. Die Faktoren werden durch zwölf Items operationalisiert.

Im zweiten Teil wurde die entwickelte Messskala einer konfirmatorischen Faktoranalyse unterzogen. Dabei wurden ihre Reliabilität und Validität untersucht sowie der Modell-Fit. Die Reliabilitäts- und Validitätskriterien wurden grösstenteils sowohl auf Item- als auch Faktorebene erfüllt. Für den Modell-Fit wurden die inferenzstatistischen und deskriptiven Gütekriterien untersucht. Bei den inferenzstatistischen Gütekriterien wurden diejenigen Kriterien erfüllt, die weniger von Chi-Quadrat und damit der grossen Stichprobe abhängen. Die deskriptiven Gütekriterien sind allesamt zufriedenstellend erfüllt. Insgesamt wird von einem Modell-Fit ausgegangen. Das Kausalmodell ist im Anhang in Abbildung 40 abgebildet.

Im dritten Teil wurde das finale multiple lineare Regressionsmodell aus Studie 2 (Modell 11) mit dem Total Zweitwohnungsbesitzenden Engagement Factor Score als abhängige Variable gerechnet. Dabei konnten die in Studie 2 gefunden Ergebnisse repliziert werden. Dies deutet daraufhin, dass die Skala die drei Rollen eines Zweitwohnungsbesitzenden (Kunde, Co-Produzent, Investor) abdeckt und erfasst.

10. Schlussfolgerungen

Im folgenden Kapitel werden die einzelnen Forschungsergebnisse kurz geschildert. Der Überblick fasst für jedes Forschungsvorhaben die Forschungsfrage, Vorgehensweise und wichtigsten Ergebnisse zusammen. Detaillierter wurden die Ergebnisse am Ende der jeweiligen Kapitel besprochen. Abschliessend wird der Zielbeitrag anhand der Implikationen für die Theorie und die Praxis besprochen.

10.1. Übersicht über die Forschungsergebnisse

Das Forschungsziel dieser Dissertation hiess: Wie lässt sich der Beitrag von Zweitwohnungsbesitzenden für die Entwicklung von Tourismusdestinationen unter Nutzung des Engagement-Ansatzes optimieren? Um diese Frage zu beantworten, wurden vier Hauptteile verfasst. Zuerst wurde eine Literatur Review zum Forschungsobjekt und zum Erkenntnisobjekt geschrieben. Zweitens wurde eine empirische, qualitative Studie durchgeführt. Drittens erfolgte eine empirische, qualitative Studie. Viertens wurde eine empirische Konklusion vollzogen.

10.1.1. Literatur Review

Die Literatur Review zum Forschungsobjekt Zweitwohnungsbesitzende ist der Forschungsfrage gefolgt: Wie kann die Beziehung von Zweitwohnungsbesitzenden mit ihrer Destination strukturiert werden?

Eine einfache Antwort auf diese Frage gibt es nicht. Zweitwohnungsbesitzende sind eine sehr heterogene Gruppe mit zahllosen Unterschieden, z. B. in Bezug auf demografische Charakteristiken, Präferenzen, Ansprüche, Wertvorstellungen, Lebenswege oder Interessen. Aus der Eigenschaft, Zweitwohnungsbesitzende zu sein, kann keine geteilte Identität oder gemeinsame Weltsicht in Bezug zur Destination abgeleitet werden. Vielmehr muss anerkannt werden, dass Zweitwohnungsbesitzende ein hybrides Rollenverständnis mit individuellen Ausprägungen der Kunden-, Co-Produzenten- und Investorenrolle besitzen.

In der Literatur Review zum Erkenntnisobjekt Engagement-Konstrukt wurde die Forschungsfrage beantwortet: Welche Erkenntnisse lassen sich aus der Engagement-Theorie für die Verbesserung der Beziehung von Zweitwohnungsbesitzenden und der Destination ableiten?

Es wurde herausgearbeitet, inwiefern Gemeinsamkeiten und Unterschiede zwischen den Engagement-Forschungsströmungen bestehen. Die Synthese der Untersuchung bestand darin, Zweitwohnungsbesitzenden Engagement für diese Dissertation grundlegend zu definieren: Es wurde als das soziale, interaktive Verhalten eines Zweitwohnungsbesitzenden verstanden, das eine tiefgehende, emotionale Bindung gegenüber seiner/ihrer Destination auslöst. Diese Bindung geht über einfache Interaktionen, Transaktionen und Kommunikation hinaus. Ausserdem wurden Forschungslücken in der Literatur aufgezeigt. Die existierende Literatur versteht Engagement vor allem als nachfrageseitig ausgelöstes Phänomen.

10.1.2. Studie 1

Die erste empirische Studie ist der folgenden Forschungsfrage nachgegangen: Wie, weshalb und wozu realisieren Schweizer Destinationen heute Engagement-Massnahmen für ihre Zweitwohnungsbesitzenden?

Die vergleichende Fallstudie hat sich der in der Forschung unterrepräsentierten Angebotsseite gewidmet. Es wurde ausgelotet, was die Antezedenzien, Prozesse und Konsequenzen von angebotsseitig ausgelöstem Engagement sind. Dazu wurden zwei Destinationen untersucht: Die Company-type Destination Flims Laax Falera und die Community-type Destination Grindelwald. Die sieben Haupterkenntnisse waren, dass in der Community-type Destination viel Wert auf Kooperation und Inklusion gelegt wurde; dass die Antezedenzien Involvement, Commitment und Wertschätzung in beiden Destinationstypen stark betont wurden; dass es in beiden Destinationsarten ähnliche Antezedenzien und Konsequenzen von Engagement gibt, aber auch unterschiedliche; dass die Gesamtaktivitäten in der Company-type Destination leichter als in der Community-type Destination gesteuert werden können; dass es der hohe Integrationsgrad der Wertschöpfungskette der Company-type Destination rascher erlaubt, digitale Lösungen zu etablieren, mit denen Kundenbedürfnisse zielgerichtet abgedeckt werden können; dass der Engagement-Prozess in beiden Destinationen den vier Schritten des Sichtbar-, Erreichbar-, Beherrschbar- und Nutzbarmachens der Beziehung zu den Zweitwohnungsbesitzenden folgt; und dass es teilweise zu Rollenkonflikten bei den Zweitwohnungsbesitzenden zwischen ihren Rollen als Kunde, Co-Produzent und Investor kommen kann.

10.1.3. Studie 2

Die zweite empirische Studie hat die Forschungsfrage untersucht: Was sind die Treiber und damit die Steuerungshebel für die Verbesserung der Beziehung von Zweitwohnungsbesitzenden mit der Destination? Mit einer Umfrage wurde das Customer, Employee und Investor Engagement von Zweitwohnungsbesitzenden in ihrer Destination gemessen. Die verwendeten Messskalen bzw. Items wurden der existierenden Managementliteratur entnommen und auf den Kontext angepasst. Insgesamt konnten 1'529 vollständig ausgefüllte Antwortbögen erhoben werden. Mit konfirmatorischen Faktoranalysen konnte gezeigt werden, dass die erhobenen Daten die theoretischen Konzeptionen von Customer, Employee und Investor Engagement bestätigen. Anschliessend wurde der Einfluss von unabhängigen Variablen auf die Engagement Factor Scores mit multiplen linearen Regressionsmodellen überprüft. Es konnten neun unabhängige Variablen identifiziert werden, die mit mindestens einem der drei untersuchten Engagement-Faktorwerte signifikante Zusammenhänge aufweisen. Zwar haben nicht alle neun Variablen einen signifikanten Einfluss auf alle drei Engagement-Subkonstrukte, aber mindestens immer auf eines. Auffällig ist, dass sich die Variablen Nationalität, Anzahl der besessenen Zweitwohnsitze weltweit und Nutzungsintensität signifikant auf alle drei Engagement Factor Scores auswirken. Zuletzt wurde in Moderated Multiple Regressions gezeigt, dass die Destination nur einen minimalen bis nicht existenten moderierenden Effekt auf die Beziehung zwischen den neun unabhängigen Variablen und den drei Engagement-Faktorwerten hat.

10.1.4. Empirische Konklusion

Für die empirische Konklusion stand die folgende Forschungsfrage im Vordergrund: Wie kann das Total Zweitwohnungsbesitzenden Engagement mit einer Skala gemessen werden?

In der empirischen Konklusion wurde eine neue Messskala für das Engagement von Zweitwohnungsbesitzenden entworfen. Dazu wurden die in der zweiten Studie erhobenen Daten mit einer explorativen Faktoranalyse untersucht. Die Analyse hat ergeben, dass eine drei-faktorielle Messung des Total Zweitwohnungsbesitzenden Engagements möglich ist. Die drei Faktoren Tiefe Resonanzerlebnisse, Bewusste Wahrnehmung und Wertbezogenes Interesse bilden TZE reflektiv ab und können durch zwölf Items operationalisiert werden. Anschliessend wurde die Reliabilität, Validität und Güte der entwickelten Skala mit einer konfirmatorischen Faktoranalyse beurteilt, wobei die Gütekriterien bestätigt und der Modell-Fit nachgewiesen werden konnten. Zuletzt wurde der Faktorwert der neuen Skala einer multiplen linearen Regressionsanalyse unterzogen. Dabei wurde gezeigt, dass die Ergebnisse des finalen Modells aus Studie 2 auch mit dem Factor Score der neuen TZE-Skala repliziert werden konnten.

10.2. Implikationen für die Forschung

Der Zielbeitrag setzt sich aus der theoretischen und der praktischen Relevanz zusammen. Die Implikationen für die Forschung und die Praxis beantworten die letzte Forschungsfrage: Welche Konsequenzen lassen sich für die Wissenschaft und für die Praxis ziehen? Der Zielbeitrag ist eng mit den ausgearbeiteten Forschungslücken verknüpft.

Die theoretische Relevanz ergibt sich aus dem folgenden Dreischritt. Erstens wurde das Engagement-Konstrukt auf das neue Forschungsobjekt Zweitwohnungsbesitzende angewendet. Zweitens wurden die Erkenntnisse zur Engagement-Forschung aus den drei Subdisziplinen Customer, Employee und Investor Engagement verglichen und kombiniert. Drittens wurde das Engagement-Konstrukt am Beispiel von Schweizer Destinationen empirisch validiert und weiterentwickelt.

Konkret können fünf Implikationen für die Forschung formuliert werden. Diese Implikationen werden jeweils einer der fünf Research Avenues zugeteilt, die Zeithaml et al. (2020, S. 422) in ihrer „Road Map for Future Customer Value Research" definieren (S. 422).

Erstens wurde erstmalig eine integrierende Analyse des Engagement-Konstrukts durchgeführt, die drei betriebswirtschaftliche Disziplinen übergreift. Die gefundenen Ergebnisse zeigen Gemeinsamkeiten und Unterschiede im Forschungsverhalten, in der Rezeption des Konstrukts und im Verständnis seiner Wirkungsweisen. Dadurch ist eine interdisziplinäre Zusammenfassung des relativ breiten, unkonsolidierten Feldes der Engagement-Theorie gelungen. Diese Implikation kann in der Research Avenue 1 (Who) verortet werden. Dort wird geraten, das zukünftige Forschung von „cross-fertilization" (S. 422) zwischen verschiedenen Research Streams profitieren sollte. Zusätzlich spricht die Research Avenue 2 (How) für das methodische Vorgehen dieser Dissertation: „[O]pt for quantitative research preceded by qualitative research in the interpretive and social constructionist tradition" (S. 422).

Zweitens wurde das empirische Wissen zu den Wirkmechanismen des angebotsseitig ausgelösten Engagements erweitert. Dafür wurden Antezedenzien, Mechanismen und Konsequenzen von angebotsseitig ausgelöstem

Engagement untersucht. Die Research Avenue 5 (Why) fordert dazu passend einen „[f]ocus on interplay between customer value and customer engagement" (S. 422), im Zuge dessen Antezedenzien, Mechanismen und Konsequenzen erklärt werden sollten. Darüber hinaus kann auch ein Beitrag zur Research Avenue 4 (When/Where) geleistet werden. Dort wird ein „[f]ocus on how ecosystem actors that customers meet along their journey affect value perceptions" (S. 422) vorgeschlagen.

Drittens ist erstmalig eine strukturierte Analyse von Engagement-Messskalen erfolgt sowie eine vergleichende Datenerhebung, in der drei Skalen parallel abgefragt und anschliessend interpretiert wurden. Diese Implikation schliesst an die Research Avenue 2 (How) an. Dort wir geraten, andere Studien aus ähnlichen Kontexten als einen Startpunkt zu nehmen, um neue Skalen zu entwickeln (S. 422).

Viertens konnte gezeigt werden, welche unabhängigen Variablen eine signifikante Beziehung mit Engagement Factor Scores aufweisen. Damit wird an die Research Avenue 4 angeschlossen, in der die empirische Suche von Value-Triggern gefordert wird (S. 422).

Fünftens wurde im Rahmen einer empirischen Synthese eine neue Engagement-Messskala entwickelt. Die neue Messskala leistet einen Beitrag zur Research Avenue 3 (What), indem sie bestehende Engagement-Dimensionen anders aggregiert und die drei neuen Faktoren Tiefe Resonanzerlebnisse, Bewusste Wahrnehmung und Wertbezogenes Interesse in die Value-Debatte einführt (S. 422).

10.3. Implikationen für die Praxis

Abschliessend wird der Bogen zur Einleitung gespannt: „In der Moderne konkurrieren eine soziale Logik des Allgemeinen und eine soziale Logik des Besonderen miteinander" (Reckwitz, 2020, S. 27). Nur das, was heute als besonders gilt, wirkt anziehend. Aber nur das, was Engagement auslöst, kann überhaupt als besonders gelten. Menschen, Dinge, Ereignisse, Orte oder Kollektive lechzen im Sinne von Reckwitz (2020) danach, Engagement auszulösen, um selbst als attraktiv und authentisch zu gelten. Heutige Firmen, Dienstleister, Marken, Arbeitgeber und Destinationen zielen darauf ab, ihre Kunden, Mitarbeitenden, Investoren, Besucher oder Zweitwohnungsbesitzenden „für eine gewisse Zeit mit Ereignissen zu versorgen, die als affektiv befriedigend erlebt werden" (Reckwitz, 2020, S. 126). Die Ereignisse und mit ihnen das Engagement werden zu kulturellen Affektgütern, die von den Menschen nicht gesucht werden, um sie zu benutzen, sondern um sie temporär zu geniessen und um intensive Resonanzerlebnis zu spüren (Reckwitz, 2020; Rosa, 2020).

Die relevanteste Implikation für die Praxis liegt im höheren Nutzen in der Beziehung von Zweitwohnungsbesitzenden und Destinationen. Dieser Nutzen soll in einem Dreischritt genauer erläutert werden.

Erstens wurden Antezedenzien, Prozesse, Massnahmen und Konsequenzen für die Nachfrage- und Angebotsseite identifiziert, die das Engagement von Zweitwohnungsbesitzenden in den Destinationen steigern können.

Zweitens wurde eine Skala entwickelt, mit der das Engagement der Zweitwohnungsbesitzenden in der Destination gemessen werden kann. Das standardisierte Frageset, das auf jede Destination angewendet werden kann, hat zwei entscheidende Vorteile. Zum einen zeigt es die unterschiedlichen Engagement-Level in verschiedenen Destinationen und macht diese vergleichbar. Diese Level könnten sogar als Leistungsausweis für die Destinationen gesehen werden. Zum anderen lässt sich aber auch jedem oder jeder einzelnen Umfrageteilnehmenden ein individueller Engagement-Score zuschreiben. Anhand dieser Scores und im Verbund mit anderen unabhängigen Variablen lassen sich Clusterungen und Segmentierungen durchführen. Dadurch können einzelne Subgruppen aus der Hauptgruppe der Zweitwohnungsbesitzenden herausgelöst und analysiert werden.

Drittens sind Dank der Messskala die konkreten Bestandteile des Zweitwohnungsbesitzenden Engagements operationalisiert worden. Durch gezielte Ergebnisanalysen können Diagnosen erstellt werden, an welchen Items bzw. Faktoren in den Destinationen gearbeitet werden sollte, um das Engagement zu erhöhen.

Somit sind die Ergebnisse für eine Vielzahl von Anspruchsgruppen relevant: Einerseits für die Destinationen und ihre politischen und touristischen Vertreter, andererseits aber auch für Zweitwohnungsbesitzervereinigungen oder Interessengemeinschaften. Hinzu kommen einzelne engagierte Zweitwohnungsbesitzende sowie weitere Anspruchsgruppen, wie z. B. lokale Firmen und Dienstleister.

Literaturverzeichnis

Abdullah, H., & Valentine, B. (2009). Fundamental and Ethics Theories of Corporate Governance. Middle Eastern Finance and Economics, 4(4), 88-96.

Aguinis, H. (2004). *Regression Analysis for Categorical Moderators*. New York City: Guilford Press.

Albers, S., & Götz, O. (2006). Messmodelle mit Konstrukten zweiter Ordnung in der betriebswirtschaftlichen Forschung. *Die Betriebswirtschaft, 66*(6), 669-677.

Allianz Zweitwohnungen Schweiz. (2020). Krach mit Behörden oder gutes Einvernehmen? Erste Auszeichnung für Ferienorte in denen sich die Zweitheimischen wohl fühlen. [Press release]. Retrieved from https://www.allianz-zweitwohnungen.ch/wp-content/uploads/2020/09/Medienmitteilung-D-01-10-2020.pdf

Allianz Zweitwohnungen Schweiz. (2021). Mitglieder. Abgerufen am 6. Januar 2021, von https://www.allianz-zweitwohnungen.ch/mitglieder/

Alvarez-Milan, A., Felix, R., Rauschnabel, P. A., & Hinsch, C. (2018). Strategic Customer Engagement Marketing: A Decision Making Framework. *Journal of Business Research, 92*, 61-70. doi: 10.1016/j.jbusres.2018.07.017

American Psychological Association. (2020a). Attraction. Abgerufen am 11. Oktober 2020, von https://dictionary.apa.org/attraction

American Psychological Association. (2020b). Awareness. Abgerufen am 11. Oktober 2020, von https://dictionary.apa.org/awareness

American Psychological Association. (2020c). Commitment. Abgerufen am 26. September 2020, von https://dictionary.apa.org/commitment

American Psychological Association. (2020d). Ego Involvement. Abgerufen am 27. September 2020, von https://dictionary.apa.org/ego-involvement

American Psychological Association. (2020e). Esteem Need. Abgerufen am 11. Oktober 2020, von https://dictionary.apa.org/esteem-need

American Psychological Association. (2020f). Identity. Abgerufen am 11. Oktober 2020, von https://dictionary.apa.org/identity

American Psychological Association. (2020g). Self-image. Abgerufen am 11. Oktober 2020, von https://dictionary.apa.org/self-image

American Psychological Association. (2020h). Shared Mental Model. Abgerufen am 11. Oktober 2020, von https://dictionary.apa.org/shared-mental-model

American Psychological Association. (2020i). Trust. Abgerufen am 11. Oktober 2020, von https://dictionary.apa.org/trust

American Psychological Association. (2020j). Word-of-Mouth. Abgerufen am 11. Oktober 2020, von https://dictionary.apa.org/word-of-mouth

American Psychological Association. (2021a). Conscious. Abgerufen am 23. Mai 2021, von https://dictionary.apa.org/conscious

American Psychological Association. (2021b). Deep Processing. Abgerufen am 23. Mai 2021, von https://dictionary.apa.org/deep-processing

American Psychological Association. (2021c). Interest. Abgerufen am 23. Mai 2021, von https://dictionary.apa.org/interest

American Psychological Association. (2021d). Perception. Abgerufen am 23. Mai 2021, von https://dictionary.apa.org/perception

American Psychological Association. (2021e). Value. Abgerufen am 23. Mai 2021, von https://dictionary.apa.org/value

ARE. (2009). Zweitwohnungen der Schweizer Bevölkerung - Zusatzauswertung des Mikrozensus zum Verkehrsverhalten 2005. Bern: Bundesamt für Raumentwicklung ARE.

ARE. (2010). Zweitwohnungen - Planungshilfe für die kantonale Richtplanung. Bern: Bundesamt für Raumentwicklung ARE.

ARE. (2020). Zweitwohnungen. Abgerufen am 8. August 2020, von https://www.are.admin.ch/are/de/home/raumentwicklung-und-raumplanung/raumplanungsrecht/zweitwohnungen.html

Arpagaus, E., & Spörri, P. (2008). Wirtschaftliche Bedeutung von Zweitwohnungen für die Kantone Graubünden und Wallis. *Die Volkswirtschaft: Das Magazin für Wirtschaftspolitik, 81*(5), 51-54.

Assael, H. (1998). *Consumer Behavior and Marketing Action* (6. ed.). Boston, MA: South-Western College Publishing.

Backhaus, K., Erichson, B., & Weiber, R. (2015). *Fortgeschrittene multivariate Analysemethoden: Eine anwendungsorientierte Einführung.* Berlin: Springer.

Bagozzi, R. P., & Yi, Y. (1988). On the Evaluation of Structural Equation Models. *Journal of the Academy of Marketing Science, 16*(1), 74-94.

Bagozzi, R. P., & Yi, Y. (2012). Specification, Evaluation, and Interpretation of Structural Equation Models. *Journal of the Academy of Marketing Science, 40*(1), 8-34.

Bailey, C., Madden, A., Alfes, K., & Fletcher, L. (2017). The Meaning, Antecedents and Outcomes of Employee Engagement: A Narrative Synthesis. *International Journal of Management Reviews, 19*(1), 31-53. doi: 10.1111/ijmr.12077

Bakker, A. B., Albrecht, S. L., & Leiter, M. P. (2011). Key questions regarding work engagement. *European Journal of Work and Organizational Psychology, 20*(1), 4-28. doi: 10.1080/1359432x.2010.485352

Bakker, A. B., Schaufeli, W. B., Leiter, M. P., & Taris, T. W. (2008). Work engagement: An emerging concept in occupational health psychology. *Work and Stress, 22*(3), 187-200. doi: 10.1080/02678370802393649

Barko, T., Cremers, M., & Renneboog, L. (2018). Shareholder engagement on environmental, social, and governance performance. *CentER Discussion Paper (Tilburg: CentER, Center for Economic Research), 2017-040.*

Belz, C., & Bieger, T. (2006). *Customer-Value: Kundenvorteile schaffen Unternehmensvorteile.* München: MI Wirtschaftsbuch.

Beritelli, P., Bieger, T., & Laesser, C. (2007). Destination governance: Using corporate governance theories as a foundation for effective destination management. *Journal of Travel Research, 46*(1), 96-107.

Beritelli, P., Laesser, C., & Wittmer, A. (2012). *DMOs bridging structural holes in destination networks: A perspective based on actor's networks*. Paper presented at the 62nd International Asociation of Scientific Experts in Tourism (AIEST) Congress, Khon Kaen, Thailand.

Bieger, T. (1996). Destinationsstrategien - Vom politischen Konsenspapier über die Geschäftsfeldstrategie zur Unternehmensstrategie mit Ausrichtung auf Kernkompetenzen. *Jahrbuch der Schweizerischen Tourismuswirtschaft 1995/96*, 1-16.

Bieger, T. (2002). *Management von Destinationen*. München/Wien: Oldenbourg.

Bieger, T. (2006). *Tourismuslehre – Ein Grundriss* (2. ed.). Bern/Stuttgart/Wien: UTB.

Bieger, T. (2019). *Das Marketingkonzept im St. Galler Management-Modell*. Stuttgart: UTB.

Bieger, T., & Beritelli, P. (2004). Zweitwohnungen – Chancen und Gefahren eines Phänomens. *IDT Blickpunkt, 11*, 5-6.

Bieger, T., & Beritelli, P. (2012). *Management von Destinationen*. Berlin: Walter de Gruyter.

Bieger, T., Beritelli, P., & Weinert, R. (2005). HotBeds: Überwindung sozio-ökonomischer Barrieren bei der Vermietung von privatem Wohneigentum in Schweizer Tourismusregionen *IDT Blickpunkte*. St.Gallen.

Bieger, T., Beritelli, P., & Weinert, R. (2007). Understanding second home owners who do not rent - Insights on the proprietors of self-catered accommodation. *International Journal of Hospitality Management, 26*(2), 263-276.

Bollen, K. A. (1989). Measurement models: The relation between latent and observed variables. *Structural equations with latent variables*, 179-225.

Booth, W. C., Colomb, G. G., & Williams, J. M. (2008). *The Craft of Research*. Chicago: University of Chicago Press.

Bowden, J. L.-H. (2009). The process of customer engagement: A conceptual framework. *Journal of marketing theory and practice, 17*(1), 63-74.

Britt, T. W., Castro, C. A., & Adler, A. B. (2005). Self-engagement, stressors, and health: A longitudinal study. *Personality and Social Psychology Bulletin, 31*(11), 1475-1486.

Brodie, R. J., Hollebeek, L. D., & Conduit, J. (2015). *Customer engagement: Contemporary issues and challenges*. London: Routledge.

Brodie, R. J., Hollebeek, L. D., Jurić, B., & Ilić, A. (2011). Customer engagement: Conceptual domain, fundamental propositions, and implications for research. *Journal of service research, 14*(3), 252-271.

Brotherton, B. (1999). Towards a definitive view of the nature of hospitality and hospitality management. *International Journal of Contemporary Hospitality Management*.

Buhalis, D., Harwood, T., Bogicevic, V., Viglia, G., Beldona, S., & Hofacker, C. (2019). Technological disruptions in services: lessons from tourism and hospitality. *Journal of Service Management, 30*(4), 484-506. doi: 10.1108/josm-12-2018-0398

Bühner, M., & Ziegler, M. (2009). *Statistik für Psychologen und Sozialwissenschaftler*. München: Pearson.

Bundesamt für Statistik. (2020). Haushalte. Abgerufen am 3. Dezember 2020, von https://www.bfs.admin.ch/bfs/de/home/statistiken/bevoelkerung/stand-entwicklung/haushalte.html#:~:text=Ende%202019%20gab%20es%20in,waren%2030%25%20der%20st%C3%A4ndigen%20Wohnbev%C3%B6lkerung.

Byrne, Z. S., Peters, J. M., & Weston, J. W. (2016). The Struggle With Employee Engagement: Measures and Construct Clarification Using Five Samples. *Journal of Applied Psychology, 101*(9), 1201-1227. doi: 10.1037/apl0000124

Carmines, E. G., & Zeller, R. A. (1979). *Reliability and Validity Assessment*. Thousand Oaks: Sage.

Cattell, R. B. (1966). The scree test for the number of factors. *Multivariate behavioral research, 1*(2), 245-276.

Chathoth, P. K., Ungson, G. R., Harrington, R. J., & Chan, E. S. W. (2016). Co-creation and higher order customer engagement in hospitality and tourism services A critical review. *International Journal of Contemporary Hospitality Management, 28*(2), 222-245. doi: 10.1108/ijchm-10-2014-0526

Ching, K. M., Firth, M., & Rui, O. M. (2006). Earnings management, corporate governance and the market performance of seasoned equity offerings in Hong Kong. *Journal of Contemporary Accounting & Economics, 2*(1), 73-98.

Christian, M. S., Garza, A. S., & Slaughter, J. E. (2011). Work Engagement: A Quantitative Review and Test of its Relations with Task and Contextual Performance. *Personnel Psychology, 64*(1), 89-136. doi: 10.1111/j.1744-6570.2010.01203.x

Chung, H., & Talaulicar, T. (2010). Forms and effects of shareholder activism. *Corporate Governance: An International Review, 18*(4), 253-257.

Clarke, T. (2004). *Theories of Corporate Governance: The Philosophical Foundations of Corporate Governance*. London and New York: Routledge.

Collier, J. (2004). Responsible Shareholding and Investor Engagement. *Corporate integrity and accountability*, 238.

Cook, T. D., & Campbell, D. T. (1979). *Quasi-experimentation: Design and analysis issues for field settings*. Chicago: Rand McNally.

Coppock, J. T. (1977). *Second homes: Curse or blessing?* Headington Hill Hall: Pergamon.

Corley, K. G., & Gioia, D. A. (2004). Identity ambiguity and change in the wake of a corporate spin-off. *Administrative Science Quarterly, 49*(2), 173-208.

Crane, A., & Matten, D. (2007). *Corporate Social Responsibility*. London: Sage.

Crawford, E. R., LePine, J. A., & Rich, B. L. (2010). Linking Job Demands and Resources to Employee Engagement and Burnout: A Theoretical Extension and Meta-Analytic Test. *Journal of Applied Psychology, 95*(5), 834-848. doi: 10.1037/a0019364

Dahrendorf, R. (1959). *Class and class conflict in industrial society*. Stanford, CA: Stanford University Press.

Delgado-Ballester, E., Munuera-Aleman, J. L., & Yague-Guillen, M. J. (2003). Development and validation of a brand trust scale. *International Journal of Market Research, 45*(1), 35-54.

Denes, M. R., Karpoff, J. M., & McWilliams, V. B. (2017). Thirty years of shareholder activism: A survey of empirical research. *Journal of Corporate Finance, 44*, 405-424.

Denzin, N. K., & Lincoln, Y. S. (2011). *The SAGE handbook of qualitative research*. Thousand Oaks: Sage.

Denzin, N. K., & Lincoln, Y. S. (2018). *The SAGE handbook of qualitative research* (5. ed.). Thousand Oaks: Sage.

Dessart, L., Veloutsou, C., & Morgan-Thomas, A. (2016). Capturing consumer engagement: duality, dimensionality and measurement. *Journal of Marketing Management, 32*(5-6), 399-426. doi: 10.1080/0267257x.2015.1130738

Die Post. (2021). Bevölkerung pro PLZ. Abgerufen am 16. April 2021, von https://swisspost.ope ndatasoft.com/explore/dataset/bevoelkerung_proplz/table/?disjunctive.plz&disjunctive.typ &disjunctive.ortbez18&sort=stichdatum

Dogan, M., & Pelassy, D. (1990). *How to Compare Nations: Strategies in Comparative Politics*. Chatham, N.J: Chatham House Publishers.

Drucker, P. F. (1974). *Management: Tasks, Responsibilities, Practices*. New York: Harper & Row.

Dubs, R., Euler, D., Rüegg-Stürm, J., & Wyss, C. (2009). *Einführung in die Managementlehre* (2. ed.). Bern: Haupt.

Dudenredaktion. (o.J.). Kunde. *Duden online*. Abgerufen am 21. November 2019, von https://w ww.duden.de/rechtschreibung/Kunde_Abonnent_Kerl

Dziuban, C. D., & Shirkey, E. C. (1974). When is a correlation matrix appropriate for factor analysis? Some decision rules. *Psychological bulletin, 81*(6), 358.

Eberl, M. (2004). Formative und reflektive Indikatoren im Forschungsprozess: Entscheidungsregeln und die Dominanz des reflektiven Modells. *Ludwig-Maximilians-Universität München Schriften zur Empirischen Forschung und Quantitativen Unternehmensplanung, 19*.

Eckstein, H. (2000). Case study and theory in political science. *Case study method*, 119-164.

Economist Intelligence Unit. (2007). Beyond loyalty: Meeting the challenge of customer engagement. *The Economist Intelligence Unit, 5*(01), 2017.

Edwards, J. R., & Bagozzi, R. P. (2000). On the nature and direction of relationships between constructs and measures. *Psychological methods, 5*(2), 155.

Eisenhardt, K. M. (1989). Building theories from case study research. *Academy of Management Review, 14*(4), 532-550.

Elliott, A. C., & Woodward, W. A. (2016). *IBM SPSS by Example: A Practical Guide to Statistical Data Analysis* (2. Edition ed.). Thousand Oaks: Sage.

Fairfax, L. M. (2013). Mandating board-shareholder engagement. *University of Illinois Law Review*(3), 821-858.

Farstad, M., & Rye, J. F. (2013). Second home owners, locals and their perspectives on rural development. *Journal of Rural Studies, 30*, 41-51. doi: 10.1016/j.jrurstud.2012.11.007

Fink, A. (2003a). *How to Design Survey Studies* (Vol. 10). Thousand Oaks: Sage.

Fink, A. (2003b). *How to Manage, Analyze, and Interpret Survey Data* (Vol. 10). Thousand Oaks: Sage.

Fink, A. (2003c). *How to Report on Surveys* (Vol. 10). Thousand Oaks: Sage.

Fink, A. (2003d). *The Survey Handbook* (Vol. 10). Thousand Oaks: Sage.

Flick, U., von Kardoff, E., & Steinke, I. (2012). *Qualitative Forschung: Ein Handbuch* (9. ed.). Reinbek bei Hamburg: Rowohlt.

Fornell, C., & Larcker, D. F. (1981). Evaluating structural equation models with unobservable variables and measurement error. *Journal of marketing research, 18*(1), 39-50.

Friese, S. (2019). *Qualitative data analysis with ATLAS. ti*. Thousand Oaks: Sage.

Gallent, N., Mace, A., & Tewdwr-Jones, M. (2005). *Second Homes: European Perspectives and UK Policies*. London: Ashgate.

Gallent, N., Mace, A., & Tewdwr-Jones, M. (2017). *Second Homes: European Perspectives and UK Policies*. London: Routledge.

Gibbert, M., Ruigrok, W., & Wicki, B. (2008). What passes as a rigorous case study? *Strategic management journal, 29*(13), 1465-1474.

Giere, J., Wirtz, B. W., & Schilke, O. (2006). Mehrdimensionale Konstrukte: Konzeptionelle Grundlagen und Möglichkeiten ihrer Analyse mithilfe von Strukturgleichungsmodellen. *Die Betriebswirtschaft, 66*(6), 678-695.

Gifford, E. J. M. (2010). Effective Shareholder Engagement: The Factors that Contribute to Shareholder Salience. *Journal of Business Ethics, 92*, 79-97. doi: 10.1007/s10551-010-0635-6

Gillan, S. L., & Starks, L. T. (2007). The evolution of shareholder activism in the United States. *Journal of Applied Corporate Finance, 19*(1), 55-73.

Gioia, D. A., Corley, K. G., & Hamilton, A. L. (2013). Seeking qualitative rigor in inductive research: Notes on the Gioia methodology. *Organizational research methods, 16*(1), 15-31.

Glaser, B., & Strauss, A. (1967). *The discovery of grounded theory*. London: Weidenfield & Nicolson.

Glaser, B., & Strauss, A. (2017). *Discovery of grounded theory: Strategies for qualitative research*. London: Routledge.

Godard, J. (2014). The psychologisation of employment relations? *Human Resource Management Journal, 24*(1), 1-18.

Goffman, E. (1961). *Encounters: Two studies in the sociology of interaction*: Ravenio Books.

Goldenstein, J., Hunoldt, M., & Walgenbach, P. (2018). *Wissenschaftliche(s) Arbeiten in den Wirtschaftswissenschaften: Themenfindung–Recherche–Konzeption–Methodik–Argumentation*. Berlin: Springer.

Goodman, J., & Arenas, D. (2015). Engaging Ethically: A Discourse Ethics Perspective on Social Shareholder Engagement. *Business Ethics Quarterly, 25*(2), 163-189. doi: 10.1017/beq.2015.8

Goodman, J., Louche, C., van Cranenburgh, K. C., & Arenas, D. (2014). Social Shareholder Engagement: The Dynamics of Voice and Exit. *Journal of Business Ethics, 125*(2), 193-210. doi: 10.1007/s10551-013-1890-0

Goranova, M., & Ryan, L. V. (2014). Shareholder Activism: A Multidisciplinary Review. *Journal of Management, 40*(5), 1230-1268. doi: 10.1177/0149206313515519

Gorsuch, R. L. (1990). Common factor analysis versus component analysis: Some well and little known facts. *Multivariate behavioral research, 25*(1), 33-39.

Götz, O., & Liehr-Gobbers, K. (2004). Analyse von Strukturgleichungsmodellen mit Hilfe der partial-least-squares (PLS)-Methode. *Die Betriebswirtschaft, 64*(6), 714.

Graen, G. B. (1976). Role-making processes within complex organizations. *Handbook of industrial and organizational psychology*.

Grindelwald. (2020). Grindelwald Inside. Abgerufen am 13. April 2020, von https://grindelwald.swiss/de/sommer/region/grindelwald/services/grindelwald-inside/

Guest, G., Bunce, A., & Johnson, L. (2006). How many interviews are enough? An experiment with data saturation and variability. *Field methods, 18*(1), 59-82.

Hackman, J. R., & Oldham, G. R. (1980). Work redesign.

Häder, M. (2010). *Empirische Sozialforschung: Eine Einführung* (2. ed.). Wiesbaden: VS Verlag für Sozialwissenschaften.

Hall, C. M. (2014). Second home tourism: An international review. *Tourism Review International, 18*(3), 115-135.

Hall, C. M., & Müller, D. K. (2004). *Tourism, mobility, and second homes: between elite landscape and common ground* (Vol. 15). Bristol: Channel View Publications.

Haudan, J. (2008). *The art of engagement: Bridging the gap between people and possibilities*. New York: McGraw Hill Professional.

Hayes, A. F. (2013). *Introduction to mediation, moderation, and conditional process analysis: A regression-based approach*. New York City: Guilford Press.

Held, U. (2010). *Tücken von Korrelationen: die Korrelationskoeffizienten von Pearson und Spearman.* Paper presented at the Swiss Medical Forum.

Hemmerich, W. A. (2021). Hauptkomponentenanalyse oder Faktorenanalyse. Abgerufen am 21. Mai 2021, von https://statistikguru.de/spss/hauptkomponentenanalyse/hauptkompone ntenanalyse-oder-faktorenanalyse.html

Henseler, J., Ringle, C. M., & Sinkovics, R. R. (2009). The Use of Partial Least Squares Path Modeling in International Marketing. In T. Cavusgil, G. R. R. Sinkovics, & P. N. Ghauri (Eds.), *New Challenges to International Marketing: Advances in International Marketing*. Bingley: Emerald Group Publishing Limited.

Hensler, B. (2011). *Transparenzorientierte Informationssysteme komplexer Dienstleistungen: Bedeutung ratingbasierter Rankingangaben im Nutzungszyklus des primären Dienstleistungsnutzers im universitären Hochschulwesen*. Saarbrücken: SVH-Verlag.

Higgins, E. T., & Scholer, A. A. (2009). Engaging the consumer: The science and art of the value creation process. *Journal of Consumer Psychology, 19*(2), 100-114.

Hirschman, A. O. (1970). *Exit, voice, and loyalty: Responses to decline in firms, organizations, and states* (Vol. 25). Cambridge, MA: Harvard University Press.

Hochschule Luzern. (2020). Festlegung der Untersuchungsform. Abgerufen am 2. Dezember 2020, von https://www.empirical-methods.hslu.ch/forschungsprozess/quantitative-forschu ng/festlegung-der-untersuchungsform/

Hollebeek, L. D. (2011a). Demystifying customer brand engagement: Exploring the loyalty nexus. *Journal of Marketing Management, 27*(7-8), 785-807.

Hollebeek, L. D. (2011b). Exploring customer brand engagement: definition and themes. *Journal of strategic Marketing, 19*(7), 555-573.

Hollebeek, L. D., Conduit, J., & Brodie, R. J. (2016). Strategic drivers, anticipated and unanticipated outcomes of customer engagement. *Journal of Marketing Management, 32*(5-6), 393-398. doi: 10.1080/0267257x.2016.1144360

Hollebeek, L. D., Srivastava, R. K., & Chen, T. (2019). S-D logic-informed customer engagement: integrative framework, revised fundamental propositions, and application to CRM. *Journal of the Academy of Marketing Science, 47*(1), 161-185. doi: 10.1007/s11747-016-0494-5

Homburg, C., & Klarmann, M. (2006). Die Kausalanalyse in der empirischen betriebs-wirtschaftlichen Forschung-Problemfelder und Anwendungsempfehlungen. *Reihe: Wissenschaftliche Arbeitspapiere/Institut für Marktorientierte Unternehmensführung, 103.*

Homburg, C., & Pflesser, C. (2000). A multiple-layer model of market-oriented organizational culture: Measurement issues and performance outcomes. *Journal of marketing research, 37*(4), 449-462.

Huber, F., Herrmann, A., Meyer, F., Vogel, J., & Vollhardt, K. (2007). *Kausalmodellierung mit Partial Least Squares: EIne anwendungsorientierte Einführung.* Wiesbaden: Gabler.

Hulland, J. (1999). Use of partial least squares (PLS) in strategic management research: A review of four recent studies. *Strategic management journal, 20*(2), 195-204.

Hume, D. (2008). *Eine Untersuchung über den menschlichen Verstand (Original von 1748)* (H. Herring Ed.). Stuttgart: Reclam.

Inversini, A., & Buhalis, D. (2009). Information Convergence in the Long Tail: The Case of Tourism Destination Information *Information and Communication Technologies in Tourism 2009* (pp. 381-392). Wiesbaden: Springer.

Jaakkola, E., & Alexander, M. (2014). The Role of Customer Engagement Behavior in Value Co-Creation: A Service System Perspective. *Journal of service research, 17*(3), 247-261. doi: 10.1177/1094670514529187

Jacob, R., Heinz, A., & Décieux, J. P. (2013). *Umfrage: Einführung in die Methoden der Umfrageforschung.* München: Oldenbourg.

Jahn, S. (2007). *Strukturgleichungsmodellierung mit LISREL, AMOS und SmartPLS: eine Einführung (An introduction to structural equation modeling with LISREL, AMOS and SmartPLS).* Chemnitz: Technische Universität Chemnitz, Fakultät für Wirtschaftswissenschaften

Jarvis, C. B., MacKenzie, S. B., & Podsakoff, P. M. (2003). A critical review of construct indicators and measurement model misspecification in marketing and consumer research. *Journal of consumer research, 30*(2), 199-218.

Jaworski, B. J., & Kohli, A. K. (1993). Market orientation: antecedents and consequences. *Journal of Marketing, 57*(3), 53-70.

Jenkins, S., & Delbridge, R. (2013). Context matters: examining 'soft' and 'hard' approaches to employee engagement in two workplaces. *International Journal of Human Resource Management, 24*(14), 2670-2691. doi: 10.1080/09585192.2013.770780

Jensen, M. C., & Meckling, W. H. (1976). Theory of the firm: Managerial behavior, agency costs and ownership structure. *Journal of financial economics, 3*(4), 305-360.

Joosten, H., Bloemer, J., & Hillebrand, B. (2016). Is more customer control of services always better? *Journal of Service Management, 27*(2), 218-246. doi: 10.1108/josm-12-2014-0325

Jöreskog, K. G. (1969). A general approach to confirmatory maximum likelihood factor analysis. *Psychometrika, 34*(2), 183-202.

Jöreskog, K. G. (1973). Analysis of covariance structures *Multivariate Analysis – III* (pp. 263-285). Amsterdam: Elsevier.

Jöreskog, K. G., & Sörbom, D. (1982). Recent developments in structural equation modeling. *Journal of marketing research, 19*(4), 404-416.

Jungfraubahnen Management AG. (2020). Grindewald. Abgerufen am 8. August 2020, von https://www.jungfrau.ch/de-ch/grindelwald/

Kahn, W. A. (1990). Psychological conditions of personal engagement and disengagement at work. *Academy of management journal, 33*(4), 692-724.

Kaiser, H. F. (1974). An index of factorial simplicity. *Psychometrika, 39*(1), 31-36.

Kaiser, H. F., & Rice, J. (1974). Little jiffy, mark IV. *Educational and psychological measurement, 34*(1), 111-117.

Kaspar, C. (1996). *Die Tourismuslehre im Grundriss* (5. ed.). Bern: Haupt.

Kaspar, C., & Staub, F. C. (1981). *Die Problematik der Zweitwohnungen: Erfahrungen und Empfehlungen.* St.Gallen: Institut für Fremdenverkehr und Verkehrswirtschaft an der Hochschule St.Gallen.

Katz, D., & Kahn, R. L. (1978). *The social psychology of organizations* (Vol. 2). New York: Wiley.

Kietavainen, A., Rinne, J., Paloniemi, R., & Tuulentie, S. (2016). Participation of second home owners and permanent residents in local decision making: the case of a rural village in Finland. *Fennia-International Journal of Geography, 194*(2), 152-167. doi: 10.11143/55485

Klopp, E. (2010). Explorative Faktorenanalyse. Abgerufen am 15. Mai 2021, von http://psydok.p sycharchives.de/jspui/handle/20.500.11780/3369

Klumbies, A. (2021). Antezedenzien und Konsequenzen von angebotsseitig ausgelöstem Engagement: Die Beziehung von Destinationen und Zweitwohnungsbesitzenden. *Die Unternehmung, 75*(1), 96-116.

Kohli, A. K., & Jaworski, B. J. (1990). Market orientation: the construct, research propositions, and managerial implications. *Journal of Marketing, 54*(2), 1-18.

Kotler, P. (1972). A generic concept of marketing. *Journal of Marketing, 36*(2), 46-54.

Kotler, P., & Levy, S. J. (1969). Broadening the concept of marketing. *Journal of Marketing, 33*(1), 10-15.

Krippendorf, J. (1975). *Die Landschaftsfresser: Tourismus und Erholungslandschaft - Verderben oder Segen?* Bern: Hallwag.

Kumar, V., Aksoy, L., Donkers, B., Venkatesan, R., Wiesel, T., & Tillmanns, S. (2010). Undervalued or Overvalued Customers: Capturing Total Customer Engagement Value. *Journal of service research, 13*(3), 297-310. doi: 10.1177/1094670510375602

Lachapelle, P. (2008). A sense of ownership in community development: Understanding the potential for participation in community planning efforts. *Community development, 39*(2), 52-59.

Lane, P. J., Koka, B. R., & Pathak, S. (2006). The reification of absorptive capacity: A critical review and rejuvenation of the construct. *Academy of Management Review, 31*(4), 833-863.

Law, K. S., Wong, C.-S., & Mobley, W. M. (1998). Toward a taxonomy of multidimensional constructs. *Academy of Management Review, 23*(4), 741-755.

Leiter, M. P., & Bakker, A. B. (2010). Work engagement: Introduction. In A. B. Bakker & M. P. Leiter (Eds.), *Work engagement: A handbook of essential theory and research* (pp. 1-9). East Sussex & New York: Psychology Press.

Liebi, L. (2020). Is there a value premium in cryptoasset markets? *Available at SSRN 3718684,* 1-48.

Lin, T. C. (2015). Reasonable investor(s). *Boston University Law Review, 95,* 461.

Lusch, R. F., & Harvey, M. G. (1994). The case for an off-balance-sheet controller. *MIT Sloan Management Review, 35*(2), 101.

Lusch, R. F., & Vargo, S. L. (2006). Service-dominant logic: reactions, reflections and refinements. *Marketing theory, 6*(3), 281-288.

Macer, T., & Wilson, S. (2017). Observations from 12 years of an annual market research technology survey. *International Journal of Market Research, 59*(2), 173-198.

Mariani, M. M., Buhalis, D., Longhi, C., & Vitouladiti, O. (2014). Managing change in tourism destinations: Key issues and current trends. *Journal of Destination Marketing & Management, 2*(4), 269-272.

Marshall, C., & Rossman, G. B. (2014). *Designing qualitative research*. Thousand Oaks: Sage.

Martin, R., Casson, P. D., & Nisar, T. M. (2007). *Investor engagement: Investors and management practice under shareholder value*. Oxford: Oxford University Press.

Maslow, A. H. (1943). A Theory of Human Motivation. *Psychological Review, 50*(4), 370-396.

May, D. R., Gilson, R. L., & Harter, L. M. (2004). The psychological conditions of meaningfulness, safety and availability and the engagement of the human spirit at work. *Journal of Occupational and Organizational Psychology, 77*, 11-37. doi: 10.1348/096317904322915892

Mayring, P. (2002). *Einführung in die qualitative Sozialforschung*. Weinheim: Beltz.

McLaren, D. (2004). Global Stakeholders: corporate accountability and investor engagement. *Corporate Governance: An International Review, 12*(2), 191-201. doi: 10.1111/j.1467-8683.2004.00360.x

McMillan, D. W., & Chavis, D. M. (1986). Sense of community: A definition and theory. *Journal of community psychology, 14*(1), 6-23.

McNulty, T., & Nordberg, D. (2016). Ownership, Activism and Engagement: Institutional Investors as Active Owners. *Corporate Governance: An International Review, 24*(3), 346-358. doi: 10.1111/corg.12143

Menguc, B., Auh, S., Fisher, M., & Haddad, A. (2013). To be engaged or not to be engaged: The antecedents and consequences of service employee engagement. *Journal of Business Research, 66*(11), 2163-2170. doi: 10.1016/j.jbusres.2012.01.007

Merriam, S. B., & Tisdell, E. J. (2015). *Qualitative research: A guide to design and implementation*. Hoboken, NJ: John Wiley & Sons.

Merton, R. K. (1957). *Social theory and social structure* (Rev. ed.). New York: Free Press.

Messerli, P., & Meuli, H. (1996). Umwelt und Tourismus. Erfordernisse an die neue wettbewerbsorientierte Tourismuspolitik. *Beiträge zur Tourismuspolitik*(6).

Minghetti, V. (2003). Building customer value in the hospitality industry: towards the definition of a customer-centric information system. *Information Technology & Tourism, 6*(2), 141-152.

Minichiello, V. (1990). *In-depth Interviewing: Researching People*. Melbourne: Longman Cheshire.

Mittal, B. (1995). A comparative analysis of four scales of consumer involvement. *Psychology & marketing, 12*(7), 663-682.

Mollen, A., & Wilson, H. (2010). Engagement, telepresence and interactivity in online consumer experience: Reconciling scholastic and managerial perspectives. *Journal of Business Research, 63*(9-10), 919-925.

Moorman, C., Deshpande, R., & Zaltman, G. (1993). Factors affecting trust in market research relationships. *Journal of Marketing, 57*(1), 81-101.

Moorman, C., Zaltman, G., & Deshpande, R. (1992). Relationships between providers and users of market research: the dynamics of trust within and between organizations. *Journal of marketing research, 29*(3), 314-328.

Mulaik, S. A., & Millsap, R. E. (2000). Doing the four-step right. *Structural equation modeling, 7*(1), 36-73.

Müller-Jentsch, D. (2015, 02.03.2015). Zweitwohnungsbesitzer als Mitgestalter. *Neue Zürcher Zeitung (NZZ)*. Retrieved from https://www.nzz.ch/meinung/debatte/zweitwohnungsbesit zer-als-mitgestalter-1.18493114

Müller-Jentsch, D. (2017). *Strukturwandel im Schweizer Berggebiet: Strategien zur Erschliessung neuer Wertschöpfungsquellen* Zürich: Avenir Suisse.

Muno, W. (2009). Fallstudien und die vergleichende Methode. In S. Pickel, G. Pickel, H.-J. Lauth, & D. Jahn (Eds.), *Methoden der vergleichenden Politik-und Sozialwissenschaft* (pp. 113-131). Wiesbaden: Springer.

Narver, J. C., & Slater, S. F. (1990). The effect of a market orientation on business profitability. *Journal of Marketing, 54*(4), 20-35.

Nosella, A., Cantarello, S., & Filippini, R. (2012). The intellectual structure of organizational ambidexterity: A bibliographic investigation into the state of the art. *Strategic Organization, 10*(4), 450-465.

OECD. (2002). Glossary of Statistical Terms - Tourism. Abgerufen am 14. September 2019, von https://stats.oecd.org/glossary/detail.asp?ID=2725

Oliver, R. L. (1999). Whence consumer loyalty? *Journal of Marketing, 63*(4_suppl1), 33-44.

Oxford English Dictionary. (o.J.). Engagement. *Oxford English Dictionary (OED)*. Abgerufen am 13. Dezember 2019, von https://www.oed.com/view/Entry/62197?redirectedFrom=engage ment#eid

Pansari, A., & Kumar, V. (2017). Customer engagement: the construct, antecedents, and consequences. *Journal of the Academy of Marketing Science, 45*(3), 294-311. doi: 10.1007/ s11747-016-0485-6

Patterson, P., Yu, T., & De Ruyter, K. (2006). *Understanding customer engagement in services.* Paper presented at the ANZMAC 2006 Conference Brisbane.

Pettigrew, A. M. (1990). Longitudinal field research on change: Theory and practice. *Organizati-on Science, 1*(3), 267-292.

Porter, M. (1980). *Competitive Strategy.* New York: Free Press.

Pratt, M. G. (2009). From the editors: For the lack of a boilerplate: Tips on writing up (and reviewing) qualitative research. *Academy of management journal, 52*(5), 856-862.

Punch, K. F. (2013). *Introduction to social research: Quantitative and qualitative approaches.* Thousand Oaks: Sage.

QGIS. (2021). Willkommen bei QGIS. Abgerufen am 19. März 2021, von https://qgis.org/de/sit e/

Qualtrics. (2020). Rücklaufquote: Definition, Berechnung und Erhöhung. Abgerufen am 6. Dezember 2020, von https://www.qualtrics.com/de/erlebnismanagement/marktforschung/ru ecklaufquote/

Rappaport, A. (1986). *Creating shareholder value: the new standard for business performance.* New York: Free Press.

Rappaport, A. (1999). *Creating shareholder value: a guide for managers and investors.* New York: Simon and Schuster.

Reckwitz, A. (2020). *Die Gesellschaft der Singularitäten: Zum Strukturwandel der Moderne* (3. ed.). Berlin: Suhrkamp.

Reitzner, S. (2015). Explorative Faktorenanalyse: Ausgewählte Aspekte der Wirtschafts- und Sozialstatistik. Abgerufen am 22. Mai 2021, von https://statsoz-neu.userweb.mwn.de/lehre/2015 _SoSe/WiSo_Seminar/Hausarbeit/Reitzner.pdf

Rich, B. L., Lepine, J. A., & Crawford, E. R. (2010). Job engagement: Antecedents and effects on job performance. *Academy of management journal, 53*(3), 617-635.

Robinson, D., Perryman, S., & Hayday, S. (2004). The Drivers of Employee Engagement. Brighton: Institute for Employment Studies, UK.

Rodriguez-Sickert, C. (2009). Homo economicus. In J. Peil & I. van Staveren (Eds.), *Handbook of economics and ethics* (pp. 223-229). Cheltenham, UK & Northampton, MA, USA: Edward Elgar.

Rohlfing, I. (2009). Vergleichende Fallanalysen. In S. Pickel, G. Pickel, H.-J. Lauth, & D. Jahn (Eds.), *Methoden der vergleichenden Politik-und Sozialwissenschaft* (pp. 133-151). Wiesbaden: Springer.

Rosa, H. (2016). *Resonanz: Eine Soziologie der Weltbeziehung.* Berlin: Suhrkamp.

Rosa, H. (2019). *Unverfügbarkeit.* Wien: Residenz Verlag.

Rosa, H. (2020). *Resonanz: Eine Soziologie der Weltbeziehung* (3. ed.). Berlin: Suhrkamp Taschenbuch Wissenschaft.

Rüegg-Stürm, J. (2003). *Das neue St. Galler Management-Modell: Grundkategorien einer integrierten Managementlehre: der HSG-Ansatz* (2. ed.). Bern: Haupt.

Saks, A. M. (2006). Antecedents and consequences of employee engagement. *Journal of managerial psychology, 21*(7), 600-619.

Saks, A. M. (2019). Antecedents and consequences of employee engagement revisited. *Journal of Organizational Effectiveness: People and Performance, 6*(1), 19-38. doi: 10.1108/joepp-06-2018-0034

Sartori, G. (1994). Compare why and how: Comparing, miscomparing and the comparative method. *Comparing nations: Concepts, strategies, substance,* 14-34.

Sashi, C. M. (2012). Customer engagement, buyer-seller relationships, and social media. *Management Decision, 50*(1-2), 253-272. doi: 10.1108/00251741211203551

Schapiro, M. L. (2010). *Speech by SEC Chairman: Remarks at the NACD Annual Corporate Governance Conference.* Washington, D.C.: U.S. Securities and Exchange Commission.

Schaufeli, W. B., & Bakker, A. B. (2010). Defining and measuring work engagement: Bringing clarity to the concept. In A. B. Bakker & M. P. Leiter (Eds.), *Work engagement: A handbook of essential theory and research* (pp. 10-24). East Sussex & New York: Psychology Press.

Schaufeli, W. B., Bakker, A. B., & Salanova, M. (2006). The Measurement of Work Engagement with a Short Questionnaire: A Cross-national Study. *Educational and psychological measurement, 66*(4), 701-716.

Schaufeli, W. B., Salanova, M., González-Romá, V., & Bakker, A. B. (2002). The measurement of engagement and burnout: A two sample confirmatory factor analytic approach. *Journal of Happiness studies, 3*(1), 71-92.

Schendera, C. F. (2014). *Regressionsanalyse mit SPSS*. München: De Gruyter Oldenbourg.

Schmidthals, J. (2007). Messung der Konstrukte des Bezugsrahmens. *Technologiekooperationen in radikalen Innovationsvorhaben*, 163-180.

Schnell, R., Hill, P. B., & Esser, E. (2013). *Methoden der empirischen Sozialforschung* (Vol. 10., überarb. Aufl.). München: Oldenbourg.

Schuster, S. K. (2016). Überprüfung des Hypothesenmodells *Emotionale Markenbindung in sozialen Netzwerken* (pp. 95-144). Wiesbaden: Springer.

Schweizerischer Bundesrat. (2017). *Tourismusstrategie des Bundes*. Bern: Schweizerischer Bundesrat.

Sheridan, K., Halverson, E. R., Litts, B., Brahms, L., Jacobs-Priebe, L., & Owens, T. (2014). Learning in the making: A comparative case study of three makerspaces. *Harvard Educational Review, 84*(4), 505-531.

Simsek, Z., Fox, B. C., & Heavey, C. (2015). "What's past is prologue" A framework, review, and future directions for organizational research on imprinting. *Journal of Management, 41*(1), 288-317.

Sjöström, E. (2008). Shareholder activism for corporate social responsibility: What do we know? *Sustainable Development, 16*(3), 141-154. doi: 10.1002/sd.361

Slater, S. F. (1997). Developing a customer value-based theory of the firm. *Journal of the Academy of Marketing Science, 25*(2), 162-167. doi: 10.1007/bf02894352

Sonderegger, R. (2014). *Zweitwohnungen im Alpenraum: Bewertung des alpenweiten Bestandes und der Situation in der Schweiz in Bezug auf eine nachhaltige Entwicklung*. Riga: Südwestdeutscher Verlag für Hochschulschriften.

Sonderegger, R., & Bätzing, W. (2013). Zweitwohnungen im Alpenraum - Tourismus, Freizeit, Abwanderung und Zweitwohnungen im alpenweiten Zusammenhang. *Journal of Alpine Research / Revue de géographie alpine*(Hors-Série), 1-6.

Srivastava, R. K., Shervani, T. A., & Fahey, L. (1998). Market-based assets and shareholder value: A framework for analysis. *Journal of Marketing, 62*(1), 2-18.

Stake, R. E. (2008). Qualitative Case Studies. In N. K. Denzin & Y. S. Lincoln (Eds.), *Strategies of Qualitative Inquiry* (Vol. 3, pp. 119–150). Thousand Oaks, CA: Sage.

Starbuck, P. (2013). Peter F. Drucker. In M. Witzel & M. Warner (Eds.), *The Oxford Handbook of Management Theorists* (pp. 272-296). Oxford: Oxford University Press.

Staub, P., & Rütter, H. (2014). *Die volkswirtschaftliche Bedeutung der Immobilienwirtschaft der Schweiz*. Zürich: HEV.

STV. (2019). Schweizer Tourismus in Zahlen 2018 - Struktur- und Branchendaten. Bern: Schweizer Tourismus-Verband (STV).

Sudman, S., & Bradburn, N. M. (1982). *Asking questions.* San Francisco, CA: Jossey-Bass Inc Pub.

Sulkowski, A. J., Edwards, M., & Freeman, R. E. (2018). Shake Your Stakeholder: Firms Leading Engagement to Cocreate Sustainable Value. *Organization & Environment, 31*(3), 223-241. doi: 10.1177/1086026617722129

SurveyMonkey. (2020). Worin besteht der Unterschied zwischen Abschlussquote und Beantwortungsquote? Abgerufen am 6. Dezember 2020, von https://www.surveymonkey.de/mp/wh at-is-the-difference-between-a-response-rate-and-a-completion-rate/

Swanberg, J. E., McKechnie, S. P., Ojha, M. U., & James, J. B. (2011). Schedule control, supervisor support and work engagement: A winning combination for workers in hourly jobs? *Journal of Vocational Behavior, 79*(3), 613-624.

Tomczak, T. (1992). Forschungsmethoden in der Marketingwissenschaft. Ein Plädoyer für den qualitativen Forschungsansatz. *Marketing ZfP, 14*(2), 77-87.

Tomczak, T., Kuß, A., & Reinecke, S. (2009). *Marketingplanung* (6. ed.). Wiesbaden: Gabler.

Truss, C., Alfes, K., Delbridge, R., Shantz, A., & Soane, E. (2013). *Employee engagement in theory and practice.* London: Routledge.

Ul Islam, J., & Rahman, Z. (2016). The transpiring journey of customer engagement research in marketing A systematic review of the past decade. *Management Decision, 54*(8), 2008-2034. doi: 10.1108/md-01-2016-0028

Ulrich, H. (1970). *Die Unternehmung als produktives soziales System: Grundlagen der allgemeinen Unternehmungslehre* (Vol. 1). Bern: Haupt.

Universität Zürich. (2021). Faktoranalyse. Abgerufen am 22. Mai 2021, von https://www.metho denberatung.uzh.ch/de/datenanalyse_spss/interdependenz/reduktion/faktor.html

UNWTO. (2011). Tourism Satellite Account. Manila: World Tourism Organisation (UNWTO).

UNWTO. (2017). Report of the Committee on Tourism and Competitivenes (pp. 1-15): World Tourism Organization (UNWTO).

Useem, M. (1993). *Executive defense: Shareholder power and corporate reorganization.* Cambridge, MA: Harvard University Press.

UVEK. (2015). Zweitwohnungsinitiative. *Eidgenössisches Departement für Umwelt, Verkehr, Energie und Kommunikation UVEK.* Abgerufen am 29. Oktober 2019, von https://www.uvek.ad min.ch/uvek/de/home/uvek/abstimmungen/zweitwohnungsinitiative.html

van Doorn, J., Lemon, K. N., Mittal, V., Nass, S., Pick, D., Pirner, P., & Verhoef, P. C. (2010). Customer Engagement Behavior: Theoretical Foundations and Research Directions. *Journal of service research, 13*(3), 253-266. doi: 10.1177/1094670510375599

van Maanen, J. (1976). *Breaking in: Socialization to Work* (R. Dubin Ed.). Chicago: Rand McNally College Publishing Co.

Vargo, S. L., & Akaka, M. A. (2012). Value cocreation and service systems (re) formation: A service ecosystems view. *Service Science, 4*(3), 207-217.

Verhoef, P. C., Reinartz, W. J., & Krafft, M. (2010). Customer Engagement as a New Perspective in Customer Management. *Journal of service research, 13*(3), 247-252. doi: 10.1177/1094670510375461

Verleye, K. (2019). Designing, writing-up and reviewing case study research: an equifinality perspective. *Journal of Service Management.*

Verleye, K., Gemmel, P., & Rangarajan, D. (2014). Managing Engagement Behaviors in a Network of Customers and Stakeholders: Evidence From the Nursing Home Sector. *Journal of service research, 17*(1), 68-84. doi: 10.1177/1094670513494015

Visser, G. (2003). *Visible, yet unknown: Reflections on second-home development in South Africa.* Paper presented at the Urban Forum.

Vivek, S. D., Beatty, S. E., Dalela, V., & Morgan, R. M. (2014). A generalized multidimensional scale for measuring customer engagement. *Journal of marketing theory and practice, 22*(4), 401-420.

Vivek, S. D., Beatty, S. E., & Morgan, R. M. (2012). Customer engagement: Exploring customer relationships beyond purchase. *Journal of marketing theory and practice, 20*(2), 122-146.

Weiber, R., & Mühlhaus, D. (2014). *Strukturgleichungsmodellierung: Eine anwendungsorientierte Einführung in die Kausalanalyse mit Hilfe von AMOS, SmartPLS und SPSS.* Berlin: Springer.

Weinert, R. (2010). *Eigentum als eine Determinante des Konsumentenverhaltens: Das Beispiel Zweitwohnung.* Göttingen: Cuvillier.

Weisse Arena Gruppe. (2020a). Flims Laax Falera – die Destination für Ski- & Snowboard-Fans. Abgerufen am 8. August 2020, von https://www.flimslaax.com/ski-snowboard

Weisse Arena Gruppe. (2020b). Portrait. Abgerufen am 13. April 2020, von http://weissearena.com/de/portrait/

Weisse Arena Gruppe. (2020c). Unternehmen. Abgerufen am 13. April 2020, von http://weissearena.com/de/unternehmen/

Weston, R., & Gore Jr, P. A. (2006). A brief guide to structural equation modeling. *The counseling psychologist, 34*(5), 719-751.

Wikström, S. (1996). The customer as co-producer. *European journal of marketing, 30*(4), 6-19.

Wolf, C., Joye, D., Smith, T. W., & Fu, Y.-C. (2016). *The SAGE Handbook of Survey Methodology.* London: Sage.

Wolff, H.-G., & Bacher, J. (2010). Hauptkomponentenanalyse und explorative Faktorenanalyse *Handbuch der sozialwissenschaftlichen Datenanalyse* (pp. 333-365). Wiesbaden: Springer.

Woodruff, R. B. (1997). Customer value: The next source for competitive advantage. *Journal of the Academy of Marketing Science, 25*(2), 139-153. doi: 10.1007/bf02894350

WTTC. (2019). Travel & Tourism Economic Impact 2019 World. London: World Travel & Tourism Council (WTTC).

Yin, R. K. (1994). *Case Study Research: Design and Methods.* London: Sage.

Zaichkowsky, J. L. (1985). Measuring the involvement construct. *Journal of consumer research, 12*(3), 341-352.

Zaichkowsky, J. L. (1994). The personal involvement inventory: Reduction, revision, and application to advertising. *Journal of advertising, 23*(4), 59-70.

Zeithaml, V. A., Verleye, K., Hatak, I., Koller, M., & Zauner, A. (2020). Three decades of customer value research: paradigmatic roots and future research avenues. *Journal of service research, 23*(4), 409-432.

Zöfel, P. (2002). *Statistik verstehen. Ein Begleitbuch zur computergestützten Anwendung: Eine Daten-menge – was tun? Ein Leitfaden zu statistischen Lösungen.* München: Addison-Wesley.

Zukunftsinstitut. (2019). Der neue Resonanztourismus. Frankfurt am Main.

Anhang

Anhangsverzeichnis

Anhang Literatur Review

Autoren	Vorteile	Nachteile	Massnahmen
Bieger und Beritelli (2004)	– Wertschöpfungszuflüsse – Loyale und emotional gebundene Kunden, die über Word-of-Mouth zur Bekanntheit des Ortes beitragen (intangible Effekte) – Zweitwohnungsbesitzende schaffen zusätzliche Nachfrage und generieren Umsätze vor Ort – Selbst finanzierte Bettenkapazitäten für den Ort	– Ästhetische Effekte durch den Verbrauch von Land – Raumwirksame Effekte, wie bspw. die Zersiedelung von Ortschaften – Erhöhtes privates Verkehrsaufkommen – Ökonomischen Effekte durch ungünstige Ertrags-Kosten-Verhältnisse: Erhöhung der Belastungsspitzen & niedrige Durchschnittsauslastung der Infrastruktur – Dienstleistungen, wie die staatlichen Bereitschaftsdienste von Feuerwehr, Sanität, Polizei usw., müssen in erhöhtem Umfang bereitgehalten werden – Indirekte Effekte: Relativ starkes und politisch einflussreiches Baugewerbe führt zu Selbstverstärkungsmechanismus & Opportunitätskosten in der Hotellerie	– Nachhaltigen Wachstumspfad für Zweitwohnungsbestand definieren – Diesen mit entsprechenden Instrumenten kontrollieren und durchsetzen – Wirtschaftliche Anreize für die Vermietung schaffen bzw. psychologische Barrieren gegen die Vermietung reduzieren – Mindestens einen Teil des Mehrwertes, der durch den Zweitwohnungsbau entsteht, abschöpfen und für Reinvestitionen einsetzen
Arpagaus und Spörri (2008)	– Bedeutender, exportorientierter Wirtschaftsfaktor für die Gemeinden und Kantone – Wichtig für Arbeitsplätze in der Bauwirtschaft – Touristische Wertschöpfung	– Bauboom, Umnutzung von Hotelbetten, Mangel an zahlbarem Wohnraum für Einheimische sowie Zersiedelung der Landschaft in den Tourismusgebieten – Bedeutender Verbrauch der Ressource Boden und der Landschaft – Starke wirtschaftliche Abhängigkeit von Zweitwohnungen – Aufwand zur Abdeckung von Spitzenbelastungen (Strom, Wasser, Abwasser	– Erhöhen der Auslastung von bestehenden und neuen Wohnungen – Haushälterischer Umgang mit Bauland & Kontingentierung – Erschwinglicher Wohnraum für die einheimische Bevölkerung durch gezielte Massnahmen, wie z. B. Erstwohnanteilsplänen, Bauzonen für Einheimische, aktive Bodenpolitik – Förderung von kommerziellen Beherbergungsbetrieben (Hotels, Resorts, hybride Beherbergungsformen, Ferienwohnungssiedlungen) für

Auto- ren	Vorteile	Nachteile	Massnahmen
		etc.) hoch, während Auslastung über das Jahr im Mittel zu gering – Hohe Abhängigkeit vom Bauhaupt- und Baunebengewerbe als Arbeitgeber für die einheimische Bevölkerung	– Internationalisierung und Erschliessung von neuen Märkten – Restriktive Bauzonenpolitik für Zweitwohnungen
Müller-Jentsch (2015)	– Zweitwohnungsbesitzende sind häufig einkommensstark, vermögend, gut ausgebildet und mobil – Unter ihnen finden sich viele Selbständige, Unternehmer und Personen mit wertvollen Netzwerken im In- und Ausland – Bereitschaft, sich vor Ort zu engagieren und einzubringen – Wunsch, das Umfeld am Zweitwohnsitz positiv zu beeinflussen – Schaffen Arbeitsplätze und tätigen Investments in Gastronomie oder Hotellerie	– Kalte Betten	– Gemeinsames Massnahmenpaket zur Dorferneuerung – Dorf-Begegnungszentrum zur Vitalisierung des Dorfkerns – Gemeinsame systematische Aufwertung und Nutzung der leerstehenden historischen Gebäude – Zweitwohnungsbesitzende als Hotelbesitzer, Gastronomen oder Gemeindepräsidenten – Nicht stimmberechtigten Zweitwohnungsbesitzenden über konsultative Gremien auf Gemeindeebene („Rat der Zweitwohnungsbesitzer") ein Mitspracherecht über die Verwendung der Mittel aus der Zweitwohnungsabgabe geben – Gewisse Milizämter für Zweitwohnungsbesitzende öffnen – Steuerliche Anreize – Beauftragte für Zweitwohnungsbesitzende benennen – Fokus auf älter werdende Babyboomer-Generation – Generell: Zweitwohnungsbesitzende nicht als Milchkühe, sondern als Partner behandeln

Tabelle 53: Vorteile, Nachteile und Massnahmen im Umgang mit Zweitwohnungsbesitzenden

Quelle: Eigene Darstellung

Autoren	Konstrukt	Engagement-Objekt	Definition	Dimensionalität	Theoretische Grundlage (bzw. Konstrukt, wenn theoretische Grundlage nicht explizit genannt)	Ansatz
Patterson et al. (2006)	Customer engagement	Firma	The level of a customer's physical, cognitive, and emotional presence in their relationship with a service organization.	Multidimensional: Kognitiv, Emotional, Verhaltensbezogen	Constructs of service quality & customer satisfaction	Konzeptionell
Bowden (2009)	Customer engagement process	Marke	Psychological process by which customer loyalty forms for new customers of a service brand or by which loyalty may be maintained for repeat purchase customers.	Multidimensional: Kognitiv, Emotional	Theories of relationship marketing (RM), organizational behavior, and cognitive psychology	Konzeptionell
Higgins und Scholer (2009)	Engagement	Ziel	Engagement is a state of being involved, occupied, fully absorbed, or engrossed in something – sustained attention.	Multidimensional: Kognitiv, Emotional, Verhaltensbezogen	Regulatory engagement theory (RET)	Konzeptionell
Kumar et al. (2010)	Customer engagement	Firma	Active interactions of a customer with a firm, with prospects and with other customers, whether they are transactional or non-transactional in nature.	Multidimensional: Nicht-transaktional (Kognitiv, Emotional, Verhaltensbezogen) & transaktional	Customer value theory	Konzeptionell
Mollen und Wilson (2010)	Online engagement	Marke	Cognitive and affective commitment to an active relationship with the brand as personified by the website or other computer-mediated entities designed to communicate brand value.	Multidimensional: Kognitiv, Emotional	Constructs of interactivity, flow & involvement	Konzeptionell

Autoren	Konstrukt	Engage-ment-Objekt	Definition	Dimensionalität	Theoretische Grundlage (bzw. Konstrukt, wenn theoretische Grundlage nicht explizit genannt)	Ansatz
van Doorn et al. (2010)	Customer engagement behavior	Firma oder Marke	Customer's behavioral manifestations that have a brand or firm focus, beyond purchase, resulting from motivational drivers.	Unidimensional: Verhaltensbezogen	Relationship marketing (RM) theory	Konzeptionell
Verhoef et al. (2010)	Customer engagement	Firma oder Marke	A behavioral manifestation toward the brand or firm that goes beyond transactions.	Unidimensional: Verhaltensbezogen	Relationship marketing (RM) theory & customer management concept	Konzeptionell
Brodie et al. (2011)	Customer engagement	Firma oder Marke	Psychological state that occurs by virtue of interactive, co-creative customer experiences with a focal agent/object (e.g., a brand) in focal service relationships. It occurs [...] as a dynamic, iterative process within service relationships that co-create value.	Multidimensional: Kognitiv, Emotional, Verhaltensbezogen	Relationship marketing (RM) theory & service-dominant (S-D) logic	Konzeptionell
Hollebeek (2011a)	Customer brand engagement	Marke	The level of an individual customer's motivational, brand-related and context-dependent state of mind characterized by specific levels of cognitive, emotional and behavioral activity in direct brand interactions.	Multidimensional: Kognitiv, Emotional, Verhaltensbezogen	Organizational behavior theory	Konzeptionell
Hollebeek (2011b)	Customer brand engagement	Marke	The level of a customer's cognitive, emotional and behavioral investment in specific brand interactions.	Multidimensional: Kognitiv, Emotional, Verhaltensbezogen	Relationship marketing (RM) theory & service-dominant (S-D) logic & Social exchange theory (SET)	Empirisch (qualitativ)
Sashi (2012)	Customer engagement	Firma	Focus on satisfying customers by providing superior value than competitors to build trust and commitment in long-term relationships. Engaged customers become partners who collaborate with sellers in the value adding process to better satisfy their needs as well as the needs of other customers. Customer en-	Multidimensional: Kognitiv, Emotional, Verhaltensbezogen	Relationship marketing (RM) theory & Social exchange theory (SET)	Konzeptionell

Autoren	Konstrukt	Engagement-Objekt	Definition	Dimensionalität	Theoretische Grundlage (bzw. Konstrukt, wenn theoretische Grundlage nicht explizit genannt)	Ansatz
			gagement is turning on customers by building emotional bonds in relational exchanges with them.			
Vivek et al. (2012)	Consumer engagement	Firma oder Marke	The intensity of an individual's participation and connection with the organization's offerings & activities initiated by either the customer or the organization.	Multidimensional: Kognitiv, Emotional, Verhaltensbezogen, Sozial	Relationship marketing (RM) theory	Empirisch (qualitativ)
Jaakkola und Alexander (2014)	Customer engagement behavior in value co-creation	Firma oder andere Stakeholder	Non-transactional behaviors, through which customers contribute a broad range of resources – for example, time, money, or actions – that directly or indirectly affect the firm and the customers in varying degrees of magnitude and impact.	Multidimensional: Kognitiv, Verhaltensbezogen	Service-dominant (S-D) logic	Empirisch (qualitativ)
Pansari und Kumar (2017)	Customer engagement	Firma	The mechanics of a customer's value addition to the firm, either through direct or/and indirect contribution.	Unidimensional: Verhaltensbezogen	Customer management concept	Konzeptionell
Alvarez-Milan et al. (2018)	Customer engagement	Kunde	Process guided by reciprocity and cost-benefit analysis over time.	Multidimensional: Kognitiv, Emotional, Verhaltensbezogen	Social exchange theory (SET)	Empirisch (qualitativ)
Hollebeek et al. (2019)	Customer engagement	Marken	A customer's motivationally driven, volitional investment of focal operant resources (including cognitive, emotional, behavioral, and social knowledge and skills), and operand resources (e.g., equipment) into brand interactions in service systems.	Multidimensional: Kognitiv, Emotional, Verhaltensbezogen, Sozial	Service-dominant (S-D) logic	Konzeptionell

Tabelle 54: Customer Engagement Konzeptualisierungen und Dimensionalitäten

Quelle: Eigene Darstellung

Autor	Ursache / Antezedenzien	Methoden	Folgen / Konsequenzen
van Doorn et al. (2010)	– Customer-based: Satisfaction, trust/ commitment, identity, consumption goals, resources, perceived costs/benefits – Firm-based: Brand characteristics, firm reputation, firm size/diversification, firm information usage and processes, industry – Context-based: Competitive factors, P.E.S.T. (political, economic/environmental, social, technological)	The following five dimensions determine customer engagement behavior: – Valence – Form/modality – Scope – Nature of impact – Customer goals Actual behavior can be in the form of: – Word-of-Mouth activity – Recommendations – Helping other customers – Blogging – Writing reviews – Engaging in legal action	– Customer: Cognitive, attitudinal, emotional, physical/time, identity – Firm: Financial, reputational, regulatory, competitive, employee, product – Others: Consumer welfare, economic surplus, social surplus, regulation, cross-brand, cross-customer
Brodie et al. (2011)	– Required: Participation, involvement – Potential: Flow, rapport		– Commitment – Trust – Self-brand connection – Emotional brand attachment – Loyalty
Vivek et al. (2012)	– Participation – Involvement of current or potential customers		– Value – Trust – Affective commitment – Word-of-Mouth – Loyalty – Brand community involvement

Autor	Ursache / Antezedenzien	Methoden	Folgen / Konsequenzen
Pansari und Kumar (2017)	– Satisfying relationship (satisfaction) – Emotional connectedness (emotion)	– Direct contribution: Customer purchases – Indirect contribution: Customer referrals, customer influence, and customer knowledge	– Tangible: Firm performance (higher profits, revenue, or market share) – Intangible: Permission marketing, privacy sharing, more relevant marketing messages

Tabelle 55: Ursachen, Methoden und Folgen von Customer Engagement

Quelle: Eigene Darstellung

Auto-ren	Kon-strukt	Engagement-Objekt	Definition	Definitions-ansatz (nach Bailey et al. (2017))	Theoretische Grundlage (bzw. Konstrukt, wenn theoretische Grundlage nicht explizit genannt)	Ansatz
Kahn (1990)	Personal Engagement at Work	Arbeitsperformance	Harnessing of organizational members' selves to their work roles; in engagement, people employ and express themselves physically, cognitively, and emotionally during role performances.	Personal role engagement	Role Theory & Job Design Theory	Empirisch (qualitative)
May et al. (2004)	Engagement at Work	Arbeitsperformance	For the human spirit to thrive at work, individuals must be able to completely immerse themselves in their work. That is, they must be able to engage the cognitive, emotional and physical dimensions of themselves in their work.	Personal role engagement	Kahn's (1990) Article & Functionalist and humanistic paradigm	Empirisch (qualitative)
Britt et al. (2005)	Self-Engagement	Arbeitsperformance	Self-engagement is defined as individuals feeling a sense of responsibility for and commitment to a performance domain so that performance „matters" to the individual.	Self-engagement with performance	Triangle Model of Responsibility	Empirisch (quantitativ)
Saks (2006)	Employee Engagement	Arbeitsperformance	The amount of cognitive, emotional, and physical resources that an individual is prepared to devote in the performance of one's work roles [which] is contingent on the economic and socioemotional resources received from the organization.	Multidimensional engagement	Social Exchange Theory (SET)	Empirisch (quantitativ)
Schaufeli et al. (2006)	Work Engagement	Arbeitsperformance	A positive work-related state of fulfillment that is characterized by vigor, dedication, and absorption.	Work task or job engagement	Positive Psychology	Empirisch (quantitativ)
Leiter und Bakker (2010)	Work Engagement	Arbeitsperformance	A positive, fulfilling, affective-motivational state of work-related well-being that can be seen as the antipode of job burnout. Engaged employees have high levels of energy, and are enthusiastically involved in their work (Bakker, Schaufeli; Leiter & Taris, 2008).	Work task or job engagement	Job Demand-Resources (JD-R) Model	Konzeptionell

Auto-ren	Kon-strukt	Engagement-Objekt	Definition	Definitions-ansatz (nach Bailey et al. (2017))	Theoretische Grundlage (bzw. Konstrukt, wenn theoretische Grundlage nicht explizit genannt)	Ansatz
Rich et al. (2010)	Job Engagement	Arbeitsperformance	A multi-dimensional motivational concept reflecting the simultaneous investment of an individual's physical, cognitive, and emotional energy in active, full work performance.	Personal role engagement	Kahn's (1990) Article	Empirisch (quantitativ)
Christian et al. (2011)	Work Engagement	Arbeitsperformance	A relatively enduring state of mind referring to the simultaneous investment of personal energies in the experience or performance of work.	Personal role engagement	Kahn's (1990) Article	Literatur Review & empirisch (quantitativ)
Swanberg et al. (2011)	Work Engagement	Arbeitsperformance	A positive work-related psychological „state of fulfillment" that is characterized by vigor, dedication and absorption.	Engagement as a composite attitudinal and behavioural construct	Job Characteristics Theory & Work Adjustment Theory	Empirisch (quantitativ)
Jenkins und Delbridge (2013)	Work Engagement	Arbeitsperformance	A positive attitude held by the employee toward the organization and its values. An engaged employee is aware of business context, and works with employees to improve performance (Robinson et al., 2004).	Engagement as management practice	Organizational & critical HRM/HPWS literature	Empirisch (qualitative)
Menguc et al. (2013)	Service Employee Engagement	Service Performance der Firma	A positive, fulfilling, work-related state of mind that is characterized by vigor, dedication, and absorption.	Work task or job engagement	Job Demand-Resources (JD-R) Model	Empirisch (quantitative)

Tabelle 56: Employee Engagement Konzeptualisierungen und Dimensionalitäten

Quelle: Eigene Darstellung

Autor	Ursache / Antezedenzien	Folgen / Konsequenzen
Saks (2006)	– Job characteristics – Perceived organizational support – Perceived supervisor support – Rewards and recognition – Procedural justice – Distributive justice	– Job satisfaction – Organizational commitment – Intention to quit – Organizational citizenship behavior
Rich et al. (2010)	– Value congruence – Perceived organizational support – Core self-evaluations	– Task performance – Organizational citizenship behavior
Christian et al. (2011)	– Job characteristics: Autonomy, task variety, task significance, problem solving, job complexity, feedback, social support, physical demands, work conditions – Leadership: Transformational, leader-member exchange – Dispositional characteristics: Conscientiousness, positive affect, proactive personality	– Job performance: Task performance, contextual performance
Menguc et al. (2013)	– Supervisory support – Supervisory feedback	– Meaningfulness of work, selffulfillment, inspiration, dedication, concentration, engrossment, happiness, excitement, joy – Positive and motivated state of mind that carries over to how employees treat and serve customers – Customers' evaluation of service employee performance – Customer satisfaction, loyalty, profitability, productivity
Bailey et al. (2017)	– Psychological states – Job design – Leadership – Organizational and team factors – Organizational interventions	– Individual morale – Task performance – Extra-role performance – Organizational performance
Saks (2019)	– Job characteristics – Perceived organizational support – Perceived supervisor support	– Job satisfaction – Organizational commitment – Intention to quit

Autor	Ursache / Antezedenzien	Folgen / Konsequenzen
	– Rewards and recognition – Procedural justice – Distributive justice – Fit perceptions – Leadership – Opportunities for learning and development – Job demands – Dispositional characteristics – Personal resources	– Organizational citizenship bavior – Task performance – Extra-role performance – Health and well-being – Stress and strains – Burnout

Tabelle 57: Ursachen, Methoden und Folgen von Employee Engagement

Quelle: Eigene Darstellung

Autoren	Konstrukt	Engagement-Objekt	Definition	Methoden	Theoretische Grundlage (bzw. Konstrukt, wenn theoretische Grundlage nicht explizit genannt)	Ansatz
McLaren (2004)	Investor Engagement	Firma	Engagement is often a tactic to enhance corporate governance. And in turn good corporate governance reduces agency costs by enabling shareholders to hold management accountable for the company's performance – making engagement more effective.	Engagement encompasses all the forms of formal (exit) and informal (informal) measures of influence that investors use between the two extremes.	Shareholder- vs. stakeholder-oriented corporate governance models based on Principal-Agent-Theory	Konzeptionell
Martin et al. (2007)	Investor Engagement	Firma	Use of residual control rights by investors to influence the management processes of a given portfolio company.	The methods of engagement range from informal discussion, the preferred mode of engagement, through to formal methods, such as shareholder resolutions.	Principal-Agent-Theory Shareholder-Value-Theory	Konzeptionell
Gillan und Starks (2007)	Shareholder Activism	Firma	Shareholder activists are often viewed as investors who, dissatisfied with some aspect of a company's management or operations, try to bring about change within the company without a change in control.	Continuum of possible responses to corporate performance and activities. At one end, we could view shareholders who simply trade a company's shares as being „active". Through their initial purchases and subsequent decisions to hold or sell (exit), shareholders are expressing their views of the corporation's performance. At the other end of the continuum is the market for corporate control, where investors initiate takeovers and LBOs aimed at accomplishing fundamental corporate changes (voice). Between these extremes are intermediate points on the continuum that include, for example, blockholders who purchase minority stakes with the intent of influencing managerial decision-making.	Principal-Agent-Theory	Konzeptionell

Autoren	Konstrukt	Engagement-Objekt	Definition	Methoden	Theoretische Grundlage (bzw. Konstrukt, wenn theoretische Grundlage nicht explizit genannt)	Ansatz
Sjöström (2008)	Shareholder Activism	Firma	The use of ownership position to actively influence company policy and practice.	Shareholder activism can be exerted through letter writing, through dialogue with corporate management or the board, through asking questions at open sessions at annual general meetings and through the filling of formal shareholder proposals.		Literatur Reviews
Schapiro (2010)	Shareholder Engagement	Investor	Clear conversations with investors about how the company is governed – and why and how decisions are made.			Konzeptionell
Gifford (2010)	Shareholder Engagement	Firma	Active owners through voting their shares and engaging in dialogue with companies on a broad range of environmental, social and corporate governance (ESG) issues.		Theory of stakeholder salience	Empirisch (qualitativ)
Chung und Talaulicar (2010)	Shareholder Activism	Firma	Broad phenomenon that corresponds to the various actions undertaken by investors to influence corporate management and boards in order to make corporations change in corporate social responsibility (CSR) or improve their financial outcomes.			Konzeptionell
Fairfax (2013)	Shareholder Engagement	Investor	Robust board-shareholder dialogue.	Strategies ranging from incentives to potential mandates.	Principal-Agent-Theory	Konzeptionell

Autoren	Konstrukt	Engagement-Objekt	Definition	Methoden	Theoretische Grundlage (bzw. Konstrukt, wenn theoretische Grundlage nicht explizit genannt)	Ansatz
Goodman et al. (2014)	Shareholder Engagement	Firma	Shareholder engagement as a strategy for responsible investment (RI) is growing and social and environmental issues are increasingly included in engagement.	Traditionally, voice or exit were considered the two options for investors, but the paper identifies four procedural stages of engagement: issue raising, information search, change-seeking and outcome.	Concept of social shareholder engagement (SSE)	Empirisch (qualitativ)
Goranova und Ryan (2014)	Shareholder Activism	Firma	Actions taken by shareholders with the explicit intention of influencing corporations' policies and practices.		Principal-Agent-Theory	Literatur Reviews
Goodman und Arenas (2015)	Social Shareholder Engagement	Firma	SSE represents the choice by shareholders dissatisfied with a firm's environmental, social, governance, and ethical performance to use the 'voice' rather than 'exit' option [...] or the dynamics between the two, to influence company actions.		Concept of social shareholder engagement (SSE) and Social-Activism-Theory defined by Goranova und Ryan (2014)	Konzeptionell
McNulty und Nordberg (2016)	Active Ownership	Firma	Active ownership includes shareholder activism, defined by Goranova und Ryan (2014), but extends to a wider range of institutional investor behavior, that involves corporates developing relations with corporations through different influence processes and intent.	This type of on-going active ownership is likely to involve mutual exchanges aimed at understanding more than change, and taking a generally longer-term perspective toward investment in the firm and its affairs.	Social-Activism-Theory defined by Goranova und Ryan (2014)	Konzeptionell
Barko et al. (2018)	Shareholder	Firma	Investors actively engage with the companies in their portfolios, requesting that companies improve			Empirisch

Autoren	Konstrukt	Engagement-Objekt	Definition	Methoden	Theoretische Grundlage (bzw. Konstrukt, wenn theoretische Grundlage nicht explizit genannt)	Ansatz
	Engagement		their environmental, social, and governance (ESG) practices.			(qualitativ)
Sulkowski et al. (2018)	Shaking Stakeholders (Investor Co-creation)	Investor	Shaking stakeholders means to proactively initiate cooperation with those affected by a firm to alter awareness, behavior, and networks so as to catalyze change in society and the marketplace to reward co-created innovations in core operations of the firm that improve social and environmental impacts.	Catalyze collaborative relationships to co-create sustainable value that is shared with stakeholders.	Stakeholder Theory	Konzeptionell

Tabelle 58: Investor Engagement Konzeptualisierungen und Dimensionalitäten

Quelle: Eigene Darstellung

Autor	Ursache / Antezedenzien	Methoden / Prozesse	Folgen / Konsequenzen
McLaren (2004)		– Voice and exit options	
Gillan und Starks (2007)		– Voice and exit options	
Goodman et al. (2014)		– Voice and exit options	
Goranova und Ryan (2014)	– Firm-level: Size, performance, practices, governance – Activist-level: Interests, power, legitimacy, urgency, identity – Environment-level: Macro environment, task environment	– Managerial actions: Reactive – proactive, resist – implement, symbolic – substantive – Shareholder actions: Hold, trade, oppose, intervene – Activist demands: Salience, alignment, transparency	– Firm-level: Performance, practices, governance, reputation – Activist-level: Financial, identity reinforcement, stakeholder benefits, leverage – Environment-level: Reform dispersion, social movements

McNulty und Nordberg (2016)	– Institutional shareholder: Varieties of shareholders, interests, identity
	– Market context: Control, rewards, systems, structures
	– Institutional field: Rights, responsibilities, regulation, reform
	– Cognitive mechanisms: Other regarding, long-term orientation
	– Affective mechanisms: Attitude to others, mutuality, commitment, identification
	– Legal ownership (*a*): Rights
	– Psychological ownership (*b*)
	– Firm-level: Size, performance, practices, governance
		– Managerial actions: Proactive – reactive, resistant – receptive, symbolic – substantive, collaborative + constructive
		– Salience
		– Shareholder action:
		  – Voice: (*a*) Public-formal, overt challenge, change-seeking & supplanting // (*b*) Private dialogue and engagement, issue-raising, information-seeking, relationship-building, change-seeking
		  – Loyalty
		  – Exit (*a*)
			– Firm policy & firm performance
			– Investor policy & fund performance
			– Context change: Market & institutional

Tabelle 59: Ursachen, Methoden und Folgen von Investor Engagement

Quelle: Eigene Darstellung

Anhang Studie 1

Interviewleitfaden Studie 1

A) *Einleitung und Information*

Herzlichen Dank, dass Sie sich für das Telefoninterview Zeit genommen haben. Unser Gespräch wird ca. 20-30 Minuten dauern.

Wie in der Einladungsmail erwähnt, geht es darum, ein besseres Verständnis dafür zu gewinnen, wie Engagement von Zweitwohnungsbesitzenden in Ihrer Destination funktioniert.

Ich werde das Gespräch digital aufnehmen. Alle Ihre Angaben sind streng vertraulich und werden ausschliesslich in anonymisierter Form verwendet. Aus Gründen der Forschungsmethodik würden wir nun ohne weitere Angaben in das Gespräch einsteigen. Am Ende des Gesprächs können Sie mir aber gerne Fragen stellen.

B) *Einstieg*

a. Was sind aktuell die wichtigsten Tourismusthemen in Ihrer Destination?
b. Was sind aktuell die wichtigsten Themen in Bezug auf Zweitwohnungsbesitzende in Ihrer Destination?
c. Wie relevant sind Zweitwohnungsbesitzende in Ihrer Destination?

C) *Engagement-Massnahmen: Wie engagieren Sie Zweitwohnungsbesitzende in Ihrer Destination?*

Block 1: Angebote/Massnahmen

a. Was machen Sie, um Ihre Zweitwohnungsbesitzende an die Destination zu binden und zu begeistern?
    Subfragen:

    i.   Angenommen, ich wäre Zweitwohnungsbesitzender in Ihrer Destination: Welche Angebote gäbe es speziell für mich als Zweitwohnungsbesitzender?
    ii. Welche speziellen Massnahmen realisieren Sie, damit Zweitwohnungsbesitzende möglichst stark engagiert sind in Ihrer Destination?
    iii. Wie ist das Feedback der Zweitwohnungsbesitzenden?

b. Welche Angebote/Massnahmen empfinden Sie persönlich als Highlight für Zweitwohnungsbesitzende? Warum? Was bräuchte es zusätzlich?

Block 2: Strategie/Prozess

a. Wie sieht Ihre Strategie aus, um das Engagement von Zweitwohnungsbesitzenden zu steigern?
Subfragen:

   i. Welche Schritte sind wichtig?
   ii. Welche TeilnehmerInnen, Instrumente, Materialien und Prozesse spielen bei der Umsetzung der Engagement-Massnahmen eine Rolle?
   iii. Wie werden diese Massnahmen geplant und gesteuert?
   iv. Wie werden die einzelnen Engagement-Massnahmen bekannt gemacht?
   v. Was macht die Konkurrenz anders?

D) Ursachen: Wie sind die Engagement-Massnahmen entstanden?

a. Wie und warum haben Sie begonnen, Zweitwohnungsbesitzende stärker zu binden und zu begeistern, d. h. in welchem Kontext und mit welcher Vorgeschichte?
Subfragen:

   i. Seit wann kümmert man sich in Ihrer Destination konkret um Zweitwohnungsbesitzende?
   ii. Gab es früher Probleme mit Zweitwohnungsbesitzenden, die dann gelöst werden konnten? Wie wurden sie gelöst? Wie sieht es heute aus?
   iii. Warum nutzen Zweitwohnungsbesitzende die Engagement-Massnahmen? Welche Motive haben sie? Wieso könnten sie sich gegen die Nutzung entscheiden?

E) Folgen: Was bewirken die Engagement-Massnahmen?

a. Welche Ziele verfolgen Sie in Ihrer Destination mit dem Engagement von Zweitwohnungsbesitzenden? (Soll-Zustand)
Subfragen:

   i. Welche handfesten Ergebnisse erzielen Sie mit den Engagement-Massnahmen? (Ist-Zustand)
   ii. Wie messen Sie die Ergebnisse?

   iii.   Welche Emotionen sollen die Engagement-Massnahmen auslö-
         sen?
   iv.   Sehen Sie konkrete Chancen und Gefahren für die Destination
         durch die heutigen Massnahmen?
   v.   Was müsste sich in Zukunft noch ändern, damit Zweitwoh-
         nungsbesitzende noch stärker in der Destination engagiert wer-
         den können?
   vi.   Was sind für Sie die wichtigsten Erfolgsfaktoren?

F) Abschluss

a.   Gibt es noch Fragen von Ihrer Seite oder möchten Sie noch etwas
     anfügen, dass wir während dieses Interviews noch nicht angesprochen
     haben?

G) Allgemeine Angaben

a.   Jahrgang / Alter
b.   Geschlecht
c.   Wohnort
d.   Ursprünglicher Herkunftsort
e.   Beruf
f.   Höchster erreichter Bildungsabschluss
g.   Mit der Destination in Kontakt seit

Interview Nummer	Destination	Vertreter von	Abgedeckte Rolle eines Zweitwohnungsbesitzenden	Datum	Dauer	Durchführungsmedium
1	Grindelwald	Vertreter der Gemeinden	Investoren	05.05.2020	45 Minuten	Telefon
2	Flims Laax Falera	Vertreter der Zweitwohnungsbesitzervereinigung	Co-Produzenten	07.05.2020	50 Minuten	Telefon
3	Flims Laax Falera	Vertreter der Gemeinden	Investoren	07.05.2020	40 Minuten	Telefon
4	Grindelwald	Vertreter der Zweitwohnungsbesitzervereinigung	Co-Produzenten	07.05.2020	40 Minuten	Telefon
5	Grindelwald	Vertreter der Gemeinden	Investoren	07.05.2020	30 Minuten	Telefon
6	Grindelwald	Vertreter einer Tourismusorganisation	Kunden	12.05.2020	40 Minuten	Telefon
7	Grindelwald	Vertreter der Zweitwohnungsbesitzervereinigung	Co-Produzenten	12.05.2020	55 Minuten	Telefon
8	Flims Laax Falera	Vertreter einer Tourismusorganisation	Kunden	14.05.2020	75 Minuten	Zoom
9	Grindelwald	Vertreter der Gemeinden	Investoren	14.05.2020	40 Minuten	Telefon
10	Flims Laax Falera	Vertreter der Zweitwohnungsbesitzervereinigung	Co-Produzenten	15.05.2020	40 Minuten	Telefon
11	Grindelwald	Vertreter einer Tourismusorganisation	Kunden	15.05.2020	30 Minuten	Telefon
12	Flims Laax Falera	Vertreter der Zweitwohnungsbesitzervereinigung	Co-Produzenten	18.05.2020	30 Minuten	Telefon
13	Flims Laax Falera	Vertreter der Zweitwohnungsbesitzervereinigung	Co-Produzenten	18.05.2020	30 Minuten	Telefon

Interview Nummer	Destination	Vertreter von	Abgedeckte Rolle eines Zweitwohnungsbesitzenden	Datum	Dauer	Durchführungsmedium
14	Flims Laax Falera	Vertreter der Zweitwohnungsbesitzervereinigung	Co-Produzenten	19.05.2020	35 Minuten	Telefon
15	Flims Laax Falera	Vertreter einer Tourismusorganisation	Kunden	21.05.2020	30 Minuten	Telefon
16	Flims Laax Falera	Vertreter der Gemeinden	Investoren	25.05.2020	40 Minuten	Telefon
17	Flims Laax Falera	Vertreter einer Tourismusorganisation	Kunden	09.06.2020	40 Minuten	Telefon

Tabelle 60: Interviewte Vertreter der ersten Studie

Quelle: Eigene Darstellung

Themen	Repräsentative Zitate (Flims Laax Falera)	Interview-Nummer	Vertreter von
Antezedenzien für Engagement			
Commitment	Das wichtigste Thema ist die Zusammenarbeit, der Einbezug und die Akzeptanz.	2	Vertreter der Zweitwohnungsbesitzervereinigung
	Für Engagement müsste man die Stimmen der Zweitwohnungsbesitzer mehr hören. Ich finde, dass der Zweitwohnungsbesitzerverein sehr legitim ist und die Interessen sehr gut versteht. Das ist eine wichtige Institution für uns als Interessenvertreter, weil wir so ernst genommen werden. Man muss die Zweitwohnungsbesitzer ernst nehmen, einbinden und die Diskussion gemeinsam führen, auch wenn man nicht immer gleicher Meinung ist.	13	Vertreter der Zweitwohnungsbesitzervereinigung
	Es muss versucht werden, den Dialog zwischen den Interessengruppen zu finden und zu fördern. Wenn man das schafft, hat man schon sehr viel erreicht. [...] Natürlich gibt es auch die Zweitwohnungsbesitzer, die sich gar nicht engagieren wollen und einfach ihre Ruhe haben wollen. Aber viele gehören nicht zu dieser Sorte und wollen die Destination weiterentwickeln und miteinander die Destination weiterbringen. [...] Denn die Zweitwohnungsbesitzer sind so divers und haben so verschiedene Hintergründe, dass so viel Know-how hier vorhanden wäre.	13	Vertreter der Zweitwohnungsbesitzervereinigung
	Ich bin felsenfest davon überzeugt, dass wir den eingeschlagenen Weg weiterverfolgen müssen, den wir seit drei bis vier Jahren gehen. Manche Punkte muss man vielleicht noch konsequenter umsetzen, v. a. bei der Kommunikation. Es muss ein Dialog stattfinden und keine einseitige Kommunikation. Dafür müssen wir alles geben und den Weg weitergehen. Die Marschrichtung müssen wir nicht ändern, sondern unseren Weg noch konsequenter und beharrlicher weitergehen. Es gibt dann gewisse Aufgaben, die müssen die DMO, die Tourismusorganisation oder die Bergbahnen machen. Für die kann ich aber nicht reden.	16	Vertreter der Gemeinden
	Ich glaube, dass es ein klares Bekenntnis und einen unmissverständlich formulierten Willen zu einer partizipativen Lösung des Problems braucht. Da müsste die Tourismusgemeinde den ersten und ernstgemeinten Schritt gehen, der bisher nicht erfolgt ist. Danach braucht es einen geführten bzw. moderierten Prozess, bei dem die Verhandlungsgruppen auch ein bisschen aufgebrochen und erweitert werden. Man muss nämlich von beiden Seiten vernünftig diskutieren können und aus dem Modus vom Fordern herauskommen und die Pay-back Mentalität ablegen, um in einen konstruktiven Dialog zu kommen.	17	Vertreter einer Tourismusorganisation

Themen	Repräsentative Zitate (Flims Laax Falera)	Interview Nummer	Vertreter von
Wertschätzung	Wenn man irgendwo ein paar Projekte hätte, wo man uns miteinbezieht oder uns günstigere Angebote machte, dann wäre das schön, damit da die Wertschätzung da ist. [...] Es geht vor allem um Wertschätzung, Transparenz und Kooperation.	2	Vertreter der Zweitwohnungsbesitzervereinigung
	Man würde sich wertgeschätzt fühlen. Es geht darum, dass die Leute auch wissen und anerkennen, woher das viele Geld hier kommt, und das auch mal „danke" gesagt wird. Wertschätzung ist ein wichtiges Stichwort. Dazu kommt ein Gefühl der Gleichwertigkeit und nicht der zweiten Klasse nach dem Motto „Lasst das Geld liegen und geht wieder", sondern von Gleichberechtigung und einem Willkommensgefühl.	12	Vertreter der Zweitwohnungsbesitzervereinigung
	Letztlich hat [viel] mit der Wertschätzung zu tun. Mit beidseitiger Wertschätzung. Von der Destination bräuchte es die Message, dass man froh ist, dass die Zweitwohnungsbesitzer da sind. Nach dem Motto, wir können auch profitieren, weil ihr da seid und hierherkommt. Uns geht es gut, weil ihr da seid. Das müsste so auch mal anerkannt werden. Denn bisher fühlt es sich so an, als würden die Zweitwohnungsbesitzer fast stören. Viel geht eigentlich nur um die Wertschätzung und um eine gewisse Diskussionskultur und Konfliktfähigkeit, dass man miteinander diskutieren kann, wenn man anderer Meinung ist und nicht wieder in Vorurteile verfällt, als das die Unterländer ja sowieso alles besser wüssten. Dann kommt es zu verhärteten Fronten, die gar nicht notwendig wären.	13	Vertreter der Zweitwohnungsbesitzervereinigung
	Insgesamt geht es vor allem um Wertschätzung. Beidseitige Wertschätzung. Auf der einen Seite meinen die ZWB, dass sie Zweitheimische wären. Ich fände es besser, wenn man sich wie ein Gast benimmt und nicht wie ein Einheimischer, denn das sind sie nicht. Wenn sie als Gast auftreten, dann befindet man sich auf Augenhöhe. Und auf Augenhöhe kann man sich mit Wertschätzung begegnen. Wir müssen dann auf der anderen Seite als Gastgeber immer unser Bestes geben. Leider sind wir da als Gastgeber nicht immer bereit, das Beste zu geben in puncto Willkommenskultur. Der ZWB als Gast und die Destination als Gastgeber stehen im ständigen Austausch. Jeder muss seine Rolle von Herzen ausfüllen und annehmen können. An diesem Punkt kommt es schnell zu Unstimmigkeiten nach dem Motto „Ihr Unterländer könnt froh sein, dass ihr hier an unserem schönen Ort etwas kaufen dürft." Und der andere denkt: „Ihr könnt froh sein, dass ich da bin."	15	Vertreter einer Tourismusorganisation
	Es geht um das Thema Wertschätzung. Irgendwie muss man sie erreichen und da machen wir uns Gedanken, wie man sie miteinbeziehen und direkt ansprechen kann.	16	Vertreter der Gemeinden

Themen	Repräsentative Zitate (Flims Laax Falera)	Interview Nummer	Vertreter von
Vertrauen	Die Diskretion wird sehr geschätzt und die Leute wissen sehr genau, was sie wollen. [...] Die wollen geniessen und haben Vertrauen in die jeweiligen Destinationen.	3	Vertreter der Gemeinden
	Ich denke, dass es [mit den ZWB] wie bei einer guten Partnerschaft sein soll. Es kommt immer darauf an, wie man miteinander umgeht und wie man miteinander kommuniziert.	16	Vertreter der Gemeinden
	Am Ende des Tages geht es auch um eine Partnerschaft. Man muss dieser Community auf Augenhöhe begegnen, sofern die andere Seite auch will, dass man sich begegnet. Dafür bedarf es einer Offenheit auf beiden Seiten, vielleicht auch das Thema Solidarität und das Thema Vertrauen. Es braucht teilweise auch ein bisschen Mut. Man muss ja nicht die ganzen Gesetze abschaffen, aber es braucht eine gewisse Bewegung im Ganzen. Man muss sich auf Augenhöhe auf beiden Seiten begegnen. Das erachte ich als wichtig. Man muss auch gewisse Vorurteile abbauen und ablegen. Nicht, dass man immer sagt, die ZWB kämen, um zu diktieren wie man etwas zu tun hätte in Zukunft. Dazu kommt, dass es genug Leute gibt, die jetzt kommen und den Einheimischen zeigen wollen wie es geht. Hüben wie drüben braucht es eine gewisse Gelassenheit. Ich bin felsenfest davon überzeugt, dass das nur geht, wenn man miteinander redet. Dazu muss man vielleicht ab und zu einfach mal die Augen und die Ohren zumachen und einfach weitermachen und gewisse Sachen nicht so ernst nehmen.	16	Vertreter der Gemeinden
	Im Endeffekt geht es nicht um die Digitalisierung, die ist nur ein Enabler und schafft Convenience. Am Ende will ich immer noch ein analoges Produkt, weil ich Ski fahren, schwimmen oder biken will. Wir zeigen unseren Gästen z. B. genau wie viele Leute im Gebiet sind, das macht kein anderes Gebiet auf der Welt. Wir sind da extrem transparent. Transparenz schafft Vertrauen. Vertrauen schafft Wertschöpfung und Lebensqualität. Wenn ich in ein Produkt Vertrauen habe, dann ist das Brand Building.	8	Vertreter einer Tourismusorganisation
Hospitality	Mein Credo ist, dass die Gemeinde eine sehr gute Infrastruktur zur Verfügung stellen muss. Sei es im Sommer oder im Winter. Dazu gehören Wanderwege, Angebote in Kulturangelegenheiten, eine Hotelinfrastruktur, die allen zur Verfügung steht. Das ist nicht direkt in Münze umwandelbar durch Rabatte, aber die Werterhaltung und die Wertsteigerung der Liegenschaften der ZWB ist doch massgebend.	3	Vertreter der Gemeinden
	[Mein Partner und ich] sind beide sehr aktiv und machen viel Sport, z. B. auch Biken. [...] Wenn wir jetzt hier sind, dann spürt man es nicht unbedingt täglich, dass man nicht willkom-	13	Vertreter der Zweitwohnungsbesitzervereinigung

Themen	Repräsentative Zitate (Flims Laax Falera)	Interview Nummer	Vertreter von
	men wäre, aber man ist auch kein Einheimischer. Aber wir sind immer in unseren Vereinen aktiv und verbringen da Zeit und gehen hier in die Restaurants.		
	Unser Gedankenmodell ist so, dass wenn wir Rabatte oder Preisvorteile geben, dann ist das wie ein Bonus, für Leute, die extrinsisch motiviert sind. Wenn sie aber intrinsisch motiviert sind, dann identifizieren sie sich mit der Destination. Dann werden ihre Handlungen zu Gewohnheiten und die Leute sind ja nicht wegen der Rabatte hier, denn sie haben ja eine hohe Kaufkraft. Man kann den ZWB diese Rabatte geben, aber es macht sie nicht nachhaltig glücklich. Es macht sie nachhaltig glücklich, wenn der Ort attraktiv ist und wenn wir Investitionen tätigen und dieses Investitionsniveau halten können. Deshalb investieren wir möglichst viel in die Produkte vor Ort und bieten punktuell Angebote an, die exklusiv für die ZWB sind. Ansonsten haben wir eine Gästekarte, die wie eine Kontokarte funktioniert, wo gewisse Vergünstigungen schon vorher darauf eingegeben sind.	15	Vertreter einer Tourismusorganisation
	Es geht also darum, wie wir für diese Menschen eine Value Proposition machen können und wie wir ihnen Convenience anbieten können. Da sind wir natürlich schon seit Jahren dran und schon sehr, sehr weit.	8	Vertreter einer Tourismusorganisation
	Unsere Vision ist es, den „Laax-Style" zu prägen. Das heisst, ein modernes Unternehmen zu sein. Mein Vergleich ist, dass wir das iPhone der weltweiten Skigebiete sein wollen. Strikt gutes Design, ökologisch etc. Wir wollen alles stylisch und grün machen. Denn wir haben festgestellt, dass das die Kunden interessiert.	8	Vertreter einer Tourismusorganisation
Marktsituation	Wir haben in allen Gemeinden nun das gleiche Tourismusgesetz. Die Gemeinden delegieren die Verwendung der Gelder aus der Tourismustaxe und der Gästetaxe an eine PPP AG, die Flims Laax Falera Management AG heisst.	3	Vertreter der Gemeinden
	Das Problem ist eigentlich, dass mit der Annahme der Zweitwohnungsinitiative in den Berggebieten etwas Panik ausgebrochen ist. Man dachte, dass man nicht mehr bauen könnte und sich das Geld jetzt bei den ZWB holen könnte, denn die könnten es sich ja leisten und sich nicht wehren. Das hat in vielen Gemeinden zu massiven Gebührenerhöhungen geführt. Dadurch wurde dieser Vertrauensverlust und das Nichtakzeptiertsein massiv verstärkt und hat bei vielen Leuten zu Unmut geführt.	2	Vertreter der Zweitwohnungsbesitzervereinigung

Themen	Repräsentative Zitate (Flims Laax Falera)	Interview Nummer	Vertreter von
	[Die IG] ist dann gegründet wurden, als gerade die Zweitwohnungsinitiative und die neue Tourismusregelungen verabschiedet wurden. Diese beiden Events sind immer noch stark in den Köpfen der lokalen Bevölkerung und haben die Wahrnehmung der ZWB vor Ort stark geprägt.	12	Vertreter der Zweitwohnungsbesitzervereinigung
	Falera hat 70 bis 80 Prozent Zweitwohnungen. Da kann man sich ausrechnen, wo die Finanzierung herkommt. Das ist aber keine Einsicht oder keine neue Strategie, sondern es ist schon immer klar, dass das eine wichtige Zielgruppe ist, für die man etwas tun muss. Das hat man früher auch schon gemacht. Dann kam diese ganze Geschichte und seitdem liegt die Beziehung etwas auf Eis. [...] Aber weil die ZWB eben so einen grossen Anteil in der Gemeinde ausmachen, finde ich, dass sie eine sehr wichtige Zielgruppe sind, um die wir uns kümmern müssen.	16	Vertreter der Gemeinden
	Ich stelle fest, dass man in einem Modus ist, in dem man die neue Realität noch nicht ganz verstanden hat. Das Erstarken und die Emanzipation der ZWB kann man noch nicht richtig einordnen. Das stört viele. Man hat immer noch das Gefühl, dass man das aussitzen könnte und dass das wieder vorbeigehen würde. Deshalb ist man etwas halbherzig dabei. Wenn man Massnahmen ergreift, dann macht man die halbherzig. Wenn dann Transparenz gefordert wird, dann findet man eher, dass das die ZWB nichts angeht. Damit schürt man letztlich wieder den Konflikt. Es ist wie ein Pendel. Lange war das Pendel auf der Seite der ZWB und jetzt kommt es zurück und überschiesst auf Seiten der Destination. Man hat die neue Balance, das neue Gleichgewicht noch nicht gefunden.	17	Vertreter einer Tourismusorganisation
Engagement-Prozess			
Gesamtablauf	Die Frage ist, was macht man daraus [Anm.: dem Potenzial der Zweitwohnungsbesitzenden]? Wie geht man mit ihnen um? Wie kommuniziert man mit ihnen? Wo werden sie miteinbezogen?	16	Vertreter der Gemeinden
	Die Lösung liegt im Systemischen, in einem gemeinsamen Verständnis des Systems und seiner Wirkungsmechanismen. Dazu muss erstens ein Wille zum Dialog geschaffen werden, indem die Destination bzw. Gemeinde den ersten Schritt macht und in Vorleistung geht. Zweitens muss in einer geführten bzw. moderierten Diskussion ein Dialog geführt werden, um drittens die Pay-back Mentalität abzulegen und um viertens zu partizipativen Lösungen für die Destination zu gelangen.	17	Vertreter einer Tourismusorganisation

Themen	Repräsentative Zitate (Flims Laax Falera)	Interview Nummer	Vertreter von
Schritt 1 (sichtbar machen)	Das Fundament ist die Digitalisierung, damit wir an granulare Daten kommen. Dann ist die wichtige Frage, wie wir die Kunden binden. Wir müssen wissen, was der Kunde ausgibt und was seine Präferenzen sind. Die meisten im Tourismus haben keine Ahnung, wer ihre Kunden sind. Die machen nur Umfragen, aber die kann man digital machen, um Feedback zu bekommen. Das ist ein schwieriger Weg, das Mindset der Leute zu ändern, damit sie diese digitalen Angebote annehmen.	8	Vertreter einer Tourismusorganisation
	Von mir aus gesehen gibt es nämlich nicht den genormten Zweitwohnungseigentümer, sondern so grob drei Kategorien. Unter diesen drei Kategorien gibt es aber natürlich auch Vermischungen. Erstens haben wir die Kategorie der finanzbewussten ZWB. Diese Gruppe sieht wie viel Gästetaxe sie bezahlen muss, wie eine Erhöhung der Gästetaxe aufgrund des neuen Tourismusgesetzes erfolgt ist. Die stören sich an der Erhöhung. Sie haben dann Anforderungen und wollen die Erhöhungen kompensiert haben durch einen Einheimischentarif bei den Bergbahnen. Zweitens haben wir die Kategorie der Leute, die sich bewusst sind, dass die Investitionen und Gelder, die für den Ort insgesamt gebraucht werden, einen grossen Einfluss auf die Wertsteigerung der Liegenschaft haben. Die stören sich weniger an der erhöhten Gästetaxe, sondern sie sehen den Zusammenhang zwischen Wert der Liegenschaft, der in gewisser Weise garantiert wird und von dem sie natürlich auch profitieren wollen, und notwendigen Entwicklungen durch Investitionen in der Destination. [...] Drittens gibt es die Kategorie der ZWB, die von mir aus gesehen für die Gemeinde sehr interessant ist. Das sind potenzielle Einwohner. Das sind solche, die allenfalls Home-Office von Flims aus machen. Sie haben in Zürich oder St. Gallen ein Standbein, gehen dort ein bis zwei Tage ins Büro, aber ihre Hauptzeit verbringen sie in Flims. Dieses Konzept verfolgen wir nun seit mehreren Jahren [...]. Das ist so etwas wie eine Leitstrategie der Gemeinde.	3	Vertreter der Gemeinden
	ZWB sind ein Querschnitt durch die Bevölkerung. Es gibt Schweizer, Deutsche und Menschen aus der ganzen Welt. Das ist auch beim Alter so. Es gibt junge Familien, die ihre Häuser entweder geerbt oder als Feriendomizil in den letzten Jahren gekauft haben. Die Deutschen haben im Durchschnitt etwas früher gekauft und nutzen die Zweitwohnung eher im Winterhalbjahr. Leute aus dem Ausland kommen eher im Winter als im Sommer.	15	Vertreter einer Tourismusorganisation
	Wenn wir uns das Lebenszyklusmodell aus dem Marketing anschauen, dann kauft man sich als junge Familie hier ein Objekt, investiert, ist viel vor Ort, revitalisiert das Objekt, die Kinder kommen mit bis zu 12-14 Jahre sind und sie zahlen den Zins ab. Dann kommen die Kinder	15	Vertreter einer Tourismusorganisation

Themen	Repräsentative Zitate (Flims Laax Falera)	Interview Nummer	Vertreter von
	nicht mehr mit und das Objekt ist langsam nicht mehr so gut in Schuss, dann kommen sie weniger.		
	Es geht darum, zu verstehen, was die Bedürfnisse eines arbeitenden ZWB sind. Einerseits will er, dass die Kinder bzw. Jugendlichen beschäftigt werden mit Ski fahren, biken etc. Die Mutter kann dann Yoga-Kurse machen und der Vater kann von zu Hause arbeiten. Da ist jeder besser unterwegs, als wenn man zu Hause wäre. Da sehe ich ein Potenzial.	8	Vertreter einer Tourismusorganisation
	Zudem sind wir digital sehr weit und werden diese Offensive weiter vorantreiben. Wir sehen mehr als 100'000 Transaktionen von unseren Gästen pro Tag zu Spitzenzeiten. Das gibt uns ein gutes Bild und gute Beurteilung der Bedürfnisse, die die Gäste haben. Somit können wir massgeschneidert auf die Bedürfnisse eingehen und bessere Services und Dienstleistungen anbieten. Das geht nur dank der Digitalisierung. Und der Tourismus hinkt da brutal hinterher. Viele Destinationen wissen nicht, wer ihre Gäste sind. [...] Das ist ein riesen Vorteil, weil wir alles integriert haben und alles aus einer Hand anbieten. [...] Wir konnten viele Dinge testen und dann verbessern, weil wir alles anbieten.	8	Vertreter einer Tourismusorganisation
Schritt 2 (erreichbar/ zugänglich machen)	Erstens die Möglichkeit, dass sich Diskussionsforen bilden, dass eine Mischung zwischen Einheimischen und ZWB stattfinden kann, dass sich ein Dialog zwischen Einheimischen und ZWB entwickeln kann. In einem zweiten Schritt wäre dann notwendig, dass sich auch die Einheimischen entsprechend offen zeigen, die Meinungen und Anliegen der ZWB auf die politische Bühne zu bringen.	10	Vertreter der Zweitwohnungsbesitzervereinigung
	Da gibt es verschiedene Möglichkeiten. Man kann sie direkt ansprechen, man kann sie über die heutigen sozialen Medien oder klassische Kommunikation wie banale Newsletter ansprechen. Wichtig ist, dass Austausch stattfindet. Wir überlegen momentan auch wie wir das zukünftig automatisieren können. Da gibt es verschiedene Möglichkeiten, z. B. über digitale Plattformen wie den digitalen Dorfplatz, den klassischen Newsletter oder die Website. Wichtig ist, dass es keine einseitige Geschichte wird, sondern dass da auch was zurückkommt und dass wir sie abholen können und dass ein Austausch stattfindet. Das ist das eine. Das zweite ist, dass wir verschiedene Angebote haben. Die ZWB sind eine interessante Grösse, um verschiedene, spezielle Angebote zu machen. Vielleicht nicht unbedingt über den Preis, aber exklusive Angebote, von denen nur die ZWB profitieren.	16	Vertreter der Gemeinden

Themen	Repräsentative Zitate (Flims Laax Falera)	Interview Nummer	Vertreter von
	Wir haben begonnen, speziell Angebote für ZWB anzubieten, weil wir einen Austausch für die ZWB untereinander ermöglichen wollten. Und wir wollten, dass die ZWB sehen, dass in der Region Flims Laax Falera etwas geboten wird, was über das klassische Angebot der Bergbahnen oder der Destination hinausgeht.	15	Vertreter einer Tourismusorganisation
	Ich habe ja nicht nur eine Kundengruppen, sondern verschiedene Cluster. Die Freestyler, die 15- bis 25-Jährigen, haben ganz andere Bedürfnisse als die Leute in meinem Alter und die Pensionierten. Für mich ist Gesundheit wichtig, für andere aber Party. Wenn ich weiss, dass die Zürcher die Präferenzen haben, haben Engländer andere. Aber es ist eher eine Generationenfrage bzgl. der Interessen. Wir können so massgeschneidete Produkte für eine kritische Grössenordnung anbieten. Ein individualisiertes Produkt ist nämlich häufig zu kostspielig. Mit unserer App kann man zielgerichtete, massgeschneiderte Angebote für jeden Besucher anbieten. Die Kunden entscheiden dann, wo ihre Interessen sind. Jeder Kunde kann dann entscheiden, für welche Value Propositions er sich interessiert und was er will.	8	Vertreter einer Tourismusorganisation
	Ich halte nichts davon, wenn man ZWB irgendwelche Rabatte, Gutscheine oder so anderes phantasieloses Zeug gibt. Diese Diskussion wäre dann sofort fertig, wenn man allen ZWB die Einheimischenabonnements für die Bergbahnen geben würde. Dann wäre die Diskussion sofort vom Tisch. Doch die Organisation, die die Bergbahntickets verkauft, ist privatrechtlich organisiert und gewinnorientiert.	17	Vertreter einer Tourismusorganisation
	Es gibt einen „Tag für Zweitwohnungsbesitzer", der – skurriler Weise – unter der Woche stattfindet, wo man auf einen Tagestrip eingeladen wird. Das ist schon schön, wenn man zu so etwas eingeladen wird, aber da sind die ZWB wieder nur unter sich. Und das ist nicht unbedingt, was es braucht. Denn da kommt kein wirklicher Austausch zustande. Das passiert dann eher bei Festen im Dorf.	12	Vertreter der Zweitwohnungsbesitzervereinigung
Schritt 3 (beherrschbar machen)	Die neue Realität wird am Urzustand gemessen, als die ZWB noch friedlich waren und nicht aufgemuckt haben. Man wird Konzessionen machen müssen. Aber das hat man noch nicht ganz begriffen. Und je länger man versucht die Kontroverse auszusitzen, desto lauter werden die Forderungen und desto grösser werden am Ende die Konzessionen und Zugeständnisse sein müssen.	17	Vertreter einer Tourismusorganisation
	Als Gemeinde kommt man dann aber irgendwann in eine Art Zwiespalt. Dann hört man Vorwürfe wie: „Ihr wollt nur die Steuerzahler, die Reichen, die Rosinenpicker und für das norma-	3	Vertreter der Gemeinden

Themen	Repräsentative Zitate (Flims Laax Falera)	Interview Nummer	Vertreter von
	„en Bürger, der hier sein Brot als Schreiner verdient, für den macht ihr nix und habt keinen bezahlbaren Wohnraum." Das ist immer eine heikle Gratwanderung.		
	Insbesondere alle Anliegen die mit dem hier oben sehr grossen Arbeitgeber, der Weissen Arena AG, zu tun haben, sind heikel. Denn die Weisse Arena AG gibt auch viele Aufträge gerade an das lokale Gewerbe und bietet für die hier Einheimischen Arbeitsplätze. Da habe ich das Gefühl, dass man vielleicht eher mal ruhig ist, damit nicht ein Auftrag oder Arbeitsplatz weg ist.	13	Vertreter der Zweitwohnungsbesitzervereinigung
	[Ich komme] nochmals auf das PPP FLFM AG zu sprechen. Hier haben wir ein sehr faires Angebot an die ZWB gemacht. Diese FLFM AG setzt sich aus verschiedenen Aktionären zusammen. Da sind einmal die drei Gemeinden Flims, Laax und Falera, dann die Weisse Arena Gruppe, dann die Hotellerie, also der Hotelverein, dann der Gewerbeverein und dann das Parkhotel und das Hotel Waldhaus, die den Kongresstourismus vertreten sollten. Dann war das Angebot an die ZWB, dass sie ebenfalls 10 Prozent der Aktien übernehmen und ebenfalls im Verwaltungsrat einsitzen können in dieser AG. Das ist ja nämlich die AG, die die Verwendung der Gäste- und Tourismustaxen bestimmt. An diesem Punkt hätten sich die ZWB den allgemeinen Zielen der AG im Sinne eines Aktionärsbindungsvertrags unterordnen müssen. Sie müssten die allgemeinen Ziele in dem Sinne befürworten, dass man die Destination weiterentwickeln will und der Schwerpunkt auf einen guten Gästeangebot liegt über alle vier Saisons hinweg. Das Ziel kann nicht sein, möglichst wenig Gästetaxe zu erheben, sondern im allgemeinen Sinne der Wertsteigerung der Liegenschaften zu handeln. Und die ZWB, die in diesem Verein organisiert sind, die sagen, dass sie sich da raushalten müssen, da sie dort als VR nur eingebunden würden. Die anderen VRs würden uns so oder so überstimmen. Ich mache ihnen da zwar keinen Vorwurf, aber dieses Angebot von Engagement und Mitwirken war eigentlich vorbildlich. Das gibt es an anderen Orten wie Lenzerheide oder St. Moritz nicht. Das ist doch genau der Punkt, wie man die ZWB mit einem relativ hohen Gewicht einbinden kann zum Gemeinwohl der Destination.	3	Vertreter der Gemeinden
	Wir [haben hier] eine sehr dominante Organisation bei den Bergbahnen [...]. Es herrscht die Kultur, „Wir sagen, was hier geht und niemand kann uns reinreden." Das ist so das Problem und ist sehr verschärft in unserer Destination.	2	Vertreter der Zweitwohnungsbesitzervereinigung
	Das ist sehr, sehr schwierig in der Gemengelage der Interessen, den herrschenden Strukturen, den gesellschaftlichen Verhältnissen überhaupt etwas zu bewegen. Die Frage, wie da die ZWB zu begeistern oder zu motivieren wären, sich einzubringen, müsste umgekehrt lauten: Wie könnte	10	Vertreter der Zweitwohnungsbesitzervereinigung

Themen	Repräsentative Zitate (Flims Laax Falera)	Interview-Nummer	Vertreter von
	es möglich sein, dass die Destination diese Mitwirkung oder Mitgestaltung überhaupt ermöglichen kann oder will? Vielmehr hängt es hier vom Willen der Protagonisten in der Destination ab und nicht vom Willen der ZWB. Es hängt vom Willen v. a. der Gemeinde und der Exekutive ab, wie das überhaupt funktionieren könnte.		
	[Engagement] könnte nur funktionieren, wenn sich der Wille in der Destination durchsetzt, die ZWB vermehrt partizipieren zu lassen an den Geschehnissen in der Destination.	10	Vertreter der Zweitwohnungsbesitzervereinigung
	Wenn man sich zum Beispiel Zürich anschaut, dann werden verschiedene politische Meinungen diskutiert und Ansichten miteinander besprochen. Aufgrund dessen kann man sich eine Meinung bilden. Und hier habe ich das persönliche Gefühl, dass eine Meinung gebildet wird von einem kleinen Kreis, aber es gibt keine offene Diskussion über was die wichtigen Anliegen sind, was die Vor- und Nachteile von Massnahmen und was die richtige Strategie. Es ist quasi so, als würde ein Kreis die Meinung vorformen und es ist nicht zugelassen, dass jemand dagegen eine andere Meinung vertritt.	13	Vertreter der Zweitwohnungsbesitzervereinigung
Schritt 4 (nutzbar machen)	Ich will nicht wissen, welchen Umsatz das einzelne Restaurant macht, sondern wie viel Wertschöpfung mir der einzelne Kunde bringt. Das konnte ich bisher nicht sagen. Was wir brauchen ist Deckungsbeitrag und den bekommen wir, indem wir uns anschauen wie viel uns ein Kunde bringt und wie wertig er ist.	8	Vertreter einer Tourismusorganisation
	Es fehlt eine wirkliche Willkommenskultur in Flims Laax Falera. Vor allem ist das auch durch die Weisse Arena AG begründet, die hier die Bergbahnen, Gastronomie und Hotels betreibt. Die hat hier eine sehr grosse wirtschaftliche Bedeutung. Die ganze Stimmung ist auch durch die Weisse Arena AG bestimmt, die die Haltung einnimmt, dass die ZWB eigentlich wenig zum Tourismus beitragen. Die Bergbahnen hätten lieben Feriengäste oder Tagesgäste, die hierherkommen, aber auch wieder gehen. Im Gegensatz dazu seien die ZWB kein wirklich relevanter Faktor für die Nachfrage [...]. Die seien nur wenig im Jahr da, und wenn schon, dann verschanzten sie sich in ihren Häusern und nutzten die Infrastruktur, aber würden wenig zur Wertschöpfung des Tourismus beitragen.	10	Vertreter der Zweitwohnungsbesitzervereinigung
	[Die Destination könnte] das Know-how und Wissen und Geld der ZWB viel nutzbringender einsetzen und nutzen.	12	Vertreter der Zweitwohnungsbesitzervereinigung

Themen	Repräsentative Zitate (Flims Laax Falera)	Interview Nummer	Vertreter von
	Es gibt gewisse Problemstellungen und man könnte gewisse Interessengruppen bilden, in denen Vertreter von Einheimischen und Zweitwohnungsbesitzer sind. Zum Beispiel beim Thema Infrastruktur oder Ortsverschönerung wäre das möglich. Wenn dieser Austausch stärker stattfinden würde, dann würde es zu einem Know-how Transfer kommen und das Engagement der Zweitwohnungsbesitzer steigen, weil sie sich auf einmal für die Probleme, Projekte und Massnahmen mitverantwortlich fühlen würden. Auch die Lösungen der Probleme würden breiter akzeptiert werden, weil sowohl die Einheimischen als auch die Zweitwohnungsbesitzer ihren Input, ihr Know-how dazugegeben haben. Es gäbe ja viele, die sich engagieren wollen, aber man müsste sie abholen und selbst bereit sein, die Diskussion zu führen. Das ist natürlich zeitintensiv. Das ist ein Meinungsbildungsprozess, der länger dauert, als wenn einige wenige Personen sagen wie man etwas macht.	13	Vertreter der Zweitwohnungsbesitzervereinigung
Konsequenzen von Engagement			
Resonanz	Es wäre ein Umdenken vor allem seitens der Gemeindebehörden notwendig, um eine Änderung herbeizuführen. Sie müssen unbedingt den Willen zur Offenheit bekommen und sich den Diskussionen mit den ZWB, die nicht immer angenehm sind, stellen und sich nicht verschliessen. Sie müssen die Anliegen der ZWB ernst nehmen und aus ihrem Schneckenhaus ausbrechen und dies als Chance sehen.	10	Vertreter der Zweitwohnungsbesitzervereinigung
	Wir machen sechs Veranstaltungen im Jahr, für die wir immer wieder sog. Volontäre brauchen, die uns freiwillig unterstützen. Vor drei Jahren haben wir bewusst damit begonnen, die ZWB miteinzubeziehen. Die Resonanz ist sehr hoch. Es gibt solche, die jedes Mal, wenn eine Veranstaltung vorbei ist, fragen, wann sie das nächste Mal wieder mithelfen können und wann die nächste Veranstaltung ist. Das sind so Themen. Denn von nichts kommt nichts, wenn man da nichts macht und sie nicht miteinbezieht und ihnen die Chance und die Möglichkeiten dazu gibt.	16	Vertreter der Gemeinden
	Wir wollen hier wieder einen kleineren, lokaleren Tourismusstil etablieren. In diese Richtung machen wir Zweitwohnungsbesitzern Angebote und wollen sie miteinbeziehen. Das Ziel ist es öfter kleine, zünftige Anlässe durchzuführen mit 30-300 Leuten. Wir setzen dabei auf das „KUN-Modell", das ich erfunden habe: Kultur, Urban, Natur. Die ZWB fragen das auch nach, weil sie am Morgen Home-Office machen wollen, am Mittag Skifahren und am Abend ein gemütliches Event.	15	Vertreter einer Tourismusorganisation

Themen	Repräsentative Zitate (Flims Laax Falera)	Interview-Nummer	Vertreter von
	Fitness und Body mit der Frage, wie man seinen Körper gesund und fit hält. Wir haben ja alle nur noch Laptop-Jobs. Die Mehrheit, die heute überdurchschnittliche Einkommen hat, die arbeitet heute geistig. Für die müssen wir ein Angebot bereitstellen, damit sie sich auch körperlich betätigen. Zweitens geht es um die Seele und die Eigenwahrnehmung, Drittens geht es um den Geist. Es geht immer um diese drei: Body, Soul and Spirit; Körper, Geist und Seele. Vor allem beim Bereich des Körpers können wir mit der Natur ein super Angebot machen.	8	Vertreter einer Tourismusorganisation
Geteilte Identität	Ich stelle fest, dass sich sehr viele in Vereinen engagieren, seien es Sportvereine wie Skiclubs oder Kulturvereine wie das Gelbe Haus. Dann gibt es auch sehr viele ZWB, die Aktien bei der Weissen Arena Gruppe haben. Die haben zwar nicht die Mehrheit, aber als Aktionär dieser AG hat man auch Rechte und Pflichten. Diese ZWB können sich im Rahmen ihrer Rechte dort engagieren und die Tarifpolitik der Bergbahnen beeinflussen.	3	Vertreter der Gemeinden
	Im täglichen Leben sind viele Einwohner und Nachbarn unsere Freunde. Die ZWB helfen in der Destination auch viel mit. Zum Beispiel beim Kinderfest oder bei Sommerfesten. Das ist kein Problem, da lernt man sich immer gut kennen.	12	Vertreter der Zweitwohnungsbesitzervereinigung
	Wir sind im Moment dran, eine touristische Masterplanung für Falera zu machen. Ein wesentlicher Bestandteil sind sog. Runde Tische. Da war es uns ein Anliegen, dass sich ZWB zu den verschiedenen Themen äussern können und sollen. Da wurden die ZWB miteinbezogen, weil sie zwar immer zu allem eine Meinung haben, aber sie haben auch eine gute Meinung. Sie haben den Blick von aussen auf gewisse Dinge, die wir als Einheimische teilweise gar nicht haben. Thema „Betriebsblindheit".	16	Vertreter der Gemeinden
	Die ZWB haben die höchste Loyalitätsstufe erreicht. Ein ZWB hat sich in einen freiwilligen Lock-in begeben. Denn in der Regel hat ein ZWB für einen mindestens sechsstelligen Betrag hier Eigentum erworben. Das heisst, dass seine Wechselkosten relativ hoch sind. [...], wenn man das kombiniert mit Empathie und Leidenschaft für einen Ort, dann kann das sehr interessant sein. Aus meiner Sicht wird dieses Potenzial nicht oder zu wenig gesehen. [...] Dafür braucht es ein gemeinsames Systemverständnis. Das wäre der Lösungsansatz. Über das System, von dem alle Teil sind, muss man gemeinsam reden und nicht über Forderungen und Behauptungen.	17	Vertreter einer Tourismusorganisation
Attraktivität der Destination	Es ist doch entscheidend, dass sie Eigentum in einer Gemeinde haben, die im Marktvergleich und im Vergleich zu anderen Destinationen immer eine Wertsteigerung schafft.	3	Vertreter der Gemeinden

Themen	Repräsentative Zitate (Flims Laax Falera)	Interview Nummer	Vertreter von
	Wir diskutieren dann und mein Anliegen ist, dass wir eine interessante Gesellschaftsstruktur haben. Die Gesellschaft sollte gut verteilt sein. Das macht das Dorf attraktiver. Es muss den kleinen Handwerker geben, den Künstler, den Lebenskünstler, die Bauern, eine einheimische Dorfkultur. Und dann kann ich als Politiker sagen „wir brauchen sowohl als auch“. Wir wollen das eine tun und das andere nicht lassen.	3	Vertreter der Gemeinden
	Unser Ziel ist es, den Kunden zu stärken und ihm Informationen zu liefern, damit er die Leistungen besser nutzen kann. [...] Dazu müssen wir einfach wegkommen vom traditionellen Tourismus, der davon ausging, dass man entweder arbeitete oder Ferien hatte. Ich glaube, dass der neue Mensch das miteinander kombinieren will: „Mesh-Work-and-Life oder -Health“. Und nicht Work-Life-Balance, ich arbeite oder ich mache Ferien. Ich glaube, dass das der Zeitgeist der Ferien ist.	8	Vertreter einer Tourismusorganisation
	Das Potenzial der ZWB ist da. Dazu stellt die heutige Substanz der Zweitwohnungen die zukünftige Landreserve der Destinationen dar. Das haben viele aber auch noch nicht begriffen. Dazu müsste die Gemeinde aber auch den Gestaltungsspielraum nutzen, denn es gibt genug Instrumente, mit denen man solche Liegenschaften auch wieder in Naturnutzung überführen kann.	17	Vertreter einer Tourismusorganisation
	Wenn sich nichts ändert, dann wird diese Destination früher oder später ins Abseits geraten. Nachdem heute schon die spezifischen Probleme des Tourismus bekannt sind, werden diese noch verschärft, wenn sich da die Haltung der Einheimischen nicht verändert. Es war ja in der Geschichte immer so, dass Impulse von aussen einen Fortschritt brachten. Dass die Ideen und die Bedürfnisse der ZWB aufgenommen und ernst genommen werden, ist essenziell für die Destination.	10	Vertreter der Zweitwohnungsbesitzervereinigung
	Es ist da „Brain“ vorhanden zusammen mit dem Bedürfnis, sich zu engagieren, zurückzugeben, Teil zu sein, einen Beitrag zu leisten zur Verbesserung der Gesamtsituation.	17	Vertreter einer Tourismusorganisation
Monetäre Aspekte	Die ZWB tragen viel zu den Finanzen der Gemeinde bei. [...] Aber das [...] Grundproblem [ist]: Als wirtschaftlicher Faktor werden ZWB akzeptiert und sogar begrüsst, aber möglichst keine Einflussnahme, sondern Distanz.	10	Vertreter der Zweitwohnungsbesitzervereinigung
	Die Folgen sind ganz unterschiedlich von Investitionen, weil sie eine Wohnung kaufen, über Abgaben von der Gästetaxe und der Tourismustaxe für die, die die Wohnungen weitervermie-	16	Vertreter der Gemeinden

Themen	Repräsentative Zitate (Flims Laax Falera)	Interview Nummer	Vertreter von
	ten. Sicherlich auch Ausgaben für Handwerker und Renovationen. Dann aber auch Konsumationsausgaben in den Gastronomiebetrieben, im Tourismusbüro, in lokalen Läden.		
	ZWB sind immer sehr eng mit einem Ort verbunden und bereit, diesen finanziell zu unterstützen. Wenn es irgendwo Probleme gibt, dann findet man unter den ZWB Leute, die finanzielle Unterstützung leisten oder sich engagieren, wenn es gewünscht ist. Die Grundhaltung wurde in der letzten Zeit aber etwas abgeschwächt, weil man sieht, dass man uns nicht wertschätzt und uns wie in der Selbstbedienung ausnehmen will. Der wichtigste Faktor ist ja der Konsum vor Ort, aber ich weiss von vielen Leuten, die nicht mehr in Flims einkaufen. Wir haben zwar keinen Boykott, aber viele Leute kaufen nicht mehr oder nur noch sehr selektiv vor Ort. Ich habe lange Jahre lang viele Sachen hier in Graubünden gekauft, die ich hier nicht hätte kaufen müssen. Immer mehr mit der Haltung, dass die Leute hier oben ja auch etwas brauchen. Und diese Einstellung habe ich heute natürlich nicht mehr. Ich kaufe hier nur noch das Nötigste. Und auch dort nur sehr zurückhaltend. Ich gehe nicht mehr oft in die Restaurants.	2	Vertreter der Zweitwohnungsbesitzervereinigung
	Die Behörden und die Bergbahnen […] betonen immer, dass wir ja Mehrwert mit unseren Häusern bekommen und rechtfertigen alles damit, dass wir ja eine Wertsteigerung hätten. Aber das ist völliger Blödsinn, denn wir sind grundsätzlich nicht an einer Wertsteigerung interessiert, da eine Wertsteigerung nur die Kosten wiederum erhöht. Dazu kommt, dass wir die Liegenschaften in der Regel über Generationen behalten und nicht zur Spekulation kaufen. Von der Wertsteigerung profitieren eigentlich nur die Gemeinden und die lokalen Architekten und Immobilienentwickler. Sicher hat man es gerne, wenn der Wert erhalten wird, aber die Wertsteigerung steht nicht im Vordergrund.	2	Vertreter der Zweitwohnungsbesitzervereinigung
	Vielleicht noch kurz zu den Tourismusgebühren. Da habe ich eine klare Meinung: Die sind eigentlich veraltet. Jede Gemeinde hat Aufgaben zu erfüllen. Hier oder im Unterland. Früher war die Tourismusgebühr eine kleine Abgabe für die armen Gemeinden, um hier eine gewisse Infrastruktur zu schaffen. Und heute wird diese Tourismusgebühr ganz klar als Einnahmequelle genutzt, um Investitionen zu tätigen und Wirtschaftsförderung zu betreiben. Das Ganze finde ich relativ heikel, denn Tourismusgebühren fliessen in eine Tourismusorganisation. Gesetzlich wäre es eigentlich klar, dass die Mittelverwendung zweckgebunden sein müsste und offengelegt werden müsste. Das wird aber nicht gemacht. Beispielsweise in Flims fliessen ca. 7 Millionen CHF in die Tourismusorganisation FLFM AG. Da muss niemand darüber abstimmen und das Geld wird einfach so verteilt wie das der Verwaltungsrat will. Im Verwaltungsrat sind primär Vertre-	2	Vertreter der Zweitwohnungsbesitzervereinigung

Themen	Repräsentative Zitate (Flims Laax Falera)	Interview Nummer	Vertreter von
	ter der Hotels und Bergbahnen. Somit ist klar, dass das Geld hauptsächlich in die angestammten Organisationen fliesst, was das Monopol dieser Organisationen quasi noch verstärkt. Deshalb sage ich, dass solche Abgaben eigentlich undemokratisch sind. Denn bei der Mittelverwendung wird der normale Prozess nicht eingehalten und bei der Erhebung auch nicht, weil diejenigen, die die Abgabe zahlen, nicht stimmberechtigt sind. Und umgekehrt sind sie auch marktverzerrend, weil damit die alten Strukturen gerade erhalten werden.		
	Da gibt es viele Mäzene und Sponsoren für diverse Sachen, wie z. B. die Renovation von Kapellen oder Museen.	14	Vertreter der Zweitwohnungsbesitzervereinigung
Bekanntheit/ Word-of-Mouth	[Die ZWB] sind die besten Markenbotschafter für den Ort und machen das beste Marketing für den Ort. Auch ich habe wegen eines Kollegen hier gekauft, auch ich hatte Freunde hier zu Besuch, die teilweise ins Hotel gegangen sind, aber zum Teil auch bei mir gewohnt haben. Die haben immer Tageskarten der Bergbahnen gekauft. Wenn man vor Ort ist, dann schaut man, dass man mit dem Geschäft zum Skitag hierherkommt.	2	Vertreter der Zweitwohnungsbesitzervereinigung
	ZWB können als Botschafter eingesetzt werden, denn sie haben aus irgendeinem Grund ein Haus oder eine Wohnung in Flims, Laax, Falera gekauft. Das heisst, dass sie Fans von der Destination sind, sonst hätten sie nicht viel, viel Geld ausgegeben. Die einen mehr als die anderen.	16	Vertreter der Gemeinden
	[Es gibt] ein sehr hohes Potenzial durch ihre grosse Loyalität, denn die Leute sind Fans der Destination und die kann man durch ernsthafte Einbindung gewinnen.	17	Vertreter einer Tourismusorganisation
	Wir möchten unsere ZWB, die hier oben mehr als CHF 5 Milliarden in Immobilienwert haben, als Ambassadeure und Freunde gewinnen und nicht als „Zweitheimische". Das ist ja eine Katastrophe. Ich würde nicht gerne als Zweitheimischer bezeichnet werden, denn dann wäre ich ja zweitklassig.	8	Vertreter einer Tourismusorganisation

Tabelle 61: Repräsentative Zitate aus den Interviews in der Destination Flims Laax Falera

Quelle: Eigene Darstellung

Themen	Repräsentative Zitate (Grindelwald)	Interview Nummer	Vertreter von
Antezedenzien für Engagement			
Involvement	Das aufeinander Zugehen ist sehr wichtig. Die Personen, die gegenüber sind, müssen mitbekommen, dass man sie akzeptiert. Da kann man nicht nur sagen, dass man sie akzeptiert, sondern man muss es sie spüren lassen. Bei Zusammenkünften, bei Diskussionen oder Begegnungen muss man aufeinander zugehen und miteinander reden.	7	Vertreter der Zweitwohnungsbesitzervereinigung
	Glaubwürdigkeit, Offenheit, Ehrlichkeit sind die Grundbedingungen. Ich glaube, dass wir dahingehend eine gute Grundlage in Grindelwald erreicht haben. Wir haben ein Vertrauen aufgebaut, das uns ermöglicht, mit den verschiedenen Institutionen zusammenzuarbeiten, damit man nicht von Anfang an auf Ablehnung stösst.	7	Vertreter der Zweitwohnungsbesitzervereinigung
	Voraussetzung dafür ist, dass sich diese Destinationen auch ein Stück weit öffnen. Die Oberländer müssen sich gegenüber den Unterländern öffnen. Wenn sie dazu bereit sind, sich beraten zu lassen und die eigenen Interessen offenzulegen und die ZWB miteinzubinden, dann kann viel erreicht werden und herausgeholt werden, dass dem Wohl der Destination und dem Gemeinwohl dient.	7	Vertreter der Zweitwohnungsbesitzervereinigung
	Es muss ein Verständnis und ein Sich-ineinander-hineinversetzen entstehen. Die Verhältnisse sind in einem Berggebiet einfach anders als in einem städtischen Agglomerationsgebiet.	9	Vertreter der Gemeinde
Commitment	[Wir brauchen] Kritikfähigkeit und Strapazierfähigkeit. Man muss die Kritik wie sie kommt, richtig einordnen können, damit man nicht alle ZWB über einen Kamm schert und denkt, dass man da nur Leute hat, die kritisieren würden.	6	Vertreter einer Tourismusorganisation
	Das [Engagement und die Mitarbeit der Zweitwohnungsbesitzenden] ist natürlich sehr schön und zeigt die Verbundenheit und die Einsatzbereitschaft. Wir sind sehr froh, dass wir die ZWB haben, denn sonst wären einige Veranstaltungen in diesem Rahmen nicht durchführbar.	5	Vertreter der Gemeinde
	Einfach nicht nachlassen und den guten Kontakt pflegen und auch auf schwierige Angelegenheiten eingehen. Wir müssen auch darlegen, warum bestimmte Dinge nicht umsetzbar sind, aber auch einen Zeithorizont aufzeigen, wann etwas umsetzbar wird. Man muss ein-	5	Vertreter der Gemeinde

Themen	Repräsentative Zitate (Grindelwald)	Interview Nummer	Vertreter von
	fach im Dialog bleiben, dann wird es schon gut. Wir haben in den letzten Jahren eine sehr gute Beziehung aufgebaut. Und die muss man jetzt weiterpflegen.		
	Wir als ZWB müssen uns immer wieder bewusstwerden, dass wir Gäste sind, dass wir keine Einwohner sind, dass wir Ideengebende sind, dass wir Beratende und eigentlich Dienstleistende sind und dass wir keine Forderungen stellen dürfen. Das ist zentral. Dann haben die ZWB auch die Chance, mitzuarbeiten, mitzutragen und Teil der Destination zu sein. ZWB wollen in dieser Destination eine Stimme haben und gehört werden. Aber das muss zuerst erarbeitet werden.	7	Vertreter der Zweitwohnungsbesitzervereinigung
	Eine Öffnung ist in den letzten Jahren passiert, weil wir aufeinander zugegangen sind und einander zuhören und einander verstehen wollen. Aber gleichzeitig wissen wir auch, dass wir Gäste sind und dass die Einheimischen primär das Sagen haben.	7	Vertreter der Zweitwohnungsbesitzervereinigung
	Heute ist unser Verhältnis von einem engen und stetigen Dialog geprägt.	4	Vertreter der Zweitwohnungsbesitzervereinigung
Wertschätzung	Das Verhältnis der Tourismusorganisation zu den ZWB ist über lange Zeit durch Spannungen geprägt gewesen. Doch in den letzten Jahren hat sich dieses Verhältnis deutlich verbessert, v. a. durch den regelmässigen Austausch, den wir haben. Dieses verbesserte Verhältnis wird von beiden Seiten wahrgenommen.	6	Vertreter einer Tourismusorganisation
	Dabei wurde gerade der Fehler gemacht, dass man mit Forderungen an die Behörden getreten ist und dann auf entsprechenden Widerstand gestossen ist. Es wurde vergessen, dass der Oberländer ein Oberländer bleibt. Und wir als Unterländer müssen das akzeptieren und verstehen, dass wir hier Gäste sind. Und wenn wir diesbezüglich die Akzeptanz entgegenbringen, dann öffnen sich auch viele Türen bzw. die Oberländer.	7	Vertreter der Zweitwohnungsbesitzervereinigung
	Diese persönlichen Beziehungen müssen aufgebaut und gepflegt werden. Dafür muss man sich selbst als ZWB auch öffnen. Man wird dann verstehen und sehen, dass man auch z. B. bei Meinungsverschiedenheiten respektvoll miteinander umgehen kann. Dabei ist es wichtig, dass man zwischen fachlichen und persönlichen Angelegenheiten unterscheiden kann. Vielleicht versteht man sich persönlich gut, hat aber unterschiedliche fachliche Auffassun-	7	Vertreter der Zweitwohnungsbesitzervereinigung

Themen	Repräsentative Zitate (Grindelwald)	Interview Nummer	Vertreter von
	gen. Dann kann man sich trotzdem gegenseitig akzeptieren und die andere Meinung respektieren.		
	Man muss versuchen, in Teams zu arbeiten und die verschiedenen Institutionen zusammenzubringen, damit nicht Entscheidungen getroffen werden, die z. B. das Gewerbe oder die ZWB nicht tragen. Alle Interessengruppen müssen mitgenommen werden. Wenn man alle Vereine und Interessengruppen an einen Tisch bringt, dann zeigt das die Wertschätzung. Es zeigt, dass die eigene Meinung wertgeschätzt und geachtet und als wichtig erachtet wird. Das trägt dann viel zum Zusammenhalt bei.	7	Vertreter der Zweitwohnungsbesitzervereinigung
Hospitality	Das Angebot innerhalb der Destination muss attraktiv sein. Und auch das Erscheinungsbild des Dorfes muss optisch ansprechend sein. Das Dorfzentrum muss zusammen mit der Gemeinde weiterentwickelt werden.	6	Vertreter einer Tourismusorganisation
	Im Gesamten ist die Lebensqualität hier in Grindelwald sehr hoch. Die Möglichkeiten, die man hier hat, sind enorm. Seien das Sommeraktivitäten oder Wintersport, vom Einkaufen, die Lage, Grindelwald ist nicht so abgelegen wie andere Orte.	9	Vertreter der Gemeinde
	Das ist eine Besonderheit von Grindelwald, dass diese Leute hier diskret behandelt werden. Ich gehe davon aus, dass der grösste Teil aber mit der Wintersaison verbunden ist und dann mit der Natur. Die einmalige und weltberühmte Eigernordwand trägt auch dazu bei.	1	Vertreter der Gemeinde
	Die Urtümlichkeit und Nachvollziehbarkeit sind für uns als Gemeinde und Tourismusorganisation auch sehr wichtig. Dazu haben wir auch den Begriff „Eigernes" erfunden, der symbolisiert, dass die Dinge von hier sind, dass diese Urtümlichkeit nicht nur plakativ ist, sondern dass man die hier auch miterleben kann. Man kann problemlos zu einer Alphütte gehen und zuschauen wie der Käse gemacht wird. Das ist für viele ZWB sehr wichtig.	1	Vertreter der Gemeinde
Gesellschaftlicher Wandel	Wobei der Grindelwälder an sich, und v. a. die jüngere Generation, sehr offen ist. Die alte Generation ist sicherlich noch sehr verschlossen, aber die mittlere und v. a. die jüngere Generation ist sehr offen.	11	Vertreter einer Tourismusorganisation

Themen	Repräsentative Zitate (Grindelwald)	Interview Nummer	Vertreter von
	Da wir ein bekannter Tourismusort sind, sind viele Einheimische auch im Bereich Tourismus involviert und kennen den Umgang mit Gästen. Jetzt die jungen Menschen sowieso. Die sind viel offener, sind gereist und haben etwas von der Welt gesehen.	5	Vertreter der Gemeinde
	Ziel ist dann die Verbindung der Vereinsmitglieder und der Angehörigen, damit eine gewisse Nachkommenschaft herangezogen wird. Das ist im heutigen Vereinsleben nicht so einfach. Die Vereine leiden vielfach an Überalterung und die Jungen, die nachkommen, die setzen auf Vielfältigkeit und sind nicht so vereinsbezogen wie vielleicht noch unsere Generation ist.	7	Vertreter der Zweitwohnungsbesitzervereinigung
	Es war nicht immer so, dass wir einen guten Draht zur Destination hatten und bei den anderen Interessengruppen ein offenes Ohr hatten so wie heute. Am Anfang war der ZWB-Verein fast etwas diktatorisch geführt. Das war die alte Vereinsführung, die alte Schule. Unsere Gesellschaft hat sich diesbezüglich stark verändert, auch gegenüber unseren Vorgängern und wird sich auch verändern gegenüber unseren Nachkommen. Aber wir sind ja auch nicht mehr die gleiche Generation und wünschen uns kein so striktes Vorgehen mehr wie früher, auch nicht in den Vereinen oder der Destination. Heute geht man da wesentlich anders miteinander um und aufeinander zu. Das ist das demokratische Verhalten und auf einander Zugehen und einander Zuhören und einander Akzeptieren. Das hat sich sehr stark verändert und zum Guten gebessert. Früher waren die Verbindungen zur Destination etwas kühl.	7	Vertreter der Zweitwohnungsbesitzervereinigung
Engagement-Prozess			
Schritt 1 (sichtbar machen)	[Es gibt] Zweitwohnungsbesitzer, die lieber nur in ihrer Wohnung bleiben und sich zurückziehen. Aber ich stelle fest, dass ein Grossteil der ZWB sich doch eher im Dorf aufhält und das Dorfleben geniesst und die Geselligkeit dort sehr pflegt.	7	Vertreter der Zweitwohnungsbesitzervereinigung
	Es gibt zwei verschiedene Arten von ZWB. Es gibt erstens solche, die sich gerne in Grindelwald engagieren, die auch mitmachen bei unserem Leben. [...] Die engagieren sich, die helfen mit und tragen auch etwas bei. Und dann gibt es solche, die sich abschotten und immer unter sich sind.	5	Vertreter der Gemeinde

Themen	Repräsentative Zitate (Grindelwald)	Interview Nummer	Vertreter von
	Bei den ZWB gibt es sehr grosse Unterschiede. Ich würde grob zwei bis drei Kategorien unterscheiden. Erstens gibt es zwei Arten von alteingesessenen ZWB. Zuerst die sehr langjährigen, meistens über Generationen hinweg treuen Gäste, die immer wiederkommen und für Grindelwald eine sehr wichtige Rolle gespielt haben, auch in der touristischen Entwicklung. Das sind Leute, die viel profitiert haben und Skischulen genutzt haben, die lokale Sportgeschäfte genutzt haben. Das ist sicher eine ganz wertvolle Kategorie. Dann die zweite Art an Alteingesessenen, die das Gefühl haben, sie seien die Retter des Orts und müssten nun alle Vergünstigungen der Welt haben. Ich sage es mal plakativ: Das sind diejenigen, die meinen, dass sie fast gratis die Bergbahnen benutzen dürfen sollten und Vorzugsbehandlungen bei Eintritten, im Sportzentrum usw. bekommen sollten, auch wenn sie hier keine Steuern zahlen. Diese Gruppe an Gästen empfängt man im Dorf eher mit einem Lächeln, weil man weiss, dass sie immer Forderungen stellen. Da gibt es auch einen Verein, der sich enerviert hat, dass bestimmte Restaurants nicht mehr so seien wie vor 30 Jahren. Diese Leute verlangen eigentlich von der politischen Gemeinde, dass dieser alte Zustand wiederhergestellt werden sollte. Zweitens kommt dazu eine weitere Kategorie. In den 1980er und 1990er Jahren haben wir einen grossen Zweitwohnungsboom erlebt und da wurden sehr teure Wohnungen hier in Grindelwald gebaut. Da gibt es eine grosse Gruppe an ZWB, die sehr gut betucht sind. Diese Gäste sind für Grindelwald auch sehr gut, denn die nehmen am öffentlichen Leben Teil, besuchen die Events, gehen in die Restaurants, sind relativ oft vor Ort und kaufen in den lokalen Sportgeschäften ein. Das ist eine sehr wertvolle Kategorie und zahlungskräftige Klientel. Diese Klientel frequentiert die lokalen Geschäfte und Restaurants häufig und ist deshalb in der lokalen Bevölkerung sehr willkommen.	9	Vertreter der Gemeinde
Schritt 2 (erreichbar/ zugänglich machen)	Letztes Jahr hatten wir ein Freilichttheater, da haben ZWB sogar im Organisationskomittee und beim Auf- und Abbau und als Schauspieler mitgemacht. Auch bei anderen Events wie dem Eiger Ultra Trail oder Eiger Bike Challenge haben wir ZWB, die sich engagieren und Posten übernehmen und helfen. [...] Die gehen auch gerne mit den Einheimischen spielen und sich unterhalten und etwas trinken und sind mit den Einheimischen zusammen. Die engagieren sich, die helfen mit und tragen auch etwas bei.	5	Vertreter der Gemeinde

Themen	Repräsentative Zitate (Grindelwald)	Interview Nummer	Vertreter von
	Wir machen einen Sommer- und einen Winterhock und haben einen Jahresend-Apéro, wo wir zusammenkommen und uns austauschen. Denn sonst haben die ZWB nur innerhalb des Objektes Kontakt und nicht untereinander.	4	Vertreter der Zweitwohnungsbesitzervereinigung
	[A]lle Gäste und ZWB sind bei den folkloristischen Anlässen, die hier stattfinden, wie beispielsweise im Sommer immer mittwochs unser Strassenfest, herzlich willkommen. Dort können sie sich mit den Einheimischen treffen und die folkloristischen Darbietungen geniessen.	1	Vertreter der Gemeinde
	[Man ermöglicht einen Dialog, indem] man als erstes zu ihren Anlässen geht und Präsenz und Interesse zeigt. Dort tauscht man sich dann aus. Ich habe z. B. mit dem Vorstand dieses Vereins zwei bis drei Mal zusammengesessen. Dann haben sie ihre Anliegen vorgebracht, ich habe sie entgegengenommen, sie weitergeleitet an die verschiedenen Instanzen und die haben ihnen dann Antworten geliefert. So haben sich viele Probleme gelöst. Dann ergibt sich auch an vielen anderen Stellen ein Gespräch.	5	Vertreter der Gemeinde
	Wenn die Einheimischen aber merken, dass wir nicht primär fordern, sondern bereit sind, mitzuhelfen, mitzuarbeiten und uns einzubringen, dann öffnen sie sich. Aber dieser Prozess braucht persönliche Beziehungen, Gelegenheiten zur Begegnung und Zeit. Man muss bereit sein, aufeinander zuzugehen, dann wirklich ohne Bedingungen aufeinander zugehen und lernen, einander zu verstehen und einander zuhören, um einen Dialog zu schaffen. Dann kann man auch Wünsche und Anregungen einbringen, die gehört werden.	7	Vertreter der Zweitwohnungsbesitzervereinigung
	Wir haben uns alle an einen Tisch gesetzt und unsere Gedanken, Fragen und Wünsche offengelegt und besprochen. So sind wir ins Reden gekommen. Wir haben miteinander geredet und nicht übereinander.	7	Vertreter der Zweitwohnungsbesitzervereinigung
Schritt 3 (beherrschbar machen)	Der Prozess ist der, dass wenn eines dieser Themen zur Diskussion steht, dann gehen wir über die Präsidenten der ZWB-Vereinigung und des Clubs der Ehrengäste. Über diese Vereine treten wir an die Leute heran. Wir besprechen dann mit den Vereinsrepräsentanten das Vorgehen und die sprechen dann mit ihren Leuten und ihrem Vorstand.	9	Vertreter der Gemeinde
	Wichtig ist, dass man dank diesen Vereinigungen ein Gefäss hat, wo man vertiefte Informationen zum politischen Geschehen geben kann. Zum Beispiel, wenn es um Gebühren geht,	9	Vertreter der Gemeinde

Themen	Repräsentative Zitate (Grindelwald)	Interview Nummer	Vertreter von
	für Wasser oder Abwasser. Dann wird manchmal nicht verstanden, warum das System so oder so funktioniert. Dann ist wichtig, dass man es diesen Leuten erklären kann. [...] Solche Dinge werden begriffen, wenn man sie plakativ und im persönlichen Austausch erklären kann. Da sind diese Vereine sehr wertvoll, dass man diesen Austausch haben kann.		
	Wenn ein Anlass der ZWB-Vereinigung ist, dann sind sowohl Vertreter von Grindelwald Tourismus als auch von der Gemeinde da. So werden die Kontakte gepflegt und es werden Anliegen besprochen. Vor allem der Vorstand dieses Vereins ist sehr aktiv, denn die wollen auch ein aktives und gut gehendes Dorf.	1	Vertreter der Gemeinde
	Das Verhältnis war sicherlich noch nie so gut wie in den letzten Jahren. Sobald sich die ZWB ernst genommen fühlen, ist schon sehr viel erreicht. Sie wollen ja auch nur das Beste für die Destination Grindelwald. Aber man muss auch immer schauen, was man sich leisten kann und was nicht. Die ZWB haben zwar das Gefühl, dass die Wertschöpfung, die sie erbringen sehr, sehr gross sei, aber wir haben ihnen dann auch mal vorgerechnet, was die ganze Infrastruktur kostet, die wir bereitstellen müssen und die zum Teil nur zwei bis drei Wochen im Jahr genutzt wird. Und dann hat sich das auch schnell relativiert.	5	Vertreter der Gemeinde
	Glaubwürdigkeit, Offenheit, Ehrlichkeit sind die Grundbedingungen. Ich glaube, dass wir dahingehend eine gute Grundlage in Grindelwald erreicht haben. Wir haben ein Vertrauen aufgebaut, das uns ermöglicht, mit den verschiedenen Institutionen zusammenzuarbeiten, damit man nicht von Anfang an auf Ablehnung stösst.	7	Vertreter der Zweitwohnungsbesitzervereinigung
Schritt 4 (nutzbar machen)	Wir sind im regen Kontakt und haben schon viele Ideen aufgenommen und konnten die dann auch umsetzen. Manchmal muss man auch eine Meinung von ausserhalb haben, weil man selbst eventuell auch etwas betriebsblind wird und nicht alles sieht. Deshalb ist es gut, dass man sich austauscht.	5	Vertreter der Gemeinde
	Bei vielen Veranstaltungen werden sie miteinbezogen und bei Grossveranstaltungen. Sei das als Sponsoren, als Helfer oder als Ideengeber. Da schaut man, dass man sie in die Gemeinschaft integrieren kann.	9	Vertreter der Gemeinde
	Es werden [konkrete] Aktivitäten entwickelt. Als Beispiel habe ich kürzlich mit dem Präsidenten des ZWB-Vereins telefoniert, um zu besprechen, ob es Leute gibt, die schwer von der	1	Vertreter der Gemeinde

Themen	Repräsentative Zitate (Grindelwald)	Interview Nummer	Vertreter von
	Corona-Situation betroffen seien, und ob man diesen Leuten eine Spende oder einen Gutschein zukommen lassen könnte vom Verein, um ihnen zu helfen. Das sind ganz konkrete Anliegen, die da umgesetzt werden. Der Kontakt funktioniert aus meiner Sicht sehr gut.		
	Und das, denke ich, muss der Ansatz sein, dass man nicht nur mit Forderungen kommt, sondern gar keine Forderungen stellt und erst einmal mitarbeitet. Man kann zwar Mitteinbezug verlangen, muss dann aber Mitarbeit anbieten und evtl. auch in Vorleistung gehen. So können sich ZWB dann in Arbeitsgruppen, Interessengruppen, in Kommissionen und Ausschüssen engagieren und sich einbringen.	7	Vertreter der Zweitwohnungsbesitzervereinigung
Konsequenzen von Engagement			
Loyalität	Grundsätzlich ist es so, dass der grösste Teil der ZWB heute schon Fans von Grindelwald ist. Dies drücken sie durch ihre jahrelange Loyalität zur Destination aus.	6	Vertreter einer Tourismusorganisation
	Die ZWB [sind] sehr loyale Gäste von Grindelwald. Das ist wichtig für einen Tourismusort, da es unabhängig von der Wettersituation oder anderen Faktoren ist. Das hilft dem Ort und der wirtschaftlichen Situation, weil sie unabhängig von den Rahmenbedingungen nach Grindelwald zu Besuch kommen, weil sie hier schlichtweg Eigentum haben.	6	Vertreter einer Tourismusorganisation
	Es gibt auch diejenigen, die sogar ihren Erstwohnsitz hierher nach oben verlegen.	1	Vertreter der Gemeinde
	Viele ZWB und auswärtige Hausbesitzer haben diesen Besitz von ihren Eltern oder Grosseltern geerbt und sind schon zu Kinderzeiten hier in Grindelwald gewesen. Die haben vielleicht hier gelernt, Ski zu fahren, und das stiftet einen emotionalen Bezug und eine starke Bindung, wenn man das erste Mal ein Bergerlebnis hier hatte.	5	Vertreter der Gemeinde
	Ich sehe viele Vorteile darin, dass die heutige ZWB-Generation einen Generationentransfer vollzieht. Wichtig dafür ist, dass heute erkannt wird, dass die ZWB die treuen Gäste sind und dies nicht die Tagesgäste sind, die am häufigsten oben sind. Nicht die Touristen, die vielleicht ein- oder zweimal im Jahr oben sind. Die ZWB haben dort Wohnsitz und bereichern somit das ganze Dorfleben. Sie sind wichtig für das ganze Gewerbe, weniger zwar für das Hotellerie-Gewerbe, dafür aber für das ganze Restaurationsbetriebe.	7	Vertreter der Zweitwohnungsbesitzervereinigung

Themen	Repräsentative Zitate (Grindelwald)	Interview Nummer	Vertreter von
Sense of Community/ Ownership	ZWB sind auch die, die sich mit der Destination auseinandersetzen und identifizieren. Deshalb ist das auch der Teil von Bevölkerungsgruppen, der sich meldet, sich einbringt und sich engagiert, wenn sie bei gewissen Angelegenheiten helfen wollen oder bestimmte Angelegenheiten anders sehen. Ich denke, dass es eine zentrale Aufgabe für die Gemeinde sein muss, die ZWB miteinzubeziehen. Es ist ein enormes Potenzial vorhanden an Gedankengut, Erfahrungen, Know-how, Wissen und verschiedenen Berufsgattungen und -richtungen. Eigentlich sind ZWB ein Sammelsurium von Wissenden. Und das muss man eigentlich als Destination fast gratis abholen, wenn man auf die ZWB eingeht. Ich denke, dass das im Interesse der Gemeinde liegen müsste, dass man einerseits die ZWB miteinbezieht in die Themen, Arbeiten und Aufgaben einer Destination, damit sie wissen, was die Themen, Probleme und Anliegen der Destination sind und wie sie helfen und sich einbringen können. Letztlich geht es auch um das Verständnis wohin es geht, um die Gemeindeentwicklung.	7	Vertreter der Zweitwohnungsbesitzervereinigung
	Ich persönlich finde es sehr gut, dass man sich als ZWB über die Mithilfe in der Destination und ihre Weiterentwicklung Gedanken macht. Egal, ob das bauliche Natur ist oder persönliches Engagement betrifft. In den Diskussionen stellt man dann fest, dass sich andere auch solche Gedanken machen. Das hat bei uns in Grindelwald dann dazu geführt, dass wir dieses Papier als Vorschlag erarbeitet haben. Konkret ging es darum, was wir als ZWB finden, was in Grindelwald verändert oder verbessert werden sollte oder was man anders machen könnte. Ich war erstaunt wie viele da mitgemacht haben.	7	Vertreter der Zweitwohnungsbesitzervereinigung
	Insbesondere die auswärtigen ZWB sind sehr aktiv und machen bei den lokalen Vereinen mit und engagieren sich hier auch vor Ort. Das ist eine sehr gute und erfreuliche Zusammenarbeit. Da braucht man nicht viel mehr zu machen, als den Kontakt sicherzustellen und auf die Anliegen gemeinsam einzugehen und ein offenes Ohr zu haben.	1	Vertreter der Gemeinde
	Das Wichtigste ist, dass es das Gefühl haben, dass sie willkommen sind und dass sie sich wohlfühlen.	9	Vertreter der Gemeinde
Attraktivität der Destination	Das Papier „Attraktivitätssteigerung Grindelwald" ist für uns massgebend und richtungsweisend. Da wäre grosses Potenzial drinnen. Man müsste Grindelwald auch touristisch verbessern. Dazu haben wir in diesem Papier verschiedene Vorschläge erarbeitet. Das wird auch unser Fokus in den nächsten Jahren sein, dass da etwas vorwärts geht. Das wollen wir	4	Vertreter der Zweitwohnungsbesitzervereinigung

Themen	Repräsentative Zitate (Grindelwald)	Interview Nummer	Vertreter von
	v. a. mit dem Gewerbe zusammen machen, aber auch mit der Gemeinde und dem Tourismus.		
	[Wir haben] regelmässig Austausch bezüglich z. B. der Gestaltung oder optischen Weiterentwicklung vom Dorf oder zur Ideensammlung. Zum Teil ist das recht lustig, was da alles zusammenkommt, aber auch tolle Ideen, die uns Einheimischen auch guttun, zu sehen, weil jemand von aussen mit einer neuen Sicht draufschaut.	6	Vertreter einer Tourismusorganisation
	Ein Ort muss Lebendigkeit ausstrahlen. Ich denke, dass man hier auch ausspannen und sich erholen kann. Man muss sich behaglich fühlen. Man muss Lebensfreude haben, wo man seine Zweitliegenschaft hat an einem Zweitort. Das ist für viele ZWB ein Ausbrechen aus ihrer engeren Umgebung, Wohnung zu Hause, um dann in die Freiheit, in die Höhe zu entfliehen. Das ist der Anspruch, den ich sehe, den die ZWB vor allem haben. Und dann ist es wichtig, dass es ein Ort ist mit einem breit gefächerten Angebot. Sie müssen im Sommer und im Winter in Angebot bereithalten für Aktivitäten, für Sportanlässe und für Sportfreizeiten oder sogar Vergnügen und Unterhaltung. Es werden zwar nicht alle diese Angebote nutzen, da manche nur Ruhe und Musse suchen. Die werden dann andere Wege gehen. Aber es ist für diesen Ort sehr zentral, dass er für alle diese Ansprüche Möglichkeiten bietet und Angebote bereithält.	7	Vertreter der Zweitwohnungsbesitzervereinigung
Monetäre Aspekte	Das [ist] auch unser Einkommen. Ohne Touristen funktioniert es nicht. Wir haben die Infrastruktur aufgebaut, wir haben uns darauf ausgerichtet und wir brauchen die Touristen, woher auch immer sie letztendlich kommen, damit wir unser Leben hier auch bestreiten können. Das ist eine riesen Abhängigkeit und das haben alle hier begriffen.	1	Vertreter der Gemeinde
	[Durch ZWB] entstehen auch finanzielle Vorteile, weil die Leute vor Ort Geld ausgeben.	11	Vertreter einer Tourismusorganisation
	Sie sponsoren gewisse Sachen und helfen. Das sind nicht riesen Summen, aber kleine finanzielle Beiträge für z. B. Ausstellungen oder Theater, das Freilichttheater letztes Jahr. [...] Dazu haben die Mitglieder in gewissen Geschäften noch einen kleinen Bonus von fünf Prozent.	11	Vertreter einer Tourismusorganisation

Themen	Repräsentative Zitate (Grindelwald)	Interview Nummer	Vertreter von
	Die ZWB sind auch viel in der Zwischensaison da und kaufen hier in den Geschäften ein. Das ist ein gutes Potenzial. Wir gehen immer hier vor Ort einkaufen und bringen nichts aus dem Unterland mit [...].	4	Vertreter der Zweitwohnungsbesitzervereinigung
Bekanntheit/ Word-of-Mouth	Dabei sind wir ja ZWB die grössten Botschafter der Destination. Wir wohnen im Unterland und machen die grösste Reklame.	4	Vertreter der Zweitwohnungsbesitzervereinigung
	Am Schluss sind die ZWB sehr loyale Gäste von Grindelwald und eigentlich sogar Fans von Grindelwald. Wir wollen sie in dieser positiven Art und Weise an Bord behalten.	6	Vertreter einer Tourismusorganisation
	In erster Linie kann der Tourismus als solcher durch ZWB profitieren, denn ZWB bringen mehr Leute nach Grindelwald. Seien das Verwandte, Bekannte oder Freunde.	11	Vertreter einer Tourismusorganisation
	Es gibt dann auch noch Mund-zu-Mund-Propaganda.	4	Vertreter der Zweitwohnungsbesitzervereinigung

Tabelle 62: Repräsentative Zitate aus den Interviews in der Destination Grindelwald

Quelle: Eigene Darstellung

Anhang Studie 2

Vorbildskalen

Autor(en)	Vivek, Beatty, Dalela & Morgan	Dessart, Veloutsou & Morgan-Thomas	Schaufeli, Salanova, Gonzalez-Romá & Bakker	Schaufeli, Bakker & Salanova	Saks	Denes, Karpoff & McWilliams
Jahr	2014	2016	2002	2006	2006	2017
Konstrukt	Customer Engagement	Consumer Engagement	Work Engagement	Work Engagement	Employee Engagement	Shareholder Activism
Umfang	10-item scale	22-item scale	UWES-17-item scale	UWES-9-item scale	11-item scale	6 criteria
Skala	Five-point Likert scale (1 = strongly disagree, 5 = strongly agree)	Seven-point Likert scale (1 = completely disagree, 7 = completely agree)	Seven-point Likert scale (0 = never, 6 = every day)	Seven-point Likert scale (0 = never, 6 = every day)	Five-point Likert scale (1 = strongly disagree, 5 = strongly agree)	Five-point Likert scale (1 = strongly disagree, 5 = strongly agree)
Untersuchte Dimensionen	Three-dimensional view of CE, including conscious attention, enthused participation, and social connection	Two engagement foci (brand and community) and seven sub-dimensions of consumer engagement	Three-factor structure of engagement (vigor, dedication, absorption)	Three-factor structure of engagement (vigor, dedication, absorption)	Two scales to measure job engagement (five items) and organization engagement (six items)	Six criteria emphasized as measures of shareholder activism success (Effects on target firm earnings, operations, and governance features)
Items der Messskala nach Kategorien	*Conscious Attention* Anything related to _____ grabs my attention.	*Enthusiasm (Affective)* I feel enthusiastic about (engagement focus – hereafter EF).	*Vigor (VI)* When I get up in the morning, I feel like going to work.	*Vigor (VI)* When I get up in the morning, I feel like going to work.	*Job Engagement* I really 'throw' myself into my job.	*Earnings Features* Increase in share values

I like to learn more about ____.	I am interested in anything about (EF).	At my work, I feel bursting with energy.	At my work, I feel bursting with energy.	Sometimes I am so into my job that I lose track of time.	Increase in accounting measures of performance
I pay a lot of attention to anything about ____.	I find (EF) interesting.	At my work I always persevere, even when things do not go well.	At my job, I feel strong and vigorous.	This job is all consuming, I am totally into it.	*Operations Features*
Enthused Participation	*Enjoyment (Affective)*	I can continue working for very long periods at a time.	*Dedication (DE)*	My mind often wanders and I think of other things when doing my job (r – i.e. reversed coding).	Change in target firm's operations or management
I spend a lot of my discretionary time	When interacting with (EF), I feel happy.	At my job, I am very resilient, mentally.	My job inspires me.	I am highly engaged in this job.	*Governance Features*
I am heavily into ____	I get pleasure from interacting with (EF).	At my job I feel strong and vigorous.	I am enthusiastic about my job.	*Organisation Engagement*	Specific actions sought by activist adopted by target firm
I am passionate about ____.	Interacting with (EF) is like a treat for me.	*Dedication (DE)*	I am proud of the work that I do.	Being a member of this organisation is very captivating.	Some actions by target firm attributed to activism
My days would not be the same without ____.	*Attention (Cognitive)*	To me, my job is challenging.	*Absorption (AB)*	One of the most exciting things for me is getting involved with things happening in this organisation.	Percent of votes cast in favor of shareholder proposal
Social Connection	I spend a lot of time thinking about (EF).	My job inspires me.	I get carried away when I'm working.	I am really not into the 'goings on' in this organisation (r).	

I love ___ with my friends.	I make time to think about (EF).	I am enthusiastic about my job.	I am immersed in my work.	Being a member of this organisation makes me come 'alive'.
I enjoy ___ more when I am with others.	*Absorption (Cognitive)*	I am proud on the work that I do.	I feel happy when I am working intensely.	Being a member of this organisation is exhilarating for me.
___ is more fun when I have other people around me too.	When interacting with (EF), I forget everything else around me.	I find the work that I do full of meaning and purpose.		I am highly engaged in this organization.
	Time flies when I am interacting with (EF).	*Absorption (AB)*		
	When I am interacting with (EF), I get carried away.	When I am working, I forget everything else around me.		
	When interacting with (EF), it is difficult to detach myself.	Time flies when I am working.		
	Sharing (Behavioural)	I get carried away when I am working.		
	I share my ideas with (EF).	It is difficult to detach myself from my job.		
	I share interesting content with (EF).	I am immersed in my work.		

I feel happy when I am working intensely.	
I help (EF).	
Learning (Behavioural)	
I ask (EF) questions.	
I seek ideas or information from (EF).	
I seek help from (EF).	
Endorsing (Behavioural)	
I promote (EF).	
I try to get other interested in (EF).	
I actively defend (EF) from its critics.	
I say positive things about (EF) to other people.	

Tabelle 63: Übersicht von Vorbildmessskalen zur Messung von Engagement aus der Managementliteratur

Quelle: Eigene Darstellung

Fragebogen Studie 2

Liebe/r Teilnehmer/in,

im Rahmen meiner Dissertation an der Universität St. Gallen (HSG) führe ich diese online Umfrage durch. Zweck dieser Studie ist es, mehr über Ihre Beziehung als Zweitwohnungsbesitzende/r zu Ihrer Destination zu erfahren[5].

Bitte markieren Sie die Antworten, die auf Sie zutreffen, mit einem Kreuzchen. Die Bearbeitung dieser Umfrage dauert etwa 10 Minuten. Für den Erfolg der Studie ist es wichtig, dass Sie den Fragebogen vollständig ausfüllen und keine Frage auslassen. Alle Daten werden anonym erhoben, sie können Ihrer Person nicht zugeordnet werden und werden streng vertraulich behandelt.

Vielen Dank für Ihre Teilnahme

Aristid Klumbies

Doktorand & Wissenschaftlicher Mitarbeiter

Institut für Systemisches Management und Public Governance (IMP-HSG)
Universität St.Gallen (HSG) | Dufourstrasse 40a | CH-9000 St.Gallen | Schweiz

E-Mail: aristid.klumbies@unisg.ch | www.unisg.ch

---

5 Der konkrete Untersuchungsgegenstand der Umfrage ist das Engagement-Konstrukt. Dies impliziert gewisse, in der Akademia etablierte Fragestrukturen.

1) Customer Engagement

Bewusste Aufmerksamkeit

1.1) Alles, was mit meinem Zweitwohnsitz zu tun hat, erregt meine Aufmerksamkeit.

Stimme völlig zu	Stimme zu	Stimme weder zu noch nicht zu	Stimme nicht zu	Stimme überhaupt nicht zu

1.2) Ich interessiere mich dafür, mehr über meine Zweitwohnungsdestination zu erfahren.

Stimme völlig zu	Stimme zu	Stimme weder zu noch nicht zu	Stimme nicht zu	Stimme überhaupt nicht zu

1.3) Ich schenke allem, was mit meinem Zweitwohnsitz zu tun hat, sehr viel Beachtung.

Stimme völlig zu	Stimme zu	Stimme weder zu noch nicht zu	Stimme nicht zu	Stimme überhaupt nicht zu

Begeisterte Teilnahme

1.4) Ich verbringe möglichst viel Zeit an meinem Zweitwohnsitz.

Stimme völlig zu	Stimme zu	Stimme weder zu noch nicht zu	Stimme nicht zu	Stimme überhaupt nicht zu

1.5) Ich bin in meinen Zweitwohnsitz „verliebt".

Stimme völlig zu	Stimme zu	Stimme weder zu noch nicht zu	Stimme nicht zu	Stimme überhaupt nicht zu

1.6) Ich bin von meinem Zweitwohnsitz begeistert. (Anm.: Nur einmal abgefragt, da gleiche Frage wie 2.5)

Stimme völlig zu	Stimme zu	Stimme weder zu noch nicht zu	Stimme nicht zu	Stimme überhaupt nicht zu

1.7) Ich werde unruhig, wenn ich lange nicht an meinem Zweitwohnsitz war.

Stimme völlig zu	Stimme zu	Stimme weder zu noch nicht zu	Stimme nicht zu	Stimme überhaupt nicht zu

Soziale Anbindung

1.8) Ich nehme gerne Freunde an meinen Zweitwohnsitz mit.

Stimme völlig zu	Stimme zu	Stimme weder zu noch nicht zu	Stimme nicht zu	Stimme überhaupt nicht zu

1.9) Ich habe Freundinnen und Freunde an meinem Zweitwohnsitz.

Stimme völlig zu	Stimme zu	Stimme weder zu noch nicht zu	Stimme nicht zu	Stimme überhaupt nicht zu

1.10) An meinem Zweitwohnsitz zu sein, macht mehr Spass, wenn auch andere Leute um mich herum vor Ort sind.

Stimme völlig zu	Stimme zu	Stimme weder zu noch nicht zu	Stimme nicht zu	Stimme überhaupt nicht zu

2) Employee Engagement

Vitalität (Vigor)

2.1) Ich sehne mich häufig an den Ort meiner Zweitwohnung.

Stimme völlig zu	Stimme zu	Stimme weder zu noch nicht zu	Stimme nicht zu	Stimme überhaupt nicht zu

2.2) Wenn ich Zeit an meinem Zweitwohnsitz verbringe, dann bin ich voller Energie.

Stimme völlig zu	Stimme zu	Stimme weder zu noch nicht zu	Stimme nicht zu	Stimme überhaupt nicht zu

2.3) Während der Zeit, die ich in meinem Zweitwohnsitz verbringe, fühle ich mich stark und lebhaft.

Stimme völlig zu	Stimme zu	Stimme weder zu noch nicht zu	Stimme nicht zu	Stimme überhaupt nicht zu

Hingabe (Dedication)

2.4) An meinem Zweitwohnsitz zu sein, inspiriert mich.

Stimme völlig zu	Stimme zu	Stimme weder zu noch nicht zu	Stimme nicht zu	Stimme überhaupt nicht zu

2.5) Ich bin von meinem Zweitwohnsitz begeistert. (Anm.: Nur einmal abgefragt, da gleiche Frage wie 1.6)

Stimme völlig zu	Stimme zu	Stimme weder zu noch nicht zu	Stimme nicht zu	Stimme überhaupt nicht zu

2.6) Ich bin stolz, eine Zweitwohnung in dieser Destination zu haben.

Stimme völlig zu	Stimme zu	Stimme weder zu noch nicht zu	Stimme nicht zu	Stimme überhaupt nicht zu

(Persönliche) Bindung (Absorption)

2.7) Ich verbinde überwiegende schöne Gedanken mit meinem Zweitwohnsitz.

Stimme völlig zu	Stimme zu	Stimme weder zu noch nicht zu	Stimme nicht zu	Stimme überhaupt nicht zu

2.8) Ich fühle mich an meinem Zweitwohnsitz wie zu Hause.

Stimme völlig zu	Stimme zu	Stimme weder zu noch nicht zu	Stimme nicht zu	Stimme überhaupt nicht zu

2.9)   Ich könnte mir vorstellen, meinen Erstwohnsitz in meine Zweitwohnungsdestination zu verlegen.

Stimme völlig zu	Stimme zu	Stimme weder zu noch nicht zu	Stimme nicht zu	Stimme überhaupt nicht zu

2.10)   Ich möchte an meinem Zweitwohnsitz einen Beitrag zur Destination leisten.

Stimme völlig zu	Stimme zu	Stimme weder zu noch nicht zu	Stimme nicht zu	Stimme überhaupt nicht zu

3) Investor Engagement

Finanzielle Merkmale

3.1)   Mir ist der Werterhalt meiner Zweitwohnung wichtig.

Stimme völlig zu	Stimme zu	Stimme weder zu noch nicht zu	Stimme nicht zu	Stimme überhaupt nicht zu

3.2)   Mir ist die Wertsteigerung meiner Zweitwohnung wichtig.

Stimme völlig zu	Stimme zu	Stimme weder zu noch nicht zu	Stimme nicht zu	Stimme überhaupt nicht zu

3.3)   Bitte beurteilen Sie folgende Aussage: Ich werde in Zukunft mehr Konsumgüter an meinem Zweitwohnsitz kaufen.

Stimme völlig zu	Stimme zu	Stimme weder zu noch nicht zu	Stimme nicht zu	Stimme überhaupt nicht zu

Operative Merkmale

3.4)   Ich habe konkrete Anliegen, die ich am Ort meines Zweitwohnsitzes verändern will.

Stimme überhaupt nicht zu	Stimme nicht zu	Stimme weder zu noch nicht zu	Stimme zu	Stimme völlig zu

3.5)   Bitte vervollständigen Sie folgende Aussage: Mein Zweitwohnsitz ...

Übertrifft die Erwartungen bei Weitem.	Übertrifft die Erwartungen leicht	Trifft die Erwartungen	Trifft die Erwartungen eher nicht	Trifft die Erwartungen überhaupt nicht

3.6)   Bitte beurteilen Sie folgende Aussage: Ich bin mit meiner Zweit-
        wohnsitzdestination ...

Äusserst zufrieden	Zufrieden	Weder zufrieden noch unzufrieden	Unzufrieden	Äusserst unzufrieden

Governance Merkmale

3.7)   Ich lege Wert darauf, dass die Destination meine Steuern und Abga-
        ben nachvollziehbar und transparent verwendet.

Stimme überhaupt nicht zu	Stimme nicht zu	Stimme weder zu noch nicht zu	Stimme zu	Stimme völlig zu

3.8)   Ich habe das Gefühl, dass meine Bedürfnisse an meinem Zweitwohn-
        sitz berücksichtigt werden.

Stimme völlig zu	Stimme zu	Stimme weder zu noch nicht zu	Stimme nicht zu	Stimme überhaupt nicht zu

3.9)   Wenn auf meine Anliegen nicht eingegangen wird, dann kann ich
        mir vorstellen, meine Zweitwohnung zu verkaufen.

Stimme überhaupt nicht zu	Stimme nicht zu	Stimme weder zu noch nicht zu	Stimme zu	Stimme völlig zu

4) Fragen zu demografischen Daten

4.1)   Was ist Ihr Alter?

unter 29	30-39	40-49	50-59	60-69	70-79	80+

4.2)   Was ist Ihr Geschlecht?

Männlich	Weiblich	Andere

4.3) Wie ist Ihr Familienstand?

Ledig	Verheiratet/in einer Lebenspartnerschaft	Geschieden/Lebenspartnerschaft aufgehoben	Verwitwet/Lebenspartner verstorben

4.4) Haben Sie Kinder? Wenn ja, wie viele?

Ja	Nein

1	2	3	4	4+

4.5) Was ist Ihr höchster erreichter Bildungsabschluss?

Grundschule (Primar-, Sekundar-, Real-, Bezirksschule)	Berufslehre, Berufsschule (Gewerbeschule, KV usw.)	Handelsschule, höhere Berufsbildung	Mittelschule (Matura, Berufsmatura)	Hochschule/ Universität (Bachelor/ Master)	Hochschule/ Universität (Doktor, weiterführende berufsqualifizierende Ausbildung, z. B. Anwaltsausbildung, CPA, CFA etc.)

4.6) Wie ist Ihr Beschäftigungsstatus?

Vollzeit erwerbstätig	Teilzeit erwerbstätig	Geringfügige/Unregelmässige Beschäftigung	Arbeitssuchend	Schule/ Ausbildung/ Studium/ Unbezahltes Praktikum	Rentner(in)/ Pensionär(in), Vorruhestand	Hausfrau/-mann

4.7) Was ist Ihre Nationalität?

Länderliste als Dropdown Menü

4.8) Was ist der Ort Ihres Erstwohnsitzes?

PLZ oder Volltext

4.9) Was ist der Ort Ihres Zweitwohnsitzes (in der Schweiz)?

PLZ oder Volltext	Weitere

4.10)   Wie weit ist Ihre Zweitwohnung von Ihrem Erstwohnsitz entfernt?

Weniger als 1 Stunde	Ca. 1 Stunde	Ca. 2 Stunden	Ca. 3 Stunden	Mehr als 3 Stunden

4.11)   Besitzen Sie mehrere Zweitwohnsitze weltweit? Wenn ja, wie viele?

Ja			Nein	

1	2	3	4	4+

4.12)   Wie viel Zeit verbringen Sie über das Jahr gesehen an Ihrem Zweit-wohnsitz?

Weniger als 7 Tage	7-14 Tage	15-21 Tage	22-28 Tage	Mehr als 28 Ta-ge

4.13)   Wie haben Sie Ihren Zweitwohnsitz erworben?

Kauf	Erbe	Schenkung	Über die Familie des Lebenspartners/ Ehepartners	Andere

4.14)   Wann haben Sie Ihren Zweitwohnsitz erworben?

Jahreszahl als Dropdown Menü

4.15)   Wie gross ist Ihr Zweitwohnsitz?

Weniger als 60 m^2	60-80 m^2	81-100 m^2	101-120 m^2	Mehr als 120 m^2

4.16)   Wie würden Sie Ihre eigene Rolle an Ihrem Zweitwohnsitz am ehes-ten beschreiben?

Ich bin primär ein/e Kunde/Kundin in meiner Destination.	Ich bin primär ein/e Co-Produzent/in bzw. Mitarbeiter/in zum Wohle der Destination in meiner Destination.	Ich bin primär ein/e Investor/in in meiner Destination.

4.17)   Wie wahrscheinlich ist es auf einer Skala von 0-10, dass Sie die Destination Ihres Zweitwohnsitzes einem Freund oder Kollegen empfehlen würden?

0	1	2	3	4	5	6	7	8	9	10

Anmerkungen Pretest

Num-mer	Anmerkung Pretest Teilnehmende	Anmerkung von mir
1	Wieso steht manchmal Destination und manchmal Ort?	Generell wird zuerst immer von einem „Zweitwohnsitz" gesprochen. Aus den 52 Fragen wird bei fünf Fragen von einer „Destination" und bei vier Fragen von dem „Ort" gesprochen. Dies geschieht, um eine leichte Variation in der Wortwahl zu etablieren. Die betroffenen Fragen wurden noch einmal kritisch hinterfragt, im Ergebnis aber nicht verändert.
2	Die Antwortkategorien „stimme teilweise zu" und „stimme teilweise nicht zu" sind verwirrend. Sagt das nicht irgendwie das gleiche aus? Vorschlag: Ändern zu: „stimme eher zu" und „stimme eher nicht zu".	Der Vorschlag wurde so umgesetzt.
3	Wolltest du bewusst die Option „weder noch" einbauen? Ohne diese Option könntest du die Leute zwingen sich zu entscheiden. Aber kommt halt darauf an, was du wissen möchtest. Vielleicht braucht es dann ein „weder noch".	Die Antwortkategorie wurde beibehalten, da sie zu einer Standardantwort auf einer fünfstufigen Likert-Skala gehört.
4	Frage „Während der Zeit, die ich an meinem Zweitwohnsitz verbringe, fühle ich mich stark und lebhaft.": Müsste hier nicht „AN" meinem Wohnsitz stehen?	Der Vorschlag wurde so umgesetzt.
5	Frage „Ich verbinde überwiegendE schöne Gedanken mit meinem Zweitwohnsitz." Da ist wohl ein „e" zu viel und sollte geändert werden in: „Ich verbinde überwiegend schöne Gedanken mit meinem Zweitwohnsitz."	Der Vorschlag wurde so umgesetzt.
6	Frage „Ich könnte mir vorstellen, meinen Erstwohnsitz in meine Zweitwohnungsdestination zu verlegen.": Anstatt Destination könnte Region oder Gemeinde geschrieben werden.	Der Vorschlag wurde abgelehnt, da die Begriffe Region oder Gemeinde, den Sachverhalt nicht ganz treffen.
7	Die Frage, bei der steht „Mein Zweitwohnsitz übertrifft die Erwartungen...", ist verwirrend. Zum Beispiel finde ich Laax Dorf persönlich nicht so toll, aber ich bin zufrieden, weil die Wohnung cool ist. Jetzt weiss ich bei der Frage nicht genau, auf was ich mich konzentrieren sollte. Denn eigentlich zielt die Frage schon auf die Destination/Ort/Gemeinde ab, oder?	Die Frage wird in der Form beibehalten, um für die Zukunft weitere Variablen zur Auswertung zu haben. Dennoch ist der Einwand interessant, da er für die Interpretation wieder beachtet werden sollte, da das Verständnis des Zweitwohnsitzes je nach Antwortendem unterschiedlich sein kann.

Num-mer	Anmerkung Pretest Teilnehmende	Anmerkung von mir
8	Nur eine Frage pro Seite, anstatt mehrere Fragen auf einer Seite.	Der Vorschlag wurde so umgesetzt.
9	Automatischer Übergang: Nachdem man eine Frage beantwortet hat, um einen besseren Übergang und schnelleren Flow bei der Beantwortung zu ermöglichen.	Der Vorschlag wurde so umgesetzt.
10	Bei der Frage, ob man die Zweitwohnung geerbt hat, kann man evtl. die Folgefrage zur Jahreszahl des Erwerbs weglassen.	Dieser Vorschlag wurde so nicht umgesetzt, um eine ausgeglichene Datenlage über alle Antworten sicherzustellen.
11	Als Einstiegsfragen sollte eine etwas allgemeinere Frage gestellt werden, z. B. die zur Gesamtzufriedenheit.	Der Autor hat sich gegen diesen Ansatz entschieden, um den Umfrageteilnehmer schnell in das Thema Engagement einzuführen.
12	Die Antwortmöglichkeiten könnten noch spielerischer gestaltet werden, indem man z. B. einen Schieberegler mit fünf Antwortmöglichkeiten einbaut statt nur die fünfstufige Likert-Skala.	Diese Anmerkung wurde nicht umgesetzt, da der Autor sicherstellen will, dass die Umfrage v. a. auf dem Smartphone störungsfrei absolviert werden kann. Ein Schieberegler könnte evtl. auf manchen Geräten nicht genauso gut funktionieren wie klassische Auswahlbuttons.
13	Am Anfang könnte noch eine Startfolie eingefügt werden, die noch einmal das Thema des Fragebogens erklärt.	Der Vorschlag wurde so umgesetzt.
14	Ein Logo der HSG könnte auf jeder Seite eingefügt werden, um der Umfrage einen offiziellen Charakter zu verschaffen.	Der Vorschlag wurde so umgesetzt.
15	Die beiden Fragen „Ich bin verliebt" und „Ich bin begeistert" zielen auf dasselbe ab. Sind sie redundant?	Die beiden Fragen werden separat beibehalten, weil sie zu unterschiedlichen Fragebatterien gehören, die dieser Umfrage zugrunde liegen.
16	Das momentan sehr aktuelle Thema Home-Office kommt in der Umfrage nicht vor, dabei konsumieren und arbeiten viele Menschen dadurch zurzeit in ihrer Zweitwohnungsdestination.	Das Thema Home-Office ist zwar zurzeit sehr wichtig, soll aber in diesem Fragebogen keine explizite Rolle einnehmen.

Num-mer	Anmerkung Pretest Teilnehmende	Anmerkung von mir
17	Ich habe mich in meiner Rolle als Ruhesuchende nicht wiedergefunden bei der Frage, ob ich primär konsumiere, mithelfe oder Investorin bin.	Dieser Einwand muss anerkannt werden, wird in dieser Umfrage aber absichtlich nicht aufgelöst. Ziel ist es, das Engagement-Level je nach selbst wahrgenommener Rolle der Zweitwohnungsbesitzenden zu analysieren. In einer weiteren Untersuchung könnte das Rollenverständnis aber in der Tat breiter analysiert werden.
18	Ich würde die drei Antwortmöglichkeiten bei der Frage „Wie würden Sie Ihre eigene Rolle an Ihrem Zweitwohnsitz am ehesten beschreiben?" noch um jeweils ein Beispiel ergänzen, damit den Antwortenden klarer wird, was sie antworten.	Der Vorschlag wurde so umgesetzt.
19	Es könnte eine weitere, offene Frage gestellt werden: „Mit was sind Sie in der Destination zufrieden?"	Dieser Vorschlag wurde nicht umgesetzt, weil das Ziel der Umfrage nicht die Exploration neuer Sachverhalte ist, sondern die Konfirmation
20	Zu der Frage: „Beschreiben Sie Ihre Rolle: Hier finde ich die drei Alternativen zu krass auseinanderliegend: a) Ich konsumiere, z. B. im Coop; b) Ich arbeite mit, damit die Destination besser läuft; c) Investor." Ich meine, es müsste noch ein unverfänglicheres Ziel geben. Beispiel: Statt Konsument (was ja vieles ist …): Bin interessierter Beobachter; Nutzer der Möglichkeiten zur Freizeitgestaltung; Erholung Suchender …	Diese Anregung wurde mehrfach genannt und der Autor teilt die Einschätzung im Prinzip auch. Für diese Umfrage liegt der Fokus aber auf dem in der Literatur etablierten Rollenverständnis der Zweitwohnungsbesitzenden aus Kunden-, Co-Producer- und Investorenrolle. Aus diesem Grund wird die Frage nicht erweitert und ein enger Antwortfokus beibehalten.
21	Zu der Frage: „Wie wahrscheinlich empfehlen Sie …" Hier gehst Du automatisch davon aus: Wenn ich es dort gut finde, werde ich es auch gern empfehlen. Das muss aber nicht so sein. Möglich ist auch: Ich finde es supertoll dort, und darum sage ich es gerade nicht weiter. Es muss mein geheimer Rückzugsort bleiben. Oder: Dort gefällt es mir gar nicht. Ich will, dass auch andere reinfallen, darum empfehle ich es mit 10 Punkten. Ergo: Frage überdenken. Z. B.: Auf einer Skala von 1- 10: Für wie empfehlenswert halten Sie Ihre Destination? Oder: Denken Sie, dass auch Personen aus Ihrem Freundes- und Bekanntenkreis die Destination schätzen wür-	Dieser Kommentar wirft einen interessanten Diskussionspunkt auf. Geht es um das hypothetische Empfehlungsverhalten der Zweitwohnungsbesitzenden oder um die subjektiv wahrgenommene Empfehlungswürdigkeit der Destination? Das hier verwendete Mass des Net Promoter Scores von Bain zielt auf ersteres ab. Es geht darum, herauszufinden, inwiefern Zweitwohnungsbesitzende ihre Destination weiterempfehlen würden. Dabei muss der hier formulierte Einwand des Pretest-Teilnehmenden miteinbezogen bzw. akzeptiert werden.

Nummer	Anmerkung Pretest Teilnehmende	Anmerkung von mir
	den? Dass Personen … Ihre Destination gefallen würde? Skala 1-10	
22	Am Ende ist es etwas abrupt zu Ende. Man wird quasi weggeschaltet. Hier würde ich noch eine Dankesfolie dazwischenschalten und den Ausstieg weicher gestalten: Danken - herzlichen Dank, dass Sie sich die Zeit genommen haben Info - Ihre Aussagen fließen anonymisiert in ein Forschungsprojekt ein/ eine Untersuchung zur Steigerung der Qualität Ihrer Destination Datenschutz ist wie eingangs zugesagt gewährleistet. Ihre Angaben bleiben streng anonym (als Vergewisserung, weil man das vielleicht inzwischen von der ersten Folie nicht mehr im Kopf hatte). Evtl. noch genauer: Wozu Ihre Daten jetzt helfen …	Der Vorschlag wurde so umgesetzt.
23	Zu der Frage: „Sehne mich an den Ort meiner Zweitwohnung", also du meinst nicht die Wohnung an sich, sondern eben bewusst den Ort. Könnte man das noch klarer herausstellen?	Der Autor hat sich an dieser Stelle bewusst für den Ausdruck „Ort" anstatt von „Destination" entschieden, um im Gesamtablauf etwas Abwechslung zu erzeugen.
24	Bei der Frage mit „Stark und Lebhaft am Zweitwohnsitz": Tanke ich Energie innerhalb meines Zweitwohnsitzes oder bin ich auch lebhaft in der Umgebung/Ort meines Zweitwohnsitzes. Also klar gesagt: Komme ich da völlig fertig hin und will niemanden sehen und tanke in meinem Chalet Kraft oder tanke ich Kraft, indem ich durch den Ort laufe und mit Leuten rede?	Diese Frage ist bewusst so gestellt, um den subjektiven Assoziationen des/der Zeitwohnungsbesitzenden Raum zu geben.
25	Einige Fragen sind ja recht ähnlich (vor allem was das Gefühl gegenüber meinem Zweitwohnsitz angeht). Ist das bewusst so, um die Meinung der Beantwortenden eindeutig zuordnen zu können?	Die Fragen sind Teil von in der Forschung akzeptierten und validierten Fragebatterien zum Engagement-Konstrukt. Ziel ist es, mit mehreren ähnlichen Fragen, einen Sachverhalt genau abdecken zu können.

Nummer	Anmerkung Pretest Teilnehmende	Anmerkung von mir
26	Eine mögliche weitere Frage könnte ungefähr so lauten: Ich fühle mich Teil der Community und Willkommen an meinem Zweitwohnsitz?	Der Autor sieht den aufgebrachten Aspekt des Willkommenseins. Er ist aber der Meinung, dass er diesen Aspekt mit den beiden Fragen „Ich fühle mich an meinem Zweitwohnsitz wie zu Hause." und „Ich könnte mir vorstellen, meinen Erstwohnsitz in meine Zweitwohnungsdestination zu verlegen." ausreichend abgedeckt hat. Bei einer weiteren Befragung, bei der der Fragebogen länger gestaltet werden dürfte, wäre eine Aufnahme zu erwägen.

Tabelle 64: Übersicht von Anmerkungen zum Pretest von Pretest-Teilnehmenden

Quelle: Eigene Darstellung

Die Kausalmodelle der ersten Analyse

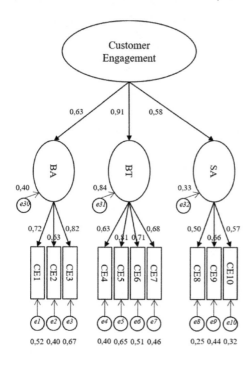

Abbildung 34: Das Customer Engagement-Kausalmodell

Quelle: Eigene Darstellung

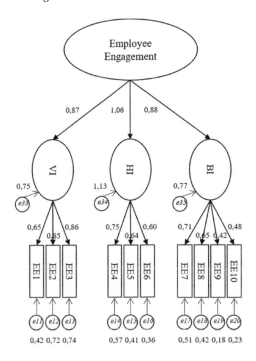

Abbildung 35 Das Employee Engagement-Kausalmodell

Quelle: Eigene Darstellung

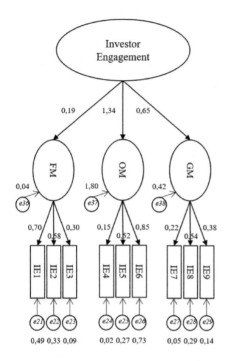

Abbildung 36: Das Investor Engagement-Kausalmodell

Quelle: Eigene Darstellung

Test auf Normalverteilung im Rahmen der zweiten Analyse

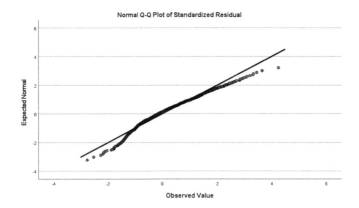

Abbildung 37: Verteilung der Residuen der Customer Engagement Factor Scores
Quelle: Eigene Darstellung

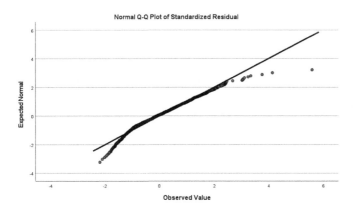

Abbildung 38: Verteilung der Residuen der Employee Engagement Factor Scores
Quelle: Eigene Darstellung

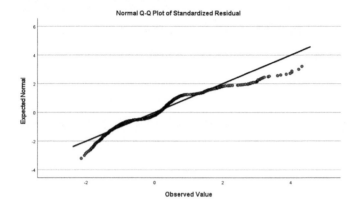

Abbildung 39:   Verteilung der Residuen der Investor Engagement Factor Scores

Quelle: Eigene Darstellung

Anhang Empirische Konklusion

Das Kausalmodell von Total Zweitwohnungsbesitzenden Engagement

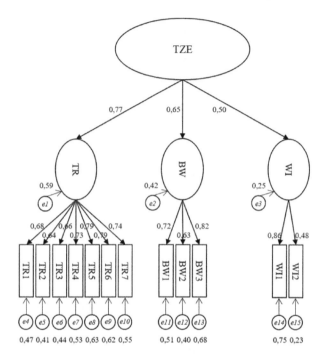

Abbildung 40: Das Total Zweitwohnungsbesitzenden Engagement-Kausalmodell
Quelle: Eigene Darstellung